# 半 塘 文 库

江苏省重点高校建设项目
"人文传承与区域社会发展"重点学科
"文学转型与区域社会发展"研究方向课题成果

人文传承与区域社会发展研究丛书

·半塘文库·

THE RESEARCHES ON THE FEMALE
WINNERS OF NOBEL LITERATURE PRIZE

# 诺贝尔文学奖获奖女作家研究

肖淑芬 杨 肖◇著

社会科学文献出版社
SOCIAL SCIENCES ACADEMIC PRESS (CHINA)

# 总　序

文化是构成国家综合国力的重要组成部分，文化作为软实力日益受到各国的高度重视。一个国家、一个民族的发展程度是与其文化的发展紧密联系的。当今世界，国家与国家之间的发展差距，不仅体现在经济和军事实力，更体现在文化发展水平，这已为历史和现实所证明。

上世纪80年代以来，随着人们对地理人文空间因素的日益重视，我国人文社会科学学术领域出现了区域化研究的趋势。新世纪以来，区域文化的研究与开发较以往呈现出更加丰富的内涵和更加锐利的前进态势，围绕各大区域文化进行的文化学、人类学、政治学、经济学、社会学研究也不断深入进步。从理论与现实角度考察，面对经济全球化的浪潮，要实现区域经济的现代化发展必须高度重视和发挥区域文化的优势，挖掘区域文化的资源。

江苏历来是人文荟萃、文化昌盛之地。新世纪以来，为发扬优秀区域文化精髓，建设文化强省，促进全省各项事业又好又快地发展，江苏省人民政府制定了《江苏省2001~2010年文化大省建设规划纲要》，明确指出："江苏省在历史演进过程中，形成了吴文化、楚汉文化、淮扬文化、金陵文化等一批特色鲜明的地域文化以及一批具有全国影响的学术流派，要在加强研究、保护的基础上继承创新，赋予传统文化以新的生命力。"在此思想指导下，江苏各地纷纷提出建设文化大市、文化强市的目标，学术界率先行动，出版了一批区域文化研究的论著，江苏省教育厅则及时地批准成立了扬州大学"淮扬文化研究中心"等一批区域文化研究的重点基地，以推进区域文化的研究和深入发展。

江苏高校林立，各大学因其所处的具体地域不同，在某种意义上也归属于特定的区域文化。特定的区域文化始终对大学的文化形成和发展有着重要的影响。同样，大学所负载的学术、文化与社会责任也日益被推上了更高层次的战略平台。因此，研究、挖掘、整合区域文化使之与大学文化有机地融合，不仅对推动区域文化研究与发展，提高区域文化软实力、构建区域和谐社会、促进区域科学发展具有重要意义，而且，大学吸取特定区域文化精髓的过程，对创建大学自身的特色文化氛围、凝炼大学精神也具有重要意义。在某种程度上甚至可以说，一所缺乏文化传统和历史记忆的大学不是一所好大学；同样，一所没有文化底蕴和历史积淀的大学也绝非真正意义上的高水平大学。

哈佛大学前校长德里克·博克说过："无论是在城市还是乡镇，大学的文化、反世俗陈规的生活方式和朝气蓬勃的精神面貌，常常成为刺激周边社区的载体，同时也是他们赖以骄傲的源泉。"

扬州大学所处的苏中地区，是淮扬文化的核心区之一。作为淮扬文化区域唯一的省属重点综合性大学，扬州大学具有学科门类齐全、多学科交叉融合的显著特点。学校集中人文社会科学诸学科的精干力量，发挥融通互补、协同作战的优势，继承发扬以任中敏先生为代表的老一代学术大师的风范，对内涵丰富、底蕴深厚的中国传统文化包括区域文化进行多方面的综合研究，挖掘整理其丰厚资源并赋予时代精神，阐扬其独特蕴涵并寻找其与当前经济建设、社会建设、政治建设、文化变革相结合的生长点，以求对地方乃至全省经济社会发展作出积极的贡献。

江苏省人民政府在"九五"和"十五"期间对扬州大学进行重点投资建设的基础上，在"十一五"期间对扬州大学继续予以重点资助，主要培植能够体现学科交融、具有明显生长性且预期产生良好经济、社会效益的五大重点学科，其中包括从人文社会科学诸学科中凝炼而成的"人文传承与区域社会发展"重点学科。这一重点学科的凝成体现了将江苏优秀的古代文化与灿烂的现代文明有机交融、相得益彰、交相辉映和发扬光大的理念，符合扬州大学人文社会科学诸学科已有的专业背景、研究基础和今后的学科发展和学术追求。该重点学科包括"文学转型与区域社会发展"和"历史文化与区域社会发展"两个研究方向，其建设的标志性成果就是以任中敏先生别号命名的《半塘文库》和以区域名称命名的《淮扬文化研究文库》，总计50余种学术专著，计1500万字。"文库"是"十五"期间"扬、泰文化与'两个率先'"重点学科研究成果的新发展，汇集了扬州大学众多学者的智慧和学识，体现了社会各方面的关心和支持，可谓是一项规模宏大、影响深远、功在当代、利在千秋的大型文化工程。可以期待，"文库"的出版将对当前物质文明、政治文明、精神文明、社会文明和生态文明等"五个文明"建设，对构建和谐社会、促进区域科学发展起到积极有力的推动作用。

在人文传承与区域社会发展研究丛书出版之际，我们向始终支持和关心"人文传承与区域社会发展"重点学科建设的教育部社科司、江苏省教育厅的领导及专家表示衷心感谢，对负责定稿的中国社会科学院诸位专家学者表示衷心感谢！同时也衷心感谢社科文献出版社的领导和编辑为丛书出版付出的辛勤劳动！

扬州大学人文传承与区域社会

发展研究丛书编辑委员会

2010 年 12 月

# 序　言

　　诺贝尔文学奖从 1901 年开始颁发，至今已步入了其历史上的第 112 年。由于两次世界大战期间先后停发了七年，而有的年份又同时颁发给了两位作家，故在此期间共有 109 人获奖。而在这个"擎着光明火炬的诺贝尔家族"①　中，有 12 位女性作家列于其中。她们是：1909 年获奖的瑞典作家塞尔玛·拉格洛夫；1926 年获奖的意大利作家格拉齐娅·黛莱达；1928 年获奖的挪威作家西格丽德·温塞特；1938 年获奖的美国作家赛珍珠；1945 年获奖的智利作家加夫列拉·米斯特拉尔；1966 年获奖的瑞典作家奈丽·萨克斯；1991 年获奖的南非作家纳丁·戈迪默；1993 年获奖的美国作家托妮·莫里森；1996 年获奖的波兰作家维斯瓦娃·希姆博尔斯卡；2004 年获奖的奥地利作家埃尔夫丽德·耶利内克；2007 年获奖的英国作家多丽丝·莱辛；2009 年获奖的德国作家赫塔·米勒。

　　不知诺贝尔评奖委员会评奖的时候是否在意获奖者的性别——应该是在意的，因为在给拉格洛夫的颁奖词中，颁奖者就有意提到了她的性别："今年的诺贝尔文学奖将颁发给瑞典优秀的女作家——塞尔玛·拉格洛夫"②。本书是基于性别因素将迄今为止获

---

① 彭诗琅、廖隐邨主编《诺贝尔文学奖金库》，中国社会出版社，1998，第446 页。
② 彭诗琅、廖隐邨主编《诺贝尔文学奖金库》，第 87 页。

诺贝尔文学奖的 12 位女作家列为研究对象。

对于诺贝尔文学奖，笔者的一贯想法是："诺贝尔文学奖就是诺贝尔文学奖，是按诺贝尔的遗愿颁发的奖项，并不是按照全世界人民的意愿颁发的奖项；它是由瑞典文学院执行评奖的奖项，不是由全世界各国人民投票选举的奖项。所以，只要符合诺贝尔的遗愿，只要瑞典文学院认定符合他们的评选规则，那就是诺贝尔文学奖。会不会有一个由全世界各国文学界共同评定的文学大奖呢？这是个未知数，但绝不能把诺贝尔文学奖这个只具有国际性的大奖的文学奖项等同于由全世界各国学者共同评定的奖项。"① 所以，人们没有必要总是限于此奖项的公平与否的争议之中。应该说，诺贝尔文学奖得主的队伍中出现了上述这些女作家的身影，是一件可喜的事。也许，她们并不都是世界上最杰出的女作家，但是，她们能够登上诺贝尔文学奖这个奖台，肯定有她们各自的精彩。

本书的研究价值主要有以下三个方面。

第一，是对这 12 位女作家的创作分别给予了独特的观照。这 12 位作家是 12 个独立的个体，她们的成长历程和创作历程都有各自独特的轨道。所以，不能因为她们在获奖队伍中的相同性别而将其进行简单的归类。本书首先坚持将她们视为 12 个独立的研究对象，深入探究她们的创作对世界文学的独特贡献。这显示了本书研究的个案性价值。

第二，是对这 12 位女作家的创作给予整体观照。在坚持进行个案研究的基础上，本书又重视对这个群体的整体研究。这个"群体"实际上并不是一个"群"，她们生活在不同的国度，甚至生活于不同的世纪，譬如，第一个获奖的塞尔玛·拉格洛夫和最后一位获奖的赫塔·米勒，她们的获奖时间就已有百年之隔，所以她们并不可能自视为一个"群"。但是，诺贝尔文学奖颁奖委员会却

---

① 肖淑芬：《诺贝尔文学奖精品透视》，黑龙江人民出版社，2004，第 2 页。

无意中在这个奖台上为她们建构了一片园地，并在不同的时间分别将她们植于这个园地之中，她们显性的标识是"女性得主"。于是，以研究者的视角观之，她们又可以被称为一个"群"。既然是"群"，就是一个整体，就会有一些值得思考和研究的共性的问题，譬如，她们的文学精神与诺贝尔文学奖的评定宗旨有怎样的契合？是什么东西支撑了她们的获奖？她们各自的精彩又怎样反映了女性创作的共性？由此，这显示了本书研究的系统性价值。

第三，是通过这12位女作家来透视20世纪以来世界文学中的女性创作的风貌。正如虽然只有109位作家获奖，但世界上却有无数的作家在创作一样，虽然只有12位女作家获此奖项，但世界上却有无数的女性作家在创作（这无以数计的作家的创作并非是为了得个什么奖项，他们的终极目标只为文学），那么，人们要想研究分散在世界各地的女作家的创作，必然要找到一些透视孔，而这12位女作家的创作带来了世界多国女性作家写作的多样信息。因此，对此展开研究，可取得以一斑窥全豹的效果。这显示了本书研究的普遍性价值。

本书的撰写体例是：按照12位女作家获奖时间的先后排列，每位作家单列一章，共十二章，每章四节。

每章的第一节，是对获奖女作家创作的整体概观。在对她们的创作进行分期时，都是根据这些作家各自的独特性展开。譬如，对多丽丝·莱辛是按其居所的变化而划分；对赫塔·米勒是按其作品的出版地来划分；对奈丽·萨克斯是依据其生活中的变故来划分，等等。

每章的第二节，是探讨每位作家笔下的独特的文学观念。尽管这些作家的强项都是文学创作而非理论研究，但是她们在有意或无意间都触及了文学创作和批评理论上的诸多问题，不过她们的这些理论建树很少受到人们的重视，而且，这些作家又并非刻意而为之，也就成为它们被人们忽视的一个理由。但是，这又的确是她们的理性思考的闪光点，所以，本书将其挖掘出来。这些理性的思考就像 12 颗串珠，串成一条理论的彩链，对人们理解她们的文学创作是十分有益的。这 12 颗串珠即是塞尔玛·拉格洛夫的关于作家成功的多元因素探寻："链条关系"；格拉齐娅·黛莱达的美学思考："全部的美都孕育于赤裸之中"；西格丽德·温塞特的关于文学的民族性思考：不穿"裤子改的大衣"；赛珍珠的强调文学创作要有说书人的观念：我是一个说书人；加夫列拉·米斯特拉尔所强调的艺术家的作为：灵魂写作；奈丽·萨克斯对诗的命脉的探寻："脉搏和呼吸创造了诗"；纳丁·戈迪默的天然作家论：言为心声的践行；托妮·莫里森在文学创作中所追求的永恒的美丽："绝对的政治性"的呐喊；维斯瓦娃·希姆博尔斯卡的"我不知道"：诗的求索；埃尔夫丽德·耶利内克所强调的作家的立场：局外人视角；多丽丝·莱辛所关注的作家修养："作家不会出自没有书的房子里"；赫塔·米勒的创作观念："迷失"。

　　每章的第三节和第四节都是走进作家的文本深处，对她们创作的某一方面展开深入的研究：或是探寻她们笔下的小说模式；或是挖掘她们文本中的思想内涵；或是讨论她们所接受的哲学思想的影响；或是感悟她们的文学风格，等等。

　　总之，上述这些研究对诺贝尔文学奖获奖作家作品的整体研究、对女性文学及其相关领域的研究都具有一定的启示意义。

# 目　　录

第一章　塞尔玛·拉格洛夫 ………………………………… 1

第一节　瑞典韦姆兰的理想主义作家 ……………………… 2

第二节　文学家成功的"链条关系" ……………………… 11

第三节　童趣与睿智的小说世界 …………………………… 16

第四节　生态观照：倾听"大自然的心声" ……………… 35

第二章　格拉齐娅·黛莱达 ………………………………… 45

第一节　意大利撒丁岛的写实主义作家 …………………… 46

第二节　全部的美都孕育于赤裸之中 ……………………… 54

第三节　忏悔救赎：小说情节建构的独特模式 …………… 62

第四节　依山傍水写春秋 …………………………………… 65

第三章　西格丽德·温塞特 ………………………………… 73

第一节　挪威考古学门庭的历史小说家 …………………… 74

第二节　量身定做：不穿"裤子改的大衣" ……………… 82

第三节　文学想象：作家与史学家有相等的权利 ………… 86

第四节　解构宏大：历史小说的生活化书写 ……………… 93

第四章　赛珍珠 …………………………………………… 102

第一节　美国的"一座沟通东西方文明的人桥" ………… 103

第二节　京口瓜洲：我是一个说书人 …………………… 109

第三节　失语寻因：近观阿兰 …………………………… 123

第四节　《庭院里的女人》中的"东方主义" ………… 128

**第五章 加夫列拉·米斯特拉尔** ································· 138

第一节 智利圣地亚哥的抒情诗人 ························· 139

第二节 灵魂写作:艺术家的作为 ························· 146

第三节 生态书写中的审美追求 ·························· 150

第四节 文学偶像:超越时空的心灵契合 ·············· 159

**第六章 奈丽·萨克斯** ············································ 167

第一节 瑞典的犹太裔歌者 ······························· 168

第二节 脉搏和呼吸创造了诗 ···························· 175

第三节 历史记忆:诗与真 ······························· 184

第四节 情愫凝重:悲壮与崇高 ························· 197

**第七章 纳丁·戈迪默** ············································ 208

第一节 南非斯林普斯的"史诗"作家 ·············· 209

第二节 天然作家:言为心声的践行 ·················· 217

第三节 《写作与存在》的真谛 ························· 222

第四节 种族矛盾的多重书写 ···························· 234

**第八章 托妮·莫里森** ············································ 243

第一节 美国俄亥俄州的黑人作家 ····················· 244

第二节 "绝对的政治性"的呐喊 ····················· 253

第三节 《宠儿》叙事的模糊性 ························· 256

第四节 《宠儿》与《汤姆大伯的小屋》的互文性 ········ 264

**第九章 维斯瓦娃·希姆博尔斯卡** ··························· 280

第一节 波兰克拉科夫的哲理诗人 ····················· 281

第二节 我不知道:诗的求索 ···························· 291

第三节 哲理入诗自有权利 ······························· 295

第四节 诗与"问题" ····································· 313

**第十章　埃尔夫丽德·耶利内克**……………………………… 324

　第一节　奥地利施蒂利亚的女性主义作家……………………… 325

　第二节　立足"局外"………………………………………… 333

　第三节　存在主义哲学的深刻影响…………………………… 336

　第四节　批评旋涡中的"性"写作…………………………… 348

**第十一章　多丽丝·莱辛**………………………………………… 355

　第一节　英国文学的一棵"不老松"………………………… 356

　第二节　作家不能出自没有书的房子………………………… 364

　第三节　妇女写作传统的继承与拓展………………………… 370

　第四节　女性主义写作：从青年到夕阳时节………………… 384

**第十二章　赫塔·米勒**…………………………………………… 398

　第一节　德国文坛上书写"记忆"的作家…………………… 399

　第二节　迷失：作者与读者的牵制…………………………… 409

　第三节　跳出规则……………………………………………… 416

　第四节　散文的"昏暗"风格………………………………… 431

**参考文献**……………………………………………………… 440

**附录一**　《诺贝尔文学奖获奖作家作品女性形象论·

　　　　序》……………………………………………… 文美惠/449

**附录二**　《诺贝尔文学奖精品透视·序》………… 肖淑芬/451

**附录三**　《诺贝尔文学奖百年大观·序》………… 乐黛云/453

**附录四**　诺贝尔文学奖获奖者名单………………………… 455

**观"虎"——代后记**………………………………… 肖淑芬/460

# 第一章
# 塞尔玛·拉格洛夫

Selma Lagerlof

　　不仅我欠了人间的债，对大自然，我也欠了债。因为，飞禽走兽、树木森林、鲜花青草，无不向我吐露了他们的秘密，无不使我的创作得益。

——塞尔玛·拉格洛夫

塞尔玛·拉格洛夫（Selma Lagerlof，1858～1940 年），瑞典作家，1909 年因"在瑞典国内外广受热爱的作品中所显示出的丰富想象力、理想主义和叙述天才"① 而获得诺贝尔文学奖。她是迄今为止 12 位获此奖项的女作家中的第一人。

## 第一节　瑞典韦姆兰的理想主义作家

有一位作家曾经以"呼唤"的形式邀请世人去光顾世界上一个叫韦姆兰的地方："我们呼唤所有的意大利旅行家，所有的阿尔卑斯山攀登者，所有向往南海诸岛的人们，他们切不可忽略其他的地方。他们一定要来这里，看一看韦姆兰，没有什么地方比这里更漂亮。"② 发出这个邀请的即是诞生在这片土地上的著名女作家塞尔玛·拉格洛夫。任何一位想要了解拉格洛夫的人，恐怕都要从韦姆兰出发。

1858 年 11 月 20 日，塞尔玛·拉格洛夫出生于瑞典韦姆兰省的莫尔巴卡庄园。她的父亲艾里克·古斯塔夫·拉格洛夫有着较好的音乐与文学素养，空闲时间喜欢谈琴、唱歌、诵诗，并常常给孩子们讲述童话故事与英雄传奇。父亲的多才多艺以及对文学的热爱深刻地影响了拉格洛夫。拉格洛夫出生后不久就患了脚疾，3 岁半时她的双脚已经完全麻痹不能行动，从此以后她只能坐在椅子上听祖母、姑妈和其他一些人讲传说和故事。7 岁以后拉格洛夫开始大量地阅读儿童故事和文学名著，从中汲取了丰富的精神养分。一次偶然读到的一本关于美国印第安人的冒险传说，其文笔的生动激发起拉格洛夫将来要从事写作的愿望。此后她的双腿经过长期治疗后勉强能像健康人一样行走，但是走起路来仍然有一点儿跛。尽管拉

---

① 〔瑞典〕克拉斯·阿纳斯丹特：《颁奖词》，载塞尔玛·拉格洛夫著《骑鹅历险记》，石琴娥、斯文、陈文荣译，漓江出版社，1996，第 665 页。

② 〔瑞典〕塞尔玛·拉格洛夫：《风景如画的韦姆兰》，载彭诗琅、廖隐郓主编《诺贝尔文学奖金库》，中国社会出版社，1998，第 3136 页。

格洛夫患有脚疾行动不便，但这并未影响她对生活的热忱和乐观的态度。她喜欢听老人们讲述那些生动而传奇的故事，并坚持学习与阅读，从书籍中汲取丰富的知识。走出了充满幻想与憧憬的少年时代后，步入青年时期的拉格洛夫开始从事创作，不久便被推为家乡韦姆兰的乡土诗人。1881年，在女作家爱娃·费里赛尔的鼓励下，拉格洛夫前往斯德哥尔摩的一所女子高中就读，准备升读高等师范学院，而后于1885年顺利从斯德哥尔摩的皇家女子师范学院毕业。毕业后，拉格洛夫成为南部伦茨克兰的一所女子学校的教员。教学之余，她继续从事文学创作，并积极参加呼吁世界和平的一些活动。就在这一年，拉格洛夫的父亲去世，这对她的生活产生了很大的影响。1888年，莫尔巴卡庄园这个作者从出生时就一直居住的地方被迫卖掉，她离开了自己生活多年的家园，同时也真正开始了她的创作道路。1891年，拉格洛夫的第一部文学作品《古斯泰·贝林的故事》（*Gösta Berlings saga*，1891）出版，但这部以19世纪20年代一位年轻牧师的遭遇为主要情节的小说在当时并未取得很大的反响，该作出版后所面临的沉寂让拉格洛夫感到了疲惫与失望，但是，她并没有因此停下创作的脚步。1894年，她又发表了短篇小说集《无形的链锁》（*Osynliga länkar：berättelser*），该书一经出版就成了畅销书，她的创作情绪得到了激励。这一时期她的主要作品还有赞扬宗教慈善事业的小说《假基督的故事》（*Antikrists mirakler：roman*，1897）和以巴勒斯坦的瑞典移民的生活为题材的史诗小说《耶路撒冷》（*Jerusalem：två berättelser*，1901~1902），后一部作品被认为是她的艺术才华发展到新高度的体现。1902年，拉格洛夫受瑞典小学教师协会的委托，要为孩子们编写一本有关瑞典历史、地理、风土人情和动植物的教科书，4年后这部以童话形式写成的长篇小说《骑鹅历险记》（*Nils Holgerssons underbara resa genom Sverige*，1906~1907）出版了。1909年，作为诺贝尔文学奖东道主的瑞典学院将该年度的这一奖项颁给了这位"瑞典杰出的女儿"，以表彰其在文学创作上所取得的杰出成就。就女作家问鼎此奖项而言，拉格洛夫显然是居于开先河者的位置。

得奖后，一直挂念故土的拉格洛夫用获得的奖金买回了莫尔巴卡庄园，并于 1915 年搬回故乡居住，在过着隐居的田园生活的同时，继续从事创作。拉格洛夫终身未婚。在去世前不久，拉格洛夫还以她个人的影响力，通过瑞典皇室向德国纳粹政权交涉，营救出了犹太裔女作家奈丽·萨克斯以及她的母亲。萨克斯在此后于 1966 年也获得了诺贝尔文学奖。

1940 年 3 月 16 日，由于突患脑溢血，拉格洛夫这位将一生奉献给文学事业的女作家永远离开了她眷恋的故土。

拉格洛夫一生文学成就卓著，故诺贝尔颁奖委员会在评价她的创作时说："她的作品落笔不凡，那惊人的想象力是自从阿尔姆克维斯特（Carl Jonas Love Almqvist）之后无与伦比的"[①]。若对其创作历程进行分期，有必要先观其主要作品目录，见表 1-1。

**表 1-1　拉格洛夫的主要作品目录**

| 出版时间 | 作品 | 评述 |
|---|---|---|
| 1891 年 | 处女作《古斯泰·贝林的故事》 | 以理想主义的基调书写对故乡故园的眷恋 |
| 1894 年 | 短篇小说集《无形的锁链》 | 浪漫主义与现实主义风格交织，以感伤的笔调描写人们辛酸的生活 |
| 1897 年 | 长篇小说《假基督的奇迹》 | |
| 1899 年 | 短篇小说集《孔阿海拉的皇后》<br>长篇小说《一个庄园的传说》 | |
| 1901～1907 年 | 长篇小说《耶路撒冷》（1～2） | |
| 1904 年 | 短篇小说集《基督的故事》<br>长篇小说《阿尔奈先生的钱》 | |

---

① 彭诗琅、廖隐邨主编《诺贝尔文学奖金库》，第 85 页。

| 出版时间 | 作　品 | 评　述 |
|---|---|---|
| 1906～1907 年 | 童话巨著《骑鹅历险记》 | 童趣盎然而又寓意深刻 |
| 1911 年 | 长篇小说《利尔耶克鲁纳之家》 | 以浪漫主义为主要手法，以人生回忆为主要内容，表达作者对人生、对家国热爱和眷恋的情感 |
| 1912 年 | 长篇小说《车夫》 | |
| 1914 年 | 长篇小说《普初里加的皇帝》 | |
| 1915～1921 年 | 短篇小说集《巨人和人》 | |
| 1918 年 | 长篇小说《被开除教籍的人》 | |
| 1922 年 | 回忆录《莫尔巴卡》 | |
| 1925～1928 年 | 长篇小说《罗文舍尔德家族的戒指》<br>长篇小说《夏劳特·罗文舍尔德》<br>长篇小说《安娜·斯凡尔德》 | |
| 1930 年 | 回忆录《一个孩子的回忆》 | |
| 1932 年 | 回忆录《日记》 | |
| 1933 年 | 短篇小说《秋天》 | |
| 1938 年 | 短篇小说《圣诞节的故事》 | |

　　注：此表根据相关材料自制。

　　纵观拉格洛夫的生活轨迹与创作历程，可根据其"居住庄园——离开庄园——回归庄园"的经历将她的创作分为三个时期：1888 年以前为创作早期；1888～1915 年为创作中期；1915～1940 年为创作后期。

## 一　创作早期

　　1888 年以前，拉格洛夫始终生活在韦姆兰省的莫尔巴卡庄园。在这里，她度过了美好的童年和少年时光，并在这里开始了她最初的创作。但遗憾的是，作家最早期的作品并未公开发表。

　　通过相关资料可以得知，在这一时期，拉格洛夫以听到的传说故事和生活中的阅读经验为基础创作了一些诗歌。之所以将这一时期单独地作为早期创作阶段而列出，是因为拉格洛夫在这段时期内的生活与经历几乎影响了她以后乃至一生的创作风格。因为患有脚疾，拉格洛夫不能像正常人一样同外面的世界接触，但是，父亲对生活的乐观态度以及对文学的热爱为年幼的她开启了另一扇通往未来的大门。拉格洛夫的祖母和姑妈在她的成长过程中也扮演了重要的角色，两位妇人似乎总有讲不完的韦姆兰民间传说和故事，尤其是她的祖母，讲起故事来娓娓动听、声情并茂，孩子们都喜欢从早到晚地围着她来听她讲的故事。在这一时期，拉格洛夫广泛接触了瑞典和北欧的诗人、作家以及韦姆兰地方的民间传说和故事，这些丰富的文化遗产给拉格洛夫以后的创作提供了丰富的素材，并影响着她以后的创作风格，文学的种子已经开始在她心中扎根。

## 二　创作中期

1888～1915年，是拉格洛夫离开莫尔巴卡庄园的时期，而此时也是她创作的黄金时期。这个时期她创作了大量优秀的文学作品，主要包括《古斯泰·贝林的故事》、《无形的锁链》、《假基督的奇迹》、《孔阿海拉的皇后》（ *Drottningar i Kungahälla*, *jämte andra berättelse*r，1899）、《一个庄园的传说》（ *En herrgårdssägen*，1899）、《耶路撒冷》、《基督的故事》（ *Kristuslegender*，1904）、《阿尔奈先生的钱》（ *Herr Arnes penningar*: *berättelse*，1904）、《骑鹅历险记》等。

19世纪后期，瑞典资本主义日趋发展，新兴资产阶级的力量日益强大，随之而来的是自给自足的庄园小生产经济逐渐破产解体，庄园主日趋破落。和其他庄园一样，莫尔巴卡庄园也从兴盛走向了没落，最后在19世纪80年代末被卖掉了。拉格洛夫十分怀念曾经幸福美好的庄园生活，她的第一部作品《古斯泰·贝林的故事》以非常浓烈的怀旧感再现了庄园生活风貌，抒发了自己的思乡之情。作品讲述了19世纪20年代寄居在乡间地主庄园上的一群食客的故事，将昔日贵族和食客们的生活诉诸笔端，并且把民间广泛流传的食客冒险故事和颂扬忠贞爱情的民间传说巧妙地穿插在一起，浪漫色彩极为浓厚。这部作品之所以意义不凡，不仅由于它明确地破除了那个时期流行的不健康的、虚假的现实主义，而且也因为它有自己独树一帜的创新风格。这部作品中已经体现出了拉格洛夫令人赞叹的想象力，而这种想象所创造出来的人物和情节无论多么奇异、罕见，在她的生花妙笔之下又都是栩栩如生、形神兼备。然而这部作品起初在瑞典并没有多少人问津，甚至还遭到了一些评论家的批评。正是这部作品所受到的冷遇曾使拉格洛夫产生了挫败感。但很幸运的是，1893 年 1 月，一个意外的事件促使拉格洛夫的创作生涯出现了关键性的转折——著名的丹麦文学评论家乔治·勃朗兑斯在哥本哈根的《政治》报上发表了赞赏《古斯泰·贝林的故事》的评论文章。这不仅使《古斯泰·贝林的故事》在丹麦受到了欢迎，而且也改变了瑞典国内评论界对这部作品以及对拉格洛夫本人的冷淡态度。1894 年，拉格洛夫的短篇小说《无形的锁链》成了畅销书，这一成功极大地鼓舞了她的创作信心，她辞掉了教员的工作，潜心于文学创作。同年，她结识了一生的挚友苏菲·埃尔康。在与苏菲·埃尔康一同游历了意大利西西里岛后的第二年，拉格洛夫发表了长篇小说《假基督的奇迹》。这部作品是以意大利的社会生活为题材的，这也是她唯一的一部不以瑞典和瑞典传统为背景的作品。

　　19 世纪末的瑞典经济衰败，大批工人、农民迫于生计背井离乡，每年大约有 25000 人移居到美国。但是 1869 年在拉格洛夫的家乡韦姆兰省以北的达拉那省，却有 40 多个村民声称他们听从上帝的召唤而向耶路撒冷迁居。这一异常的举动引起了拉格洛夫的关注，经过实地考察，她开始以此为素材的创作，并于 1901 年和 1902 年分上、下两部出版了小说《耶路撒冷》，作品中反映了这场宗教运动给农村带来的破坏和信徒们迁居后所经受的苦难。拉格洛夫用动人的呼号道出了他们灵魂最深处的秘密，并且以最富有诗意的同情笔调对他们令人心酸而又朴实无华的生活作了绘声绘色的描写。《耶路撒冷》和《假基督的奇迹》相较于拉格洛夫的其他作品，具有比较明显的现实主义特色。此后，1904 年拉格洛夫发表了长篇小说《阿尔奈先生的钱》，这是一个根据 16 世纪流传在瑞典西海岸的古老传说写成的一个谋财害命的故事，此时拉格洛夫再次回归了她的浪漫主义风格。

在创作《耶路撒冷》第二部的时候，拉格洛夫接受了瑞典小学教师协会的邀请，要写一本有关瑞典的历史、地理、风土人情和动植物的教科书。1904 年的夏天，拉格洛夫开始了在瑞典全国各地的考察活动，为写作"一本关于瑞典的、适合孩子们在学校阅读的书……一本富有教益、严肃认真和没有一句假话的书"① 做充分的准备。1906～1907 年，《骑鹅历险记》被作为历史和地理教科书分上下两册出版。这部童话巨著使她饮誉国际文坛，赢得了与丹麦童话作家安徒生齐名的美誉。作品中的主人公尼尔斯是个淘气的孩子，因恶作剧得罪了精灵，被精灵用魔法变成指头一般大的小人儿，他骑在鹅背上漫游了整个瑞典，经历了各种冒险，欣赏了祖国的美景，结识了很多朋友，最终改掉了所有不好的习气，成长为一个勇敢、善良和有爱心的好孩子。凭借这部童话巨著，拉格洛夫在国内外的声望大幅提高，在世界范围内得到了认可和喜爱。1909 年她获得了诺贝尔文学奖，又于 1914 年当选为瑞典学院院士，挪威、芬兰、比利时和法国等国还把本国的最高勋章授予她。在这部作品中，拉格洛夫并不满足于仅仅描写景物外在的美，凡是她笔触所及的世间万物，包括花草树木、山水景物、鸟兽家禽等，都有属于自己的十分真实而又生趣盎然的生活。她那热爱人生的目光探索着生命的内涵，她那敏锐的心灵感知了大自然的心声。她通过不同的角色，把深藏在神话故事、圣经故事以及时下传闻逸事之中的神韵表现出来。拉格洛夫通篇运用浪漫主义手法，引领读者进入一个美与真的童话世界。

---

① 〔瑞典〕塞尔玛·拉格洛夫：《骑鹅历险记》，石琴娥、斯文、陈文荣译，漓江出版社，1996，第 269 页。

　　这个时期拉格洛夫的创作呈现出来的特点是理想主义追求十分鲜明，并与现实主义交织。语言纯粹清新，风格优雅婉约，想象力丰富。这是由于作者在游历和考察中增广了见闻，对现实投入了更多的关注，并且熟练地运用了民间故事和传说，书写了现实生活中人们的多层面的生活，并把伦理的力量和虔诚的宗教感情融入其中。这一时期的创作为她夺得诺贝尔文学奖的桂冠提供了有力的支持。

### 三　创作晚期

　　1915～1940 年，是拉格洛夫重返莫尔巴卡庄园的时期。这一时期她除了经营庄园，还继续从事文学创作。回忆录《莫尔巴卡》（*Mårbacka*，1922）和《罗文舍尔德》三部曲——《罗文舍尔德家族的戒指》（*Löwensköldska ringen*，1925）、《夏劳特·罗文舍尔德》（*Charlotte Löwensköld*，1925）和《安娜·斯凡尔德》（*Anna Svärd*，1928）都是这一时期的主要作品。即使到了晚年，拉格洛夫依然辛勤地创作，出版了回忆录《一个孩子的回忆》（*Ett barns memoarer*：*Mårbacka* Ⅱ，1930）和《日记》（*Dagbok*：*Mårbacka* Ⅲ，1932）。82 岁高龄时的拉格洛夫原计划为她的挚友苏菲·埃尔康撰写一本传记小说，可惜只写了两章，却不幸由于脑溢血于 1940 年 3 月 16 日清晨去世。

　　这一时期拉格洛夫的创作又回归到纯粹的理想主义，回归心灵的居所。此时其作品的题材都以回忆往昔为主，仍然都是体现瑞典的文学传统，并结合浪漫主义的创作手法。

　　最后，有必要说明一下：为什么要以拉格洛夫与莫尔巴卡庄园的关系为依据来考虑作者的创作分期呢？因为拉格洛夫的一生与莫尔巴卡庄园的关系与感情实在不一般。拉格洛夫出生于莫尔巴卡，但莫尔巴卡一度被出卖，后来拉格洛夫尽其所能令它失而复得。所以，拉格洛夫与莫尔巴卡庄园的感情是格外深厚的，它不仅是她的生活家园，也是她的精神家园。无论莫尔巴卡是归其所有还是失去，乃至复得的各个时期，拉格洛夫的创作始终与其有着十分重要的关系。正如她自己所说："莫尔巴卡庄园有着古老的传统和丰富的传说，在那里居住的人温柔又友爱，如果我不是在这样的庄园里成长的话，我是决计成为不了一个作家的。"①

　　所以，在总观了拉格洛夫一生的创作后，细观一下拉格洛夫的创作与莫尔巴卡庄园的关系，也未尝不是最好的总结。这种关系可见表1-2。

表1-2　拉格洛夫的创作与莫尔巴卡庄园的关系

| 时间 | 地点 | 作品 | 创作内容 | 艺术风格 |
|---|---|---|---|---|
| 1858~1888年 | 居于庄园 | 未发表的诗歌作品 | 以祖母、姑妈、父亲讲的故事和自己的阅读为基础进行创作 | 在庄园中成长和学习，艺术风格尚未成熟 |
| 1890~1915年 | 远离庄园 | 《古斯泰·贝林的故事》《无形的锁链》《假基督的奇迹》《孔阿海拉的皇后》《一个庄园的传说》《耶路撒冷》《基督的故事》《阿尔奈先生的钱》《骑鹅历险记》《利尔耶克鲁纳之家》《车夫》《普初里加的皇帝》 | 熟练地运用民间故事和传说，书写现实生活，书写对莫尔巴卡庄园的思念，书写人与自然，并把伦理的力量和虔诚的宗教感情融入其中 | 理想主义逐渐成熟，与现实主义交织。失去庄园的痛苦给作品增添浓厚的怀旧情绪 |
| 1915~1940年 | 重返庄园 | 《巨人和人》《被开除教籍的人》《莫尔巴卡》《罗文舍尔德》三部曲《一个孩子的回忆》《日记》《秋天》 | 书写自己的人生，回忆在莫尔巴卡庄园的美好时光，表达对祖国、对人生的眷恋 | 回归纯粹的理想主义。作品的意境宁静而深远 |

　　注：此表为自制。

---

① 〔瑞典〕塞尔玛·拉格洛夫：《骑鹅历险记·前言》，第2页。

## 第二节　文学家成功的"链条关系"

作为作家，拉格洛夫并没有太多的理论著述，不过，她的文艺思想仍散见于其他相关的论述中，其中作家成功的"链条说"就是比较具代表性的见解。

何为"链条说"？拉格洛夫本人当然并没有为自己的见解作过如此的命名，不过她在对自己的文学创作获得成功之原因的追问中，牵出了一个链条关系：在她看来，一个作家的成功并非是一个孤立的现象，而是有一个环环相扣的链条共同支撑的结果。这里，笔者将其称之为"链条说"，而此种见解于文学研究领域中的作家研究是有特殊意义的。

拉格洛夫的"链条说"出现在她的诺贝尔文学奖的受奖词中。在接受诺贝尔文学奖的庄严时刻，她以虚构的在天国中与父亲的一番对话，说明她作为作家的成功应该感谢许多人，正是这许多的被感谢者给了她成功所需的必要支撑。

第一，她认为首先应该感谢自己的父亲，因为她最先欠的是父亲的"债"。她说："父亲，因为这是您开的头。您还记得吗？您以前常弹钢琴，唱贝尔曼的歌给我们听。每年冬天，您不是至少都要让我们朗诵两回泰格奈尔、鲁内贝里和安德森的诗吗？我现在欠的债就是这样开始的。"[①] 在这里，拉格洛夫的意思是每个作家都要感谢自己最早的启蒙老师，而这启蒙老师因人而异，对有些人而言是自己的父母；对另一些人而言是自己的奶娘；对其他一些人而言，可能又是另外的人。而对拉格洛夫来说，她的祖母、姑妈和父亲都对她给予了文学的启蒙。说到父亲，拉格洛夫不光记得前文提到的她欠父亲的那些"债"，而且还曾记下了自己儿时关于父亲的

---

① 彭诗琅、廖隐邨主编《诺贝尔文学奖金库》，第88页。

其他记忆："他总是带着两个最小的孩子到农庄办事处去，那是在另一幢建筑物里面，离住宅并不太远。"而这里面有一个书柜。在书柜里，"好些本《欧洲文艺》年刊和荷马、西塞罗、李维的作品挤在一起。彼得大帝和菲特烈大帝的历史，由于那暗褐色的厚纸板装订的书面，也被流放到了这儿。"①而父亲的这些书籍无疑都成了她童年成长的背景因素之一。所以，拉格洛夫认为，一个作家的成功，启蒙者是功不可没的。

第二，她认为应该感谢文学的历史、文学的传统、文学的"先人们"。因为"先人们教会了我热爱神话传奇、英雄故事；热爱我们生活的土地；热爱我们人类的生活，不论是贫穷或富贵。"②这就是说，文学的历史是一片丰沃的土壤，它提供给作家所需的各种养分；同时也说明文学的历史是跨越时空的传承，它可以在新的时空中哺育一批批新人，而且新人们在这浩瀚的文学历史中可以根据自己的兴趣与爱好有选择地吸收。譬如拉格洛夫，她最感兴趣的是"神话传奇""英雄故事"。于是，她在文学的历史、文学的传统中汲取了这方面的营养，而又通过自己的写作将其传承下去。就这样，她自己也成为文学历史传承链条中的一个环儿。每个成功的作家都是这样融入文学的历史中去的。

第三，她认为应该感谢民间文学的丰富宝藏。客观地说，任何一个成功的作家都和民间文学有着血脉相连的关系。普希金是听着奶娘所讲的故事长大的，艾青倾情书写的《大堰河——我的保姆》更是说明了民间文学是哺育作家的摇篮。民间文学是一片广袤的土壤，拉格洛夫这样描述道："有些贫穷的无家可归的流浪汉，在威姆兰特各处卖艺，演滑稽戏、唱童谣，难道他们的表演对我没有影响吗？还有那些住在林边的灰色小屋里的老人们，

---

① 〔瑞典〕拉格洛夫：《午睡》，载彭诗琅、廖隐郸主编《诺贝尔文学奖金库》，第3142页。
② 彭诗琅、廖隐郸主编《诺贝尔文学奖金库》，第88页。

他们给我讲水妖、神奇的巨人和被魔法迷住而进了山的少女们的故事。正是他们使我能从坚硬的岩石和黑暗的森林中读出了蕴藏的诗意。"[①] 这些都是作家所亲身经历的。除此之外，还有修道院的修士、修女们以及瑞典的农民，他们都给她讲述了很多的民间故事。她认为自己欠了这些人的"债"，因为他们不仅让她的创作有了更加丰富的素材，而且从根本上说，是他们给了她最丰富的文学感悟。

第四，她认为应该感谢自己的写作对象。每个作家笔下展现出来的写作对象都是不同的，而这些写作对象背后要传递出来的感情也是不一样的。拉格洛夫认为自己不仅欠她笔下的瑞典农民的"债"，而且也"欠整个大自然，飞禽走兽、花草树木，它们无一不把自己的奥秘告诉了我。"[②] 这里，拉格洛夫是谦逊的，大自然并不能开口把自己的奥秘告诉她，而是她通过自己的心灵读懂了大自然。但是，她说得十分在理，若没有大自然的存在，没有大自然为她提供这么丰富的写作对象，她的如椽之笔如何能有所作为呢？

第五，她认为她应该感谢当代的文学环境和文坛精英。一个人的成功不会孤立于历史之外，也不会孤立于他所生存的环境之外，拉格洛夫深刻体会到了这一点："那些教我写得一手漂亮的瑞典文的人，也是我的债主。还有从前那些写散文、韵文的好手。那些先驱者将写作变成了一门艺术，并加以发扬光大。当我还是个孩子时，我同样受惠于那些我国的、挪威的大作家们，我又如何算得清这笔债呢？"[③] 是的，她读过瑞典诗人雷德贝里、斯诺伊尔斯基、海登斯塔姆、弗勒丁、卡尔费尔特的诗歌，也读过瑞典作家斯特林堡、耶伊尔斯坦姆、莱韦尔廷、哈尔斯特伦等人的剧作和小说，她也读了瑞典历史作家索菲·艾尔肯的作品，更熟悉瑞典女作家安

---

① 彭诗琅、廖隐邨主编《诺贝尔文学奖金库》，第 88 页。
② 彭诗琅、廖隐邨主编《诺贝尔文学奖金库》，第 88 页。
③ 彭诗琅、廖隐邨主编《诺贝尔文学奖金库》，第 89 页。

妮·夏洛特·艾格伦的作品。如果说当代的文学环境为她的创作提供了一个很好的语境的话，那么，文学先辈们就是她在这个语境中可以更好地发挥文学才能的拐杖。她从他们那里受到了潜移默化的影响，大到文学题材的积累、文本结构的搭建，小到遣词造句。总之，当代的文坛、当代的作家们给了她广博的文学熏陶。

第六，她认为应该感谢读者。读者作为审美主体，是相对于作家来说的。读者对作家的作品都会有自己的审美期待，不管读完作品以后自己的审美期待有没有实现，都会给作家以后的创作带来影响，他们每次的意见反馈都会是作家成长的动力。提到读者，拉格洛夫说："我实在是承受了太多的恩情了，再也还不清了。如果没人要看我的书，我还能干什么呢？"① 她的作品受到了读者的欢迎，一方面是她本人的作品对读者来说具有很大的吸引力，另一方面是她的作品在一定程度上满足了读者的审美期待。读者的鉴赏水平是参差不齐的，但是这样也就可以让作家听到不同层面的人对自己作品的不同看法，为她的创作提供更大的拓展空间。

第七，她认为应该感谢批评家们。对于批评家，作家们的看法是有很大分歧的。1991 年的诺贝尔文学奖得主纳丁·戈迪默就曾直言："评论家？这个世界上大概只有那么一两位评论家，如果写文章评论我的书，我会有兴趣去读。也就是说，如果他们批评得十分严厉，我就会被击中要害，因为我会认为他们知道我想做什么但是未能做成。至于一般的评论，都是赞美你并未写好的那些东西，因为他们根本就不明白你想写什么。"② 显然，戈迪默只对一两位评论家有好感，而总体上对评论家是有隔膜的，但是，戈迪默的见解也是有道理的。拉格洛夫与之不同，态度非但没有那么激烈，而且公开表示对评论家的敬意。其实批评家也是读者中的一

---

① 彭诗琅、廖隐邨主编《诺贝尔文学奖金库》，第 89 页。
② 〔南非〕纳丁·戈迪默：《我儿子的故事》，莫亚平译，译林出版社，2008，第 261 页。

部分，但不同的是，读者可以带着消遣的情绪和个人的喜好来阅读作品，而批评家却是一种职业，他们需要对社会、对文学历史负责。他们总是带着批评的目光来评判文学作品，也是为了促进文学事业的进步。拉格洛夫说："我也不会忘记所有写过关于我的文章的人们，一位丹麦的著名评论家仅仅写了几个字，就在那儿为我赢得了众多的朋友。"[1] 这位评论家的名字叫乔治·勃朗兑斯。也许拉格洛夫对批评家有好感也正是因为感受到这位评论家在她的创作生涯的关键时刻所起的激励作用。其实，作家与评论家的关系是十分密切的，好的评论家如文坛上的伯乐。前文提到的戈迪默也是得力于这样的伯乐的推动才走向世界文坛的，她当然也记得这段历史："确切地说是 1946 年，南非有一位文学评论家读了我的作品，于是把这些作品寄往美国文学出版社。在美国有名望的文学杂志上发表我的作品，如：《弗吉尼亚评论》季刊和《耶鲁评论》季刊，于是我才开始有了名气。"[2] 从这样的事实看，拉格洛夫感谢批评家正是对这些伯乐的工作的肯定。

第八，她认为应该感谢在困境中给予她支持的朋友们。如果以上说的都是为她的作品而感谢的话，这里的朋友们就不仅仅是因此而得到她的感谢，而是在更广阔的层面上。她说"感谢我的忠实朋友艾塞德，在我还是个默默无闻的小辈时，他就为我四处奔波，创造机会。另外还有很多人，都十分珍视我的作品。"[3] 雪中送炭总比锦上添花更让人记忆深刻，一个生活在困境中的人对于给他帮助的人会永远铭记于心，而这种经历对于一个作家来说就是其创作的坚强后盾。

第九，她认为还应该感谢给予她奖励的人们。适当的奖励总会

---

① 彭诗琅、廖隐郇主编《诺贝尔文学奖金库》，第 89 页。
② 宋兆霖选编《诺贝尔文学奖获奖作家访谈录》，浙江文艺出版社，2005，第 314 页。
③ 彭诗琅、廖隐郇主编《诺贝尔文学奖金库》，第 90 页。

增长一个人的自信，而这种自信带来的结果会反过来促进一个人更加有所作为。拉格洛夫认为："对于那些提名我角逐诺贝尔文学奖以及决定我成为这届文学奖得主的人，我不知该说什么好！……这表明了他们对我的信任，他们将我的名字传到了全世界!"① 对一个文学家而言，诺贝尔文学奖无疑是对他们相当大的褒奖。有人获奖后会狂妄自大，也有人可能根本不屑于关注评奖者的劳动，而拉格洛夫却是秉着谦虚、感谢的姿态来对待的，认为这是她创作的新的动力。这里，应该跳出诺贝尔文学奖这个具体的奖项，拉格洛夫的意思是一个文学家应该感谢所有给予他奖励的人，包括各个层面的褒奖，哪怕是一句温馨的鼓励的话语。

综上所述，这"九谢"就是拉格洛夫的"链条说"的基本内容。"链条说"不仅体现了拉格洛夫对自己所取得的创作成就所抱有的谦虚、感恩的心态，更反映出她对促成作家成功的诸多因素的思考。这就为文学批评提供了一个新的思考点：文学创作不是一个封闭的体系，不是单一的作家闭门造车的结果。它是一个开放的过程，大凡优秀的文学作品，都是在这个开放的过程中诞生的。也就是说，一个作家的成功并不是简单的个人行为，而是凝聚了诸多的因素；一个作家的创作成就并不是孤立存在的，它是整个文学历史、文学发展链条中的一环。

## 第三节 童趣与睿智的小说世界

被人们称为"叙述天才"的拉格洛夫，在小说创作中确有自己的别具一格之处，她以生花妙笔创造了一个童趣与睿智的小说世界。

作为小说家，拉格洛夫的别具一格在多个层面上都有体现，而在笔者看来，以下三个方面更能体现其独具匠心。

---

① 彭诗琅、廖隐邨主编《诺贝尔文学奖金库》，第 90 页。

## 一 童心投射

拉格洛夫最著名的小说是《骑鹅历险记》，人们将其视为她的代表作。翻开这本小说，一页一页地读下去，渐渐地，人们眼前的文字就有了生命，有了声音、颜色、气味，并长出了小而轻巧的翅膀，这文字"精灵"随着书页的翻动千变万化，每一个故事都活灵活现地在眼前演绎。读者阅读着这样纯粹的没有一丝杂质的语言，身心愉悦，思绪被带回到遥远的童年，带回到梦一样单纯美好的岁月。这就是拉格洛夫的童话带给读者的奇妙的感受。

那么，回到理论层面上观之，什么是童话呢？童话是何时产生的？

童话或许并没有一个确切的产生时间，就像那个人们十分熟悉的话语——"很久很久以前"。若要探寻童话的发展，法国女性知识分子和18～19世纪德国的浪漫主义文学精英，毋庸置疑成为推动童话崛起的两股力量。这可见于《女性创作与童话模式》等的论述中。这两股力量使精英文化与民间通俗文化相互交融：一方面，出入法国宫廷的贵族仕女，以在沙龙聚会中讲授取材于民间并精心修饰的故事为风尚，这给日后童话的成长提供了条件，也为女性创作开辟了道路；另一方面，德国文人来到民间，在人民的日常生活中寻找真善美，他们采集、整理和加工德国的民间故事，民间故事的价值在转化为童话的过程中得以发现和提炼，以其独特的方式得到了发展。真正的童话与民间故事的区别在于，它的产生必须以把儿童视作精神独立的"人"为前提，只有当儿童在社会中有独立的人格和尊严时，文学领域和出版界才会为了迎合这一消费群体而创作。先有儿童的发现，才有童话在文学中的独立，才达到童话及其创作的自觉期。在这样的前提下，那些古老神话中的幻想故事、寓言中拟人的动物故事也都不能被当做真正的童话。应该明确的是，真正的童话必须满足为儿童而作，是儿童的专属文本这个重要的条件。在以往相当漫长的历史时期里，很多文本被误读为童话。很多"童话"其实是经过一番修饰的嘲讽寓言；另有一些取材于民间的故事看似童话也并非为儿童创作，并于其中充斥着一些不适合为儿童所阅读的内容，如谋杀、后母虐待等素材。

《骑鹅旅行记》中虽然有一些类似神话和动物拟人故事的篇章，比如远足青年讲述的耶姆特兰的巨人和雷神的故事，以及位于司康耐平原东南的格里敏古堡里面黑鼠和灰鼠大战的故事，但是整部作品的主人公是成长中的儿童尼尔斯，拉格洛夫自己也把这部书视为教育孩子们的书来创作，因此，它是一部真正的童话。安徒生写的是童话，这是尽人皆知的，而在为儿童而作这个严格的前提下，1907 年诺贝尔文学奖得主吉卜林（Rudyard Kipling）的著作《丛林之书》也是一部真正的童话。书中围绕着主人公狼孩莫格里的动物故事，不仅把儿童引进了一个新奇的想象的天地，而且通过莫格里和动物们的冒险活动，教诲儿童生活的哲理：要团结友爱、互相帮助，形成一个温暖的集体，同时，每个人都应该充分发挥自己的智慧和勇气，克服困难，和邪恶势力进行不屈不挠的斗争。可以说，拉格洛夫、安徒生、吉卜林都写过真正的童话。

那么，诸如拉格洛夫这样的女作家与安徒生、吉卜林这些男性作家与童话的关系有没有区别呢？早有理论家认定是有的。德国著名儿童文学家艾利契·卡斯特纳在 1960 年发表的国际安徒生奖受奖演说中说：女人写作儿童文学的才能不仅仅来源于记忆或讲故事的天分，还源于她的女性和母性。如果依此判断，可以说她们的才能几乎是天生的。至于男人，即使他们当了父亲、教师和心理学家，他们也是局外人。有时男人的艺术才能和生动回忆可能会掩盖了这一点，但不能改变他是天生的局外人这一基本身份。以艾利契·卡斯特纳的这段话论之，女作家与童话的关系更近，女作家对童话而言是"局内人"，也可以说是"同路人"。如前所述，童话的兴起也与启蒙思想家、知识阶层的精英人士积极介入有密切的关系，和近代社会的历史条件相互关联，是启蒙主义、浪漫主义文学思潮的副产品；同时它也是女性介入社会话语、开辟自己的一片天地的开端。女性作家的兴起是在相似的历史文化背景下发生的，女性深入创作的过程经历了民间故事的书面化、经典化并逐步走上自觉自在的书写过程，这与童话的萌芽轨迹在很大程度上有一致性。启蒙思想家呼吁的自由、平等观念所激起的思想浪潮，不可避免地在女性与儿童这两个社会的弱势群体中产生着影响。女性和儿童在相当漫长的时期内处于从属地位，都曾是社会中的弱势群体。在讨论"第二性"时，法国女性主义思想家西蒙娜·德·波伏娃就看到无论是男权社会还是女性自己，都把女人看成是永远长不大的小孩，直到18世纪，知识界才"发现"了"女人和小儿"，他们由附属的地位逐渐成为精神独立的"人"，再进一步开始自觉的自我话语的书写。女性和儿童天然的联系还表现在女性向来担负着生养子女的责任，幼年的经历会给人留下深刻的记忆，孩子对母性的原始依恋不仅是物质营养层面的需求，还有更为重要的精神抚慰。女性在抚育孩子的同时讲述了大量的童话故事，这些故事渐渐成为集体的记忆，成为人类共同的精神财富。因此，女性和童话的关系是亲密的。

拉格洛夫的童话写作的特点之一是以"童心"写童话。这恐怕也是女性作家与男性作家创作童话的主要区别之一。男性作家写作童话，通常是把童话这个文体视作一个抒发自己社会理想的载体；而女作家的着眼点往往在儿童本身。

这里，笔者拿吉卜林的《丛林之书》与之作比较。吉卜林曾对一位评论家解释过他是如何构思出莫格里的故事的。他说在他发现了维持秩序的"丛林法则"之后，其余的一切便十分顺利地随之诞生了。显然，在动物故事里他是试图用"丛林法则"中的法律鼓吹他的社会理想。他认为人类社会和动物世界一样，人和人的利益是相互制约、相互依存的。因此，为了人类的生存和繁衍，人人都要遵守一定的社会法规。瑞典学院的常务秘书威尔森在向吉卜林颁发诺贝尔文学奖时，在授奖词中也谈到了其对"丛林法则"的看法，他认为："丛林的法则，也就是宇宙的法则。如果我们要问这些法则的主旨是什么，就会得到以下简洁的回答：'奋斗、尽责和服从'。所以吉卜林鼓吹的是勇气、自我牺牲和忠诚，他最恨的是缺乏丈夫气概和缺乏自我克制力。"① 威尔森对"丛林法则"的理解，着眼点在于个人对集体、对社会的责任，因此他所讲的，正是吉卜林所推崇的实干家的责任感。吉卜林自己已经明确说明他所创作的故事是围绕"丛林法则"展开的，童话寄寓着他的社会理想。也就是说，他写《丛林之书》是为讲述一些人类的道理而作，只是巧妙地借用了童话的体裁而已。

　　而拉格洛夫最初接受邀请是为孩子们写一本学习的教材，那么，是什么原因促使她采用童话这样的文体来撰写这部"教材"的呢？

　　是童心，是赤子之心。《骑鹅历险记》中有一个有趣的情节——拉格洛夫化身为书中的一个人物参与到了故事中去。书中写道，在尼尔斯跟随大雁们周游瑞典的这一年，有一个人也在到处旅行，她想写一本关于瑞典的、适合孩子们在学校阅读的书。从圣诞节到秋天，她一直想着这件事，但是一个字也没有写出来，最后她灰心地对自己说："你没有能力写这本书了，还是坐下来，像往常一样，写写神话和小故事之类的作品，让别人去写这样一本富有教益、严肃认真和没有一句假话的书吧！"显然，童话并不是闭门造车编出来的。她要放弃这项工作了，但是她又觉得写一些关于瑞典的美好事物还是很有意义的，因此她又舍不得放弃。最后，她忽然想到，可能是因为她长期身居城市，周围除了街道和墙壁就什么也没有了，才使她迟迟动不了笔。如果到乡下去，看看森林

---

① 〔英〕吉卜林：《丛林故事》，人民文学出版社，2004，第7页。

和田野，情况也许会好一些。就这样，她回到了莫尔巴卡庄园，在这里她遇到了正在和猫头鹰搏斗的尼尔斯。她救下了尼尔斯并听他讲述了他的所有冒险经历，越听越觉得吃惊、奇怪乃至兴奋。"怎么会有这样的事！碰上一个骑在鹅背上周游全瑞典的人真是一件幸运的事。"她想，"我要把他所讲述的事写进我的书里。现在我再也用不着为我的书发愁了。我回老家回得很值得。想想看，我刚回到这座古老庄园就有了收获！"① 在这个章节的这个情节中，拉格洛夫非常谦虚地把功劳都给了尼尔斯和莫尔巴卡庄园。其实，是她以童心发现童趣，以童趣书写童话。只有像她那样真正拥有纯洁的赤子之心的人才能够有福分找到童话这一宝藏，这就回答了为什么拉格洛夫能够在写作一本教科书的时候采用童话这一文体。与吉卜林写童话寄寓自己的社会理想不同，拉格洛夫的创作就是为童稚而作，而且以年轻的心态——这种状态就像她书中所写的她回到庄园时的情景一样："当她坐在马车上向那个古老的庄园驶去的时候，她觉得自己每时每刻都变得更加年轻，一会儿，她不再是一个头发开始灰白的老人了，而是一个穿着短裙、梳着淡黄色长辫子的小姑娘了。"② 没有如此的童心怎会去接近天真的童稚？

正因为是以"童心"写童话，拉格洛夫的笔下"稚"气盎然。故事在她飞扬的想象力的加工下，每一个都变得令人难忘。读者记住了故事，也记住了与之相关的地理知识，也就对瑞典的地理风貌、旖旎风光留下了难以磨灭的印象。例如：有两个小学生正在为记不住关于乌普兰省的全省概况而发愁，这时一个老奶奶告诉他们"那门功课死啃书本是不大容易的……我没有上过学，没有什么真

---

① 〔瑞典〕塞尔玛·拉格洛夫：《骑鹅历险记》，石琴娥、斯文、陈文荣译，漓江出版社，1996，第605页。
② 〔瑞典〕塞尔玛·拉格洛夫：《骑鹅历险记》，石琴娥、斯文、陈文荣译，漓江出版社，1996，第600页。

正的学问，不过我母亲讲给我听的这个故事我这一辈子都难以忘记。"接下来她就讲了一个乌普兰省怎样从乞丐省份变成最精明、最能干的省份的故事。故事的最后首都设在乌普兰，国王也居住在这里。乌普兰成了全国最重要的省份。老奶奶说："时间的事情再公道不过啦，聪明能干可以使乞丐变成王侯，这个道理到现在还是如此。"这样的故事在整部《骑鹅历险记》中比比皆是，在不同的地区总是会遇到不同的讲述者，讲故事的人可以是教师、主教、远足青年，也可以是老祖父、老牧羊人、农民、老奶奶、老先生，甚至可以是渡鸦巴塔基。所有的这些叙述者都像是一个个人偶，那一根根牵拉着人偶的线握在拉格洛夫手中，千变万化的讲述者其实都是拉格洛夫。她把听来的故事按情节需要分配给不同的角色，免去了单一的叙述者给读者带来的疲劳感，而拉格洛夫在运用这些故事时简直是信手拈来。瑞典学院院长克拉斯在给拉格洛夫颁奖时的授奖词中说：她"步入了她自己真正继承得来的王国，也就是神话和传奇故事的神秘世界。她自幼就受到了传奇故事的熏陶濡染，后来又酷爱思索，想象力非常丰富……凡她笔触所及，世事万物包括一草一木、山水景物都有了自己的、肉眼无法看到而又十分真实的、生趣盎然的生活，因为她那艺术大师的巨笔并不满足于仅仅描写景物的外在美。她那热爱人生的眼光探索着生命的内涵，她那敏锐的听力于无声处听到了大自然的心声。这也就是为什么她能够成功地把深藏于神话故事、时下传闻逸事以及圣经故事之中的美返璞归真地叙述出来。这一美的宝库对于工于言辞却又老于世故的人来说是无缘消受的，只有像她那样真正拥有纯洁的赤子之心的人才能够有福分找到这一宝藏。"①

　　19世纪美国的艾米利亚·基尔·梅森女士在《法国沙龙女人》中写道："女性的思想具有更细致的精神纹理：她们追求纯净的道

---

　　① 〔瑞典〕塞尔玛·拉格洛夫：《骑鹅历险记》，石琴娥、斯文、陈文荣译，漓江出版社，1996，第667页。

德境界，她们的同情富于人道，对世界充满神性的悲悯之心"，①
拉格洛夫即是以"更细致的精神纹理"、以"追求纯净的道德境
界"驰骋在童话的王国中。她以豁达的情怀保持着其内心领地的
"真"，心灵的纯净和富足是她弥足珍贵的宝藏。拉格洛夫的写作
证明：童话有着真善美的永恒格调；童话蕴涵着人类童年心灵的原
生状态；女性与童话之间有着某种天然的联系。

## 二　网状结构

虽然拉格洛夫创作了精美的童话，但她的写作并不局限于童
话。她一生写作的大多数作品都是面向社会广大读者的。纵观她的
作品，有一个引人注目的特点：她的小说大多采用这样的结构模
式，即一个主线情节下穿插着众多纷繁的辅线故事，这些辅线故事
大多由带有神话色彩的民间传说构成，它们如同一棵枝繁叶茂的大
树，共同向读者呈现出拉格洛夫所营造的文学世界。这种主辅线索
构成的网状结构不仅体现了作家高超的讲故事的技巧，更是打破了
以单一的线索来组织小说情节发展的叙述模式，极大地丰富了作品
的叙述层次。

这里，我以长篇小说《骑鹅历险记》《古斯泰·贝林的故事》
和中短篇小说集《婚变》为例，来阐述拉格洛夫小说的主辅线索
交织的问题。

先看《骑鹅历险记》。此书于 1906～1907 年分上下两册出版，
小说的主线情节写了一个名叫尼尔斯的 14 岁小男孩的故事。他的
父母都是善良、勤劳却又并不富裕的农民，他们一家住在瑞典南
部。尼尔斯除了乐意睡觉和吃饭外，再就是很爱调皮捣蛋，不懂
得善待动物。一个星期天的早晨，尼尔斯的父母去了教堂，他在
家里因为得罪了一个精灵而被精灵用法术变成了一个拇指一样大

---

① 〔美〕艾米利亚·基尔·梅森：《法国沙龙女人》，中国社会科学出版社，
2003，第 130 页。

的小人儿。不久后他为了不让家里的雄鹅跟随大雁飞走就抱住了鹅的脖子，结果被这只雄鹅带上了天空。从此以后，他和雄鹅一起跟随着雁群周游各地，从南部一直到达了最北边的拉普兰省，8 个月后又返回家乡。在漫游中，他历经了艰险，也欣赏到了瑞典的旖旎风光，学到了诸多的历史、地理知识，听到了很多故事传说。除了冒险、奇闻、美景，他还结识了很多动物伙伴，收获了珍贵的友谊。视野的开阔，使他的心境和性格也发生了很大的变化。重返家乡的时候，尼尔斯成长为一个温柔、善良和有爱心的好少年。

显然，只有这个主线故事是不够的，因为它显得不够丰满，这样也就无法实现"适合孩子们在学校阅读"的写作目的。因此，作品中又出现了多个辅线故事，它们现身在主线故事发展的不同阶段。之所以也将它们称之为"线"，是因为它们的故事也都是有头有尾，或曰从头到尾，非常完整的。根据文本细读，笔者将《骑鹅历险记》中的辅线故事梳理出来，见表 1–3。

表 1–3 《骑鹅旅行记》中的辅线故事

| 故事类型 | 所在章节 | 主要内容 |
| --- | --- | --- |
| 介绍国家的地貌或历史 | 《有三个梯级的台阶》 | 老师讲述布莱金厄的典故 |
| | 《大蝴蝶》 | 老牧羊人讲述阿尔瓦莱特山的蝴蝶传说 |
| | 《斯莫兰的传说》 | 上帝创造斯莫兰和斯康耐的古老的民间传说 |
| | 《达尔河》 | 农夫转述了主教讲的达尔河的故事 |
| | 《乌普兰的故事》 | 老奶奶讲了关于乌普兰省的故事 |
| | 《斯德哥尔摩》 | 老先生讲述了斯德哥尔摩的来历的故事 |
| | 《韦斯特尔保登和拉普兰——五个侦查员》 | 拉普族老人讲述了有关韦斯特尔保登和拉普兰的传说 |
| | 《到南方去！到南方去！——耶母特兰的传说》 | 远足青年讲了有关耶姆特兰的传说 |

续表

| 故事类型 | 所在章节 | 主要内容 |
|---|---|---|
| 培养儿童的情操与品德 | 《预言》 | 农夫讲了一个家族祖先的古老的故事 |
| | 《分遗产》 | 一个老人讲了巨人家族分遗产的故事 |
| | 《"五朔节"之夜——米尔·谢斯婷的回忆》 | 老年妇女米尔·谢斯婷回忆她们自己百折不挠的故事 |
| | 《海尔叶达伦的民间传说》 | 渡鸦巴塔基讲了关于狼的故事 |
| | 《韦姆兰和达尔斯兰》 | 芬兰一个老人给人们讲了一个古老的故事 |
| | 《一座大庄园——西耶特兰的故事》 | 女教师向孩子们讲了西耶特兰的老巨人搬到北海里的一个偏远的孤岛上去的故事 |
| 肯定健康的价值观念 | 《两座城市——海底的城市》 | 陆地和海底的两座城市的传说 |
| | 《一份最大的遗产——法隆矿的传说》 | 渡鸦巴塔基向尼尔斯讲了法隆矿的传说 |
| | 《在赫尔辛兰的一天——动物们的除夕之夜》 | 爱讲故事的人伯恩哈德讲了一个教士目睹动物过除夕之夜的故事 |

注：此表为自制。

　　从上表可以看出，在尼尔斯旅行的这个主线之外，作品又铺设了近20个辅线故事，它们既可以独立成篇，又能与主线情节相串联。作家用娓娓道来的方式，将瑞典的山川河流、地理地貌，国家、城市的典故、历史，以及积极的人生与价值观念融入一个个有趣生动的传说中。这些故事与主线交织，构成网状。而这些辅线故事又都服务于儿童认知世界这个主题，可以分为三大类：介绍国家的地貌或历史；培养儿童的情操与品德；肯定健康的价值观念。如果说小说的主线是写儿童尼尔斯犯了错误后的成长，那么，这些辅线故事的主旨是与小说的主线息息相通的。譬如，辅线中的《两座城市——海底的城市》讲述了这样一个发人深省的故事：每到夜晚时分，海面上都会打开一扇城门，吸引着人们走进去。进入城门的人们会看到一座梦一般的城市，人们过着纸醉金迷、纵情享乐的生活，在这里要什么有什么，前提是需要钱，有钱就可以得到快乐，没有钱甚至会有生命危险。据说因为这座城市的人们好逸恶劳、盲目拜金而触怒神灵被沉入海底，只是每到夜晚时分，才开门吸引不明真相的人进去。这个故事的主旨是人生观和价值观的问题，意在告诫儿童不要好逸恶劳，要勤劳工作，这才是健康的人生应有的面对生活的态度。这样的辅线故事显然与主线的主题是贯通的。

再看《古斯泰·贝林的故事》。这部长篇小说的主线故事是：牧师古斯泰·贝林长期酗酒被告发而终至革职，沦为一名流浪汉。在沿街乞讨的过程中，他违背了对一个可怜的小女孩的承诺，没有帮她看管好粮食而是卖了粮食换酒喝，酒醒后他十分自责。之后，他辗转来到一个庄园，女主人收留他作为一名食客。他的阅历和思想往往使他看问题时见解深刻，这使他在食客们中间逐渐受到欢迎和尊敬。一天，一个巫师来到庄园，声称这个庄园的繁荣是女主人每年杀掉一名食客而换来的，这个传言在食客中引起了恐慌，不过最终证实这个传言是捏造的，女主人是一位品德端正的人。古斯泰·贝林也在这个过程中重拾了对人生的希望和对上帝的信仰。

小说在牧师古斯泰·贝林的遭际这条主线故事之外，又铺设了诸多的辅线故事，见表1-4。

表1-4　《古斯泰·贝林的故事》中的辅线故事

| 故事类型 | 所在章节 | 主要内容 |
| --- | --- | --- |
| 老故事（传说） | 《葛立泰悬崖的大熊》 | 葛立泰大熊的传说 |
| | 《鬼的故事》 | "恶厂主"辛特拉姆的传说 |
| | 《爱芭·杜纳的故事》 | 约旦王子的传说 |
| | 《石膏圣像》 | 斯瓦茹茹的一个艺术家的传说 |
| | 《古老的歌》 | 斑鸠的传说 |
| | 《林中茅屋》 | 蒙斯父母的传说 |
| | 《玛格丽特·赛尔吉》 | 有关蜜蜂的传说 |

续表

| 故事类型 | 所在章节 | 主要内容 |
| --- | --- | --- |
| 生活中的故事 | 《卡丘却舞》 | 罗萨丽·封·贝格尔的故事 |
| | 《年轻的伯爵夫人》 | 亨利克伯爵的故事 |
| | 《生活的道路》 | 河坝的故事 |
| | 《玛格丽特·赛尔吉》 | 与一封信有关的故事 |
| 人、鬼、神交织的故事 | 《圣诞前夕》 | 人和魔鬼的对话 |
| | 《埃克布庄的舞会》 | 玛丽安娜与死神的对话 |
| | 《旧马车》 | 玛丽安娜与天神的对话 |
| | 《勃扬尼庄的拍卖》 | "自觉"这个怪物和喜鹊与人的对话 |
| | 《杜弗尔的女巫》 | 女巫与玛尔塔伯爵夫人的故事 |
| | 《死神——解脱者》 | 死神的故事 |
| | 《凯文许勒》 | 凯文许勒与森林仙女的一系列故事 |

注：此表为自制。

　　上表中梳理出来的 18 个辅线故事，对主线来说是必不可少的，如果没有它们，主线即像是干瘪的骨骼，血肉全无。而这 18 个辅线故事的出现，形成其经络、血肉，使干瘪的骨骼变成了丰满的血肉之躯。

　　这些辅线故事是在被革职的牧师古斯泰·贝林等一群食客的遭遇这一贯穿小说始终的主线情节之上插入的许多有意义的传说，作者一般在开始叙述时会加上如"听说一个古老的故事"之类的提示话语。这些传说有些是为了让读者通过它受到启迪，比如，最后一章中有关蜜蜂的传说就是启迪人们：结局怎样不重要，重要的是我们选择的过程；有些传说是为了说明一些问题，比如《爱芭·杜纳的故事》中约旦王子的故事，让人明白了爱芭之所以不能选择贝林的原因是有个约旦王子的形象印刻在了她的心里；有些故事是帮助读者阅读，排除读者阅读过程中遇到的一些疑惑，比如在《年轻的伯爵夫人》中，故事的开始不仅讲述了伯爵夫人的故事，还透露了她丈夫的一些经历，这就为后面的故事作了铺垫，让读者了解到她的丈夫确实是个愚昧的人，同时也使得伯爵夫人这个人物更加丰满。小说中还有一些人类、自然和神鬼相沟通的故事，在这些故事中，人可以与自然界中的其他生物甚至是鬼神直接进行对话。作者这样的写法令读者觉得在这个世界上所有的东西都具有生命，都可以对话。这样的写作既丰富了小说的叙述内容，同时也扩展了读者的想象空间。

拉格洛夫不仅在长篇小说的创作中使用故事套故事的方法，在中短篇小说也同样也采用了这样的模式。以中短篇小说集《婚变》为例，其中大多数篇目都采用了主辅线索交织的结构。

应该指出的是，拉格洛夫笔下的辅线故事都不是无端跳出来的，它总是联系着主线的经脉。如《亡命之徒》的主线叙述了两个半路结识的逃亡者的故事，但是通过青年逃亡者叙说的辅线故事，读者又看到了关于他家族的传说，这便有助于读者对这个青年逃亡者的了解。再如《艾格泰老妇人》，主线讲述了孤身住在山坡小屋的老妇人的故事，作家在讲述的过程中又铺设了她儿时听说的迷路的亡灵在高山极度严寒中踟蹰彷徨的故事，这就让读者更理解主人公孤独的境遇。

总之，无论是长篇小说的构思还是中短篇小说的创作，拉格洛夫都擅长运用主线情节中穿插多个辅线故事的网状结构模式，以此拓展了小说的叙述空间，丰富了小说的叙述内容。并且，与其他作家相较而言，在创作素材的选择上，她更倾向于讲述带有浓厚北欧特色的、尤其是瑞典地方色彩的神话与民间故事。通过主线情节之外的一个个鲜活的传说，拉格洛夫向读者展现出了一幅幅光怪陆离的画面，正如瑞典文学院在授予其诺贝尔文学奖时所说的，她"有着自己真正继承得来的王国，也就是神话和传奇故事的神秘世界"①。拉格洛夫以其"情真意切、重笔浓彩的想象力"赋予了这

---

① 〔瑞典〕塞尔玛·拉格洛夫：《骑鹅历险记》，第 666 页。

些遥远的故事以鲜活的生命,"凡是聆听过她的诗的人莫不直觉地感到它们如同生活现实一样地真实"①。

那么,为什么作家会特别钟情于带有神话色彩的民间故事与传说题材,以构建出一个"神话和传奇故事的神秘世界"呢?

首先,北欧富有奇幻色彩的神话传统是孕育出拉格洛夫笔下"神秘世界"的精神土壤。

北欧神话是在日耳曼民族的历史与传说中生成的,是流传在挪威、瑞典、冰岛、丹麦一带的神话体系。由于形成区域的严苛的气候、地理环境以及创造主体独特的生存状态,与世界上其他神话体系相比,北欧神话带有较为浓厚的奇幻色彩。这种奇幻色彩首先体现在神话创造主体对多神体系的建构上。这个多神系统大致可分成四类:巨人(Giants)、诸神(Gods)、精灵(Eives)、侏儒(Dwarves)。比之其他民族的神话,除了包括阿萨神族(Aesir)与华纳神族(Vanir)在内的诸神之外,巨人、精灵以及侏儒等都是难得一见的带有奇幻色彩的异类生命。其中,巨人是北欧神话中诸神和世界的缔造者,但同时也是诸神的敌人,著名的"诸神黄昏"之战,描述的就是诸神与火神洛基以及冰霜巨人之间的决战。因为靠近北极圈,生活在北欧土地上的人们大部分的时间都要与严寒的气候作斗争,并且由于北欧"处于亚欧板块边缘,有着世界上最活跃的火山带,冰岛就是由火山喷发形成"②,冰霜巨人与火神就成为严酷大自然的象征。作为北欧神话的结局,"诸神黄昏"体现了身处在冰与火交织的严酷环境中的人们与自然环境作斗争的艰难以及最终取得胜利的结局。

诸神与巨人形象的出现是古代生活在北欧土地上的人们对世界的认识,以及他们在恶劣的自然环境中求生存的缩影,如果说这一

---

① 〔瑞典〕塞尔玛·拉格洛夫:《骑鹅历险记》,第 666 页。
② 刘双:《生存与神话——北欧神话体系形成发展分析》,《绵阳师范学院学报》2008 年第 10 期,第 80 页。

点是北欧神话与世界上其他神话的共通点，反映了人类最原始的普遍的思维特征的话，那么，作为半神的精灵与侏儒可以说是北欧神话的独特创造。譬如，在庞大的希腊神话的体系中，虽然也有半神半人的"英雄"出现，如赫拉克勒斯，但这英雄依然是人或神的品性。而北欧神话中的精灵则是一种性情温和、可爱美丽、通体发亮的生物，它具有灵性，能与自然界中的许多动植物相沟通；而与精灵相反，侏儒身材矮小、面容漆黑并且性格狡诈，为躲避日光的照射，它们居住在地下，被称作"黑精灵"。显然，精灵与侏儒的体系在北欧神话和世界神话中具有独特的魅力。

在拉格洛夫的作品中，我们经常可以看到人类世界之外的奇妙生命，她的代表作之一的《骑鹅历险记》中，小精灵更是成了书中的关键人物，引导读者进入作者用神话和传奇故事所营造出的神秘世界。由此可见，北欧神话对后世文学产生了深远的影响，日耳曼民族赋予幻想的特性以及带有奇幻色彩的神话传说成为取之不尽的文学土壤，孕育出了像安徒生那样用童话缔造文学王国以及像拉格洛夫这样用传说创造文学世界的作家。

其次，瑞典本土缤纷多彩的民间传说与口头文化是支撑拉格洛夫创作的艺术宝库。在诺贝尔文学奖的受奖演说中，拉格洛夫曾用"欠下的债"这一形象的比喻来感谢成就了她文学创作事业的各类"债权人"。在这诸多"债务"中，她特别提到了口头民间故事与传说对其创作的影响。拉格洛夫回想起自己的童年时代，"常常有一些贫穷和无家可归的流浪汉在韦姆兰到处奔走卖艺，扮演滑稽戏和演唱歌曲"[①]，这些流浪艺人插科打诨式的表演令年幼的她增长了不少见闻；她还说："在那些从森林里一出来就可以看到的灰色小农舍里，老爷爷、老奶奶坐在那里讲了不少美妙的故事给我听，他们讲到了小水怪、小妖精，还有受到魔法蛊惑而被引诱到荒

---

① 〔瑞典〕塞尔玛·拉格洛夫：《骑鹅历险记》，第 673 页。

山野岭里去的少女等等"①，拉格洛夫将那些头脑里装满了美妙故事的老爷爷、老奶奶视为良师益友，因为他们使她"认识到原来坚强的岩石和黑黢黢的大森林也富有诗意"②；在演说词中，她还提到了"那些隐居在阴森的修道院里的脸色苍白、颧骨高耸的修士修女们所讲的那些传奇故事"③，作家觉得"他们讲述的仿佛是他们亲眼见到的那些怪诞景象和亲耳听到的那些奇妙声音，真是令人无法忘怀"④，她说自己的创作借用了许多他们讲述的传奇故事；作家还提到了徒步去耶路撒冷朝圣的农民，她说，"他们这一光辉的业绩为我提供了那么多的创作素材"⑤。总之，拉格洛夫满怀真情地回想和感谢那些演绎滑稽戏与歌曲的流浪艺人、会讲故事的老爷爷老奶奶、向她叙述怪诞经历的修士修女以及朝圣农民的经历，她将民间传说与口头文化对她创作所提供的丰富素材视为她在文学领域走向成功所必不可少的因素。毫无疑问，瑞典本土缤纷多彩的民间传说与口头文化成为拉格洛夫文学创作的重要艺术宝库。

### 三 "顿悟"与"彻悟"

如果注意了拉格洛夫小说中主辅线索结合构成的网状结构，便会注意到另外一个现象：尽管文本中有一条主线和大量相对独立成篇的辅线故事，但是总有一个或几个核心人物在纵横交错的网状结构中穿行。横向，他们游刃于主辅线索之间；纵向，他们贯穿于全文的始终。因为他们的存在，一个看似混乱的"散盘"才出现了纲举目张的局面。如在《骑鹅历险记》中，作家就是通过小人儿尼尔斯的游历将一个个传说故事串联在一起的；而在《古斯泰·贝林的故事》中则围绕同名主人公的经历一环扣一环地展开繁复

① 〔瑞典〕塞尔玛·拉格洛夫：《骑鹅历险记》，第673页。
② 〔瑞典〕塞尔玛·拉格洛夫：《骑鹅历险记》，第666页。
③ 〔瑞典〕塞尔玛·拉格洛夫：《骑鹅历险记》，第666页。
④ 〔瑞典〕塞尔玛·拉格洛夫：《骑鹅历险记》，第666页。
⑤ 〔瑞典〕塞尔玛·拉格洛夫：《骑鹅历险记》，第666页。

的人物与事件的叙述。所以，研究拉格洛夫的小说，是不能跳过这些核心人物的。

值得注意的是，拉格洛夫笔下的这些中心人物都有一个共通点，即他们的经历大体上都由三个时段构成：陷入误区——经过磨炼——"顿悟"或"彻悟"，而"顿悟"或"彻悟"则是这些人物精神境界的制高点。总的说，无论是"顿悟"或"彻悟"，拉格洛夫必定要让她笔下的主要人物真正实现"悟"。戏言之，不"悟"不休，这些人物定要完成人性向善的过程。

"顿悟"作为一个心理学上的名词术语，由格式塔心理学派的学者提出，用来指代学习者在学习过程中的认知行为，即"学习是由顿悟来实现的……学习就是一种突然的领悟和理解，领悟是对情景全局的直觉，是对问题情境中事物关系的理解，也就是完型的组织过程"①。在格式塔心理学派看来，所谓顿悟，是指主体内部在学习过程中所构建的一种心理完型，通俗地说，即是突然地领悟。简言之，"顿悟"是指当人们为一些问题所困惑，而偶然被某个情景或事件所触动时，茅塞顿开，困惑解除。

拉格洛夫笔下的主人公大多经历了向善转变的生命变化轨迹。这个转变的速度或时间是因人而异的。变化若是在瞬间（当然要有潜在的铺垫）发生，即是"顿悟"。在这里，我们借用这一心理学术语来指代拉格洛夫笔下的主人公心理突然转变的行为。

譬如，长篇小说《阿尔奈先生的钱》中的艾丽莎利尔即是如此。艾丽莎利尔本是主人家的女仆，在亲眼目睹了主人一家被匪徒杀害而自己侥幸逃脱后，她陷入了孤苦无依、惊魂未定的困境中。在她最需要关心的时候，一个年轻的男人走进了她的生活并与她相爱。这个男人就是曾经残忍地杀害她的主人一家的凶手之一，就这样，她陷入了与"狼"相爱的误区中。在相处的过程中，她渐渐

---

① 罗屹峰、刘燕华编著《教育心理学》，甘肃人民出版社，2006，第65页。

地发现事实的真相，但却在矛盾中不能自拔。她曾经幻想包庇他并和他远走高飞，但是死去的好朋友又总是托梦给她向其诉说惨死的冤屈。善与恶、恩情和爱情在涉世未深的艾丽莎利尔心中搏击，就这样，她在困境中经历着磨难。但是，当她和那个她爱的男人最后一次在一起，而周边已布满前来捕捉凶手的士兵时，一个偶然的情景令她茅塞顿开，她懂得了自己应该有怎样的作为。小说这样写道：

> 当她看到，是她的身体在掩护着他，就要让他逃脱时，她伸手从卫兵手里夺过一支长矛，对准了自己的心脏。"现在我要为我的妹妹报仇，了结这件事情，"艾丽莎利尔想。在阿尔奇先生顺着楼梯再向上迈步的时候，长矛刺进了艾丽莎利尔的心脏。①

显然，原本还在爱与恨之间迷惘的艾丽莎利尔发现自己的身体已是凶手的挡箭牌，有她的存在人们就不能伸张正义时，她在挣扎中"顿悟"，走向了人性向善的归途。

然而，人性向善并非"顿悟"的一种形态，另一种便是"彻悟"。"彻悟"是指小说中的人物在经历了诸多的事情或漫长的时间后，对原本不理解的事理、情理、道理或所陷入的某种误区有了彻底的醒悟或改变。例如《骑鹅历险记》中的小主人公尼尔斯就是在经历了漫长的历险旅行之后，从一个调皮任性、欺负小动物的捣蛋鬼变成了正义、善良、亲近自然的勇敢少年；《古斯泰·贝林的故事》中的因酗酒而失去信仰并被革职的牧师古斯泰·贝林在经历了于埃克布庄园当食客时的一系列事件后，又重塑人格，变成了受人信赖、爱戴的长者。

---

① 〔瑞典〕塞尔玛·拉格洛夫：《阿尔奈先生的钱》，外国文学出版社，1989，第73页。

总之，无论是"顿悟"还是"彻悟"，它都代表了主人公在人格、思想上的成熟，是他们的形象得以完善的关键。由此可见，拉格洛夫的小说在人物塑造中出现的"顿悟"或"彻悟"是主人公精神成长的一种表现方式。

为什么作者拉格洛夫这么在乎她笔下人物的"顿悟"或"彻悟"？为什么拉格洛夫的态度是不"悟"不休？司汤达笔下的于连·索黑尔不就是不想回头，一定要向断头台走去吗？巴尔扎克笔下的拉斯蒂涅不是也埋葬了自己作为青年人的最后一滴向善的眼泪而向"狼"群中冲去吗？拉格洛夫笔下的人物为什么就都以"悟"为结局呢？

瑞典学院院长克拉斯·阿内斯坦特（Claes Annerstedt）在授奖词中说，拉格洛夫的作品充满了"诺贝尔本人所要求的授予诺贝尔奖金所必不可少的条件"——理想主义精神。可以说，作家笔下所出现的"悟"式主人公形象，是与拉格洛夫所持有的理想主义信念分不开的。

首先，拉格洛夫对"人"抱有美好的期望。在她看来，人性是美好的，那些被称为恶或者罪恶的东西只是人身上偶然的外衣，在剥下那层外衣之后，人的灵魂总是可以回归到最初的本真状态。因此，她的笔下几乎不存在十恶不赦的罪人，而多是在他人的帮助、长者的教诲、生活的历练下，经过"悟"的过程从而向善的人物。以对"人"的如此信念作为支撑，拉格洛夫对整个世界以及人类的未来抱有趋于理想化的看法。

其次，这种充满理想主义色彩的人物塑造模式与作家身为女性与教师的双重身份有关。与男性作家相比，身为女性的拉格洛夫看待世界的目光是柔和的，她弱化冲突、分歧和战争，希望构建一个和谐、团结以及和平的理想世界，并将自己的理念践行到文本当中，鼓励人们热爱生活、憧憬未来。拉格洛夫的《骑鹅历险记》是专门为儿童所作的，显然，除了在讲故事的过程中教授给孩子们历史和地理知识以外，作者还有意以引导孩子们形成健康的世界观和价值观为己任。

再次，作家所持的博爱、平等、向善的宗教观也影响了她创作中所表现出的理想主义价值取向，由此，神职人员世界观的矛盾性也是她创作的题材之一。如在《古斯泰·贝林的故事》中，作者就是让主人公在牧师与乞丐之间展开灵魂的挣扎；《银矿》的主人公则是一位自律性很强的牧师，面对大笔财富的诱惑他毫不动心、信仰坚定。在拉格洛夫看来，信仰不仅仅是一种宗教行为，更是支撑人的心灵的精神力量。正是对信仰的执著追求与坚持，才令作家对世界抱有理想主义的情怀。

综上所述，正是因为拉格洛夫对人性有着理想主义的憧憬，并在创作中强化自己的女性与教师身份，以及她所持的博爱、平等、向善的观念，所以，她笔下的主人公们在经历了一番人生历练后都能踏上"悟"的通途。拉格洛夫崇尚正直、宽容、率真的理想人格，希冀以博爱、平等、进步为灵魂来构筑自己笔下的理想世界。

但是，这便留给读者一个很大的疑问：如此的理想世界和向善的人物，会不会是拉格洛夫营造的"乌托邦"呢？

## 第四节　生态观照：倾听"大自然的心声"

1909 年，作为东道主的瑞典文学院将该年度的诺贝尔文学奖授予他们"杰出的女儿"塞尔玛·拉格洛夫时，在授奖词中，瑞典学院院长克拉斯·阿内斯坦特（Claes Annerstedt）这样褒赞她道："她那热爱人生的眼光探索着生命的内涵，她那敏锐的听力于无声处听到了大自然的心声"①。《骑鹅旅行记》正是这样一部倾听"自然心声"的作品。拉格洛夫以其趣味盎然的故事内容、生动鲜活的叙述文字与别具匠心的情节构思，令"世事万物甚至是没有

---

① 〔瑞典〕塞尔玛·拉格洛夫：《骑鹅历险记》，第 667 页。

生命的一草一木、山水景物都有了自己的、肉眼无法看到却又十分真实的生活"①。拉格洛夫这种人与自然相和谐的生态观与时下正步人主流文化批评领域中的生态批评话语不谋而合，所以，笔者在这里从生态批评的视角来对这部小说进行新的阐释。

文学领域中的生态批评源于西方的生态研究，作为一种以探讨文学与自然环境之间的关系为主要内容的批评话语，于 20 世纪 90 年代中期发源于美国，很快在世界范围内产生了一定的影响。在自然环境日益恶化、生态危机日趋严重的今天，生态批评以鲜明的问题意识介入文学这面现实生活的镜子，去反思人类在寻求自身发展、创造所谓的"文明社会"的过程中，对自然整体生态系统进行的破坏行为，以及行为背后蕴藏的"人类中心主义"的强权意识。可以说，转变传统的以人支配自然为指向的认知方式、呼吁从整个自然生态的角度去衡量和看待问题是生态批评希冀达到的重要目标。

拉格洛夫勤于笔耕的时代与文学文化领域中生态批评话语产生的时代相距近一个世纪，但是，在明确作家并不是有意地带着环境问题意识去进行创作的同时，我们必须承认，《骑鹅历险记》蕴藏了拉格洛夫对人与自然的关系的深刻思考，她将自己思考的结果通过一个个妙趣横生的故事、一段段令人警醒的感悟呈现在读者的面前。《骑鹅历险记》不再是仅仅以儿童为读者群、承担启蒙与教育意义的童话作品，它更负载了人类作为广阔生态世界中万千物种里的一员，在自我认知与定位的漫长路途上的探索，对与自然界中其他物种之间关系的反思，以及作为自然家园中的一分子，对生态环境的维护、对其他动植物的生存所应承担的责任的思考。

## 一　《骑鹅历险记》的人与自然的关系

首先，我们来透视一下拉格洛夫笔下人和自然世界中的动植物

---

① 〔瑞典〕塞尔玛·拉格洛夫：《骑鹅历险记》，第 666 页。

之间的关系。如果用一句话概括的话，两者的关系是从相互敌视向相互理解转变；从人类中心主义向整体和谐主义转变。

小说的开篇，少年尼尔斯被小精灵施展魔法，变成了一个如拇指大的小人儿。身形上的变化吓坏了他，却令农庄里那些经常受他欺负的小动物们欢快不已：曾被尼尔斯戏弄的鸡群"冲到他的身边，把他团团围住，齐声高叫：'咕咕咕，你活该，咕咕咕，你活该'"①；被他揪过尾巴的猫儿不再温顺驯服，张着血盆大口朝着小小的尼尔斯发出"嘿斯嘿斯"的咆哮；被他用马蜂捉弄、用木头鞋揍过的奶牛们"后腿乱蹦乱踢，颈脖肉来回晃动，脑袋朝外伸出，尖角都直对着他……"②透过这段描写，作品中呈现出了一个人类与动物世界相互敌视的状态。鸡群、猫儿、奶牛之所以对尼尔斯如此不友善，是因为尼尔斯从来也没有善待过它们。当他具有"人"的正常身形的时候，便以"人"的权利并一贯以肆无忌惮的态度欺负那些动物；反过来，当他变成如拇指大的小东西的时候，那些动物已然成为"庞然大物"，便摆出要对其生存造成威胁的姿态。客观地说，小说中的尼尔斯与动物们的紧张关系，正是现实生活中人与自然的不友善关系的真实写照。

不过，在小说中，这种紧张的关系随着情节的推进发生了变化。拇指大的尼尔斯骑着一只雄鹅跟随着一群大雁，进入了一个广袤、未知、陌生的世界——大自然。在雄鹅的背上，尼尔斯第一次领略到在空中翱翔的美妙，"地面上冉冉升起一股泥土和松脂的芬芳味道。他从来也想象不出在离开地面那么高的地方翱翔是怎样的滋味。这就像是从一切能想得到的忧愁、悲伤和烦恼中分了出去一样"③。但是，随着夜晚的降临，这种暂时的惬意被打断，饥饿、寒冷、对森林的恐惧折磨着这个小男孩儿，他惶惶不安的眼睛里

① 〔瑞典〕塞尔玛·拉格洛夫：《骑鹅历险记》，第10页。
② 〔瑞典〕塞尔玛·拉格洛夫：《骑鹅历险记》，第13页。
③ 〔瑞典〕塞尔玛·拉格洛夫：《骑鹅历险记》，第20页。

透出的是对自然世界的惧怕。但当尼尔斯发现旅伴雄鹅已陷入更加糟糕的境况时，他心中的忐忑与恐惧转变成拯救莫顿的决心与力量。小男孩儿竭尽全力帮助雄鹅恢复了生气，雄鹅也将尼尔斯在农庄中的种种捣蛋行为抛诸脑后。通过自己真诚的付出，陌生的自然世界向尼尔斯打开了第一扇友善的窗。没多久，在雄鹅与尼尔斯的共同努力下，特别是在拇指小人不顾自己的安危从狐狸的嘴里救出了大雁之后，雁群也完全接纳了这一对儿伙伴。收获了亲密友谊的尼尔斯不再将大自然视为充满危险、隔阂的陌生世界，他骑着雄鹅、跟随着大雁正式开始了自己的奇妙旅行：在格里敏大楼的古城堡里帮助黑老鼠保护他们最后的族类；参加动物世界的游艺节日——库拉山的鹤之舞表演大会；帮助羊群战胜残暴的狐狸，等等。

　　故事的最后，尼尔斯得知破解魔法的唯一途径是宰杀雄鹅莫顿，而在变回人类和保护伙伴雄鹅的生命之间，少年选择了后者。我们在尼尔斯的心里看到了一架天秤，天秤的一端放着的是他作为一个人生存下去的权利，另一端放着的是雄鹅作为一个动物活下去的权利。他的选择告诉了人们，这架生命天秤的倾斜度是零。如果将视角从尼尔斯与雄鹅身上扩展开来观之，那么，人的权利和动物的权利、人类和自然界的其他生灵之间的生存权利都是平等的。"有思想的人体验到必须像敬畏自己的生命意志一样敬畏所有生命意志。他在自己的生命中体验到其他生命"。①

　　由此可见，小说开始时尼尔斯与动物们的不和谐关系已经向友善的方向转变。人（尼尔斯）与动物（雄鹅、大雁、山羊、鹰等）之间已经建立了平等和友爱的关系，任何一方都不在对方的头上悬挂那危险的达摩克利斯剑。尤其是主人公尼尔斯的转变更为明显：这个变成了拇指小人的少年虽然失去了高大的身形，却被赋予了人

---

　　①　〔法〕阿尔贝特·史怀泽：《敬畏生命》，陈泽怀译，上海社会科学院出版社，1992，第9页。

最闪光的品质——勇敢、真诚、善良、有责任心，最重要的是，他已能平等地看待自己和自然中的其他动物，而不以"自然的主宰"自居。他从朝夕相处的伙伴们（动物们）的身上学得了付出、友善、团结等美好的品德，懂得了敬畏自然界中的其他生命。1952年获得诺贝尔和平奖的人道主义学者阿尔贝特·史怀泽（Albert Schweitzer）曾说过，由于敬畏生命，"我们不仅与人，而且与一切存在于我们范围之内的生物发生了联系。关心它们的命运，在力所能及的范围内，避免伤害它们，在危难中救助它们"。① 这种敬畏大自然的生态观已经在尼尔斯的身上有了体现。

　　显然，从开头到结尾，人和自然界中的动植物之间的关系发生了根本性的转变。毫无疑问，这个转变是作者有意为之的。

## 二　理想主义的生态观

　　通过少年尼尔斯与他的动物伙伴们真挚的情感与亲密的友谊，拉格洛夫呈现出了人与自然界的其他动物之间的一种理想关系，这种关系是以平等地看待人与其他生物的生存权利为基础的。这就是拉格洛夫的理想主义生态观。

　　但是，正如史怀泽所说，"由于受制于神秘的残酷的命运，我们大家都处于这样的境地：为了保护我们的生命，必须以牺牲其他生命为代价，即由于伤害、毁灭生命而不断犯下罪过"②。的确，不论是人类的生存还是其他生物的生存，都必须以损害、伤害甚至是毁灭其他生命为代价，家禽之于人，草之于牛羊，牛羊之于猛兽……是否敬畏生命只是理想化了的境界而无法付诸实践？拉格洛夫以其生动而易于理解的小说情节解答了这个问题。

　　库拉山的鹤之舞表演大会是动物们一年一度的游艺盛会，节日当天，各种动物从四面八方聚集到游戏场地，拉格洛夫在小说中这

---

① 〔法〕阿尔贝特·史怀泽：《敬畏生命》，第8页。
② 〔法〕阿尔贝特·史怀泽：《敬畏生命》，第9～10页。

样描述道：

> 这一天不用说是天下太平、歌舞升平的一天，任何一只动
> 物都不用担心会遭到袭击。在这一天里，一只幼兔可以大模大
> 样地走过狐狸聚集的山丘而照样平安无事，不会被咬掉一只长
> 耳朵……这是自古以来就因袭下来的老规矩啦。[①]

乌鸦的开场飞行舞、鸡群令人陶醉的啼鸣、马鹿精彩的决斗表
演、大鹤别具一格的舞蹈……动物们以最拿手的表演在这场森林的
盛会中展现着各族类的风采。但是，一只叫斯密尔的狐狸却打破了
库拉山上融洽愉悦的节日氛围，它不顾"因袭下来的老规矩"，跑
到雁群中偷袭并咬死了一只大雁。由于破坏了鹤之舞大会的和平，
斯密尔被施予了严重的惩罚，它被永远地驱逐出了自己的族群。受
到制裁的斯密尔气急败坏地将所有仇恨放在了雁群身上，在尼尔斯
与大雁们漫长的旅途中，他们始终要小心地防范斯密尔的侵扰与
袭击。

可以说，狐狸是小说中最令人印象深刻的反面形象，在"地
狱洞"这一故事中，它同样与猎取、杀戮联系在一起。在小卡尔
斯岛的一座山顶上，尼尔斯看到了这样一幅惨不忍睹的景象：遍地
可以见到羊的尸骸……肉被吃光后剩下的完整的骨架，也有血肉狼
藉的半片尸骸，更有些连一口都没有吃过的尸体完整地躺在地
上。[②] 从存活下来却依旧受着生命威胁的公羊口中，尼尔斯得知造
成这一残像的罪魁祸首是三只可恶的狐狸。在这个满目疮痍的山
顶，公羊与尼尔斯展开了如下对话：

> "随便哪个聪明能干的人看到了这些惨状都不会无动于衷

---

① 〔瑞典〕塞尔玛·拉格洛夫：《骑鹅历险记》，第82页。
② 〔瑞典〕塞尔玛·拉格洛夫：《骑鹅历险记》，第160页。

的，除非狐狸得到应有的惩罚。"

"可是狐狸也要求生存呀？"男孩子说道。

"不错，"大公羊正色道，"那些除了能够使自己活下去之外不再滥杀滥捕的动物，当然可以活下去。然而这些坏蛋却不是，他们是伤天害理的罪犯。"①

简短的人与动物的对话中透出了拉格洛夫所信奉的生态原则：节制、自律。正如她在小说中所说的，"这些残暴的野兽扑向羔羊只是为了取乐，只是为了猎取和杀戮，历历残像看了叫人心如刀割"。②

"因袭下来的老规矩"、节制自律的原则，从表面上来看，这两个故事强调的是恪守法则对于维系动物之间的和平关系、维护弱小动物的生命安全的重要性。但如果我们将它放到整个生态世界当中，就可以看出拉格洛夫所倾向的类似于整体生态主义的思想观念。她反对任何以一种生物为中心的生态观，而是强调自然的共生与和谐。

大自然的生息与繁荣依靠的是一条完整的生物链，在这个生物链中，所有的物种互相依赖着存活、休戚相关，整体的利益高于每一个个体的利益。例如，青草——羊——狐狸这一条短暂的生物链，羊吃青草、狐狸猎捕羊，在平衡的状态下，这条生物链中的各个物种都可以繁衍下去。但是，如果狐狸在满足了自己的生存需求之外而滥捕羊，那影响的不仅仅是它的下层链接——羊的生存，更会令整条生物链受到破坏，在羊濒临灭绝的同时，青草泛滥生长，而狐狸最终也将觅不到食物。人类作为大自然生物链中的最上层，如果一味地以"人类中心主义"的思维方式去看待人与其他动植物的关系，为了谋取私利、满足无休止的欲望去掠夺自然，伤害甚

---

① 〔瑞典〕塞尔玛·拉格洛夫：《骑鹅历险记》，第1页。
② 〔瑞典〕塞尔玛·拉格洛夫：《骑鹅历险记》，第160页。

至是毁灭其他动植物的生命，人类自己终将会受到惩罚。

透过整体主义生态观，我们可以看到拉格洛夫对敬畏生命的理解。以维持整个自然生态的平衡为尺度去获取生存所需要的物质资料，正当并且必要；但是，如果为了满足个体的私欲而去伤害其他生命，则是不可原谅的，并最终会受到自然的惩罚。

### 三　面对工业文明的矛盾心理

从以上两部分的论述，我们初步了解了拉格洛夫对人与自然的关系的看法，以及她在小说中所表现出的整体主义的生态思想。但随着对文本的阅读与深入理解，笔者又发现拉格洛夫的内心有时是矛盾的。这里，我们以小说中的一个故事为例，来窥探一下作家矛盾的心理。

尼尔斯在旅行的过程中被一阵突来的狂风刮下了雄鹅的背，他落在森林中一个由人类采掘矿石留下的深坑大洞里，并遇到了以深坑为家的狗熊一家。公熊憎恨人类，想杀死少年，但在偶然发现尼尔斯有点火的能力（实际上小男孩儿只是划亮了一根随身携带的火柴）后改变了主意。原来公熊之所以憎恨人类，是因为人类在森林中大肆地建造钢铁厂，挖坑采掘矿石，难以忍受的噪音与逐渐流失的土木资源令森林中的动物们无法生存下去，它们开始大批地迁徙。公熊想保卫自己的家园，在看到拇指小人儿的"魔力"之后，便以尼尔斯的生命为威胁，逼迫他将森林中的钢铁厂烧毁。尼尔斯知道自己的那一点小火柴是无法和肚子里燃烧着熊熊火焰的钢铁厂相抗衡的，并且他也为人类能够制造如此庞大的机器、有着如此高超的炼铁技艺而自豪。在故事的最后，尼尔斯从人类的枪口下将公熊救下，公熊为了报答尼尔斯而放过他。

在这个故事中，拉格洛夫设置了这样一组赋有象征意义的意象：钢铁厂、森林、狗熊、持枪的人类、尼尔斯。在小说中，拉格洛夫用这样的文字描述尼尔斯所看到的景象：

　　炼钢高炉把半边夜空映得通亮，使天空变成瑰丽的深蓝色；瀑布像条白练一般飞珠迸雪直落而下；厂房建筑矗立在夜空中，喷火吐烟、尘雾缭绕、火心四溅。这是何等惊心动魄的场面，男孩子从来没有见识过这样雄伟壮观的情景，他看得发呆了。①

　　毫无疑问，钢铁厂是人类工业文明的象征，它的兴盛是人类工业文明的发展与繁荣的结果。拉格洛夫用毫不吝啬的赞扬口吻与溢于言表的骄傲之情，高度评价了人类在文明发展过程中的进取精神，以及取得的丰硕果实。森林、在森林中生存的狗熊一家则是自然的象征。人类因兴建了大量的钢铁厂而毁坏了森林土地、侵占了动物的家园，这是工业文明对自然生态的破坏。作家以公熊一家的遭遇及其复仇行为传递出了这样一种忧虑：人类这种以干扰与破坏自然、侵占动物权利的方式来换得文明的方式是否正确？人类运用自己的智慧与辛勤的劳作一步步从蛮荒走向了文明，然而，伴随着文明而来的是无止境的欲念，那么，人类是否变成了自然的刽子手？

　　拉格洛夫的思想是矛盾的，一方面，她满含着钦佩之情欣赏着人类辉煌的文明硕果；另一方面，她又批判着人类的自私、残忍、对自然的无休止掠夺。这个故事的最后，尼尔斯从钢铁厂里人的枪口下救下了公熊，公熊为了感激少年的救命之恩，没有伤害他，独自逃回了已经遍布伤痕的森林。在这里，拉格洛夫并没有对人类社会的发展与自然的平衡生长这对矛盾的解决给出明确的答案，当然这也并不是一个作家所能解决得了的问题。应该看到，拉格洛夫在近一个多世纪前就对文明与自然之间的冲突问题产生了忧虑，到了21世纪的今天，工业文明、科技发展同生态环境保护之间的冲突

————————

① 〔瑞典〕塞尔玛·拉格洛夫：《骑鹅历险记》，第345页。

不但仍旧存在，已经愈演愈烈。由此，我们不能不说，拉格洛夫的思想是具有前瞻性的。

　　综上所述，从生态批评的视角对《骑鹅旅行记》进行解读，人们可以更加深入地了解这部作品，体会作家的创作意旨，挖掘其中蕴涵的和谐的生态思想。同时，这也有助于当今的人们审视"人类中心主义"思想所带来的弊端，这对现代人构建人们所希冀的和谐社会有着重要的现实意义。

# 第二章
## 格拉齐娅·黛莱达

Grazia Deledda

我将永远是我——是个对生活问题冷淡而清醒地观察人的真实面貌的人……

——格拉齐娅·黛莱达

　　格拉齐娅·黛莱达（Grazia Deledda，1871~1936 年），意大利作家，因其"为理想所鼓舞的作品以明晰的造型手法描绘了海岛故乡的生活，并以深刻而同情的态度处理了一般的人类问题"① 于1926 年获得诺贝尔文学奖。这是获此奖项的第二位女作家。

## 第一节　意大利撒丁岛的写实主义作家

　　撒丁岛上有这样一座屋子："从她家的窗户向外望去，可以看见附近山脉的黑森林与层峦叠嶂的山峰，再过去，是连绵不断的灰石山峦。由于日光返照，时而一片紫色如幽灵，时而一片橙黄如柠檬；时而一片深蓝如海洋。远处还隐约可见山脉银白的巅峰。"② 而这间屋子和屋子里的人已经融入了这色彩与山峦的风景之中。这就是黛莱达的生命诞生之地，撒丁岛的努奥罗。若要了解黛莱达，自然要从这里起步。

　　1871 年 9 月 26 日，格拉齐娅·黛莱达出生在意大利撒丁岛东部的努奥罗小城，她的父母共育有六个子女，黛莱达排行第四。远离意大利本土一百多公里的撒丁岛民风淳朴、保守封闭，岛上自然环境优美，群山高耸，树木茂密，覆盖着大片的乡间土地。努奥罗小城更是一个与世隔绝的地方，那里依旧保持着古老的民俗传统。尽管黛莱达出生在一个家境殷实的家庭中，但由于受小城中传统陋习的影响——女孩子没有受过多教育的权利，她和其他同伴一样，总是待在家中，除非偶尔的乡间散步，或者是去参加宗教活动。这位有着强烈求知欲的小姑娘仅读完小学四年级便被迫辍学了。然而，学校生活的结束并没有中断黛莱达的求知之路，家中的书籍特

---

① 宋兆霖主编《诺贝尔文学奖全集》（上册），北京燕山出版社，2006，第307 页。
② 〔瑞典〕亨利克·舒克：《颁奖词》，载彭诗琅等主编《诺贝尔文学奖金库》，第 181 页。

别是她当神甫的叔叔的丰富藏书成为她最好的精神食粮。由于小城里的人们大多说的是撒丁岛方言，为了方便阅读，她还特意学习了一些意大利语和法语。就这样，黛莱达立足于一个狭小、封闭的天地却能徜徉于书籍的海洋之中，不断创造和丰富自己多彩的精神世界。

黛莱达很早就表现出了出众的创作才华。1888 年，年仅 17 岁的她就开始在罗马的一些杂志上发表短篇小说，用自己笔下的文字打破了努奥罗小城中女人只该负责家务而不能步入文坛的旧有观念。杂志编辑对黛莱达写作才能的肯定极大地鼓舞了她的创作热情，此后，她全身心地投入到文学创作之中，先后出版了小说《黑暗女王》（*La regina delle tenebre*，1892）、《撒丁岛的精华》（*Fior di Sardegna*，1891）、《正直的灵魂》（*Anime oneste*，1893）、短篇小说集《撒丁岛的故事》（*Racconti sardi*，1894）等一系列作品。这些作品描绘了撒丁岛的独特风景与淳朴风情，表现了岛中人与人之间的相互关系以及男女之间情感的纠葛等。1896 年，黛莱达真正的成名之作长篇小说《邪恶之路》（*La via del male*）问世，为她在意大利的文学界赢得了盛誉。其后，她又相继出版了《客人》（*L'ospite*，1897）、《正义》（*La giustizia*，1899）等小说。

1899 年，黛莱达在一次旅游中经朋友介绍，与任职于财政部的帕尔米罗·莫德桑尼相识，两人一见钟情，于第二年的 1 月结为夫妇。婚后，她随丈夫定居于罗马。黛莱达并没有因为结婚与家务而中止自己的创作之路，相反，与闭塞的撒丁岛相比，作为意大利政治文化中心的罗马为她提供了更为广阔的创作视野，她先后出版了《埃里亚斯·波尔托卢》（*Elias Portolu*，1903）、《人生游戏》（*I giuochi della vita*，1905）、《长春藤》（*L'edera*，1908）、《风中芦苇》（*Canne al vento*，1913）、《玛丽安娜·西尔卡》（*Marianna Sirca*，1915）等出色的作品。面对自己辛勤劳动所赢得的褒赞，作家谦虚而幽默地称自己为"一个沉默寡言而又喜欢舞文弄墨的家庭妇女"。[1] 1926 年，瑞典文学院将该年度的诺贝尔文学奖授予这位勤于笔耕的女作家，以褒奖其作品"给人们带来甘露，使人的身体和精神都因此而富有活力"[2]。获奖之后，作家依旧坚持着自己的创作道路直到生命的终结。

黛莱达是位多产的作家，在近五十年的写作生涯中，她不仅出版了五十多部长篇、中篇及短篇小说，更发表过多部散文集和诗歌集。这位从撒丁岛走出来的对文学充满了激情与热爱的少女，终于成为一位在意大利文坛乃至世界文坛都享有盛誉的杰出作家。黛莱达的文学成就卓著，并具有鲜明的时代特色，故诺贝尔颁奖委员会在评价她的创作时说她"从不同侧面展现出在资本主义关系的冲击下，建立在宗法关系基础上的撒丁岛经历的动乱和变迁，旧的经济、文明、道德遭逢的危机"。[3]

黛莱达一生的创作十分丰富，主要作品见表 2-1。

表 2-1 黛莱达的主要作品目录

| 出版时间 | 作品名称 |
|---|---|
| 1890 年 | 短篇小说集《在蓝天》（*Nell' azzurro*） |
| 1891 年 | 小说《撒丁岛的精华》（*Fior di Sardegna*） |
| 1892 年 | 小说《黑暗女王》（*La regina delle tenebre*） |
| 1893 年 | 小说《正直的灵魂》（*Anime oneste*） |
| 1894 年 | 短篇小说集《撒丁岛的故事》（*Racconti sardi*）、散文集《撒丁岛努奥罗的民间风俗》（*Tradizioni popolari di Nuoro in Sardegna*） |
| 1896 年 | 小说《邪恶之路》（*La via del male*） |
| 1897 年 | 小说《客人》（*L' ospite*） |

---

[1] 沈萼梅：《意大利文学》，外语教学与研究出版社，1999，第 94 页。
[2] 宋兆霖主编《诺贝尔文学奖全集》（上册），第 307 页。
[3] 吕同六：《风中芦苇·译本序》，译文出版社，1992，第 7 页。

续表

| 出版时间 | 作品名称 |
|---|---|
| 1899 年 | 小说《正义》（*La giustizia*）和《诱惑》（*Le tentazioni*） |
| 1900 年 | 小说《深山里的老人》（*Il vecchio della montagna*） |
| 1902 年 | 小说《离婚之后》（*Dopo il divorzio*） |
| 1903 年 | 小说《埃利亚斯·波尔托卢》（*Elias Portolu*） |
| 1904 年 | 小说《灰烬》（*Cenere*） |
| 1905 年 | 小说《人生游戏》（*I giuochi della vita*） |
| 1907 年 | 小说《现代爱情》（*Amori moderni*）、小说《过去留下的阴影》（*L' ombra del passato*） |
| 1908 年 | 小说《长春藤》（*L' edera*）、小说《祖父》（*Il nonno*） |
| 1910 年 | 小说《我们的主》（*Il nostro padrone*）、小说《临终》（*Sino al confine*） |
| 1911 年 | 小说《沙漠》（*Nel deserto*） |
| 1912 年 | 小说《变迁》（*Chiaroscuro*）、小说《鸽子与雀鹰》（*Colombi e sparvieri*） |
| 1913 年 | 小说《风中芦苇》（*Canne al vento*） |
| 1914 年 | 小说《不是你的罪过》（*Le colpe altrui*） |
| 1915 年 | 小说《玛丽安娜·西尔卡》（*Marianna Sirca*） |
| 1916 年 | 小说《看不见的小男孩儿》（*Il fanciullo nascosto*） |
| 1918 年 | 小说《橄榄园里的火灾》（*L' incendio nell' uliveto*） |
| 1920 年 | 小说《母亲》（*La madre*） |
| 1921 年 | 小说《狐朋狗友》（*Cattive compagnie*）、小说《孤寂人的秘密》（*Il segreto dell' uomo solitario*） |
| 1922 年 | 小说《活人的上帝》（*Il Dio dei viventi*） |
| 1923 年 | 小说《森林中的笛声》（*Il flauto nel bosco*） |
| 1924 年 | 小说《项链舞蹈》（*La danza della collana*） |
| 1925 年 | 小说《逃往埃及》（*La fuga in Egitto*） |
| 1926 年 | 短篇小说集《为爱情保密》（*Il sigillo d' amore*） |
| 1927 年 | 小说《阿纳莱娜·比尔希尼》（*Annalena Bilsini*） |
| 1928 年 | 小说《老人与儿童》（*Il vecchio e i fanciulli*） |
| 1930 年 | 小说《诗人的家》（*La casa del poeta*） |
| 1931 年 | 小说《风的家乡》（*Il paese del vento*） |

| 出版时间 | 作品名称 |
| --- | --- |
| 1932 年 | 小说《海边葡萄园》(*La vigna sul mare*) |
| 1933 年 | 小说《夏日炎炎》(*Sole d' estate*) |
| 1934 年 | 小说《河堤》(*L' argine*) |
| 1936 年 | 小说《孤独教堂》(*La chiesa della solitudine*) |
| 1937 年 | 小说《柯西玛》(*Cosima*) |

注：此表根据诺贝尔文学奖官网中有关黛莱达的资料，并参考《邪恶之路》中译本后附的"作者创作年表"而自制。

上述这些作品，分别诞生于黛莱达一生的不同阶段。为了深入研究黛莱达的创作历程，可将其划分为三个时期：1888～1900 年为创作初期；1900～1920 年为创作中期；1920 之后为创作后期。

## 一　创作初期

1888～1900 年的创作初期，是指黛莱达最初在杂志上发表作品，到 19 世纪末多篇小说的成功发表。从罗马杂志上发表的短篇小说《在山上》(1888)、《撒丁岛的血》(1888)、《童年轶事》(1889) 到小说《东方的星辰》(1891)、《皇族的爱情》(1892)，以及作家第一部取得较大影响的作品《撒丁岛的精华》(1891) 等作品的问世，再到黛莱达真正的成名之作《邪恶之路》(1896) 的诞生。在这十几年的创作中，黛莱达逐渐成长为一位受到意大利文学界关注与认可的女作家。

可以看出，黛莱达从文学生涯的一开始就立足于对家乡撒丁岛的表现，她描绘着这方古老土地上的奇景怪石，讲述着发生在寂寥海岛上的奇妙故事。这样的一种创作视角与内容很容易让人联想到 19 世纪末盛行于意大利的一个文学流派，即介于批判现实主义与自然主义之间的"真实主义"。该流派作家的创作原则集中于一个"真"，即真实地描写和表现作家自己所熟知的生活与地域，使小说不仅成为具有美学价值的艺术品，更能成为具有科学价值的历史资料。其代表作家乔万尼·维尔加（Giovanni Verga）就以自己的故乡西西里岛为背景，创作出了一系列出色的作品，成为"西西里社会的一面镜子"①。

毫无疑问，作品中充满了家乡撒丁岛气息的黛莱达也是"真实主义"流派中的一分子，是她将远离主流社会、狭小闭塞的撒丁岛带进了人们的视线。《邪恶之路》是作家在这一时期的代表作品，小说大量描写了有关作者家乡撒丁岛的宗教节日、古老习俗、婚丧礼仪等具有地域特点的内容，使作品充满了撒丁岛的独特气息。在创作初期，黛莱达的小说就带有浓郁的地方色彩，她从"真实"这一要义出发，将目光投射在最贴近自己的现实生活中，并仿照真实主义最初的践行者的创作实践，着力去表现和刻画自己所熟知的故乡。诺贝尔文学奖授奖词中这样说道："意大利文学中人们称之为'地方主义'的流派曾经出现过值得注意的代表人物，如维尔加，他对西西里与福加扎罗的描写，对伦巴底与威尼托地区的描写就是如此。但是，对撒丁岛的发现绝对属于格拉齐娅·黛莱达"②。黛莱达的创作从一开始就植根于那片生她养她却鲜为人知的土地，她用沉婉绮丽的笔触向读者、向世界传递出了撒丁岛"这个被文明社会忽略和遗忘了的角落"③里的声音。

## 二　创作中期

创作中期是指黛莱达于 1900 年完婚后随丈夫迁居于罗马直至其后的 20 年间。从与世隔绝的偏僻海岛到罗马这一意大利政治与文化的中心地，地理上的变化不仅开阔了作家的创作视野，更令其得以更多地接触到当时意大利文学界的著名人士，这无疑是有利于

---

① 沈萼梅：《意大利文学》，第 82 页。
② 宋兆霖主编《诺贝尔文学奖全集》（上册），第 305 页。
③ 沈萼梅：《意大利文学》，第 92 页。

作家创作的。不仅如此，远离故土的黛莱达还可以用一种新的眼光来观察自己所钟爱的故乡撒丁岛，去审视海岛的历史与变迁。于是，勤于笔耕的黛莱达迎来了创作生涯的巅峰期，在这期间连续创作出了《深山里的老人》（1900）、《埃里亚斯·波尔托卢》（1903）、《灰烬》（1904）等大量主题丰富、思想深刻、艺术手法高超的出色作品。她在这一时期创作的最具代表性的两部作品是《长春藤》（1908）与《风中芦苇》（1913）。

《长春藤》讲述了一个没落家族的故事，女仆安内莎为了让收养自己的德凯尔基一家，特别是德凯尔基家的儿子同时也是自己情人的帕乌鲁逃脱债务的纠缠，杀死了寄居在家中相对富有的老人祖阿大叔。安内莎的一生与德凯尔基一家的兴衰紧密相连，而德凯尔基家族的兴衰又依赖着它所处的封建宗法制社会。当这一社会不可避免地被逐渐发展起来的以标榜金钱为特征的资本主义大潮所吞噬时，无论是个人、家族还是社会都面临着没落与变迁的命运，安内莎与德凯尔基一家也必然如此。黛莱达赋予了小说一个意蕴深刻的题目，书中的人就如只能攀附墙头而活的长春藤，"一旦攀附在墙头上，就不再脱落，一直到藤条枝叶干枯为止"①。《风中芦苇》通过对平托儿家族衰败史的叙述，表现出作家对故乡现状的思考。在资本主义金钱势力的冲击下，古老闭塞的撒丁岛正发生着不可逆转的变化，岛中人们所赖以生存的封建宗法制社会正不可避免地走向灭亡，被这一历史潮流所裹挟的人们就如同风中的芦苇，任凭风的摆布，无能为力。

和早期创作相比较，黛莱达这一时期的作品无论在内容的广度上还是思想的深度上都表现得更为出色。她开始从文化的高度与角度去表现撒丁岛曾经的历史与正在经历的变迁。

---

① 贾文丰：《诺贝尔文学奖百年百影》，珠海出版社，2002，第95页。

### 三 创作后期

创作后期是指黛莱达在 20 世纪 20 年代之后的创作。在这一时期，黛莱达将关注的目光更多地转向人物丰富的心灵世界，令作品呈现出心理剖析与探索的特点。《母亲》（1920）及《孤寂人的秘密》（1921）是这一时期具有代表性的两部作品。

小说《母亲》讲述了一个严守宗教戒律的母亲的故事。她为了使自己的儿子成为一个出色的神父而禁止他有任何与天主教教规相违背的行为，甚至亲手扼杀了儿子享有最基本的感情生活的权利。黛莱达在该作品中展现了神性对人性的扼杀，宗教戒律对人的心灵的制约、对人最基本的情感生活的束缚。在《孤寂人的秘密》中，作家将关注的重心转向人物隐秘的内心世界。这部具有心理分析特点的小说，通过对独居荒岛上的主人公的内心秘密的一步步挖掘，透视了其对社会、对人生的逃避与厌恶的心理，从而揭示了一种孤独寂寞的人生处境。

随着黛莱达创作思想的成熟与写作技巧的提高，她晚期的作品已经"进展到以一种不安的心态有意识地去洞察、透视这块古老的土地，不仅表现撒丁岛的传统习俗、人们的社会观念和生活现实，还着力去发掘生活在这座海岛上的人们心灵深处的秘密。"[1]可以说，"作者探索的目光不再局限于早期的发现和发掘这块'根'，而是转移到去反映生活在这里的人们的命运。"[2]

黛莱达的创作概观可见表 2-2。

---

[1] 沈萼梅、刘锡荣:《长春藤·译本序》，花城出版社，1996，第9~10页。
[2] 沈萼梅、刘锡荣:《长春藤》，第10页。

表 2-2　黛莱达的创作概观

| 时间 | 作品 | 创作内容 | 创作特色 |
|---|---|---|---|
| 1888~1900 年 | 短篇小说《在山上》(1888)、《撒丁岛的血》(1888)、《童年轶事》(1889)、小说《东方的星辰》(1891)、《皇族的爱情》(1892)、短篇小说集《撒丁岛的精华》(1891),真正的成名之作《邪恶之路》(1896) 等 | 立足对家乡撒丁岛的表现,描绘这方古老土地上的奇景怪石,讲述着发生在寂寥海岛上的奇妙故事 | 彰显了"真实主义"的特点 |
| 1900~1919 年 | 小说《深山里的老人》(1900)、《埃里亚斯·波尔托卢》(1903)、《灰烬》(1904)、《人生游戏》(1905)、《长春藤》(1908)、《风中芦苇》(1913)、《玛丽安娜·西尔卡》(1915)、《橄榄园里的火灾》(1918) 等 | 用一种新的眼光来观察自己所钟爱的撒丁岛,去审视海岛的历史与变迁 | 开始从"新的文化高度"去表现撒丁岛曾经的历史与正在经历的变迁 |
| 1920~1936 年 | 小说《母亲》(1920)、《孤寂人的秘密》(1921)、《逃往埃及》(1925)、《老人与儿童》(1928)、《风的家乡》(1931)、逝世后出版的自传体小说《柯西玛》(1937) 等 | 将关注的视线更多地转向人物丰富的心灵世界,令作品呈现出"抒情性的心理分析"的特点 | 内倾性的特征明显,从侧重于表现外部世界转而侧重于表现人物内心世界的复杂变化 |

注:此表根据相关材料自制。

## 第二节　全部的美都孕育于赤裸之中

或许有人以为,在黛莱达的笔下,找到关于"美"的论述或者文学理论上的一些建树恐怕是不可能的,因为她从未进过如当下那些挂着校牌、有着明确建制的大学;由于写作的忙碌也可能没有机会像当下的理论家那样从柏拉图、亚里士多德、黑格尔一直读到今天的德里达等。但世界上还有另一个意义上的大学,是所有人都可以读的大学,这就是社会,成绩好坏当然依个人能力而定。黛莱达在丰富的小说创作的实践中,以上等的成绩拿到了批评界的通行证。也许她只是进此地游玩一番,无意留下大部头的著作,但是她留下了诸多的"只言"或"片语",细细咀嚼,许多还是很有韵味的。其中,最独具匠心的一个见解即是:"全部的美都孕育于赤裸之中"。在笔者看来,这一见解是美学与文学批评领域中的一个有意义的建树,总有一天会被写进文学批评史中。

## 一 内涵透视

"全部的美都孕育于赤裸之中",是黛莱达在 1913 年 12 月 23 日写给友人的信中的话语。此信是《致马·莫莱蒂》。马·莫莱蒂是意大利的女作家,黛莱达的挚友。黛莱达在信中说:"我爱实实在在存在的生活,因为它是赤裸裸的、可怕的、美好的,全部的美都孕育于它的赤裸之中。我认为,生活的最深刻的象征意义,就在于其赤裸性。"① 结合她的相关话语可以看出,这是她作为作家的写作理念之一,其中的内涵是丰富的。

其一,从本质上而言,"赤裸"即是真实,即是实实在在。这是美的要素,无论是外在世界还是内在世界。

先以外在世界论之。黛莱达在同样写给马·莫莱蒂的信中,将罗马市区的春天与撒丁岛的春天作了比较,并直言自己的喜与恶:"我并不喜欢罗马的春天,我说的是罗马市区:到处尘土飞扬,矫饰的鲜花、愁容满面的人们……我非常喜欢撒丁岛的春天:在某些地方没有鲜花,只有野草在微风吹拂之下竭力模仿水波的飘动。继之而来的则是漫长、炽热、美丽而又严峻的夏天:一切似乎全由岩

---

① 〔意大利〕黛莱达:《致马·莫莱蒂》,载吕同六主编《意大利经典散文》,上海文艺出版社,2004,第157页。

石铸成，那样的坚毅、永恒。"这里，她直接说明了不喜欢罗马市区的春天的理由——"外界春天的假象"，因为鲜花是"矫饰的"；而撒丁岛的春天某些地方没有鲜花，但是，它是真实的、赤裸的，所以作者表示"非常喜欢"。

再以内在世界论之，黛莱达更是认为人的心灵世界是以真实为美的，即使真实有时面对的是尴尬。譬如，当时，马·莫莱蒂的长篇小说《古埃达》的书稿受到评论界和出版界的冷遇，黛莱达在帮其推荐的过程中也经历了诸多的不顺利，但是她从来都向马·莫莱蒂直言其真实的情况："可是您的《古埃达》正安心地期待获得她的生命。她在这里无声无息伴随着那些残暴的人们，有朝一日您也会认识这些人的。他们忙于照料自己，丝毫不会去动《古埃达》一根毫毛的。您尽管对她放心好了。""本来，您是不该知道这一切的。如果这将使您不悦，您应立即告诉我。也许在您看来，这有些奇怪和幼稚。"①

其实，这"奇怪和幼稚"就是真实的表现。生活在社会复杂的人际关系中，许多时候真实已经不复存在，黛莱达的所见都与真实甚远："我耳闻目睹了多少虚伪奸诈的事情，如今，我再也不愿了解了。"② 所以，在虚伪的人世与赤裸的自然中间，她从来都选择后者："我几乎不出家门一步，整天待在花园的草丛中，以致有时，特别是晚间入睡前，我产生一种奇突的感觉，仿佛自己都成了某种植物了。我的思绪如同草丝一般在风中拂动，而我的心的跳动犹如刺槐的花叶，一瓣一瓣地从枝茎上剥离下来。"③

其二，对文学创作而言，"赤裸"又是在强调"发现"。作家

---

① 〔意大利〕黛莱达：《致马·莫莱蒂》，载吕同六主编《意大利经典散文》，第156页。
② 〔意大利〕黛莱达：《致马·莫莱蒂》，载吕同六主编《意大利经典散文》，第157页。
③ 〔意大利〕黛莱达：《致马·莫莱蒂》，载吕同六主编《意大利经典散文》，第159页。

要有能力把被隐藏的或不被人注意的东西发掘出来，让它"赤裸"在读者面前，为读者提供一片新的视域。而在这一点上，黛莱达发现了撒丁岛，无疑是创造了文学的奇迹。

文学不仅是一面镜子，能够折射出万千生活，它更是一盏明亮的灯，照亮了那些被忽略、埋没或遮蔽的世界。所以说，一个成功的作家首先是一名发现者，他们以文学来发现并构建世界。在巴尔扎克的世界中，我们了解了 19 世纪充斥着金钱和欲望的法国社会；看到了巴黎、外省乃至乡村等各个层面的生活场景；目睹了由于贪婪与野心而酿成的一幕幕人间悲剧。在哈代的世界里，我们则得以接触到一个名叫威塞克斯的"王国"，熟知了一个外表恬静淡然而内在躁动的乡村世界，感受到一份来自 19 世纪后期英国乡村弥漫的变革气息。

一个真正伟大的作家总是能用文字开辟出一个神奇的国度、一片广阔的土地。黛莱达也是一名发现者，她用睿智的文学之笔向世界展示了她所发现的独一无二的、并且是全方位的撒丁岛。位于意大利半岛海岸以西 120 多英里的撒丁岛，是地中海中部一座庞大的岛屿，它的面积仅次于地中海最大的岛屿西西里岛。岛中多山，地形崎岖，起伏的地势上覆盖着辽阔的乡间土地和天然的牧场。由于其远离意大利本土的孤立地势，尽管拥有着奇异的风貌与别样的风俗文化，地理概念上的撒丁岛只是一个远离意大利本土与现代文明社会的海岛。黛莱达就出生在该岛东部的一个名叫努奥罗的小城里，并在这片贫瘠而古老的土地上度过了她人生最初的 25 年。岛中千姿百态的奇峰怪石、苍茫辽阔的牧场、时而温顺清澈时而波涛汹涌的海岸，以及每个季节呈现出不同风貌的峭壁峡谷陪伴着作家走过了她的童年、少年和青年时光。在作家的眼中，撒丁岛不是贫瘠荒芜的，蜿蜒的峡谷、刺骨的风、广袤的牧场、巍峨的峭壁、绮丽的河谷都是同她充满乐趣的童年、少年以及青年时代的生活紧密相连的。

身为作家的黛莱达将从家乡奇特险峻的自然风光中陶冶出来的独特审美感受转换成浪漫多彩的文字，用她全部的创作展现出撒丁岛的神奇与美丽。正是因为黛莱达将撒丁岛作为她文学创作的惯用题材，古老封闭、贫瘠荒漠的撒丁岛才得以向意大利乃至整个世界展现了她的无穷魅力。诺贝尔文学奖的授奖词中这样褒扬黛莱达：她笔下的自然"展现出远古时代原野的简洁和广阔，显示出朴素的纯洁和庄严。"① 毫无疑问，是黛莱达让撒丁岛这个世界地图中的隐蔽一角走进了人们的视野，她饱含深情地发现了这片赐予她生命与艺术想象力的土地，是她用勤于笔耕的一生创造了文学世界中的撒丁岛，并充分展现出其故土的无穷魅力。

## 二　"赤裸裸"的撒丁岛

黛莱达小说中充溢着浓郁的撒丁岛气息，她用细腻而质朴的笔触描述了岛上的历史传统、风俗文化、世态人心，表现了植根于这片海岛上的人们的社会生活。在文学世界中还没有撒丁岛影子的时候，黛莱达将撒丁岛"赤裸裸"地奉献在读者面前，传递出一种真实与惊喜之美。

这里有撒丁岛的民俗。在其真正的成名作《邪恶之路》中，女主人公玛利亚的婚礼就是小说中浓墨重彩的一笔。朴素而繁复的结婚仪式、富有诗情的祝酒歌、欢腾而喜悦的气氛，人们相互间的趣味调侃……小说将撒丁岛富有民族特点的婚嫁习俗展现在读者面前。小说《长春藤》中则花费了大量的篇幅描述了当地人们祭祀巴路内依镇的小保护神圣·巴西利奥这一传统宗教节日的情景：一百个牧民每人为节日捐助的一头羊和一斗麦子；烟熏火燎的厨房；在炭火上冒着热气的烤肉；丰盛的面包、甜食和美酒；在燃烧的大炉膛旁一醉方休的男人；忙碌地准备着食物的女人。"隆重的祭祀仪式，震耳欲聋的鼓声，漫天的烟火，相互的祝福令人如痴如醉……"② 显然，这是刻着撒丁岛印迹的节日氛围。在《风中芦苇》的开篇不久，作者也描述了一次持续了九天的节日活动，黛莱达用细腻而浪

---

① 宋兆霖主编《诺贝尔文学奖全集》（上册），第306页。
② 沈萼梅、刘锡荣：《长春藤·译本序》，第6页。

漫的笔触描绘了节日现场的情景：

> 一轮如盘明月从海面上冉冉升起，整个大千世界仿佛都是
> 金子和明珠的世界。手风琴把它那哀怨的乐声倾泻在焰火映得
> 十分明亮的庭院里，在红色的火光映照下，手风琴手轻盈的褐
> 色身影，跳着撒丁岛舞蹈的女郎和少年的紫罗兰脸庞，在灰白
> 色的墙壁上悦动。幽灵般的黑影在被践踏的草地上和教堂的墙
> 壁上摇曳；衣服的金色纽扣、银色饰带和手风琴的键盘熠熠闪
> 光；余下的一切，全消失在月夜明珠的半明半暗中。①

黛莱达笔下的诸多情景，无论是欢腾的节日氛围、纷繁的婚丧
习俗，还是略带神秘色彩的宗教活动，对于读者来说都是新奇而又
有诱惑力的。

这里有拉丁岛的历史兴衰。黛莱达通过对海岛的历史变迁的审
视去洞察撒丁岛的社会现实。《长春藤》揭示的德凯尔基家族的兴
衰与它所处的封建宗法制社会有千丝万缕的联系，封建宗法制社会
在资本主义大潮冲击下的逐渐解体将不可避免地影响着这个社会中
的每一个人。《风中芦苇》通过对平托儿家族衰败史的叙述，表现
出黛莱达对故乡现状的思考。在资本主义金钱势力的冲击下，古老
闭塞的撒丁岛正发生着不可逆转的变化，岛中人们所赖以生存的封
建宗法制社会正不可避免地走向灭亡。"我们是芦苇，而命运是
风"②，芦苇在风的肆虐下折断、倒伏，而在强大命运的操控下，
平托儿们只能走向颓败与没落。在新兴的资产阶级背后的金钱势力
的冲击之下，古老的贵族庄园主平托儿家族最终走向了解体。黛莱
达将这一没落家族的命运与对"风中芦苇"这一意象的描绘紧密
地联系在一起，表现了作家对家乡社会现实的种种思考，"历史悠

---

①　沈萼梅、刘锡荣：《长春藤·译本序》，第34页。
②　〔意大利〕黛莱达：《风中芦苇》，蔡蓉译，译文出版社，1992，第211页。

久而又闭塞、落后的撒丁岛发生了相当缓慢而又不可逆转的变革，古老的封建宗法关系已经分崩离析。"①

可以说，黛莱达的这些作品"从不同侧面展现出在资本主义关系的冲击下，建立在宗法关系基础上的撒丁岛经历的动乱和变迁，旧的经济、文明、道德遭逢的危机"。② 黛莱达曾在一封书信中这样写道："命运注定我生长在孤僻的撒丁岛的中心。但是，即使我生长在罗马或斯德哥尔摩，我也不会有什么两样。我将永远是我——是个对生活问题冷淡而清醒地观察人的真实面貌的人"③。黛莱达更用她那富有洞察力的眼睛，观照了生活在这片土地上的人们。她善于运用隐喻、象征的艺术手法，赋予笔下的自然意象以深刻的寓意，将其作为表现故土变迁、烘托人物悲剧命运、表达作品主题的手段，使作品呈现出动人的艺术感染力。

这里有撒丁岛人的心理世界。黛莱达用她的创作为读者发现和营造出了一个独具撒丁岛特色的人物内心世界。她的创作带有鲜明的内倾性特征，她着意让自己的笔触伸向她所描写的对象的心灵深处，从而去表现人物内心世界的矛盾与冲突。

一方面，黛莱达的很多小说都表现出一种"道德意识"。她笔下充斥着在自己所犯的罪恶中煎熬的人物形象，爱情与传统道德之间的冲突是其创作中颇为重要的一个主题。这在作家的成名作《邪恶之路》中就有明显的表现。之后，这种"以爱情与道德、罪与罚的冲突为切入点，展示撒丁岛古老的文明和宗法制下的乡村生活"④ 的模式更成为黛莱达小说的主要特色之一。《长春藤》中为了让情人摆脱债务纠纷而犯下杀人罪的安内莎、《风中芦苇》中为了让心仪的庄园主的女儿逃脱禁锢而杀死了自己主人的长工埃菲克

---

① 吕同六：《风中芦苇·译本序》，第 6 页
② 吕同六：《一曲贵族之家的挽歌》，第 3 页。
③ 〔瑞典〕亨里克·许克：《诺贝尔文学奖授奖词》，载黛莱达《邪恶之路》，黄文捷译，上海人民出版社，2008，第 320 页。
④ 吕同六：《邪恶之路·导读》，上海人民出版社，2008，第 3 页。

斯，他们都为爱情犯下了不可饶恕的罪过。值得注意的是，黛莱达的着眼点并不是爱情或犯罪本身，而是在罪恶的阴影下的人物内心的矛盾与煎熬，以及他们为赎清自己的罪过而付出的巨大代价。这样就赋予了千篇一律的爱情题材以新的更为深刻、复杂的含义，"罪与罚"之间的矛盾冲突在人物的内心世界激起了巨大的波澜，使作品带上了鲜明的伦理性色彩。

另一方面，黛莱达的小说还带有明显的"社会心理分析小说"的特征。除了"道德意识"的突出，黛莱达的小说还注重对人物内心世界的探索和观照。《母亲》是黛莱达后期创作的代表性作品之一，小说中身为天主教徒的母亲为了让儿子保罗成为一名优秀的神父而遏制儿子正常的情感，母子两人在正常的人性与偏执的理性之间痛苦地挣扎，母亲甚至在精神极度压抑与紧张中死去。黛莱达用真切而沉静的叙述，揭示了具有禁欲传统的宗教对人的心灵的桎梏与戕害。《孤寂人的秘密》中刻画了一个独居于荒地深处的神秘男人克里斯蒂亚诺的形象，黛莱达在该小说中特别注意对客观环境的渲染，并通过对主人公身份与内心秘密的逐步揭露，将他对现实社会的逃避心理表露无遗，令小说呈现出心理分析的特点。

综上所述，当剖析了黛莱达的"全部的美都孕育于赤裸之中"的见解之后，我们对"赤裸"的美作了两方面的阐释：从本质上看，找出了它最核心的"真实"的特征；从文学创作的角度出发，又论述了"发现"的重要性。最后的结论是，黛莱达用她真实的心灵"发现"了撒丁岛瑰丽的自然风光；"发现"了撒丁岛独特的民风民俗；"发现"了撒丁岛的社会变迁；"发现"了撒丁岛人丰富而复杂的内心世界。是她将撒丁岛这一遥远孤岛的独特魅力"赤裸裸"地展现在了世人的面前。如果没有黛莱达，就不会出现文学世界里这样一个独特、质朴、庄严而美丽的岛屿。这位近一个多世纪前的女作家带给我们的思考是深刻的，即文学的生命力在于发现，文学的世界需要更多像她那样能够发掘出一片隐匿土地的作家，从而为人们开创更多的陌生而新奇的文学世界。

## 第三节　忏悔救赎：小说情节建构的独特模式

所谓的忏悔救赎，是指黛莱达在建构小说情节时所采用的一种独特模式。具体而言，她的小说的情节发展常常呈现出这样一个基本路径：两人相恋——恋爱受阻——犯下罪过——忏悔救赎。在这样一个共性的路径下，每个作品又都有着个性的具有独特魅力的故事，但这个共性的模式却透露出了作家的写作特点和思想倾向。

以黛莱达的成名作《邪恶之路》为例。在小说中，女主人公玛利亚与长工彼特罗真挚地相爱，但前者由于受门第观念的束缚，抛弃了热恋中的情人，嫁给了地主佛朗西斯，彼特罗在爱恨交织之下设计杀死了玛利亚的丈夫。虽然彼特罗在此后发迹并最终与寡居的玛利亚结为夫妇，但他一生都受着自己所犯罪孽的折磨，在痛苦中维系着与玛利亚来之不易的幸福。而玛利亚在得知爱人曾经犯下的罪过后，选择让自己的心灵永远地套上罪恶的枷锁，与彼特罗一起走上漫长的忏悔之路，用伴随他们一生的悔疚与苦痛去洗涤曾经犯下的罪恶。

玛利亚与长工彼特罗相爱——玛利亚由于受制于阶级门第之见而抛弃彼特罗——彼特罗出于嫉妒与报复杀死了佛朗西斯——得知真相的玛利亚与彼特罗一起走上忏悔的路。这就是忏悔模式在《邪恶之路》中的体现。

作家的另外两部代表作《长春藤》与《风中芦苇》中也呈现出类似的爱情模式。《长春藤》中，女仆安内莎与主人贵族德凯尔基家的长子帕乌鲁相爱，为了让情人摆脱高筑的债台，她杀死了寄居在德凯尔基家的老人祖阿大叔，并伪造老人是因病发作而死的假象。安内莎虽然逃脱了法律的制裁，但却受着内心的折磨，特别是当得知祖阿大叔决定用自己的钱帮助帕乌鲁渡过难关后，安内莎陷入了无尽的自责与忏悔之中。在短暂的离开后，安内莎回到了败落的德凯尔基家，她如同墙头上的长春藤，一旦攀附在墙上就不再脱落，直到干枯死去。她用自己的一生陪伴着这个衰败的家族，以此来赎清犯下的罪孽。《风中芦苇》中，长工埃菲克斯出于对主人家三女儿丽娅的爱，在帮助其离家私奔的过程中杀死了庄园主堂·扎姆，悔过与内疚之心让他将自己葬送在这个衰败的庄园里，用长年的辛勤劳作去养活庄园中三个缺乏生存能力的女主人，最后凄凉地死去。

从以上三部颇具代表性的作品可以看出，罪与罚、忏悔与救赎是黛莱达小说较鲜明的一个主题，并且，黛莱达擅于运用爱情这一题材来对该主题进行诠释。

作为文学作品最常表现的题材之一，爱情题材在黛莱达的整个创作中占据很重要的部分，她作品中的男女主人公在情感上常常呈现出复杂纷繁的纠葛关系：《邪恶之路》中玛利亚与情人彼特罗、丈夫佛朗西斯之间的情感婚姻纠葛；《埃里亚斯·波尔托卢》中埃里亚斯·波尔托卢和嫂嫂玛达莱娜之间充满悲剧性的爱情；《玛丽安娜·西尔卡》中西蒙内与玛丽安娜·西尔卡狂热的爱恋却又分离的结局；《母亲》中神父保罗与情人间充满痛苦与欢愉的爱情……可以说，黛莱达的作品中甚少出现理想而纯洁的爱情，其男女主人公多为炽热的情感所左右，在冲动下犯下罪过，继而为之付出惨痛的代价，而后陷入无尽的忏悔之中。并且，对于主人公的不法行为，作家不强调法律意义上的制裁，她笔下很少存在被绳之以法的犯罪者，相较于法制性的惩罚，黛莱达更注重人物心灵上的自悔，并且期望通过这种自我惩罚式的心理行为，让人物能够偿还罪恶并最终得到救赎。

那么，黛莱达为什么会偏爱这种忏悔救赎式的情节建构模式呢？

首先，在黛莱达的笔下，爱情不仅仅是一种个人情感，它更多地体现了人的自然属性与社会属性之间的复杂关系。她笔下基本不存在传统的门当户对、圆满成婚的眷侣，而多是被门第观念、社会陈规、传统习俗所限而不能在一起的陷于困境中的男女。诚然，作家对男女之间的真挚情感抱有美好的愿望，她笔下的主人公在体验到真正的爱情之初，总是不顾一切地相守在一起。但很快，甜蜜而温馨的二人世界就会被外界打破，门第、身份、金钱、陈规等因素侵扰着两个相爱的人并导致他们关系的破裂。人的自然天性在社会属性的强制压迫下走向了扭曲的反抗，促使其在欲念、仇恨、嫉妒等消极情感的触动下犯下了罪孽。在这里，"爱情把人的自然本质和社会本质连接在一起，它是生物关系和社会关系、生理因素和心理因素的综合体，是物质和意识多方面的、深刻的有生命力的辩证体"。① 所以，肉与灵的矛盾是这一情节模式形成的基础。

其次，黛莱达在对爱情题材的个性化表达中流露出了其矛盾的道德伦理观。爱情与道德伦理的冲突基本贯穿了黛莱达的所有创作。在她的笔下，爱情总是和罪孽相联结，主人公总是在个人情感的驱使下做出某种不法的行为。但是，无论多大的过错，甚至是谋杀，黛莱达笔下的人物大多能逃脱法律的束缚。在作家看来，法律意义上的制裁并不是最高的审判，心灵上的忏悔与救赎才是洗涤自身罪孽的唯一途径。因此，尽管逃脱了法律的制裁，黛莱达的主人公们总是背上沉重的心灵枷锁，内心的悔疚折磨着他们，并促使他们以自己余下的生命去弥补曾经犯下的罪过。很显然，黛莱达的道德伦理观是矛盾的，她一方面"赞颂炽热的爱的激情对固有的世俗观念的抗争和反叛，因而富有典型的浪漫主义的风格"②；另一方面，她在作品中"对爱的冲动和逆反行为的禁锢，使人物向传统法规和世俗的挂念忍让、屈服以致最后就范，表现出一种宗教仪式支配下的道德观念。"③

所以，伦理的强势是这一情节模式的现实支撑。

最后，小说中人物的最终结局表现出了作家一定的宿命论倾向。

---

① 〔保加利亚〕基·瓦西列夫：《情爱论》，赵永穆等译，生活·读书·新知三联书店，1984，第42页。
② 沈萼梅、刘锡荣：《长春藤·译本序》，第7页。
③ 沈萼梅、刘锡荣：《长春藤·译本序》，第7页。

黛莱达笔下的爱情甚少有圆满的结局，她的主人公们或走在无尽的忏悔之路上，或孤寂地离开或死去，他们的命运仿佛总被一股无形的力量所控制，无论个人做出怎样的努力，最终都只能走向悲剧的结局。正如《风中芦苇》中的埃菲克斯所说的，人如同风中的芦苇，而命运就是那风。肆虐的命运已经把一切都安排好，人只能被动地接受。主人公们在爱情力量驱使下的反抗，只会让人物的命运走向更糟糕的境地。

综上所述，忏悔救赎是黛莱达建构小说情节的主要模式。这种模式体现了人所包含的自然属性与社会属性间的复杂关系，表现了作家道德伦理观念的矛盾性，也一定程度上反映了其宿命论的倾向。

## 第四节　依山傍水写春秋

依着撒丁岛的山，饮着撒丁岛的水，作家黛莱达书写了撒丁岛的别样春秋。

凭借"撒丁岛"这一贯穿作家全部创作的主线，黛莱达为我们构建出了一个独具风貌的艺术世界。在这个世界里，人们的生活方式、社会风俗、心理情感与道德伦理都凸显出了鲜明的地域性特征。为什么会有如此这般"别样的形态"？如果借助"地理环境决定论"的观点或许有助于我们的思考。

所谓地理环境决定论（Environmental Determinism），是指将地理环境与自然条件当做"人类社会发展的决定性因素"[①] 的观点，它本质上体现了人与自然的关系问题，认为自然在人类社会的发展过程中起着决定性的作用。早在古希腊时期，希波克拉（Hippocrates）就将人类的各种特性归结于气候的转变，认为"气候和季节变换可以影响人类的肉体和心灵"[②]；在柏拉图（Platon）看

---

① 左大康主编《现代地理学辞典》，商务印书馆，1990，第 27 页。
② 郭岚：《中国区域差异与区域经济协调发展研究》，巴蜀书社，2008，第 67 页。

来，"人类精神生活与海洋影响有关"①；更具影响力的论述要属亚里士多德（Aristoteles），他"认为地理位置、气候、土壤等影响民族特性及社会性质"②，这就将地理环境对人类的影响扩展到了社会、政治制度上，他以希腊人为例，认为他们"所以能统治其他民族，是因为希腊半岛处于炎热气候与寒冷气候之间，这锻炼进而赋予了希腊人以优良的品质"。③ 到了近代，法国启蒙主义的代表人物孟德斯鸠（Montesquieu）进一步发展了前人的论断，将气候与地理环境的决定作用扩展到"各民族生理、心理、气质、宗教信仰、政治制度"④ 上。

从以上思想先驱们的著名论断中，我们可以看出地理环境决定论不仅局限于地理学，它更广泛地出现于哲学、社会学、政治学、历史学等多方面的研究领域中，并且在19世纪进入了文学的天地。受以孟德斯鸠为代表的社会学中的地理学派观点的影响，法国浪漫主义的先驱斯达尔夫人（Germaine de Stael）提出，气候与自然条件同样对文学起着决定性的作用。在其代表作《论文学》中，她就将欧洲文学分为南方文学和北方文学两大派别，并认为是南北两个地域的不同气候与环境决定了文学的特点与风貌。南方气候宜人、丛林茂密、土地肥沃，因此"南方的诗人不断把清新的空气、繁茂的树林、清澈的溪流这样一些形象和人的情操结合起来"⑤。自然环境与人的情操相结合，就令南方作家笔下的文字呈现出"崇尚古典，情调欢快，充满民族和时代精神"⑥ 的特点。而北方文学较之南方文学，情感更强烈，思想更深刻。因为北方气候阴沉、土地贫瘠，"人们较易滋长生命的忧郁感和哲学的沉思，对欢

---

① 左大康主编《现代地理学辞典》，第27页。
② 李庆康、冯春雷、曾中平主编《二十世纪科学万有文库》第10辑，中国国际广播出版社，1990，第84页。
③ 李庆康、冯春雷、曾中平主编《二十世纪科学万有文库》第10辑，第85页。
④ 郭岚：《中国区域差异与区域经济协调发展研究》，第67页。
⑤ 〔法〕斯达尔夫人：《论文学》，第147页。
⑥ 伍蠡甫：《欧洲文论简史》，第222页。

乐的关怀不及对痛苦的关怀"①，"北方各民族萦绕心头的不是逸乐而是痛苦，他们的想象却因而更加丰富。大自然的景象在他们身上起着强烈的作用。这个大自然，跟它在天气方面所表现的那样，总是阴霾而黯淡"②。

从今天文学批评发展的高度来看，斯达尔夫人的观点不免有些机械。但是，她用唯物主义的观点试图去阐释文学的差异性，为后人研究作家与作品提供了一个特别的视角，即一类文学的产生或一个作家的创作或多或少地都受到了其所处地理环境的制约，这种制约甚至可以达到决定性的程度。

这里，我们不妨以荒岛小说的产生与形成为文学领域中的地理环境决定论作一个具体的注解。

荒岛小说，顾名思义，就是以与世隔绝、人迹稀少的荒岛为背景的小说，它的情节一般围绕主人公在荒岛上艰难的求生经历展开，以表达出深刻而丰富的创作主题。不同于在西方各国流行并形成一定创作潮流的其他小说流派，荒岛小说是一种地域性较强的文学现象，大多出现在西班牙、法国、英国等与岛屿相关的国家。现以英国为例观之，毫无疑问，荒岛小说在英国的诞生、发展、繁荣与英国岛国的地理位置、自然环境以及民族特性有着密不可分的关系。具体说来，位于不列颠群岛的英国处于大西洋、爱尔兰海、凯尔特海等海洋的包围中，"人类总是必须在一定的地理环境中生活，必须不断地和自然进行斗争，从而取得生活的物质资料"③。因此，对英国而言，无论是国家的发展还是人们的生活，都与岛屿、海洋有着紧密的联系。与大陆民族相比，邻近海洋的民族由于要同凶猛的大海作斗争从而谋取生存的基本资料，那里的人民要更敢于面对大自然、更骁勇善战、更具冒险的天性。英国这种独特的

---

① 伍蠡甫：《欧洲文论简史》，第 234 页。
② 〔法〕斯达尔夫人：《论文学》，第 147 页。
③ 刘清泉等：《地理环境决定论的实质和根源》，《西南师范学院学报》1959 年第 2 期，第 44 页。

地理位置与自然环境令"其历史、文学不可避免地一开始就和航海、海岛、船舶、海上探险、海上征战、海外贸易、海外扩张和殖民等内容更紧密相连"①。从这一角度来看，荒岛小说的形成与岛国特有的地理位置、海洋性的气候环境以及人民的冒险精神这些至关重要的因素息息相关，它只可能出现和繁荣在英吉利民族这类海洋民族作家的笔下。英国现代小说之父丹尼尔·笛福（Daniel Defoe）的《鲁滨孙漂流记》被誉为英国荒岛小说的开山之作；威廉·戈尔丁（William Golding）凭借《蝇王》对传统的英国荒岛文学进行了超越，并成为 1983 年的诺贝尔文学奖得主。

从以上论述可以看出，荒岛小说独特的地域性特征为斯达尔夫人的地理环境决定论作了具体的文本阐释，这也给我们解读黛莱达的创作提供了新的视角。正是撒丁岛独特的地理位置、气候条件、自然风貌决定了该岛的民俗风情、民族特性，从而决定了黛莱达创作的地域性特征。

首先，撒丁岛独特的自然景观赋予了黛莱达小说以迷人的风貌。撒丁岛又称作撒丁尼亚，它位于地中海中部，是面积仅次于西西里岛的第二大岛屿。由于远离意大利半岛的海岸线，该岛在很长时期内都不为人所熟知。但是大自然却没有辜负这片广阔的土地，岛上景色十分宜人，岛中多山，地形崎岖，陡峭的峡谷、纵横的山脉、遍布的丛林、起伏的地势上覆盖着辽阔的乡间土地和天然的牧场，"内陆地势上生长着各种珍稀物种，惬意的海岸线，剔透的海面，独立的礁石，长长的沙滩"②，一派令人心旷神怡的海岛风光。不仅如此，作为欧洲最古老的地区之一，这里也不乏古文化的景观："岛上遍布 7000 多处奇特的圆锥形巨石堡垒……各种新奇庙宇、精灵屋、巨人墓和神秘巨碑，以及整个青铜器时期许多村庄的

---

①　魏颖超：《英国荒岛文学》，外语教学与研究出版社，2001，第 11、12 页。
②　佰程旅行网《完全自由行》编委会编著《西欧》（下篇），中国旅游出版社，2008，第 157 页。

遗址共同编制了这带有远古气息的撒丁岛画卷"①。但是，这座散发着独特魅力的岛屿在很长时间内都处于内陆人们的视线之外，远离意大利本土的撒丁岛居民过着与世隔绝的生活。

如前文所言，黛莱达就出生在该岛一个名叫努奥罗的小城上，由于远离外界的喧嚣，那里"单调的生活，只有到了传统的宗教节日或民间节日时，才被狂欢时节主要街道上的欢歌闹舞打破"②。但是由于远离意大利本土的影响，那里"周围的自然环境又有如蛮荒时代那样美丽"③，黛莱达在小城中度过了她人生最初的 25 个年头的光景，故乡的风景时时陪伴与感染着她：

> 从她家的窗口可以看见附近的奥托贝内山，看见那浓密的树林和高低不同的灰色山峰……④

岛上的迷人风光造就了黛莱达描摹自然的独特能力，诺贝尔授奖词中这样称赞她道："作为一个描绘自然的作家，在欧洲文学史上很少有人可以与她媲美。她并非无意义地滥用她那生动多彩的词句，但即使如此，她笔下的自然仍然展现出远古时代原野的简洁和广阔，现示出朴素的纯洁与庄严"⑤。我们来回忆一下她在《母亲》中所作的环境描写："村子里看不见一点灯光，连一缕炊烟也没有。此刻，村子里的人都在贫瘠的茅舍里沉睡；房舍像两排羊般地紧挨着长草的山麓，教堂伸出狭长的尖塔，由身后高地的背脊保护着，倒像一个牧羊人撑靠着他的长杆。沿着教堂前广场矮墙生长的老树，被风吹得弯腰猛颤，活像一群朦胧中碎身的黑妖，远处峡谷中白羊与芦草的叹息，也在应和着它的哀嚎。"⑥ 这就是黛莱达笔

---

① 〔奥地利〕亨利·普兰特公司编《意大利》，上海三联书店，2007，第 697 页。
② 宋兆霖主编《诺贝尔文学奖全集》（上册），第 304 页。
③ 〔意大利〕格拉齐娅·黛莱达：《邪恶之路》，第 316 页。
④ 〔意大利〕格拉齐娅·黛莱达：《邪恶之路》，第 315 页。
⑤ 〔意大利〕格拉齐娅·黛莱达：《邪恶之路》，第 319 页。
⑥ 陈映真主编《诺贝尔文学奖全集》（15），台湾远景出版事业公司，1981，第 86 页。

下的撒丁岛乡间的独特夜景。

因为看到了与众不同的撒丁岛，那么诉诸作家笔下的就是别样的风景。毫无疑问，是故乡岛屿的独特风光开启了黛莱达发现美的眼睛，她用文字将这块遥远土地上的美呈现在了意大利乃至世界的面前。

其次，独特的海岛地理环境造就了撒丁岛式的生存法则，这一法则决定了黛莱达笔下人物的行为方式和价值取向。在撒丁岛这一几乎与世隔绝的岛屿上生存并不是容易的事，孤立的地理位置让岛上的居民很难得到外面世界的帮助，他们只能依靠自己的力量与岛中时而肆虐、时而温顺的自然力进行较量，以此从海洋、群山、树林中博得最基本的物质资料。他们必须直面大自然的考验，有时是以生命为代价的，久而久之就形成了崇尚勇敢的精神与冒险的天性。因此，相较于内陆上的人们，这里的人民更加崇尚人的力量。在世代与大自然进行抗争的过程中，他们逐渐获得了对自身的认识，增长了对人力甚至是武力的自信。在这里，文明社会所谓的规范与正义并不具有约束力，人的胆识和力量可以说是这片土地上唯一适用的生存法则。例如在黛莱达的出生地努奥罗，做强盗就并不是一件不光彩的事情，作家通过她笔下的人物之口说道："你认为那些强盗是坏人吗？啊，那你就错了。他们只是想显示他们的本事，仅此而已。过去男人去打仗，而现在没有那么多的仗好打了，可是男人需要战斗。因此他们去抢劫，偷东西，偷牲畜，他们不是要做坏事，而是要显示他们的能力和力量。"[1] 家族仇杀也是这个古老海岛的习俗，"向杀害亲人的凶手报仇雪恨的人，受到人们的尊敬。因而，出卖复仇者则被看成是犯罪"。[2] 总之，在那片土地上，"只有一条法律至高无上：崇尚人的力量，蔑视社会的正义"[3]。当年的诺贝尔基金会主席亨利克·舒克都为此作了注释：

---

① 宋兆霖主编《诺贝尔文学奖全集》（上册），第 304 页。
② 宋兆霖主编《诺贝尔文学奖全集》（上册），第 304 页。
③ 宋兆霖主编《诺贝尔文学奖全集》（上册），第 304 页。

"这些强盗颇能博得人们的同情。即使是被捕入狱，农民会说他是
'时运不佳'；出了狱也不必担心永沾丑名。而且，一回镇上欢迎
的人群就会朝他叫嚷：'百年之后又是一条好汉！'"①

　　人发挥自身的力量以获取在自然界生存的权利，这是值得赞扬
及肯定的。但是，当人性摆脱掉一切规则、律例、道德伦理的束缚
而过分地走向膨胀时，人性中的恶就会占据上风。撒丁岛这种一味
崇尚人力的生存法则决定了黛莱达笔下的主人公总是企图用人力去
掌控一切，甚至不惜为此而犯下不可饶恕的罪过。《邪恶之路》中
的彼特罗为了夺得自己的爱情，设计杀死了情人的新婚丈夫；《长
春藤》中的安内莎为了让恋人摆脱债务纠纷，杀死了富有的独居
老人；《风中芦苇》中的埃菲克斯为了让心仪之人逃脱家族的束
缚，出手杀死了庄园主人……黛莱达小说的主人公们总是试图靠个
人的力量去改变事件的发展进程，甚至是扭转他们的命运。这些文
学的内容显然是由岛上生活的本来面貌所决定的。

　　最后，撒丁岛与世隔绝的地理位置令该岛的民风民俗呈现出保
守、封闭的特性，从而导致了撒丁岛居民思想上的封闭与保守，这
也决定了黛莱达小说中人物命运的最终走向。由于远离意大利半岛
的海岸线，外部世界的文化与文明很少被传递到这个孤立的岛屿，
因此，当意大利本土正遭受着资本主义文明的冲撞之时，撒丁岛仍
旧是一个有着浓厚的封建宗法制观念的社会。在这块古老而封闭的
土地上，"祖先留下的信念和戒律根深蒂固地影响着人们的行为观
念，谁如果违反了这些戒律，就会感到自己罪孽深重"②。这种保
守、封闭的民族特性令黛莱达笔下的人物在触犯了古老戒律和信念
后，总是表现出"有一种无法解脱的恐惧、羞愧和悔恨心理"③。

　　作家后期创作的代表之作《母亲》就以宗教为古老戒律的载

---

① 彭诗琅等主编《诺贝尔文学奖金库》，第181页。
② 陈春生编著《捧得诺贝尔桂冠的10位文学女性》，2005，第41页。
③ 陈春生编著《捧得诺贝尔桂冠的10位文学女性》，2005，第41页。

体，探讨了自然人性与社会陈规之间的矛盾与冲突。小说中的主人
公神父保罗与独居女子艾葛娜丝相恋，但是由于触犯了神父不可以
结婚的宗教戒律，他在痛苦的内心矛盾中背弃了对后者的承诺。艾
葛娜丝以公布两人的关系来要挟保罗同她离开这个闭塞的小镇，但
是保罗在母亲的威逼下被迫走上了神的祭坛。保罗的母亲在担心与
焦虑中，竟然猝死在教堂中。我们可以看出，保罗与艾葛娜丝之间
的爱情是真挚的，但是他们不得不屈服于心中对触犯了古老宗教戒
律的悔恨与恐惧；母亲对保罗的爱也是真挚的，恪守宗教教律的她
甚至产生了如此的想法："为什么，呵，主啊，保罗不准去爱一个
女人呢？爱，对所有的人都是合法的呀，连仆人、牧人、甚至是瞎
子与监狱里的犯人都可以爱，那么，为什么保罗，她的儿子，却单
单不准去爱呢？"① 就在如此巨大的心理冲突之后，她还是走向了
自己所信奉的上帝。在得知艾葛娜丝会说出儿子与其私通的秘密之
后，这位母亲由于巨大的心理压力猝死在了教堂中。古老撒丁岛的
陈规压抑着他们的心灵，成为他们迈向未来的负担。在撒丁岛传统
观念的支配之下，不仅是《母亲》，黛莱达的多部作品中的主人公
都在忏悔、恐惧、羞愧中结束生命或度过余生。

综上所述，撒丁岛独特的自然景观赋予了黛莱达小说以迷人的
风貌；撒丁岛式的生存法则导致了黛莱达笔下人物的行为方式和价
值取向；其保守、封闭的民风民俗决定了黛莱达小说人物命运的最
终走向。正是撒丁岛这片独特的土地造就了作为作家的黛莱达。尽
管地理环境不是文学的全部决定因素，但从唯物主义的立场出发，
它也是其重要的因素，毕竟"一方水土一方人"是亘古的事实。
正如黛莱达自己所说的："我的力量源于我对真实合乎人性的认
识，源自我对于撒丁岛人的性格和激情以及对这块不知名土地那种
深情的眷爱"②。

① 陈映真主编《诺贝尔文学奖全集》（15），第86页。
② 陈春生编著《捧得诺贝尔桂冠的10位文学女性》，第35页。

# 第三章
## 西格丽德·温塞特

Sigrid Undset

我唯一的反应是像刺猬那样蜷缩身子以作反抗之态。

——西格丽德·温塞特

西格丽德·温塞特（Sigrid Undset, 1882～1949 年），挪威作家，1928 年因"她对中世纪北国生活之有力描绘"[1] 获诺贝尔文学奖，是获此奖项的 12 位女作家中的第三人。

## 第一节　挪威考古学门庭的历史小说家

"挪威人把二月开始的那个古怪季节叫做'早春'。那时太阳连日从纤然无云、一碧如洗的高空照射下来；每个清晨，整个大地结上了一层闪闪耀眼的霜花。过不久，屋檐便滴滴答答化起水来。太阳舔去了枝头的积雪，人们便可以看见白桦树梢头上开始变成亮晶晶的褐色，白杨树的树皮也出现了一片预兆春天的浅绿。"[2] 当这段文字把读者带入挪威的"早春"中的时候，读者也便走进了西格丽德·温塞特的生活世界和文学世界。我们就从这里起步来了解温塞特。

1882 年 5 月 20 日，西格丽德·温塞特出生于丹麦的卡隆堡，不久后由于父亲工作的关系举家迁往挪威首都克里丝丁亚那（今称奥斯陆）定居。她的父亲是北欧著名的考古学家，母亲是丹麦贵族后裔，家庭的影响使温塞特从小就对历史，特别是挪威中世纪的历史有着浓厚的兴趣。11 岁时由于父亲病逝，家道中落，温塞特选择进入一所商业学校就读。17 岁时她就进入一家办事处工作，经历了 10 年的秘书生涯，工作期间开始进行小说创作，发表了《玛莎·欧利夫人》（1907）和《欢乐的时代》（1908）两部作品。之后陆续创作了《珍妮》（Jenny, 1911）、《穷人的命运》（Fattige skjebner, 1912）、《克丽丝汀的一生》（Kristin Lavransdatter, 1920～1922）等多部小说，其中以描绘中世纪历史的两部小说《克里丝汀的一生》和《欧拉夫·奥东逊》（The Master of Hestviken, 1925～

---

① 彭诗琅、廖隐邨主编《诺贝尔文学奖金库》，第 193 页。
② 〔挪威〕温塞特：《挪威的欢乐时光》，载彭诗琅、廖隐邨主编《诺贝尔文学奖金库》，第 3300 页。

1927）最为著名。1940 年德国法西斯占领挪威，温塞特被迫流亡到瑞典、苏联、日本、美国等地，并以笔为武器积极投身于反法西斯的斗争中。1945 年德国法西斯战败后，温塞特终于得以回到阔别多年的祖国，之后身体状况每况愈下，1949 年 6 月 10 日病逝于故居列哈缅尔。

温塞特一生创作颇丰，尤以中长篇小说见长，主要作品见表 3-1：

表 3-1　温塞特的主要作品目录

| 序号 | 作　品 | 出版时间 |
|---|---|---|
| 1 | 《玛莎·欧利夫人》 | 1907 年 |
| 2 | 《欢乐的时代》 | 1908 年 |
| 3 | 《桀骜不驯的女性——维格迪斯》 | 1909 年 |
| 4 | 《珍妮》 | 1911 年 |
| 5 | 《穷人的命运》 | 1912 年 |
| 6 | 《春天》 | 1914 年 |
| 7 | 《镜中的影像》 | 1917 年 |
| 8 | 《才女》 | 1918 年 |
| 9 | 《克丽丝汀的一生》 | 1920 ~ 1922 年 |
| 10 | 《欧拉夫·奥东逊》和续集《奥东逊与他的孩子》 | 1925 ~ 1927 年 |
| 11 | 《野兰花》 | 1929 年 |
| 12 | 《野兰花》续编《燃烧的丛林》 | 1930 年 |
| 13 | 《艾达·伊丽莎白》 | 1932 年 |
| 14 | 《贞洁的妻子》 | 1936 年 |
| 15 | 《男人女人和位子》 | 1939 年 |
| 16 | 《逃向未来》 | 1945 年 |
| 17 | 《挪威的欢乐时光》 | 1947 年 |
| 18 | 《圣徒凯撒琳传记》 | 1951 年 |

注：此表根据相关材料自制。

根据温塞特创作题材的变化，可将她的创作分为三个时期：1907 ~ 1919 年为创作初期；1920 ~ 1930 年为创作中期；1931 ~

1946 年为创作后期。

## 一 创作初期

1907～1919 年为温塞特的创作初期。这一时期是温塞特以年轻妇女的生活为题材的现实主义小说创作时期，其主要作品有《玛莎·欧利夫人》《欢乐的时代》《珍妮》《穷人的命运》《春天》《镜中的影像》《才女》等。

温塞特从 17 岁起就在一家商行任职，到 27 岁时离职，整整 10 年的小职员生活使她在那金钱和权势统治的世界里饱尝了生活的辛酸。同时，在这段时间中，她也充分接触了中下层人民的生活，为她日后的写作积累了丰富的素材。在她 27 岁离开商行时，已有《玛莎·欧利夫人》和《欢乐的时代》两部作品问世。

《玛莎·欧利夫人》是温塞特的处女作，这部小说采用日记忏悔的形式，回忆了玛莎·欧利夫人的生活。她因为嫁了一个无趣粗鄙的男人，婚后觉得生活单调乏味、无趣苦闷进而向表哥诉苦，不想渐渐地爱上了自己的表哥。但这时丈夫病重，她意识到自己的责任，又选择回到丈夫身边尽心照料，丈夫死后她也没有改嫁，因为她发现只有对丈夫和孩子尽义务，自己的心里才能安宁。温塞特的第一部作品已经开始显露出她以反映妇女问题为主旨的创作倾向。《欢乐的时代》是以一个有着许多浪漫幻想的年轻女性为主人公的。她在婚后完全丧失了自己的独立意识，碌碌无为，只是一味地感到空虚和怅惘。这部小说聚焦于青年女性的生活追求问题。1911 年后，温塞特又陆续发表了《珍妮》《穷人的命运》《春天》《镜中的影像》《才女》等小说。《珍妮》是温塞特的成名作，她因这部小说而蜚声文坛。这是一部着重于心理刻画的小说，主人公是生活在罗马的女艺术家珍妮，她觉得自己的婚姻生活过于平淡，渴望体验一种轰轰烈烈的爱情。当回挪威见公婆的时候，她爱上了自己的公公，并与之偷情甚至怀了孕。虽然婴儿没有活下来，但是经历这场隐秘的爱情波折后，她知道了自己真正需要的是什么，后来与一个画家相爱，不过结局是以自杀而告终。这部小说描绘了主人公珍妮在梦想获得一对父子的爱情时的复杂心理和悲剧性结局，创作方法上是将现实主义和浪漫主义交织在一起，文笔生动细腻，从而奠定了作者在北欧文坛的地位。

　　总的来看，温塞特在创作初期就表现出了对女性问题的关注。中长篇小说主要关注克里斯丁亚那的年轻妇女的现实处境，这些妇女若干世纪以来都处在以男性为中心的社会中。她们发现将自己的命运全部寄托在男性身上是十分危险的，女性要想真正掌握自己的命运，必须用自己全部的理智去克服自身的脆弱和情感，去追求一个新的更高的境界。这些作品描写了她们为探索人生的真谛、追求个人的幸福而做的种种努力。小说中的女主人公们一般都处于一个动荡的时代，"很多人在渴望幸福的同时，不惜把自己的前途也孤注一掷，人生的大事决定于唐突之间，其后果自不容乐观，至少，要克服种种复杂的心理难关，就非易事；很多人患得患失，以致虎头蛇尾，还有人因而沦为歧路亡羊"①。这些女性"处在极端孤立的状态中，本身既排斥传统，也不打算从既有的社会秩序里寻求依托——传统与既有的社会秩序对她们而言，无异是一种累赘，一种枷锁，她们早已对之深恶痛绝，遑论去寻求依托了。她们所热衷的，是怎样早点去为自己创造一个新社会、过着新生活"②，因而作品中的女主人公的这种试验性的探索结局往往是悲剧性的。温塞特在10年的小职员生涯中就生活在这些妇女当中，因为了解她们的生活，体悟过她们的苦难，所以她才能以悲悯的情怀和丰富的想象力，将她们悲剧性的生活面貌刻画得淋漓尽致。但是，作者在给予她们同情、颂扬她们追求新生活的努力的同时，对她们的生活方式也暗含了批判。温塞特认为女性的解放必须建立在男女相互理解和包容的基础上，妇女的幸福不仅在于摆脱束缚，而且也应该履行

---

① 陈映真主编《诺贝尔文学奖全集》(17)，台湾远景出版事业公司，1981，第3页。
② 陈映真主编《诺贝尔文学奖全集》(17)，第3页。

具体的人生义务，所以她笔下反叛的女性大都回归传统的道德。1919 年，她出版了《妇女们的观点》，总结了之前她在小说中表现出来的对女性问题的看法。她对女性处于以男性霸权为特征的社会中的境况深有感触，但她没有为妇女在政治、经济和法律上的平等去呼吁，而是希望女性在个性解放中，不要失去自身的价值，不要失去女性的传统角色。这就体现出她对女性追求自身的自由、爱情、幸福与传统的婚姻家庭的责任义务间的看法的矛盾性。

## 二　创作中期

1920～1930 年是温塞特的创作中期。这一时期温塞特主要创作历史小说，主要作品有《克丽丝汀的一生》《欧拉夫·奥东逊》《奥东逊与他的孩子》《燃烧的丛林》（The Burning Bush，1930）等。

20 世纪 20 年代温塞特小说的创作达到了顶峰，她陆续发表了以 14 世纪的挪威为背景的三卷本历史小说《克丽丝汀的一生》〔包括《花环》（The Bridal Wreath，1920）、《胡萨贝的女主人》（The Mistress of Husaby，1922）、《十字架》（The Cross，1922）〕；以 13 世纪末的历史为背景的四卷本小说《欧拉夫·奥东逊》以及它的续集《奥东逊与他的孩子》。《克丽丝汀的一生》是温塞特的长篇历史小说代表作，它是以 14 世纪的挪威社会为背景来描写女主人公克丽丝汀的一生。小说用三部曲的形式展示了克丽丝汀一生中的三个重要阶段。第一部《花环》描写了克丽丝汀婚前的生活经历。少年时她与自己青梅竹马的男友亚涅相互喜欢，父亲却为她和西蒙订立了婚约。亚涅死后她为了忘记伤痛，决心去修道院学习，在修道院期间和冒险家尼古拉斯之子尔郎陷入热恋，最后两人突破重重困难终于结为夫妻。第二部《胡萨贝的女主人》叙述了克丽丝汀和尔郎漫长的婚姻生活。他们婚后搬到了胡萨贝庄园，但是当爱情的激情过去之后，需要面对的就是平凡的婚姻生活。尔郎身上具有贵族的弱点，整天不事生产，只想着如何挥霍，这让克丽丝汀非常失望，他们之间不断发生冲突。虽然问题最终没有得到完全解决，但生活还在继续。尔郎在政治上的作为使他无法兼顾庄园的事务，不过胡萨贝庄园的事务在克丽丝汀的打理下变得井井有条。但是，这种平静的日子没过多久尔郎就卷入了一场政治斗争并陷入牢狱。克丽丝汀为救助丈夫四处奔走，最后经过妹夫西蒙的营救尔郎才重获自由。第三部《十字架》是叙述尔郎出狱后与克丽丝汀的团聚和死别。尔郎由于触犯了刑律，家产全部充公，生活失去了保障，这时候他们只能依靠克丽丝汀娘家的资产来振兴家业。克丽丝汀选择积极地面对生活，而尔郎此时面对生活的重压却失去了斗志，选择躲在山上的一间茅草屋来逃避世俗的苦难，但他们依然相互爱着对方。由于克丽丝汀经常去山里看望尔郎而离开家，就被人传说她有了外遇，尔郎听说后决定下山为妻子解释，谁知在路上竟然失足跌倒，惨死在克丽丝汀面前。克丽丝汀在丈夫死后决定进修道院，在宗教的慰藉中度过余生，最后不幸染上鼠疫悲惨死去。这部小说尽管历史背景发生了变化，但是温塞特关注的中心问题仍是女性的地位和命运问题，她将自己关于妇女一生的各个时期问题的思考寄寓在克丽丝汀作为女儿、妻子、主妇和母亲的一生中。小说通过展示主人公克丽丝汀的生命轨迹，深刻剖析了人生的一些基本冲突。

长篇小说《欧拉夫·奥东逊》和它的续集《奥东逊与他的孩子》则是温塞特以13世纪末的历史为背景创作的历史小说。这部小说就其写作技巧和境界而言，可以说和前者异曲同工，同样带给读者一种震撼人心的力量，堪称温塞特的另一部代表性作品。

温塞特转向历史小说写作并不是偶然的，明显地与其家庭及她从小接受的教育有关。她的父亲是北欧著名的考古学家，在考古学、古代史等方面都有着很高的建树，著述颇丰，尤其是《北欧冰河时代的开端》一书奠定了其在考古学方面的地位；她的母亲出身于丹麦有名望的律师家庭，有着很好的文化修养，婚后更是和丈夫一起游历世界各地，帮助丈夫抄写手稿。温塞特在父母的耳濡目染下，培养了对北欧历史的兴趣。小时候温塞特还特别喜欢去外公家，在那儿她的姨妈给她讲了许许多多动人的民间传说和故事，很多年后温塞特回顾自己的创作道路时，还提到正是当年姨妈的那些故事给了她文学的灵感和知识，培养了她对于文学的爱好和热情，促使她走上了文坛。正是在这样的家庭氛围影响下，温塞特从小就受到历史传说和民间故事的熏陶，使她获得了有关中世纪的丰富的历史知识。而历史小说的写作确实也符合她的天性，正如诺贝尔文学奖颁奖词中所说的，"在她的书中，过去的人物比现代的人物更为具体、明确和统一，本来是几百年前的人物，经她的妙笔一点，都活灵活现地从历史的尘埃里跑了出来，亲切地向读者打招呼，不论群体或个人，也都能尽忠于家庭或社会赋予的职务。处理这种题材，一般作家是无能为力的"。正是"这种特殊的环境，决定了她个人才能发挥的方向"[①]，她的历史小说获得了巨大的成功。具体到小说的情节，她将人物设置在一定的历史事件中，但历史在小说中却不占据主要地位。如《克丽丝汀的一生》中第二部的尔郎陷入牢狱，温塞特就把这场政治斗争的背景设在挪威1319年至1335年重大的历史事件中。挪威国王哈肯五世的女儿英歌伯柔公主嫁给了瑞典的艾瑞克公爵，生下了马格奈斯七世，这样马格奈斯就成了瑞典和挪威两个国家的继承人。太后英歌伯柔在两国的势力都很大，不过她却宠信丹麦爵士奴特·波斯，这使得挪威的贵族非常不满。厄林爵士等挪威贵族出面迫使太后交出挪威的统治权，由厄林爵士摄政。但马格奈斯亲政后，长期住在瑞典，改立厄林爵士的政敌"巴德之子巴尔"为挪威总理，奉行以瑞典为主的政策，挪威贵族想劝太后立另一个儿子小哈肯为挪威王，将瑞典和挪威王权分开。这段历史在史书上并未多加记载，而在这部小说中这些历史情节却被艺术地复活了。它在整部小说中不占据主要地

---

① 陈映真主编《诺贝尔文学奖全集》（17），第4页。

位，只是作为改变小说主要人物命运的外在力量，使整部小说置于一个宏大的历史背景中，增加了小说的历史内涵和文化深度。这两部历史小说的另一个特点是都具有强烈的宗教色彩，这一宗教特色与作者在1924年加入罗马天主教，成为一个虔诚的天主教信徒的人生经历相关。宗教信仰的改变直接反映在她这一时期的文学创作上，《克丽丝汀的一生》中很多内容与宗教信仰密切相关；《欧拉夫·奥东逊》中的宗教色彩比《克丽丝汀的一生》更为强烈。除此之外，她还发表了《燃烧的丛林》等着重反映宗教问题的作品，可以说宗教色彩浓厚是温塞特这一时期创作的显著特征。

### 三 创作后期

1931～1946年是温塞特的创作后期。这一时期温塞特返回现实主义题材的创作并增加了反法西斯的主题。主要作品有《艾达·伊丽莎白》（*Ida Elisabeth*，1932）、《贞洁的妻子》（*The Faithful Wife*，1936）、《逃向未来》（*Return to the Future*，1945）、《挪威的欢乐时光》（*Happy Times in Norwa*，1943）、《圣徒凯撒琳传记》（*Catherine of Siena*，1951）等。

30年代以后温塞特的创作视野又转向了当代妇女题材，《艾达·伊丽莎白》《贞洁的妻子》等作品深入地从心理、伦理的角度刻画作品中的人物，但较之以前的作品已欠缺了艺术魅力。这一时期作家更重要的笔触是第二次世界大战爆发后她发表的有关她的流亡生活及带有反法西斯色彩的作品。1940年德国法西斯占领挪威，温塞特迫于无奈不得不忍痛离开自己的祖国。她先从挪威滑雪翻越雪峰到达瑞典，后来又辗转去美国避难。在流亡期间她作为一个具有社会责任感的作家，不断发表演讲、文章来抨击和揭露法西斯的暴行。刚从挪威逃亡到瑞典后，她就立刻马不停蹄地赶到一家杂志社，撰文表明自己不屈不挠的反法西斯的坚定信念。她在文中强调说："这是我们的国家，没有任何强权国家有权占领挪威……我从不相信我们会放弃为公正而斗争，我希望有那么一天，我们的孩子能够在解放了的挪威土地上，作为自由的公民而生活！"①　到美国之后，她以报刊为阵地揭露法西斯的暴行，并以自己的经历写了《逃向未来》。1943 年她又写下了散文名篇《挪威的欢乐时光》。在文中她描写了北国挪威的绮丽风光，表达了对祖国、家乡的怀念和对孩子们的挚爱，以及渴望祖国早日摆脱法西斯的统治并获得独立的愿望，情感真挚而浓烈。这篇散文和《逃向未来》等作品强烈地表现出她对德国法西斯的憎恨和希望挪威人民能够团结起来反抗法西斯的统治，争取过上自由幸福生活的迫切愿望。温塞特于 1946 年回到祖国后，尽管健康状况恶化，但仍然顽强地拿起笔写下了《圣徒凯撒琳传记》。这部传记虽然仍是以中世纪的历史为题材，但其主题却是反对暴力和战争，呼吁人们为了和平、正义而斗争，所以，也体现了反法西斯的思想特征。

从上述分析可以看出，温塞特在创作的各个时期，都表现出了对现实人生的关注，有着作为作家的社会责任感。

## 第二节　量身定做：不穿"裤子改的大衣"

梳理了温塞特一生的创作历程后，便进入了我们接下来要讨论的问题：温塞特有没有留下关于文学创作和文学批评方面的有意义的理性思考，抑或是理论上的建树？她称自己是"摇笔杆子的人"，那么，她终究会有一些"摇笔杆子"的道理吧？因为笔杆子并不是乱摇的。笔者认为，在她散在的理论话语中，有一个见解十分有趣——不穿"裤子改的大衣"。仔细推敲，这里面的意蕴是十分深刻的，展开观之，便可了解其对于文学创作和文学批评的启迪意义。

不穿"裤子改的大衣"的说法，出自温塞特在创作后期所写

---

① 陈春生：《捧得诺贝尔桂冠的 10 位文学女性》，哈尔滨出版社，第 58 页。

的一篇散文——《挪威的欢乐时光》。翻开这篇散文，人们就会在
温塞特快乐的笔调引领下，步入挪威的早春，步入孩子和成人都喜
欢的时光中。但是，温塞特是吝啬的，她不久就收敛了这欢乐的情
绪，竟在结尾以自己作为母亲的身份给儿子讲了一个故事。由此提
出了不能穿"裤子改的大衣"的问题。文中是这样展开母子间的
对话的：

　　"妈，把去年你讲给我听的故事再说一遍吧，就是那个说
裤子改成大衣的故事。"

　　"天啊，难道我讲过这个故事吗？那是在西格妮姑姑小时
念的一本书里的。"

　　这个故事是一位父亲讲给他两个女儿克尔丝汀和爱尔茜听
的。解释五月十七这一天的意义。为了举例说明，他向爱尔茜
提到她那个用旧裤子改缝的大衣。爱尔茜一点也不喜欢这件大
衣，穿来总不合身；虽然妈妈已经在那块原来另作别用的材料
上花尽了心力。街上的孩子一看她穿，便嚷着："裤子改的大
衣，裤子改的大衣。"到哪一天爱尔茜有了一件专门给她新缝
的春大衣，那真是她一生最快乐的日子了。

　　跟丹麦合并，对挪威来说，正如穿了件裤子改缝的大
衣……

　　这篇散文本来是作者回忆自己在挪威的由冬入春这段欢乐时光
的，但在文章结尾处，温塞特笔锋一转，使文字从飘然晶莹变得掷
地有声。她巧妙地将裤子改大衣的故事与挪威的历史贯通，反复强
调让挪威人穿别国的裤子改缝的大衣是不合身的。在历史上，挪威
曾与丹麦合并，后来又被割让给瑞典。所以温塞特这样写道："挪
威人不愿割让给任何人。他们记起自古以来的权利，挪威不是丹麦
的一部分而是一个独立的王国……挪威人不需要穿瑞典裤子改缝的

大衣。他们知道这件大衣永远不会适合他们的身材。"① "当瑞典和欧洲列强的军队用封锁和威胁来迫使挪威就范的时候，挪威的父老们却坐在爱兹伏特起草了一个宣言，申述我们对权利和正义、挪威人民的尊严和荣誉的意见。1814 年 5 月 17 日，挪威宪法产生了。在爱兹伏特的人立誓要保卫在符合我们要求而'缝制'的法律下生活的权利。这就是我们新制的春大衣……"② 仅在结尾这不长的几段文字中，作者就九次提到"大衣"（以中文版为统计依据）的问题，其中有七次是谈"裤子改的大衣"，有两次是讲"春大衣"的问题。

　　显然，这是一个比喻，而且是个明喻——裤子改大衣，喻民族独立的问题。现在把问题拉回到文学领域中——其实在这篇散文里，儿子始终在与身为作家的母亲对话，并没有脱离文学领域——文学也有一个独立性的问题。"我的地盘我做主"，每个国家的文学要有每个国家的独立性，每个民族的文学要有每个民族的独立性，不能被他人牵制，成为文学上的傀儡。具体到每位作家，也要有自己的独立性，如果连独立性都不存在，恐怕就不能成其为作家，那他可能是张三，也可能是李四，就是不是他自己。

　　温塞特无论是在生活中还是在创作中，都是一位坚持独立性的作家。我们先以发生在她的少年时代的一件小事来透视她生活中的独立意志。在她父亲去世的时候，她当时就读的学校的负责人曾许下诺言坚持给予她们姐妹三人以免费教育的待遇。但是，这所学校总是强加给她一些她不能理解或接受的思想，所以她希望自己能在一个"没有人指望我要爱上什么"③ 的环境中生活，强烈的独立意志竟改变了她受教育的轨迹："在十四岁那年发生了一件使我永

---

① 彭诗琅、廖隐邨主编《诺贝尔文学奖金库》，第 3306 页。
② 彭诗琅、廖隐邨主编《诺贝尔文学奖金库》，第 3306 页。
③ 〔挪威〕西格丽德·温塞特：《作家小传》，载彭诗琅、廖隐邨主编《诺贝尔文学奖金库》，第 3306 页。

生难忘的事。一天，尼尔森太太把我叫进一间空教室里，然后告诉我，尽管她仍将履行对我母亲许下的诺言，但她说，'亲爱的西格里德，你对读书不很感兴趣，而有许许多多孩子都非常希望得到你这个位置、享受免费教育，所以我要问你：你是否真的愿意参加入学考试？'我不假思索地答道，'不愿意，谢谢你。'尼尔森太太的脸上露出惊异的神情"。此事发生在挪威首都，温塞特于此辍学了。但是她说："那次辍学的选择是我一生中少数几个从未追悔的决定之一。"① 至于文学创作上的独立性于她更是十分突出。以她的代表作《克丽丝汀的一生》为例，她没有人云亦云地按照历史书籍中的中世纪印象去构思作品，而是打破了人们关于中世纪生活的教条性的陈述，而让自己笔下的中世纪的生活有了鲜活的气息。

　　总之，温塞特的不穿"裤子改的大衣"的问题，其第一个层面的内涵即是强调独立性的问题。为什么要强调独立呢？因为别人的东西套在自己的身上"不合身"。接下来就要探讨第二个层面的内涵：怎样缝制一件合自己身材的"春大衣"？这就提出了一个民族性的问题。如果说，1814 年 5 月 17 日挪威的宪法是挪威人民为自己缝制的一件政治法律层面的新大衣，那么，文化、文学领域中的这件新大衣也必须以民族性的特征、以合身的原则为其重要标准。温塞特的写作就是很能彰显挪威民族性特征的。正如她以本国的农民为例所作的阐述："在丹麦和瑞典，农民是有权势的地主和贵族的属民，而挪威农民却从来没有做过农奴。即使他们是土地承租人和佃农，他们只需给土地所有人纳租，用不着给他们当差。土地所有人也不能命令他们当兵。"正是基于如此鲜明的民族性特点，温塞特结论说："挪威不需要穿瑞典裤子改缝的大衣。他们知道这件

---

① 〔挪威〕西格丽德·温塞特：《作家小传》，载彭诗琅、廖隐邨主编《诺贝尔文学奖金库》，第 3307 页。

大衣永远不会适合他们的身材"①。

独立性、民族性并不排斥开放性，当然，开放性是以独立性、民族性为前提的。这是不穿"裤子改的大衣"这一问题的第三个层面的内涵。

尽管温塞特十分强调独立性和民族性，但她同样强调开放性，因为她清楚地看到除了民族特征，友邦之间还有许多的共性特征。正如她在获诺贝尔文学奖的演说中所言："在广柔的大地上，斯堪的纳维亚半岛的人民毕竟是唇齿相依的，很多山脉和森林都绵延横亘在我们两国之间；至于河川，更是互相流通，那种密切的关系自然不在话下。我们甚至连住房也如此相似，两国人民，不分南北东西、山河湖畔，都住在舒适自足的小屋子里——多承上帝的恩泽，使我们北欧的生活能免于现代科技文明太多的干扰。"② 此时，她是把挪威放在北欧的一个大的关系网中来看问题的。以她的想法推之：民族性的大衣是很重要的，各自都要缝制合自己身的大衣；开放性的交流也很重要，交流后，在相互提高的基础上再各自改进自己的大衣，使之更合身、更舒服、更漂亮，这也是十分重要的。

由此可见，不穿"裤子改的大衣"包含着独立性、民族性、开放性的多重内涵，将其置于文学批评的语境中观之，它是既有理论意义又有实践意义的。

## 第三节　文学想象：作家与史学家有相等的权利

温塞特因对中世纪历史的精彩描绘获得了 1928 年诺贝尔文学奖的桂冠，瑞典文学院颁奖词中说："在她的书中，过去的人物比现在的人物更为具体、明确和统一。本来是几百年前的人物，经她

---

① 〔挪威〕西格丽德·温塞特：《作家小传》，载彭诗琅、廖隐邨主编《诺贝尔文学奖金库》，第 3306 页。
② 彭诗琅、廖隐邨主编《诺贝尔文学奖金库》，第 198 页。

的妙笔一点，都活灵活现地从历史的尘埃里跑了出来，亲切地向读者打招呼……作者能潜心挖掘我们祖先那些遥远的、幽微的，或者湮没无闻的生活真相，难怪能引起读者普遍的兴趣和敬佩。"[1] 这样的赞誉基于温塞特的历史小说，特别是《克丽丝汀的一生》和《欧拉夫·奥东逊》的突出成就，基于她对于中世纪北欧生活的合理想象和生动描绘，而温塞特的如此书写似乎有悖于以往史学家的看法。

　　我们任意翻开几本有关中世纪的世界史、文学史，来看一下史学家们是如何对中世纪进行论述的。朱迪斯·贝内特（Judith M. Bennett）、沃伦·霍莱斯特（C. Warren Hollister）的《欧洲中世纪简史》中将中世纪分为早期（500～1000 年）、中期（1000～1300 年）、晚期（1300～1500 年）三个阶段，分别是罗马皈依基督教之后，古典文化与基督教文化、日耳曼文化相融合的时期；经济起飞、城市兴起、政治文教发达的中世纪盛期；教廷分裂、英法百年征战，之后进行宗教革新、文艺复兴的时期。从上述分期中我们就可以看出中世纪的历史完全就是一部教会从融合到兴盛，又逐渐走向分裂、衰亡的历史。晏绍祥、李隆庆著的《世界通史（古代中世纪卷）》中第八章"中世纪的西欧诸国"除了对中世纪的英法国家、意大利、西班牙等国作了介绍外，另辟一节写了"中世纪西欧的教会与文化"，可见教会在中世纪所占的比重；黄洋、赵立行、金寿福著的《世界古代中世纪史》中将第五编"中世纪文明"分为"庄园与封建制度"、"教会的扩张"、"社会生活"、"知识生活"来写，虽然看似只有"教会的扩张"在写教会，但是其他三章都与教会密切相关，只是描绘教会统治下社会的不同层面而已。除了从历史层面来观照中世纪外，我们再来看一下中国高校教材对中世纪的文学是如何介绍的。无论是朱维之版本的《外国文学

---

[1]　彭诗琅、廖隐邨主编《诺贝尔文学奖金库》，第196页。

史》、郑克鲁版本的《外国文学史》，还是聂珍钊版本的《外国文学史》，中世纪的文学都分为教会文学、英雄史诗、骑士文学与市民文学这四类，并且特别强调教会文学在所有文学中占统治地位。从上述几部世界史、文学史对中世纪的表述中人们都可以看出中世纪宗教神学的至高地位，书中对于中世纪的表述基本上都与教会结合在一起。即使这一切都是史实，可还是留下了令人思考的问题：中世纪的人们是不是都受到封建教会的禁欲主义等各种思想的禁锢而生活在"神"的意志的笼罩之下呢？简言之，中世纪的人们有没有鲜活的生活呢？似乎少有人于此着笔。

温塞特在她的历史小说中就大胆突破了史学家对中世纪论述的传统基调。在她的笔下，生活在中世纪的人们也有鲜活的生活、丰富的个性、多姿多彩的心灵世界，这是她对中世纪北国生活的有力描绘。她的代表作《克丽丝汀的一生》就是最好的证明，人们因此称赞她说"她是当代小说家中少数可以称得上伟大的几位之一。"

该小说刚发表时，就有人质疑她笔下的中世纪生活是否与历史相符，不过对此颁奖词的回应倒是很精彩："两性生活问题也不断出现在温塞特的历史小说中，构成其作品重要的心理旨趣之一。这方面难免有人会有异议，因为中古时代的文献资料中，对女性问题，尤其是人们生活中隐匿的一面是讳莫如深的。史学家对她的这种'无稽之谈'始则哗然继之以责难，但他们不曾知道，站在考证的立场固然可以振振有词地叫人'拿出证据来'；但站在作家的立场上，凭借自己对人类心灵的直觉、观点和体悟来下笔，却也无可厚非——作家至少应该与史学家有相等的权利吧！考古学家应该承认，过去的文献已经流失不少，现存的资料也未必能完全涵括过去人类生活的全部真相，何况文献资料往往对某些特定的问题避而不谈，而人有原始记忆，作家对'人性不变'的假设绝非全然无稽的。"①

---

① 　彭诗琅、廖隐邨主编《诺贝尔文学奖金库》，中国社会出版社，1998，第196页。

是的，作家与史学家有同样的权利。温塞特是作家，面对"拿出证据来"的呐喊，她完全有资格回应"人性不变"的假设。她将克丽丝汀置身于14世纪的历史背景下，但这个人物依然与今天的读者有心灵的贯通。

《克丽丝汀的一生》以14世纪上半叶为时代背景，以同名女性为小说的主人公，刻画了其追求爱情、追求幸福的一生。在作者的笔下，克丽丝汀的一生像许多妇女一样，经历了做女儿、妻子和母亲这三个不同的生活阶段。显而易见，做女儿的时期是她生活中最闪光的时期。这里，我们主要着笔于此，来品味这个人物的最精彩之处。

克丽丝汀做女儿的时期看似很长，有19年之多，可是，除去她的孩提时代，从她能独立思考算起，只有15～19岁这5年时间。她做女儿时的生活看似很丰富，然而至关重要的也只有一件事，那就是婚姻大事。正是在这5年时间里，在婚姻大事上，她成为两种观念的挑战者。

"在家从父"的观念，古今中外的人们都不陌生，作为束缚妇女的纲常之一，它有着久远的历史。女人从父、从夫、从子，这是由来已久的，就是不能从自己。所谓"从父"，就是一切都要听从父亲的安排，无论是生活琐事还是婚姻大事，女儿必须按照父亲为她规定的生活模式去生活。父亲的这种权力，甚至出现在欧洲一些国家的法律中，正如恩格斯所列举的："在德国，在采用法国法制的各国以及其他一些国家中——子女的婚事必须得到父母的同意"[①]，可见在人类历史发展的相当长的历史时间内，父亲的权力在家庭关系中是至高无上的。然而，克丽丝汀却是这种"从父"观念的挑战者。在她15岁的时候，父亲与别人击掌为誓，决定了她的婚姻。在中世纪，"贵族家庭是依靠权势、财富、地位、亲缘

①　马克思、恩格斯：《家庭、私有制和国家的起源》，载《马克思恩格斯选集》（第4卷），人民文学出版社，1972，第69页。

等关系维系的，它要保持的不仅仅是简单的生活，而是贵族集团的特殊社会地位，因而与之相关的各种因素均被纳入到家庭之中"①。"既然家庭承载着诸多的社会义务，因而对维系一个家庭至关重要的婚姻也不单单是爱情的结晶，而是同样具有许多的社会属性和宗教属性，对贵族家庭而言，婚姻往往是一种政治策略……女性在流动的过程中，不仅只是身体的转移，而且也包含着财富从一个血统转移到另一个血统。最初，财产的转移基本上是男女双方的平等交换，丈夫或他的家庭给新娘的家庭一定的财产，以补偿失去女儿的损失，新娘反过来也给丈夫带来钱财，这些钱财可以交给丈夫也可以自己保留，通过这种财产的交换可以确立两个家庭之间的牢固联系。"② 站在父亲劳伦斯的立场上，首先想到的自然是男方的家产和家境，想到家庭的利益。他安排克丽丝汀与戴夫林庄园的安德列斯爵士的次子西蒙结婚，是考虑她可以继承安德列斯爵士之母的自由保险地佛莫庄园，而他忽略的却是克丽丝汀本人的感受。此时的克丽丝汀虽然还不成熟，但每当与未婚夫在一起的时候，她总有一种被父亲出卖的感觉，心里总想着与她青梅竹马一起长大的亚涅，虽然她还拿不准这就是爱情，但却认准与未婚夫在一起时没有这种感觉。于是，她不屈从父亲的意志，偷偷地赴亚涅的约会，并为他的远足送行。当亚涅为了维护她的声名与人决斗致死后，她便不听任何人的劝阻，进了修道院，冲出了父亲为她构造的生活模式。

说到另一次挑战，克丽丝汀出击的目标是禁欲主义。作为一种观念，禁欲主义是中世纪的封建教会用来愚弄人民的。它以"原罪说"为假设的理论起点，宣扬人生就是苦难和罪恶的场所，人们应当轻视物质享受，鄙弃世俗生活，实行禁欲主义，以此才能在来世

---

① 黄洋、赵立行、金寿福：《世界古代中世纪史》，复旦大学出版社，2005，第341 页。
② 黄洋、赵立行、金寿福：《世界古代中世纪史》，第342 页。

步入天堂。这当然是对人性的扼杀。与之挑战的克丽丝汀根本不相信这一套，她不祈求什么来世天堂，而是重视现世生活，肯定人有追求个人幸福的权利，并把爱情视为人性中最高尚的部分。她以自己的感情取向决定了自己的婚姻大事，解除了父亲为她签订的与西蒙的婚约，嫁给了自己选中的恋人尔郎。在世人的眼中，西蒙资产丰厚，人又年轻漂亮、老成持重，是个不可多得的理想丈夫；而尔郎不但与有夫之妇私通，还有私生子，并且被开除了教籍，可谓声名狼藉。然而，克丽丝汀不受世俗偏见的束缚，以自己心灵的爱情指数毅然选择了后者。在修道院期间，西蒙虽然也去看她，但唤不起她的一丝热情，而尔郎的勇敢、热情、率直和潇洒则在她的心中燃起了爱情的火焰。她意识到，只有这份爱，才会使她的生命真正燃烧。于是，她以女儿家少有的气魄，与尔郎相爱并且以身相许了。值得注意的是，她竟是在修道院学习期间与尔郎陷入情网并且委身于尔郎的，这一行动本身就是对修道院教育及禁欲主义的极大讽刺和否定。

温塞特笔下的克丽丝汀引发了读者的许多思考。中世纪的广大妇女到底是怎样生活的？这不光是读者关心的问题，更是作者所关心的。如前所述，在现有的中世纪文学史上，无论是教会文学、骑士文学还是市民文学，很少见到几部作品可以为此类问题作答。温塞特却有勇气以克丽丝汀的形象为此给出自己的答案：即使在中世纪，在宗教神学居于统治地位的时代，广大妇女也从来没有停止过对爱情、对自身权利的追求，也许它不像新时代表现得那么轰轰烈烈，但是，"人性不变"的逻辑是可以作为思考的依据的。作者的这种见解并不是主观臆想，我们可以为其找到史实根据。生活于14 世纪的薄伽丘在他于 1348～1353 年创作的短篇小说集《十日谈》中，爱情就是一个鲜活的主题。在绮思梦达的故事中，作者曾经让女主人公为爱情献出了宝贵的生命。绮思梦达反抗父亲的门第观念，与父亲的卫兵执著相爱。虽然他们的爱情乃至生命都被毁灭，但作为 14 世纪的文字记载，它至少可以证明克丽丝汀的塑造者有关中世纪的妇女生活以及人生追求的思考是有根据的，因为

14 世纪是中世纪与文艺复兴的交替时期。克丽丝汀虽然在反抗的力度和强度上或许有些被作者理想化,大有文艺复兴时期人物的风采,但就女性的自我解放的追求这一客观事实而言,克丽丝汀这一形象是表现了历史真实的。

由此可见,仅从观念出发认为个性解放是文艺复兴时期的事,而此前的中世纪的人们在经院思想的束缚下并不张扬个人的欲望的看法是僵化的,如果这样理解,历史的生活就被观念化了。哪个时代的人们会是了无生活兴趣的?哪个时代的人们会是没有情感与情爱的?温塞特自然不认同观念化的写作手法,在她的笔下,中世纪的人们也是活生生的人,有血有肉的人,"原来我们那些道貌岸然的老祖宗,除了重视荣誉和信仰,暗地里对于肉体感官之乐也从未忽视,这种心理学问题说来真有趣。作者能潜心挖掘我们祖先那些遥远的、幽微的,或者湮没无闻的生活真相,难怪能引起读者普遍的兴趣和敬佩。她还注意到怎样把心灵生活与国家社会的意识结合在一起;对 14 世纪的大地主和骑士而言,荣誉代表一切,代表着他们生死以外的至高理想。宗教生活不是心灵的假期,而是真理的起点,它能贯穿,甚至支配一个人的生命。很多激烈的情节都为以上两种因素而引起,对于那些人,作者每每在他们存亡攸关的时刻流露出最深切的关心。当然,这方面也表现得最生动有力。"① 温塞特的写法没有割断历史,而是将历史贯通了,正因为中世纪有克丽丝汀这样的女性,随后而来的苔丝狄蒙娜、朱丽叶、鲍西亚等才构成历史发展的链条。所以,我们说,克丽丝汀这个由 19 世纪作家塑造出来的 14 世纪的人物形象,浓缩了"前天"和"昨天"的历史,沟通了作者和读者的心扉,引发了人们对妇女问题的历史性思考。

温塞特正是因为选择了 14 世纪这样一个独特的时代背景来表现妇女对于爱情和幸福的追求,才获得如此大的成功。那么,温塞

---

① 彭诗琅、廖隐邺主编《诺贝尔文学奖金库》,第 196 页。

特为什么会选择以中世纪作为时代背景来写作呢？

事实上，每位作家在选择自己作品的写作背景时，都是有自己的考虑的。譬如弥尔顿，他创作的诗剧《力士参孙》即是借参孙之口来抒发自己的清教主义思想和民主革命思想。在《力士参孙》中，弥尔顿着重叙述了参孙精神复生的过程，而不是直接描述参孙的英雄事迹，这是因为在英国清教革命的背景之下，弥尔顿希望所有的革命者都能像参孙一样完成自己的神圣使命。如果作者直接写资产阶级革命的话，那么，这种作品在当时肯定是很难发表的，所以作者就选择《圣经》中的这个题材，将要表达的思想寄寓在遥远的士师时代，也可以说放在远古的神话传说中，通过力士参孙这一形象来抒发自己的情怀。雪莱的《解放了的普罗米修斯》、高乃依的《熙德》、拉辛的《安德罗马克》等作品都显示了作者在时代背景选择上的独具匠心。

温塞特选择中世纪为背景来创作，显然也是有她独特的思考的。中世纪的历史小说并不是只有温塞特写过，但是以往这些书写中世纪的历史小说要不就是以展示当时的社会矛盾为重心，要不就是以表现战争见长，在温塞特之前几乎没有作家去重点刻画中世纪人们的日常生活。温塞特选择这一题材，并通过对人性的合理想象，展示了中世纪人们的世俗生活，因此填补了中世纪历史小说这方面的空白，这充分体现出温塞特作为作家的视野的独到之处。

## 第四节　解构宏大：历史小说的生活化书写

欧洲的历史小说源于19世纪初浪漫主义盛行的年代，以英国小说家瓦尔特·司各特（Walter Scott，1771～1832年）的创作为开先河，他的《艾凡赫》等作品都是出色的历史小说。接着，有一批作家都将小说的题材从日常生活和个人体验引向了历史人物、历史事件，创作了很多优秀的历史小说。

历史小说，顾名思义，是以一定的历史人物或者历史事件为依据，反映一定历史时期的生活面貌的小说。但小说终究不是历史文献，只要被称之为小说就允许虚构。它与其他小说的主要区别在于它以一定的历史事实为基础，并非全然的虚构。至于历史小说的写法，不同的作家又各有各的思路和特点。仅就小说文本与历史事实之间关系的密切程度而言，就常见以下几种写法。

第一类，是指小说文本尽量忠实于历史，力求还原历史的原貌。巴尔扎克的《朱安党人》就属于这类写法。该小说是以 1800 年法国布列塔尼在保皇党煽动下发生的反对共和国政府的暴动这个历史事件为依据来创作的，巴尔扎克为了写这部小说，精心搜集了这个事件的各种材料，不惜长途跋涉对布列塔尼的山川形势和农民生活进行实地考察，并且亲自访问了暴动的目击者和参加者，细致地研究了有关暴动的历史文献，还从友人柏尔里公爵夫人那里收集许多关于朱安党人的材料。作品中的重要人物和事件都是以真实的人物、事件为依据的，因为《朱安党人》这部小说的笔触与作者所生活年代的距离不是很远，所以，具体的考察与资料的搜集都能成为可能。再者，《朱安党人》是巴尔扎克创作《人间喜剧》的第一部作品（他并不将自己以前的作品列入《人间喜剧》中），他的创作宗旨即是要做"法国历史的书记员"，所以，当他面对历史小说这个题材时，当然更强调与史实接轨，并达到再现法国当时的社会历史的初衷。显然，像巴尔扎克的《朱安党人》这样的历史小说都是尽量忠实于历史的本来面目的。

第二类，是以真实的历史事件为原型，但小说中的人物、情节大多是作者虚构出来的。普希金的《上尉的女儿》就是这种写法。这部小说以 18 世纪中叶发生的普加乔夫起义这个真实的历史事件为主线，然后作者通过虚构各阶层人物的感情纠葛、命运遭际来体现其对当时的社会政治、贵族与农民关系、哥萨克与国家命运等问题的思考。作家将真实的历史事件描写和虚构的各阶层代表人物的塑造结合起来，以体现自己独特的历史眼光和对当代问题的思考。

第三类，只是以一个特定的历史时间段为背景，其中穿插着些许的历史事件，但没有以哪个历史事件为中心原型，小说的主要人物和情节都是作者的虚构。这一类应该属于最宽泛的历史小说，雨果的《巴黎圣母院》当属于这一类。该小说以 1482 年路易十一治下的法国为背景，但小说中并没有出现哪一个具体的历史事件，主人公吉卜赛女郎爱斯美拉达和驼背敲钟人卡西莫多以及他们的故事都是作者虚构出来的，故事的情节与历史也没有多大的联系，只是将它设置在一定的历史背景之下，从而渲染了小说的历史氛围，丰富了小说的文化意蕴。

温塞特的《克丽丝汀的一生》就属于上述分类中的第三类。《克丽丝汀的一生》是以中世纪的挪威生活为背景创作的，但是与雨果的《巴黎圣母院》中对于历史真实的处理却有所不同。它的独特之处在于作者选择通过对私人的日常生活的描写来反映中世纪的历史。应该说，别类的历史小说也有关于私人的日常生活的描写，如人物的爱情、友情、亲情等内容，但是这些内容一般都是在大的历史背景之下的参差书写，不构成小说的主要线索与情节。《克丽丝汀的一生》这部小说突破了历史小说通常的书写模式，解构了历史小说的宏大叙事，将创作的目光投注到中世纪人们的日常生活中。小说主要通过对克丽丝汀这个生活在 14 世纪北欧的妇女的恋爱、婚姻、家庭生活等的描写来展示当时北欧人们的生活面貌，通过个人在历史变迁进程中的遭遇和情感纠葛来表现个人与历史的关系。在温塞特的笔下，历史小说不再是由轰轰烈烈的大事件或由悲壮的英雄人物构成，而是另辟路数，以个人的日常生活琐事及平凡的小人物为关注点。这些平凡的小人物及其生活琐事在史学家的笔下通常是被忽视的，而温塞特正是通过这些史学家的不见来展现自己的所见，由此表现出其历史小说写作的独具匠心。这种独具匠心可以从以下几个方面观之。

首先，温塞特虽然写的是历史小说，但是，她却让小说中的主要人物和情节远离刻板的历史事件。作为一部表现中世纪生活的历史小说，如若在其他作家的笔下，可能会运用较多的笔墨去关注中世纪与教会相关的一些生活场景，因为普遍的观念认为中世纪的生活就是被教会所统治，人们很难脱离教会去谈中世纪的世俗生活。温塞特却不然。《克丽丝汀的一生》通过对克丽丝汀爱情和婚姻的生活化的描写给读者展示了中世纪百姓生活的日常风貌，淡化了对教会势力的书写。我们仅可以从小说中随处可见的修道院与教堂等的描写窥见当时教会的影响力，而作者对这些充满中世纪特色的贵族修道院、庄严的大教堂的描绘也只是为了向读者展示当时的社会风貌，而并非将其作为重心来渲染。如克丽丝汀第一次跟随父亲去史科葛远行，途经哈马城的大教堂，作者对这座中世纪的大教堂进行了细致的描绘：

> 接着他们来到一个白霜遍地的小草坪，草地那一端依稀浮出一个浅灰色的大建筑物，规模大得像一座冈丘。大石屋林立各处，有些地方灯光由墙上的窗孔漏出来。刚才钟声静止一会儿，如今又响了，声音很有力，她的背脊骨打了个寒噤……他们从巨型的列柱旁走过，列柱间活像漆黑的孔穴……她渐渐看出微光中的个体——列柱间的各圣坛闪着金光和银光，他们前面的圣坛则点着小蜡烛，立在镀金烛台上，光线由圣器和后面美丽的大相框反射回来。①

作者并没有去刻画宗教神学的权威性的统治，而只是把教堂作为具有时代特征的建筑物来描写：由巨型的石柱架构起一座巨大的建筑物，浅灰色的外表给人以沉重之感，巨大敞亮的内部结构给人以威严之感，而教堂内部的装饰及光线又给人基督教仁爱温暖的感觉。中世纪是宗教神学占统治地位的时代，教会的地位甚至超过了国家的统治者，小说中对此并没有进行细致的描述，而只是以大教堂的这种坚固、沉重、牢不可破的形象作为象征而已，其叙事重心明显地放在百姓生活与社会风俗的描写方面。

---

① 〔挪威〕西格里德·温塞特：《克丽丝汀的一生》，李斯等译，第13页。

　　小说中也出现了真实的历史事件，即 1319～1335 年间挪威贵族反对马格奈斯同时掌管瑞典和挪威政权的事件，但是这一历史事件不能作为小说创作的原型，只是作为推动情节发展的一个线索，是小说男主人公尔郎陷入牢狱之灾的缘由，与小说的主要内容联系并不紧密；而且小说中对于这一事件也没有正面进行描写，事件的来龙去脉在小说中也没有交代，只是通过人物的对话令读者可以大概推测出来。也就是说，这一事件作为小说的历史背景也不很明显。

　　其次，温塞特的历史小说的生活化书写还体现在她选择了一位远离社会政治生活的女性作为小说的主要描写对象。作者在书中虚构了克丽丝汀这样一位属于"平常百姓家"的平凡女性为主人公，以她的爱情和家庭生活作为主线来展示中世纪百姓的日常生活。在克丽丝汀的身上我们能看到很多中世纪的特征，但是作者对于这个人物的描写并没有拘泥于历史，而是以当代人的视角去透视中世纪的人物。研究温塞特的学者 Sherrill Harbison 曾经表示，经过细致的研究，《克丽丝汀的一生》既不是和传说有关的历史故事，也不是神秘怀旧的浪漫小说，而是描写那些如我们的邻居和我们自己这样的人。在克丽丝汀的身上我们就看到了现代女性的特征。克丽丝汀跟温塞特现实题材小说中的大多数妇女一样，是一个敢于反抗传统、敢于挑战权威、敢于追求自由与幸福的女性形象。克丽丝汀在 15 岁时父亲就为她安排了婚姻，这时候的克丽丝汀是培育在温室里的花朵，根本就不了解什么是爱情，也不懂婚姻，因为大家都认为这是一桩好姻缘，所以她自己也渐渐地接受了父亲为她安排的未婚夫西蒙。但是当她的青梅竹马的男友亚涅邀请她为他的远足送行时，作为封建时代的大家闺秀，尽管这样偷偷地会面显得不合时宜，可她还是顺从了自己内心的渴望，背着父母偷偷去赴亚涅的约会，她的叛逆性格从这时候起就初露端倪。之后，她和尔郎的恋爱过程更充分地表现了她的这种叛逆性格。克丽丝汀与尔郎的初遇是因为她和英歌伯柔违反修道院的规定偷溜出去，却不幸在回去的途中遇到了匪徒，幸得尔郎和他的同伴出手相救才得以脱险。这次相遇使克丽丝汀对尔郎一见钟情，之后她多次偷溜出去与尔郎约会并在海誓山盟之下委身于尔郎。当西蒙来修道院接克丽丝汀回家准备结婚时，是克丽丝汀主动向其坦诚相告了自己与尔郎的恋情，并且请求西蒙解除婚约。从克丽丝汀与尔郎的恋爱过程我们可以看出，他们的恋爱不仅违背了与西蒙的婚约，违背了父母的意愿，也违背了修道院和教会的规定。温塞特并不作僵化的描写，在她书写克丽丝汀勇于追求自己的爱情的同时，也刻画了她性格中的矛盾性。她曾为自己与尔郎私通的行为感到害怕、羞愧，也曾几近崩溃而大哭过，但她为了自己的爱情，愿意承担他们恋爱中一切羞耻和过失的责任。她身上的这种新女性的叛逆性格，总让人感觉在现实生活中的许多女性身上都有体现。《诺贝尔文学奖作家的人生之旅》的写作者曾这样评价温塞特笔下的历史人物："她给那些身着十四世纪衣装的人物注入了现代的生命"。[①] 温塞特构思这样一位具有传统和现代特征的女性来描写，使读者在阅读这部小说时并无隔世之感，从而提升了读者与小说中人物的亲密指数。

再次，温塞特历史小说的书写，给大自然以诸多的笔墨，以此解构了通常历史小说中的政治、阴谋、权力的中心地位。如果我们聚焦几部历史小说，不难发现，政治、阴谋、权力才是历史小说的真正主人公。巴尔扎克的《朱安党人》中所描写的布列塔尼的暴动、普希金的《上尉的女儿》中的普加乔夫起义的笔触等都是如此。温塞特以大篇幅的自然书写抵触了通常的历史小说的沉重感，以此增加了历史小说的生活化气息。

温塞特笔下展示出的通常是一种原生态的自然，她把笔墨更多地放在对于山川、树林、乡村的描绘上。就其代表作《克丽丝汀的一生》而论，作品在开始时分别写了少女时期克丽丝汀的两次不同的旅行经历：第一次是她陪同父亲到他们的山顶畜场去，第二

---

① 孟宪忠编著《诺贝尔文学奖作家的人生之旅》，台湾智慧大学，1993，第86页。

次是她随父亲去佛洛地区的史科葛庄园远行。这两次旅行的地点一
个是离家不远的畜场，另一个是虽是自己的出生地但她几乎没有印
象的华丽的大庄园，从作者对这两次旅行的描写中人们便可明显看
出作者对自然风光的喜爱。写第一次旅行经历的开始时，作者这样
写道："阳光普照，但是夜里下过大雨，到处都有溪水潺潺流下青
草斜坡，一圈圈浓雾弥漫在山下，飘来飘去。山顶上则有白云在蓝
天翻滚……柔伦庄的一大堆房舍在河边低地、庭院和农场院子上看
来小多了，颜色也灰暗多了。河流亮闪闪流过去，山谷伸展到远
方，谷底有宽宽的绿草地和沼泽，农庄、田地和牧场在险峻的灰色
山壁下一直延伸到小冈边。"① 人们可以看到克丽丝汀一家生活的
"小屋"在群山、低地的怀抱中，大雨过后更是处处有潺潺的溪
水，云雾缭绕，仿佛生活在仙境之中。"潺潺流下"、"飘来飘去"、
"翻滚"这些动词动态地表现了溪水、浓雾、白云的灵动，同时也
反映出在这样的美景中旅行的克丽丝汀愉快、惬意的心情。再看作
者对他们旅行途中的环境的描写："他们顺着铁锤山下走，此处山
谷变狭也变暗了，河流的吼声显得更大、更刺耳——他们瞥见拉根
河的影子，河水在岩壁间呈冷翠色，还泛着白泡。谷地两边的高山
都有苍郁的森林；峡谷又黑、又窄、又难看，有阵阵冷风吹来。"②
这段话把河流、峡谷、森林的这种的幽深神秘的特点表现了出来。
"林木茂密的山脊四面八方呈现在她的脚下；谷地在大丘陵间像一
条小裂缝，侧面的小山谷则像更小的缝隙；这样的小山谷很多，不
过谷地仍比冈丘少。四面有灰色的山峰长满金色的地衣，耸在树海
上空。远处的天边，蓝色山巅到处泛着白雪的光芒，在他们眼前融
成灰蓝色和纯白色的夏云。"③ 这是作者对途经的"野猪冈"的一段

---

① 〔挪威〕西格里德·温塞特：《克丽丝汀的一生》，李斯等译，时代文艺出版
社，2006，第2～3页。
② 〔挪威〕西格里德·温塞特：《克丽丝汀的一生》，李斯等译，第4页。
③ 〔挪威〕西格里德·温塞特：《克丽丝汀的一生》，李斯等译，第5～6页。

描写，一个荒无人烟的原野在克丽丝汀的眼中却是如此的色彩斑斓、绚丽多姿，可见她对于这种乡村原野风光的钟爱。相反，对温塞特来说，非原生态的城市景观并不入眼。譬如，克丽丝汀的第二次旅行中，他们途经哈马城，作者对于哈马城的城市景观显然并不在意，只用一句话一带而过，"她用力凝视暗蒙蒙的四周，却看不到多少街景——只隔着灰雾瞥见黑黑的房屋三角墙和树木"①，而旅途中经过的奥斯陆这种大城市，在克丽丝汀的眼中，只是"确实比哈马城大，但是她已见过市场大城，那边在她看来也就没什么了不起"②。

温塞特偏爱自然书写，显然也缘于她的生态观。她在诺贝尔文学奖获奖演说中曾对"北欧的生活能免于现代科技文明太多的干扰"而庆幸，甚至炫耀他们"不分南北东西、山河湖畔，都住在舒适自足的小屋子里"，显然，她希冀人与自然的和谐。温塞特所说的舒适自足的小屋，指的是北欧人所居住的位于山川湖畔的小屋。在那里，人们远离城市的喧嚣，隔绝现代科技的干扰，能以一种近乎原始的方式生活于青山绿水间，这是多么惬意的事！因此，在小说中，作者不仅长于书写自然，还把这种自然情结寄予在小说中的人物身上。她笔下的很多人物在经历了世间纷争后都选择了回归自然、远离城市的生活。

最后，温塞特历史小说的生活化书写还体现在多条线索的繁复建构、人物生活的多侧面展示上。她的小说中没有一条居于中心地位的"历史线索"，也就是说，没有给哪一历史条线索以绝对的尊严，而是多条线索杂处，像生活本身的面貌一样。小说中主要讲述的是克丽丝汀和尔郎的恋爱、婚姻经历，除此之外，他们的家庭关系、政治生活、宗教生活等方面都得到了描述，使小说通过多条线索的交叉呈现了广泛的中世纪的生活面貌。譬如对尔郎的描写，作品就不仅涉及了他的爱情家庭生活，同时描写了他的政治生活，而且表现了其性格的多面性。在爱情生活中，他彰显出的特点是无视

---

① 〔挪威〕西格里德·温塞特：《克丽丝汀的一生》，李斯等译，第12页。
② 〔挪威〕西格里德·温塞特：《克丽丝汀的一生》，李斯等译，第18页。

礼教、生活放荡。他在认识克丽丝汀前曾经与一位有夫之妇私通，并且生下了两个子女，教会还因此开除了他的教籍，剥夺了他的继承权。他与克丽丝汀的恋爱也并不符合当时的社会定见，他们在结婚之前已经偷尝了禁果甚至未婚先孕，婚后，尔郎也没有改掉他风流的本性，仍然背着妻子和别的女子交往；再观其持家能力，人们可以看到他并没有理家的才能，一些上好的物品在他家里只能等着腐烂，他对于自己继承下来的土地的管理也是茫然无序，近似于一个只懂得挥霍的纨绔子弟。但是观其政治生活，他的政治远见和海上战斗能力出色，而且在被捕入狱后也没有出卖自己的同志，并非贪生怕死之辈，而是有着不凡的气节和情操。如果单看尔郎的前两个侧面，人们可能会存有疑惑：克丽丝汀为什么会选择这样的男子作为丈夫？而通过尔郎生活的各个不同侧面的描绘，其性格方面的闪光点便跃然纸上，呈现出瑕不掩瑜的效果。再看作者对于克丽丝汀的塑造。她与尔郎的情感脉络是小说发展的主线，而作者同时铺设了她的父母亲生活的线索、她的前未婚夫西蒙与她的妹妹的爱情线索、她的宗教的信仰与尔郎弟弟冈诺夫的托钵僧的生活又构成一条宗教线索，虽显驳杂，但正是这小而平凡的驳杂之事，解构了常见的宏大叙事，显现了历史小说写作的另一种风格。

　　应该指出，这种于历史小说中关注日常生活描写的笔法并不是始于温塞特，从19世纪初"历史小说之父"司各特的笔下就开始出现了，别林斯基曾经高度评价过司各特历史小说中日常生活的描写的魅力，他认为历史小说应是历史和小说的结合体，应体现作为科学的历史的一面，同时也应体现作为艺术的小说虚构的一面，以此作为历史的补充。相比较而言，温塞特这方面的特点显然更突出些。作为历史小说写作，温塞特强调作品表现的范围应该比史学家更广，作者可以通过对那些历史事实的补充和适当的虚构、合理的想象去表现更广阔的社会画面，让小说中的人物在生活化的场景里穿梭，又融入历史的氛围当中，这样才能使历史小说从本质上区别于历史。

# 第四章
# 赛珍珠

Pearl S. Buck

自由——今天它比以往任何时候都更是最为宝贵的财产。

——赛珍珠

赛珍珠（Pearl S. Buck，1892～1973 年），美国作家，1938 年"由于她对中国农村生活所作的丰富而生动的史诗般的描述，以及她的传记性著作"① 获得诺贝尔文学奖。这是获此奖项的第四位女作家。

## 第一节　美国的"一座沟通东西方文明的人桥"

有一位作家站在诺贝尔文学奖的领奖台发表演说，把自己的生命分属至两个国度中，她说："我的出生国美国和我的抚养国中国，在心灵上有许多共同之处，而其最主要的便是我们对自由的共同热爱。真的，在今天我们将比任何时候都更能看到这一点：中国的民众正在进行着伟大的奋斗，即为他们的自由而奋斗。"② 而她的生命所属的两个国度在她所生活的时代竟是处于老死不相往来的境况中，不过她是一座桥，尼克松称她为"一座沟通东西方文明的人桥"③。这座桥就是赛珍珠。

赛珍珠 1892 年生于美国西弗吉尼亚州，由于父亲的工作关系，还是婴儿时期的她就随着父母来到了中国，主要生活在中国的镇江和南京。赛珍珠一生的前 40 年几乎都是在中国度过的，只在中间先后三次以短暂的时间回美国读书，由此可以说，中国是她的第二故乡。赛珍珠一生完成了一百多部作品，包括小说、散文、剧本、评论等，其中成就最高的是小说，而且大都是以中国百姓的生活为题材的。1938 年，她凭借《大地三部曲》（《大地》《儿子们》《分家》）《母亲》《流亡》和《战斗的天使》等作品获得了该年的诺贝尔文学奖，成为美国历史上首位获此奖项的女作家。虽然在获奖

---

① 彭诗琅、廖隐郸主编《诺贝尔文学奖金库》，第 267 页。

② 〔美〕赛珍珠：《获奖演说》，载彭诗琅、廖隐郸主编《诺贝尔文学奖金库》，第 274 页。

③ 〔美〕赛珍珠：《大地三部曲》，王逢振等译，人民文学出版社，2009，第 24 页。

后她遭到了国内外文学界的质疑，但是一个基本事实是，在获诺贝尔文学奖的作家中，她是首次在作品中以中国为主要创作背景的作家。在赛珍珠看来，向西方世界介绍中国这项工作，"不是一项文学专项研究，对她来说，这是自然而然的。"① 赛珍珠的创作题材因其生活经历的脉络主要可以分为两类：一类是以中国民众的生活为写作题材的；另一类则是聚焦美国生活。很显然，她在前者中取得的成就是远远高于后者的。她一生的主要作品目录见表4-1。

表 4-1　赛珍珠的主要作品目录

| 序号 | 主要作品（中/英文名称） | 发表/出版时间 |
|:---:|:---|:---:|
| 1 | 《东风：西风》/*East Wind：West Wind* | 1926 年 |
| 2 | 《大地》/*The Good Earth* | 1931 年 |
| 3 | 《儿子们》/*The Sons* | 1932 年 |
| 4 | 《发妻和其他的故事》/*The First Wife and Other Stories* | 1933 年 |
| 5 | 《母亲》/*The Mother* | 1934 年 |
| 6 | 《分家》/*Split home* | 1935 年 |
| 7 | 《流亡》/*The Exile* | 1936 年 |
| 8 | 《战斗的天使》/*Fighting Angel* | 1936 年 |
| 9 | 《一颗骄傲的心》/*This Proud Heart* | 1938 年 |
| 10 | 《爱国者》/*The Patriot* | 1939 年 |
| 11 | 《诸神：美国传奇》/*Other Gods：An American Legend* | 1940 年 |
| 12 | 《今天和永远：中国短篇小说集》/*Today and Forever：Stories of China* | 1941 年 |
| 13 | 《龙子》/*Dragon Seed* | 1942 年 |
| 14 | 《中国天空》/*China Sky* | 1942 年 |
| 15 | 《二十七个故事》/*Twenty-seven Stories* | 1943 年 |

---

① 赵平凡编《诺贝尔文学奖文库——授奖词与受奖演说卷》，浙江文艺出版社，1998，第 270 页。

| 序号 | 主要作品（中/英文名称） | 发表/<br>出版时间 |
|---|---|---|
| 16 | 《诺言》/The Promise | 1943 年 |
| 17 | 《龙子的故事》/The Story of Dragon Seed | 1944 年 |
| 18 | 《中国的航程》/China Flight | 1945 年 |
| 19 | 《结婚照》/Portrait of a Marriage | 1945 年 |
| 20 | 《群芳亭》/Pavilion of Women | 1946 年 |
| 21 | 《匿花》/The Hidden Flower | 1952 年 |
| 22 | 《来吧，亲爱的》/Come, My Beloved | 1953 年 |
| 23 | 《我的几个世界》/My Several Worlds | 1954 年 |
| 24 | 《帝王女人》/Imperial Woman | 1956 年 |
| 25 | 《北京来信》/Letter from Peking | 1957 年 |
| 26 | 《命令与清晨》/Command the Morning | 1959 年 |
| 27 | 《十四个故事》/Fourteen Stories | 1961 年 |
| 28 | 《魔鬼从来不睡觉》/Satan Never Sleeps | 1962 年 |
| 29 | 《桥》/A Bridge for Passing | 1962 年 |
| 30 | 《生芦苇》/The Living Reed | 1963 年 |
| 31 | 《梁夫人的三个女儿》/The Three Daughters of Madame Liang | 1969 年 |
| 32 | 《曼陀罗》/Mandala | 1970 年 |
| 33 | 《女神的等待》/The Gods Abides | 1972 年 |

注：此表根据相关资料自制。

　　根据赛珍珠的人生经历和写作过程，参考上述作品，可以将其创作分为前后两个时期：1926～1934 年为创作前期；1935～1972 年为创作后期。这两者间的明显分界线即是 1934 年，因为这一年她离开中国，从此再也没能回来，故这个年份也就成了她创作的分界线。

## 一　创作前期

　　1926～1934 年，可以称为是赛珍珠创作的中国时期。从数量上看，这个时期的作品少于后期，但是从创作成就上看却高于后期。因为此时她置身于中国，所以她这一时期的作品主要是以反映中国民众的生活为主要内容，正是这些创作为她日后获得诺贝尔文学奖奠定了基础。此时发表的作品中，尤以《大地》《儿子们》和《母亲》为代表作。而这些作品在切入中国百姓的生活时，土地和母亲是她最直接的关注点。

《大地三部曲》中最具有影响力也是最著名的是第一部《大地》，从题目上人们就能看出本书的中心题旨。虽然赛珍珠并没有中国血脉，但是三十多年的中国生活已经在她身上留下了深刻的烙印，她爱这片土地，就像艾青在《我爱这土地》中所写："为什么我的眼里常含泪水，因为我对这片土地爱得深沉。"赛珍珠认为自己是大地的女儿，而大地就似她的母亲。在这部小说中，作者描述了王家三代人对大地的看法：父亲王龙情系土地；儿子王虎厌恶但却享用土地；孙子王源回归土地。通过这祖孙三代对待土地的态度，作者表现出了当时中国农村的重要的土地观念。王龙作为一个普通的农民硬是要从地主手里买下土地，因为土地是社会地位的象征。虽然王虎厌恶土地上的劳作，但他却享受了土地上的最大收益。没有土地，他就不可能有钱来招兵买马做军阀，他用于自己所谓的大事业上的钱都是出自他父亲留给他的土地。即使他再不愿意亲近土地，也无法改变土地给予他诸多支撑的事实。王源回归土地，再次凸显出人们对土地的依恋。中国是个以农耕文明为主的国家，土地在人们心中是与衣食住行紧密相连的，而衣食住行又是生命存在的基础，所以，土地支撑着生命。基于对中国农民与土地关系的深刻理解，赛珍珠在作品中不但以"大地"命名，更以其为贯通小说的核心命脉。

与对土地的关注同步，赛珍珠也钟情于母亲的题材。这与她对土地的关注是有内在联系的。土地奉献于人类，母亲奉献于世界，骨子里这两者都是"母亲"。正是基于对"母亲"的深刻理解，赛珍珠笔下的母亲形象是丰满而感人的。

《大地》中的阿兰和《母亲》中的母亲，是此时赛珍珠笔下的两个主要的母亲形象。作者在塑造这两个形象的时候，深刻地把握了中国妇女的生存困境，并突出了时代性和民族性特征。就当时的社会历史背景而言，中国妇女的生存困境主要体现在政权与夫权的双重压迫上。阿兰首先承受着政权的压迫，她是地主家花钱买的丫头；而后她又承受着夫权的统治，从进门的那天起，就成为家里的主要劳动力，而且，她的丈夫王龙是因她在富人家中无意中抢到珠宝而发财致富成为地主的，可是当王龙成了富人之后却又娶妾，阿兰便被置于家庭中的最底层。在《母亲》中，母亲也同样逃不出政权与夫权的折磨。先是丈夫把全部的家庭重担都抛给了她之后扬长而去安排自己的生活；后是地主管家仗势将其占有后又不负责任地弃之。她上管老人，下管孩子，以辛苦劳作来养家糊口，又因怀上了地主管家的"孽种"而被视为家庭的祸水以至于遭到唾弃。由此可看出，生活于半殖民地半封建的社会中，在政权、族权、夫权的压迫下，这些妇女无论有怎样的付出，都改变不了置身于社会、家庭最底层的命运。而她们面对压迫或者不公时都被迫沉默不语。为什么读者对她们有一种哀其不幸、怒其不争的感觉？是因为她们靠个人的力量无法摆脱这不幸与不争。这是作者赛珍珠有意传达出来的信息。

这一时期赛珍珠作品中呈现出来的特点是鲜明的写实特征和意象化的笔法。前者主要体现在选材的现实性、人物塑造的典型性等方面；后者主要集中在"大地"和"母亲"形象的刻画上，这两者在作品中不断地出现，而且内涵不断地得以强化，遂已成为具有象征意义的核心意象。

## 二　创作后期

1935～1972年可谓是赛珍珠创作的美国时期。1934年回到美国后，赛珍珠拓展了创作视野，在继续关注中国题材的同时，也开始将目光投射在美国的土地上。但由于长时间的中国生活的影响，她的以美国生活为题材的作品始终没有超越前期的创作，也并未得到相应的认同或肯定。其中的原因也是显而易见的，作为一名在中国长期生活过的美国人，回国后她在创作中试图把东西方世界结合起来，力图在作品中呈现出既有中国特色又有美国因子的双重元素的面貌，但由于这些元素相糅性的欠缺，使得她的作品在具有异域风格的同时又令人产生一种不很协调的感觉。这一时期她的作品数量相对于前期有所增加，主要有《分家》《群芳亭》《帝王女人》《北京来信》《梁夫人的三个女儿》等。

《帝王女人》浸透了作者试图融合东西方文化的想法。这部作品讲述的是赛珍珠生活在中国的时候正在统治中国的一个女人——慈禧的故事。这是一部历史传记小说，但并不是真正的历史再现，从某种程度上来说，很像具有一定参考价值的野史。可以说，这是赛珍珠式的传记小说，她依据了相关的历史事实，但当涉及主要人物的私生活等方面时，便出现了十分有趣的现象。她将慈禧这个人物塑造成了仿佛生活在中国帝王深宫中的简·爱。赛珍珠还真是有"离谱"的勇气。本来，对于发生在慈禧身上的事情，不同的历史学家、文学家就有不同的见解，既然他们有这样的权利，赛珍珠自然也有。

首先，赛珍珠于文中主要表现的是慈禧的果敢和聪慧。慈禧出生在一个封建家庭，老式的传统教育让她成为了一个传统的中国女人，她吃苦耐劳，呵护弟妹。当进了皇宫有机会改变自己的命运时，她便设计向上的路径。赛珍珠并未将慈禧刻画为阴险狡诈的人物，反而在字里行间中透露出对其过人的智慧以及才能的欣赏。

其次，作品充分肯定了慈禧对爱情的追求以及对平等的渴望。一个传统的中国女人，而且还是个帝王女人，按"常理"应该做的是如何去争取丈夫或者皇帝的宠爱，可是在赛珍珠的笔下，慈禧并没有这样做，她只在乎追求平等与爱情。虽然早年的中国也有如崔莺莺和杜十娘等一些追求爱情的文学形象，但是，这些形象所追求的重心偏于爱情而忽视平等，而赛珍珠笔下的慈禧，关于爱情与平等都有所求。她很爱荣禄，但是她并未委曲求全；她不爱皇帝，所以对皇帝表现出冷漠和不满，只要觉得自己受了委屈，她就可以对皇帝说"不"。赛珍珠赋予了她追求平等的个性：妃子不是玩偶，而是和帝王一样平等的女人！如果说西方的简·爱可以站在罗切斯特的面前呐喊："在上帝面前我们是平等的"，那么，在东方的皇宫里，慈禧在皇帝面前也可以同样有所为。除此之外，赛珍珠还肯定了慈禧在诗词书画等方面的艺术天赋。赛珍珠在她的自传中说过，如果慈禧不是中国晚清的掌权者，她可能会是一个出色的书画家，可见赛珍珠对慈禧这一方面的能力是很欣赏的。另外，作者笔下的慈禧还能通过自己的聪明机智来应对内忧外患的攻击，也显其智慧与能力。显然，这里的慈禧并非中国历史上的慈禧了，这是通过赛珍珠的文笔糅合出来的别具风格的慈禧。

除了慈禧，作者在《群芳亭》中塑造的女主人公爱莲也同样是一位具有东西方双重文化韵味的女性。作者还有意选择让她与一位"洋"教士相爱，更是体现了赛珍珠将东西方文化融合起来的愿望。

这个时期赛珍珠的创作特点主要是人物形象塑造方面的双重性格、东西方文化交融的思想追求。双重性格是指她笔下的人物既追求有西方影响的独立意识，又存有饱含了东方传统的儒雅谦卑。东西方文化交融的思想追求明显地体现在小说的情节安排上，作者有意融入东西方文化的双重因子；在人物塑造上，作者也强调其对双重文化的接受。

## 第二节 京口瓜洲：我是一个说书人

中国古代诗人王安石有诗云："京口瓜洲一水间"，这"一水"指的是长江，京口和瓜洲都在江苏省境内。京口位于长江的南岸，属镇江之地；瓜洲是位于长江的北岸，属扬州之地。

赛珍珠在中国期间，居住于镇江有18年之久。1894年春天，当赛珍珠还是个婴儿被母亲凯丽抱在怀里的时候，全家人从美国奔赴中国，沿京杭大运河来到镇江。在这里，赛珍珠开始了她的童年时代的生活。而在这个时代，作为中国说书中影响较大的一脉即扬州评话正是其历史上的繁荣时期。扬州是个历史文化名城，扬州评话是扬州艺术宝库中的一朵奇葩。与扬州一江之隔的镇江因为与扬州的方言比较接近，也成为扬州评话比较集中的说书地，因此有"扬州评话镇江说"之说。由此可见，赛珍珠早在童年时代就受到了扬州评话等说书艺术的影响。说书，有大书和小书之别，而讲大书者居多，即长篇历史小说。因此，这里说赛珍珠受到说书的影响，已含有了两方面的意思：她既受到了中国古典文学尤其是长篇小说的影响，又受到了中国民间说唱艺术的影响。正因为如此，赛珍珠无论是在她的个人自传《我的中国世界》中，还是在诺贝尔文学奖的颁奖典礼上发表演说时，抑或是在她的文学作品中，对中国小说和中国说书之事都屡屡提及。当然，她并不只是简单地介绍中国的小说和说书，而是把它们作为了她艺术启蒙的引导之一，所以，赛珍珠一直认为自己也是一个"说书人"。如果说那些活跃于中国百姓中间的"说书人"是在以口头语言说书，那么，以书面语言实现口头"说书"的效果便是赛珍珠文学创作的更高追求。

## 一 "说书"的深刻影响

说书又称为说话，是中国口头讲说的一种艺术形式。根据1979 年 3 月在扬州西湖乡胡杨镇出土的两个西汉说唱木甬的专业表演神态来看，这种表演形式可能在汉代就已经出现，而从宋代开始流行开来。"宋元时期的话本原就是'说话'艺人的底本，是随着民间'说话'技艺发展起来的一种文学形式。"① 在中国，不同的地区有着不同的说书艺人，他们以各地的方言对听众说着不同的故事，因此也是方言文化中的一部分。这些故事大多改编自中国的小说，说书人把小说中一些精彩的部分加以润色，通过讲故事的形

---

① 游国恩、王起、萧涤非、季镇淮、费振刚主编《中国文学史》（三），人民文学出版社，2006，第 168 页。

式在民间表演。清末民初时，说书的表演形式大多是一人坐于桌后表演，使用的道具主要有折扇或醒木，身着的服装大都是中国的传统服饰长衫；到了 20 世纪中叶，很多说书艺人都不再坐着说书而是改成站立说演，服装也不固定，手上也不拿道具了，所有的表演都通过说书人的肢体语言和口头技艺来完成。在一个世纪以前，赛珍珠在中国生活期间就对这种民间口头表演充满了兴趣。

说到赛珍珠对中国说书的兴趣，就要回到她儿时所生活的时代和环境，因为这两者从时间上和空间上为她接触中国说书提供了可能性。

从时间上来看，赛珍珠的儿童时代是 19 世纪和 20 世纪之交，这一时期是中国说书十分盛行的时期。之所以如此，主要有以下几个原因：一是章回体小说的繁荣和发展，为说书艺人提供了足够的"说"的材料。二是当时中国百姓的受教育程度不高，"目不识丁"的人很多，只依赖于口头表演的说书正适合这样的土壤，因为民间艺术从来就是扎根于民间的。听书既便宜又易懂，还能增长见识，是百姓能够接受也享受得起的娱乐活动之一。三是说书本身贴近生活，说书内容中有很多历史上的英雄豪杰的故事，容易唤起当时饱受内忧外患的民众的英雄情结；同时，说书人在说书过程中尤其是说书伊始常常会闲话一些与现实生活相关的东西，以拉近"书"与"听书"人的距离。这样的历史背景以及当时说书业的兴盛，为赛珍珠接触"说书"提供了历史的可能。

从空间上来看，赛珍珠由于父亲从事传道士的工作的关系，她的童年时代就是在镇江度过的，而镇江是当时重要的说书重镇。首先，是扬州评话居于说书之首，当时著名的扬州评话的艺人几乎都在镇江跑过"码头"。除了扬州评话，也常见有艺人在讲"淮书"，"淮书"也是说书艺术中的一种，应兴起于江苏的淮安，但在当时人们的口碑中它似乎没有扬州评话那样高的地位。据研究者所记："扬州文人对说'淮书'描述的态度不好，觉得'淮书'是一种戏谑、荒诞、恣肆的，'据地为场，敲锣击鼓，信口雌黄，大抵无稽之言居多，听者士大夫无一焉'的下乘说书艺术"①。除了扬州评话和"淮书"，还有扬州弹词等民间艺人也都活跃于镇江。镇江当时除了一些著名的室内书场外，更有比较集中的露天书场，两处有名的是"黑桥"和"五十三坡下面"，经常有说书与听书的人们驻足。"这两处书场，都与赛珍珠在镇江的几处住所靠得很近"②。这就使赛珍珠这个美国少年有了接触中国说书尤其是扬州评话和"淮书"等民间艺术的空间优势。

这种个人和历史的机缘，为赛珍珠接触中国说书提供了时间和空间上的可能。于是，中国说书（包括"书"——中国长篇历史小说；也包括"说"——中国民间口头艺术）走进了她的生活中。

她在自传中曾多次提到，在她小的时候，她的奶妈和厨师都会给她讲中国英雄豪杰的故事。赛珍珠的奶妈是个很会说故事的女人。关于她的身世有两种说法，一说她是扬州人，一说她是淮安人。显然，要么她十分熟悉扬州评话，要么她十分熟悉"淮书"。她的奶妈会讲很多中国的小说和故事，平时她给赛珍珠讲这些故事的时候如数家珍，由此赛珍珠说："乳母所讲的故事，给我的印象很深，……使我爱中国，理解中国，并且使我相信中国民众和我们的血族相同。"③ 显然，这位中国妇女是让赛珍珠喜爱上中国故事和中国说书的重要因素之一。

在《我的中国世界》一书中，赛珍珠提到，她儿时对中国特有的民间艺术即说书的热爱对她日后的写作和人生都起到了不小的启蒙作用，因为正是这些使她爱上了中国的小说，也促使她以写作为其人生要事。

---

① 裴伟：《书场说史 文苑传名》，载许晓霞等主编《赛珍珠纪念文集》，广西师范大学出版社，2006，第 58 页。
② 裴伟：《书场说史 文苑传名》，载许晓霞等主编《赛珍珠纪念文集》，广西师范大学出版社，2006，第 56 页。
③ 〔美〕赛珍珠：《我的中国世界》，第 56 页。

　　她是这样描述自己儿时听书与对她的文学启蒙之间的关系的：
"我们也听周游四方的说书人讲故事，他们在乡村道上边走边敲小
锣，到了晚上，就到村中打谷场上说书，一些江湖戏班也常到村里
来，在大庙前找个地方唱戏。这些艺人的演出，使我很早熟悉了中
国的历史，以及历史上的英雄豪杰。"① 显然，她的这种对中国故
事的兴趣就是从说书艺人那里得来的。除此之外，她小时候还喜欢
他们家的厨师给她讲的小说中的故事："我的厨师会给大家讲从书
本上读到的历史故事。他读过《三国演义》、《水浒传》，还有《红
楼梦》"②。她认真强调说"如果不是这样，我当时该是多么寂寞孤
独啊！"由此可见，这些中国的小说与说书在赛珍珠还是个孩童的
时候就已经深入了她的心中，并且成为她那个时期的一种"精神
寄托"。中国小说就像生命力旺盛的种子一样植入了赛珍珠的心
里，日后在她的心中萌芽、成长，最终长成一棵呵护她一生创作的
参天大树。在 1938 年 12 月 12 日的诺贝尔文学奖授奖仪式上，赛
珍珠发表了题为《中国小说》的长篇演说。在这篇演说中，她口
中出现最多的词都与这棵"大树"有关："中国小说"、"中国小说
家"和"中国人"频繁出现，"说书人"也于此闪亮登场。通过这
个现象可以明显地看到中国小说和中国说书在她心中刻下的不可磨
灭的印象。"我生为美国人，祖辈上也是美国人，我现在生活在美
国而且将来也要生活在美国，因为我属于美国，虽然如此，但不谈
谈中国仍是不妥，因为是中国小说而不是美国小说决定了我本人的
创作方向。我有关故事的最早的知识，有关怎样讲故事和写故事的
最早的知识，是在中国获得的。就我而言，如果今天不承认这一点
那就是忘恩负义。"③ 说这番话时，她是满怀深情的。正因为中国

① 〔美〕赛珍珠：《我的中国世界》，尚营林、张志强、李文中、颜学军、鲁跃峰、
　张昕译，湖南文艺出版社，1991，第 25 页，第 26 页。
② 〔美〕赛珍珠：《我的中国世界》，第 58 页。
③ 〔美〕赛珍珠：《论中国小说》，王义国译，载吴岳添主编《诺贝尔文学奖辞
　典》，敦煌文艺出版社，1993，第 593 页。

小说对她一生文学创作的影响，使她对中国小说的研究也颇有卓
见。譬如，关于中国小说与中国说书的关系，她就有过深入的研
究，认为中国小说是中国说书的来源：

> 但是中国小说之所以用日常口语写作，其真正的原因是因
> 为老百姓没有文化，因而小说的写作必须能让只能用口语进行
> 交流的人们听得懂。在一个有 200 个人的村子，也许只有一个
> 人认识字，于是在假日里或者晚上歇工时他就给大家念故事
> 听，中国小说的兴起就是这样简单地开始的。念上一回儿，人
> 们就用帽子或农妇的饭碗集起一些铜子，因为说故事的人需要
> 喝茶来润润嗓子，也许是为他所花费的时间付出报酬，那时间
> 他本来可以用来织绸子或编织灯心草工艺品。如果集的钱足以
> 糊口，他就放弃他的一些日常工作而成为专业说书人，而他读
> 的故事也就是小说的雏形。①

　　赛珍珠在这里对小说与说书两者之间关系的解释，既简洁又明
了，更可贵的是，她并非以史学的立场观之，而是以生活为其透视
问题的基点。通过这些论述可见赛珍珠对中国小说和中国说书文化
给予了很多的关注。至于在获奖演说中提到的那些中国文学名著，
从唐传奇到宋元话本，再到明清小说，更是体现了赛珍珠深厚的中
国文化尤其是中国小说的深厚学养。
　　赛珍珠针对中国小说曾被指"粗俗不堪"、难登大雅之堂之
见发表了截然不同的看法。她认为："对中国小说来说，它不被
学者看作文学真是三生有幸，对小说家来说，也是三生有幸！人
与书，他们都摆脱了那些学者的批评以及他们对艺术的要求，摆
脱了他们的表现技巧以及他们有关文学意义的议论，摆脱了有关

---

① 〔美〕赛珍珠：《论中国小说》，王义国译，载吴岳添主编《诺贝尔文学奖辞
典》，第 596 页。

何为艺术何不为艺术的一切讨论，那种讨论令人感到艺术是一件绝对的事情而不是一件变化着的事情，甚至在几十年的时间里都一成不变！中国小说是自由的，它随心所欲地成长着，从其自身的土壤也就是老百姓当中生长出来，为那种最热诚的阳光也就是大众的赞许所赋予营养，并且不为学者的艺术的那种冷若冰霜的风所吹动。"① 在赛珍珠看来，人民是文学艺术的土壤，也是文学艺术的生命力的源泉。

## 二　"说书"的艺术追求

赛珍珠站在诺贝尔文学奖的领奖台上称自己是一个"说书人"，显然，"说书"在她的心中居于重要的地位。应该说，"说书"是她从事文学创作所追求的一种境界，也表现了她的一种文学主张，即，文学创作要像说书一样以各种艺术手段实现吸引读者的目的。

说书，自然是指说好书，而把书说好的重要评价标准即是令听众入迷，令听众叫好，令听众不离不弃地追随着这"书"，这就是说书的最高境界，也是文学创作的最高境界。

中国说书在实现这最高境界的时候，是有自己的锦囊妙计的。赛珍珠称自己是个"说书人"，很明显，她是得到了"说书"艺术的真传。现在，我以对她影响颇深的扬州评话为例，来观其所得到的"真传"。

就从扬州评话的专业术语入手。扬州评话的专业术语，是一个庞大的系列，笔者从中选出 20 个（见表 4-2），以一斑窥全豹，从而观赛珍珠的习得。

---

① 〔美〕赛珍珠：《论中国小说》，王义国译，载吴岳添主编《诺贝尔文学奖辞典》，第 594 页。

表 4-2  扬州评话术语摘录

|  | 术语 | 解　释 |
|---|---|---|
| 1 | 说书 | 扬州评话和弹词艺人演出，统称说书 |
| 2 | 册子 | 书的别称。有些艺人忌讳"书"与"输"谐音，改称册子 |
| 3 | 大书 | 扬州评话中历史说部的统称。如《三国》、《水浒》、《岳传》、《西汉》、《隋唐》等 |
| 4 | 小书 | 除"大书"以外的其他各类说部的统称。又泛指"才子佳人"书 |
| 5 | 刀马书 | 以书中多述古代武将马上交锋事而得名。大书多为刀马书 |
| 6 | 冷书 | 书的内容不吸引人 |
| 7 | 关子 | 书中内容精彩、悬念较强的情节 |
| 8 | 上关子 | 书中内容开始进入关子 |
| 9 | 下关子 | 关子书即将说完 |
| 10 | 冷关子 | 虽然是关子书，但是情节比较平淡，或是书中正面人物遭遇凄惨，致使有些听众不乐意听 |
| 11 | 卖关子 | 说书艺人在一场书结束时留下悬念，吸引听众第二天再来听 |
| 12 | 亮关子 | 在书中用简短的话预告下面将要说到的精彩关子，以吸引听众 |
| 13 | 绣口 | 说口好 |
| 14 | 钝口 | 说口不好 |
| 15 | 方口 | 方口书的简称。方口书的语言多为地方官话，书词语句较为整齐、简洁，讲述时讲究抑扬顿挫。"大书"多为方口书 |
| 16 | 圆口 | 圆口书的简称。书词多用生活语言，方言土音较浓 |
| 17 | 神 | 指说书艺人说书的神意 |
| 18 | 抓神 | 指说书艺人的书词和表演吸引听众 |
| 19 | 铁门槛 | 指今江都县邵伯镇。因此地听众要求严格，常指出说书艺人书词中的错误，因而说书艺人称该地为"铁门槛" |
| 20 | 捧大碗 | 指说书艺人说错书词，被滋事的听众捧走盛放书金的大碗 |

注：此表根据《扬州曲艺志》"行话术语"一节的内容自制。

上述摘录的 20 个术语，第 1~6 个，是对所谓"书"的介绍；第 7~12 个，是扬州评话艺人经常使用的艺术技巧，关键词就是

"关子"；第 13 ~ 16 个，是谈语言问题；第 17 ~ 18 个，是谈"说书"的命脉——"神"；第 19 ~ 20 个，是谈说书者与听书者之间的关系。

从后两项的"铁门槛"和"捧大碗"可以看出，说书艺人的"书"若说不好，是马上就要被"下课"的。譬如于"铁门槛"邵伯镇发生的一个例子："某年，吴国良在邵伯福来书场说《智激周瑜》，说到周瑜由鄱阳湖回柴桑，当夜先回帅府，管仪仗的人放了三炮迎迓。吴国良把这三声炮学得太响。散场后有个曹姓的听众，是粮行里的挑箩工人，约吴国良至其家，对他提出意见：'可讲周瑜回府里，刚要放第一炮，就被手下制止闷掉。倘若像你说的那三声炮响，岂不被孙权听见？周瑜是私回帅府，怎能让孙权听见炮声？'"。① 显然，艺人说不好"书"听众是不买账的，甚至还要被"捧大碗"——即听众要把当天人们投进"大碗"里的"书金"拿走。这对艺人的制约性很强。关于这一点，从当时艺人们在"书头子"（开讲正书之前）中编入的一首诗中即可见，诗曰："说书之业确实难，江湖越老越心寒。语多又怕书烦絮，言少更恐理不关。闭口哪知开口苦，听书怎晓说书难。从来君子成人美，寻得钱来口亦干。"② 所以，说书必须抓住听众，得到听众的认可才是最大的成功。

那么，靠什么"锦囊妙计"来抓住读者呢？"关子"是最重要的"武器"。

所谓"关子"，如上表 4-2 中所云，即是"书中内容精彩、悬念较强的情节"③。"关子"处理好了，说书人就能抓住听众的"神"；如果处理不好，就会变成"冷关子"。人们常用的手法是"亮关子"、"卖关子"，具体还涉及"上关子""下关子"。而恰恰

---

① 扬州曲艺志编委会编纂《扬州曲艺志》，江苏文艺出版社，1993，第 223 页。
② 扬州曲艺志编委会编纂《扬州曲艺志》，第 222 页。
③ 扬州曲艺志编委会编纂《扬州曲艺志》，第 245 页。

在"关子"这个重要的艺术手法上，赛珍珠习得真谛，用来得心应手。这里，举《大地》中的例子观之。

先看"亮关子"。所谓"亮关子"，即是"在书中用简短的话预告下面将要说到的精彩关子，以吸引听众"①。《大地》的开篇就是"亮关子"的手法。此书开卷的第一句话就是："这天是王龙结婚的日子。"这"关子"一亮出来，读者就要紧随着想了：跟谁结婚？怎样结婚？有没有婚礼？显然，这句话显示了赛珍珠"亮关子"的功力不错。

再看"卖关子"。所谓"卖关子"，即是"说书艺人在一场书结束时留下悬念，吸引听众第二天再来听"②。《大地》的第一章的结尾显然就是在"卖关子"。当王龙见自己的老婆要生孩子的时候，进屋去告诉他的父亲，具体见下文。

> 但王龙从他身边走进屋里时说：
> "她快要生孩子了。"
> 他想尽量说得平静些，就像说"今天我在村西地里下了种"那样，但他做不到。虽然他说话声音很低，但他听起来比他喊话的声音还高。
> 老人先是眨了眨眼，然后一下子明白过来，哈哈大笑。
> "哈——哈——哈！"仿佛他对走来的儿媳妇喊道，"这么说快有收获了！"
> 昏暗中他看不清她的脸，但她平静地回答说：
> "我这就做饭去。"
> "对——对——吃饭！"老人急切地说，像个孩子似的跟着她走进厨房。刚才他想到孙子忘了饭，现在，想到新做的饭菜，便又把孙子的事给抛在脑后。

---

① 扬州曲艺志编委会编纂《扬州曲艺志》，第 246 页。
② 扬州曲艺志编委会编纂《扬州曲艺志》，第 246 页。

可是王龙却在黑暗里坐在桌边的凳子下，交叉着双臂托着脑袋。另一个生命，他自己亲生的孩子，即将出世。

可这孩子有没有出生呢？在这关键时刻，作者收笔了，卖了个"关子。"欲知后事如何，只能下章分解。

《大地》的第七章的结尾显然也是在"卖关子"。这一天，王龙的老婆生下一个女孩儿，他很不高兴；他的叔叔又缠着他要钱，他心乱如麻，小说写道：

> 他挂着锄头站着，心里非常悲伤。现在，要等到下一次收获，他才能买下紧挨着他原来买的那块地的土地，家里还新添了一张嘴。暮色苍茫，灰暗的天空里一群深黑的乌鸦大声呼叫，从他头顶上飞过。他望着它们像一团云一样消失在他家周围的树林里，便冲着它们跑过去；一边喊叫一边挥舞着他的锄头。它们又慢慢飞起，在他的头顶上盘旋，发出使他生气的哑哑的叫声，最后，它们向黑暗的天边飞去。
>
> 他仰天呼号。这是一个不吉利的征兆。

作者于此戛然而止，但是，这会是什么样的预兆呢？有什么样不吉利的事情发生呢？读者又被吊了"胃口"。

再看"上关子"和"下关子"的具体笔法。所谓"上关子"，是指"书中内容开始进入关子"；所谓"下关子"，是指"关子书即将说完"。赛珍珠也是精于此道的。下面一段，是王龙夫妇的第一个孩子出生的情景。女人阿兰在房间里，丈夫在门外，作者从女人生孩子的血腥味"上关子"：

> 但王龙仍然站在门口，听着她沉重的、动物般的喘息。从门缝里透出一股热血的腥味，难闻得叫他害怕。女人的喘息声变得又急又粗，像在低声喊叫，但她忍着没发出叫声。他再也

忍不住，正要冲进屋里时，一阵尖细有力的哭声传了出来，他忘记了一切。

"是男的吗？"他急切地喊道，忘记了他的女人。尖细的哭声又传了出来，坚韧，动人。"是男的吗？"他喊道，"你先说是不是男的？"

女人的声音像回声般微弱地回答："是男的！"

当"是男的"这句话一出，作者下了关子，读者揪着的心也一块石头落了地。

由此可见，赛珍珠对说书艺术中的"亮关子""卖关子""上关子""下关子"运用得都是得心应手。

再从文学的角度上观中国的小说对赛珍珠的影响。这些小说通常也就是说书艺人说的"书"的具体内容。赛珍珠在一篇名为《中国早期小说源流》的文章中提到，虽然在中国小说并不被当时的文坛所接受，理由是它太通俗，不符合严格的词律要求，但是在她看来，中国的小说有着西方小说所没有的优点。首先，她认为，"一旦扫除了语言障碍，中国小说就能向西方读者展现出一个迷人的新天地"①，中国小说之所以不能远渡重洋进入西方社会，原因是没人能突破这种语言的障碍，相信这也是赛珍珠能下定决心翻译《水浒传》的原因之一。其次，"中国小说写来极其坦率，其忠于生活的程度是西方小说因为考虑艺术技巧而很难企及的"②。赛珍珠在这篇文章中不仅强调了中国小说的优点所在，也突出了说书人的想象力的特点，"中国人幽默、热情，多少个世纪以来，他们尽管受到传统宗教和思想枷锁的束缚，因而行为举止受到压制，然而，就如河岸挡不住暴涨的河水一样，他们挣脱了束缚，以更大的

---

① 〔美〕赛珍珠：《中国早期小说源流》，张丹丽译，《镇江师专学报》，2001，第19页。

② 〔美〕赛珍珠：《中国早期小说源流》，第5页。

力量和激情表现在他们的小说和戏剧中非传统的行为和想法上。他们像所有激情澎湃的人一样，很快就遨游于想象的天地之间。"①说故事的人通过自己的想象把原本死板的故事用生动的语言、神态和动作表现出来，这种极尽夸张和丰富的表现不仅昭示了说故事的人对故事本身丰富的想象，同时也激发了听者的想象力，就像"一百个读者会读出一百个哈姆莱特"一样，一百个听众也会因为说书人的表演而听出一百个不同的故事场景和人物，而这种故事场景和人物的立体感比从纸上阅读更加生动形象。

　　中国小说的形式长久以来一直以章回体为主，尤其是中国的名作《水浒传》《三国演义》和《红楼梦》等，都是章回体小说的代表作。章回体小说的发展，源于宋元时期的"讲史"话本，讲史其实就是说书者对听众讲历史故事，可是大多历史故事涉及的时代跨度都很长，一个朝代往往跨越几百年，说书艺人并不能用短短的一个下午或者几个时辰讲完一个朝代的更迭兴衰，所以就需要用较长的时间来讲历史故事。这就要把一个朝代的故事分割成不同的部分，一天接着一天讲，而每天讲的故事总会有一个核心内容，同时又与前后两天讲的内容密切相关，所以说书艺人在讲故事前都要对自己每天所讲的内容起个题目告诉听众，让听众了解大概内容，以便与前一天讲的内容衔接上，这就是形成我们现在看到章回体小说回目的主要原因了。在赛珍珠的作品中，读者虽然不能明确地看到章回体小说所应有的回目，但是章回体小说的特点，在其作品中还是时有体现的。譬如，她的作品每一个部分也都是独立的，就以她的《大地三部曲》为例，这三个部分其实就是由三个故事构成的，第一部分主要讲的是王龙这一辈人的故事；第二部分讲的是王虎这一辈人的故事；第三部分讲的是王源这一辈人的故事。赛珍珠给每一部都起了一个题目，从这个题目中我们也能明显地感受出每

---

① 〔美〕赛珍珠：《中国早期小说源流》，第20页。

个部分的主要内容，以及可以看到每个部分与其他部分之间的联系。而章回体小说还有一个重要的特点是在每一回结束的时候都会出现"……如何，请看下回分解"，这种形式在《三国演义》《水浒传》等小说里面都有体现。在赛珍珠的作品里，尽管没有这样明显的"启下句"，但是也都有"吊胃口"的部分。在这一点上，赛珍珠使用的这种艺术手法和章回体小说"且听下回分解"一样是"噱头"，目的是为了引起读者读下去的欲望。

赛珍珠的作品不仅在艺术上借鉴了中国古代的章回体小说，而且在内容上也是继承了中国小说的特点的。赛珍珠描写中国生活的作品，除了人们熟知的以"母亲"和"大地"为题材的作品外，还有很多是描写恋情的，由于赛珍珠本身身份的特殊性，使得她描述的大多数爱情都是跨国恋，尤其是中西之恋，这在当时的作家中是少见的，如她创作的《群芳亭》《北京来信》《爱国者》等。中国古代小说，包括从唐传奇到宋元话本以及明清小说，尤其是爱情小说，有一个非常明显的特点就是女主人公身份的局限性，不是生活在深闺内院的大家闺秀，就是生活在烟花场所的风尘女子，这一点在赛珍珠的作品中也有所体现。再就是，中国的小说在描述人物的时候注重"外化"，即通过人的语言、神态、穿着等来塑造人物形象，赛珍珠的作品在很大程度上受到了中国小说的影响，在描述人物时，她对人的语言、外貌、神态十分在意。在《帝王女人》中，每个人物出场的时候，作者一般都会对其作一番描述，包括他/她穿的、带的、脸上涂的，甚至是身上一个很小的配饰，作者都要描述一番，这不禁使人们联想到《红楼梦》里每个人物出场时作者对其外貌的详尽描述。

综上所述，赛珍珠与中国的小说和说书有着不解之缘，这不仅从她自己的话语中可以得知，而且也可以在她的作品中得到显现。中国的小说已深深扎根于赛珍珠的文学世界中，她对中国文学和艺术的热爱超越了时空的限制，难怪她的墓碑上没有任何墓志铭，只有三个中文的方块字："赛珍珠"。

## 第三节 失语寻因：近观阿兰

如果把赛珍珠的获奖演说作一番分析的话，可以用三个关键词来概括，这就是：美国；中国；女人。因为她是美国作家，所以她说："我也为我的祖国——美利坚合众国接受此奖"；她用了更多的篇幅谈论中国，理由是"这么多年来，我已把中国人民的生活完全当成了我自己的生活。他们的生活将永远是我生活中的一部分"；还因为她是个女作家，所以，她又有了另一番感慨："我还要愉快地指出，把这项奖金颁发给一个女人对我们国家来说将会是何等重要。各位已经用这样的形式认可了贵国的塞尔玛·拉格洛夫，也在其他许多方面认可了女人的地位，然而在座各位或许无法完全了解，此刻站在这里的是一个女人这一事实在许多国家里会具有何等的意义。"① 从这番演说中我们可以看出，她有浓郁的中国情结，她有鲜明的女性意识。她的中国情结使她"一直写中国人的生活"；她的女性意识，促使她对中国妇女的生存状况多了一份关注。

"写中国人的生活"的代表作是长篇小说《大地》；载负着她对中国妇女生存状况的深刻思考的、比较突出的女性形象可谓是《大地》中的女主人公阿兰。

《大地》是以旧中国的农村生活为背景的。男主人公青年农民王龙与镇上黄老爷家的丫头阿兰结了夫妻。阿兰小时候被逃荒的父母卖与黄家，因为没有姿色，一直被派做最苦最脏的劳作。两人结婚后辛勤劳动，日子勉强过得去。王龙想要发财，便把手头上的钱换成了土地，在他看来土地是最安全的财富。天有不测风云，这一年遇上大旱，王龙携全家逃荒。阿兰偶然于一个富户人家的院落

---

① 〔美〕赛珍珠：《获奖演说》，载彭诗琅等主编《诺贝尔文学奖金库》，第274页。

中拾得许多珠宝，他们返回了家乡。而后，王龙变成了地主，不思劳作；只有阿兰终日辛苦，沉默不语。不久，王龙又娶了姨太太，阿兰的日子就更加难过了，最终痛苦早逝。

在这部小说中，有一个特别值得关注的现象，即女主人公阿兰的近乎"失语"（并非完全性"失语"）。观其经历，她一生中有几次较大的生活变迁：先是作为黄家大地主家的丫鬟；后又成为贫苦农民王龙的妻子；再后来，当王龙变成地主时，她又是几个妻妾中微不足道的一分子。然而，在上述任何一个时期，人们都只能看到她艰苦劳作的身影而难得听到她说话。所以，这里将其称之为阿兰的"失语现象"。

通常，通过人物的语言来塑造典型形象，是小说创作的一个重要手段。不同的语言特征表现着不同人物的性格特征，以及这种特征形成的背景与环境。"失语"，从本质上来说，是人物语言特征的一种表现，也是服务于人物形象的塑造和彰显题旨的。从这个意义上说，我们讨论阿兰的"失语现象"是有意义的。

## 一 "失语"的文本体现

阿兰的"失语"，在不同的生活阶段其表现形式也是有区别的。

第一个时期，即黄家时期，阿兰是真正的"失语"，因为读者从她的嘴里只听到了几个字——这就是黄家让她嫁给王龙的那天，太太要打发她走的时候，她回了太太两句话：

> 不一刻儿那丫头出来，挽着一个有些长长的胖身体的人，穿着的是干净的蓝布袄裤。王龙瞟了一下就转过眼去，心头别别地跳着。这就是他的老婆了。
>
> 太太懒洋洋地说："阿兰，来这个人就是来领你的。"
>
> 那女人走到太太跟前，低着头，合了手站在那里。
>
> 太太问："你预备好么？"

　　那女人缓慢地答："预备好了。"

　　……

　　"是，太太。"①

　　"预备好了"，"是，太太"——就这七个字！是的。就不能再说点别的？不能！阿兰整整生活了 10 年的地方，只以这两句话示人。这两句话又是什么样的话呢？是回话，而并不是阿兰自己主动说出的表达自己意愿的话。

　　那么，有没有人在随心所欲地说呢？有。在上面这个场景中，一共出现了 5 个人，太太、给她装烟枪的丫头、黄家的看门人、王龙、阿兰。在打发阿兰走的全过程中，随心所欲地说话的人就是太太。她要么抽烟枪；要么询问王龙；要么指使看门人；而最多的是向王龙讲述阿兰的身世。这身世阿兰自己不能讲吗？不能。在这儿随便说话的只能是太太。

　　第二个时期，即王家前期，阿兰近乎"失语"的表现是"少语"。这"少语"的特征在文本中是通过三种形式揭示出来的。

　　其一，作者直接描述她的"少语"。譬如："她一声不响，自己就知做这些事，到了晚上，她要饲过了牛，方能休息。"再如："在他们谈话中，她差不多只有摇头和摇手，至多也不过勉强说一两句话。"其二，他人品评她的"少语"，这里所谓的他人主要是指王龙。下面就是由作者表述出来的王龙结婚后的一段心里话语："但女人从难得说什么话。王龙呆看着她的大脚稳慢地在屋子里走动，那呆钝的方脸盘，那眼光没有表情而带着战栗，可是从她身上也推察不出什么来……她只不过是一个沉默而衷心的女仆。他如果对她说'你为什么不说话？'这也不对。她尽了她的本职，自然已经完了。"其三，通过阿兰的语言特征来表现，即短语。王龙听到

―――――――

　　① 〔美〕赛珍珠：《大地》，台湾远景出版事业公司，1982，第 12 页。此节所引原文均出自该版本。

的她的话通常是："我烧饭去"；"我有孕了"；"我送茶给你"；"是男的"。直到有了孩子之后，阿兰的话语中才有了长句子。

那么，在这个时期，在这个家里，有没有人可以随心所欲地说话呢？有，是王龙。他可以说，可以喊，可以吼，可以骂。另一个可以想说什么就说什么的人，是王龙的父亲，只是他说的不多而已。

第三个时期，即王家后期，阿兰的"失语"表现是"无语"。此时，王龙娶了两个妓女进家，孩子们长大了又常离开家。阿兰已和身边的人无话可说。作者这样写道："近三年来，她没有生育，而肚皮大得仿佛像怀着孕一样。但是她清早起身，操作着，王龙看她，简直还不如他看一头垂着头的牛，或是一只不肯进食的猪那么用心得多。她独自操作着，说话只不过不得已时，对王龙的婶母讲几句，对杜鹃是从来不交口的，她一次也不曾到过里天井，偶或荷花走到前面来，阿兰就走进自己的房去，直坐到有人说：'她去了。'她什么话也不说。"那么，这个时候是谁在随心所欲地说？是王龙、是杜鹃、是荷花。

综上所述，阿兰于黄家的"失语"、于王家前期的"少语"、于王家后期的"无语"，即是阿兰失语现象的具体表现。

## 二 "失语"寻因

"失语"总是有原因的。寻到了原因，恐怕也就寻到了小说的题旨。

阿兰在黄家的"失语"，是阶级压迫所致。她是黄家花钱买来干活的工具，还是在10岁那年，她被逃荒的父母卖给了黄家，从此她就不知自己生身父母的下落。因为她长得丑，没有别的女孩的花容月貌，便一直被派在灶前做最艰苦的工作，不但活儿又脏又累，而且挨打挨骂也是家常便饭；不但要受主人的迫害，还要受那些漂亮的、受宠的丫鬟们的欺侮。10年的光景，她没有尝到过一份甜，没有得过一份爱。一个被父母遗弃的女孩儿，一个被人歧视的丫头，一个没有亲人的少女，纵使她有千辛万苦，向谁诉说？她与黄家的关系是主奴关系，是阶级压迫的关系，作为一个被统治和被压迫者，没有合理的社会制度为她撑腰，有谁肯让她诉说？又有谁肯听她诉说？

阿兰在王家前期的"少语"，是男权压迫所致。阿兰从黄家嫁到王龙家后，在贫困中艰苦劳作，吃的苦、受的罪太多太多，可她仍然很少言语，为什么？答案很简单，她无法诉说。此时的王龙，虽说还算个朴实善良的农民，但他头脑中的封建夫权意识浓重。他娶阿兰为妻，只是想到妻子可以代他服侍自己的父亲——年迈而多病的老人；也可以为他生儿育女；还可以承担那份繁重的家务。所以，阿兰虽然离开了黄家大院，来到了这个贫困的家庭里，但她还是抬不起头来。平日里，面对着重病卧床的公公，她无法说出自己的烦恼；临产时，她又无法对两个男人，即公公和丈夫诉说她作为女人的苦衷。她只能忍着剧痛，从田野走回家里，做好全家人的饭，然后独自走进自己的房间，生下孩子，第二天早晨又照常起来，为全家人做饭。生活中，她要每天为全家人的衣食住行而奔波，打柴、拾粪、下田、烧饭、纺纱、织布，里里外外忙个不停。苦难的生活使她没有任何欢乐，与丈夫又没有感情的沟通，她能说些什么？只有沉默而已。在此时的王家，阿兰和王龙虽没有阶级的差异，却有高低之分：一个是高高在上的大丈夫，一个是低三下四的弱女子，受着社会和家庭双重压迫的阿兰无法改变这样的现状，只能把苦闷埋在心底。

阿兰在王家后期的"无语"，是因为在原有压迫的基础上，又有新的异己力量封住了她的喉咙。王龙的发财一来得力于战乱，二来得力于阿兰。是阿兰拾回的许多珠宝换来了许多土地，使王龙从贫困走向了富裕。但是王龙学着以往地主的样子，在外面酗酒寻欢成性，后来竟把两个妓女娶进家里，每天花天酒地、吃喝玩乐，而阿兰却沦为地地道道的仆人。阿兰厌恶新进门的女人们的趾高气扬、飞扬跋扈和懒散成性，她无意与这些没有良知的人相处，于是，便用沉默的方式表示自己的愤怒。

然而，此生无声胜有声。

赛珍珠作为一位在中国生活了几十年的美国女作家，对旧中国底层劳动妇女生存状况的透视，从某种意义上说，也是一份沉甸甸的历史记录。

## 第四节 《庭院里的女人》中的"东方主义"

赛珍珠作为一位长时间生活在中国的作家，对中国是有着深厚的感情的。但是，当她离开中国，长时期地与这片土地失去联系后，她笔下的中国已经充满了她的"想象"。作为一个西方人，作为一个美国人，她在自觉不自觉中陷入了东方主义的思维模式中。赛珍珠的东方主义的思想痕迹明显地体现在她的作品《庭院里的女人》（《群芳亭》）中。

所谓"东方主义"（Orientalism），是一种基于西方的立场看东方的思维模式，其前提是承认东方与西方的差异，而后在西方中心论的基础上透视东方、言说东方，明显体现了西方在政治、历史、文化等诸多方面对东方所持的根深蒂固的偏见。事实上，"在东西方之间势力悬殊的情况下进行任何关于东方的话语交流往往容易成为文化霸权的体现。"[1] 所以，20世纪下半叶以来，以美国学者爱德华·赛义德为代表的一些学者开始的批判东方主义的学术研究，正是基于"客观而不偏不倚的东方主义是不存在的"这一事实[2]。东方主义可以包括西方对东方的同情性的欣赏，而更多的是指西方人基于欧洲帝国的心态对东方世界的文化及传统给予的带有偏见的理解。所以说，东方主义是西方世界的一种带有主观想象的人为的

---

① 张京媛主编《后殖民理论与文化批评》，北京大学出版社，1999，第5页。
② 〔英〕齐亚乌丁·萨达尔：《东方主义》，马雪峰、苏敏译，吉林人民出版社，2005，第1页。

构建。"东方主义所关注的,不是东方,其所关注的,是西方的智识关注,是西方关注的问题、恐惧以及欲望,但是,西方的这种关注是通过对一个虚构的被称为东方的对象的想象来体现的。"①东方主义者笔下的"东方"是他们幻想中的东方,充满了异域色彩,有很多神秘的故事。"东方主义既服务于占有东方的外在个人和集体欲望,也服务于利用东方的内部要求"。②一言以蔽之,东方主义是西方人对东方带有想象的、非客观的认识。

那么,赛珍珠的《庭院里的女人》真的与东方主义这东西有什么瓜葛吗?的确是有的,也许作者本人并没有意识到这一点,但是她的作品却明显地陷入了东方主义预设的情境中。下面我们就来看一下《庭院里的女人》中的东方主义的文本体现。

可以说,《庭院里的女人》中的东方主义主要是在两个层面上表现出来的。首先,基于西方中心主义的两种姿态:自我塑形——进步与文明,中国想象——落后与愚昧;其次,基于强者立场的"救世"演绎。

## 一　自我塑形与中国想象

赛珍珠这部小说的背景是中国,但是人物除了中国人之外,还出现了夏修女和安德鲁这两个外国人。所以,文本中的人物来自中国和美国这两个国度。但是,作者在塑造这两个不同国度的人物形象时,其笔触反差较大:对于西方的人物,作品重点突出了其进步与文明的面貌;而对于中国的人物,则重点凸显的是其落后与愚昧。

在东方主义看来,"在进化的序列中,东方总是位于西方之后"③,所以,西方的"帝国中心"、"强者姿态"始终是东方主义

① 〔英〕齐亚乌丁·萨达尔:《东方主义》,第1~2页。
② 〔英〕齐亚乌丁·萨达尔:《东方主义》,第2页。
③ 〔英〕齐亚乌丁·萨达尔:《东方主义》,第7页。

的主旋律。赛珍珠或许是在不自觉中合了这种旋律的节拍。她通常
在一个事件中同时表现出中西两边人物的不同态度，并构成鲜明的
矛盾性，而在矛盾中通过事件的结果昭示出西优东劣的结论。文中
比较突出的事件如果用关键词表示，可概括为：裹脚；产房；孤
儿；妻妾。

裹脚，是指中国旧时的女人裹脚。这自然是一个传统的陋俗，
但在小说中连中国女人自己都并不觉悟。秋明的脚没有被裹成三寸
金莲，这本来应该是她的幸运，但当她听到别人议论她的脚大时，
她却感到十分难为情，似乎对缺失那种小巧玲珑的"美"而遗憾。
而真正有觉悟的倒是西方的男人安德鲁，当他看到吴太太小时候被
裹脚弄得有些变形的脚趾时，感到非常不解，认为这是对女性身体
的摧残，远离了人道主义，而这种扭曲的、残酷的东西不能称之为
"美"。应该指出的是，安德鲁的这种见解并没有错，无论是从人
道主义的立场出发，还是从民风民俗的角度观之，逼迫女人裹脚都
是伤天害理的，这恐怕也是赛珍珠本人的看法，而且是十分进步的
看法。问题在于，在小说中，作者为什么要将这种进步的见解附于
安德鲁的身上？既然作者本人都有这样的认识，那么作品中的女人
们难道不可以有这样的见解吗？一句话，为什么进步的光环罩在了
这个西方人的头上？

产房，这是生命的诞生之地，而在中国的传统习俗中，它也是
女人的尊严之地。在中国漫长的历史中，接生的工作始终是由
"产婆"来完成的，显然，产婆都是女性，人们视男人不进女人的
产房为正道。但在生命攸关的时候呢？在小说中，就真出现了这么
一个生命关天的时刻——康太太难产，生命垂危，尽管人们都拦着
安德鲁，但他还是闯进产房救了她的命。关键是之后的态度：康太
太在面对救了她性命的安德鲁时，羞愧得只想要藏身，唯恐避之不
及；而安德鲁却落落大方地对她点头微笑，因为对于他来说，救人
是主要的，礼仪世俗不能阻止抢救生命。在这里，安德鲁还是正确
的。没有人质疑他的做法，尤其是今天的读者。但还是有同样的问

题，这种"正确"为什么不能发生在小说中的中国人身上？怎么又是安德鲁？

孤儿，在小说中主要被关注的是他们受教育的权利问题。在旧中国，并不是所有的儿童都享有受教育的权利。有钱人才会送孩子去读书识字，赶考升官，光宗耀祖；没有钱的孩子就已经被关在教育的门外了，更不用说那些连家都没有的孤儿了。但是，在该小说中安德鲁却并不这么认为，在他的视野中人人平等是天经地义的，孤儿更应该受到教育的陶冶。所以，他选择给那些无父无母的孩子们讲课，做不求回报的教育者。对的，这举动既是进步的又是高尚的。但是，问题还在于，中国人就没有人这样想？怎么还是安德鲁？

妻妾，又是旧中国的一个重要症候。在西方国家已经进入一夫一妻制的时候，中国有权有势的男人还在以三妻四妾的方式炫耀地位和繁荣家族，而这些男人更是享受在三妻四妾中发号施令和施展淫威的快感。作为女人，小说中的吴太太不仅不去质疑这种症候，还因为自己要脱身出没有爱情的性生活而主动地为丈夫选择并讨娶姨太太。并且，这些举动竟然还顶戴着"开明"的光环。那个美国人安德鲁就不一样了。在安德鲁看来，男人和女人之间的关系都是平等的，所以当他看到中国的男子竟然娶几个老婆时便表示很不理解，尤其是对于吴太太帮助自己的丈夫娶二姨太更是觉得不可思议。这种看法没错。但我们不禁要第四次追问：为什么还是那个西方人安德鲁？

上述四个方面主要表现了小说中的中西方人物在思想观念上的距离，除此之外，在其他方面作者也同样地把中西方作了相对应地比较。

一是医术。中医一直是中国很传统的一门学问，从扁鹊、华佗、李时珍到现在的中医学，中医经过了漫长的发展历史，成为一门博大精深的学问。但是，在东方主义者看来，"中医并不值得作为一种医学来讨论"①。在《庭院里的女人》中，作者明显地表现出西医的优越性而无视中医的功用的主要情节就是安德鲁帮助康太太生产之事。在传统的中国社会，男子是不可以进产房的，即使是医生也只能在门外提供一些指导性的意见。而生孩子是产妇和产婆的事情，虽说有产婆的助产，但在女人难产的情况下，她们并不能起到多大的作用，所以一旦难产发生，其结果往往就是一尸两命，所以旧中国时女子生产的死亡率也是较高的。在小说中，当康太太难产时，她的女儿请来了传教士安德鲁挽救她的性命，但所有人都不同意这个男性传教士进入产房。不过，最后的结果是安德鲁冲了进去，而且用他的西方医术拯救了康太太及其孩子的生命，把濒临死亡的人从鬼门关拉了回来。对于这个抢救的过程，作者并未细述，但是人们却在这里看到了安德鲁所代表的西方医术胜过了中国的医术这样的结果。

二是天文技术。中国是天文学发达最早的国家之一，有最早的天文记录、天文仪器、天文台和测量与计算的技术。早在 1384 年的明朝，南京就建立了观象台，这是世界上最早的设备完善的天文台。但中国的天文知识普及不够，中国的天文技术也进步缓慢。在小说中，安德鲁在这方面也明显地表现出了进步性。他让凤慕和爱莲用他的望远镜看日食，通过望远镜，他俩看到了景象万千的天空。显然，他们的天文知识的启蒙是通过西方的天文技术实现的。

三是教学手段。传统的中国教学，都是老师一手拿书一手持戒尺来施教的，学生学习的内容都是过去的"四书五经"。而在小说中，安德鲁上课的时候向学生传授的都是比较实用的知识："动量守恒"定律、宇宙知识、酚酞实验等。在这个过程中，安德鲁通过一些模型、道具来向学生传授科学知识，让学生不仅可以通过实验去加深理解与思考，还能通过实验学以致用。

---

① 〔英〕齐亚乌丁·萨达尔：《东方主义》，第 7 页。

　　总之，不管赛珍珠有意与否，她都是站在了西方中心主义的立场上来塑造文明先进的西方世界，而勾勒了一个落后愚昧的中国世界，这显然是东方主义常见的思维模式。

　　至此，两种姿态已完全明晰：西方的自我塑形直接昭示进步与文明；中国想象则完成了落后与愚昧的定格。

## 二　基于强者立场的"救世"

　　在小说中，"救世主"显然是来自西方的安德鲁，他的"救世"之举可以从两个方面观之：一是拯救人的生命，这是从人的物理身体上来说的；二是拯救人的灵魂，这是从人的精神层面上来说的。在东方主义者的眼中，西方拯救东方，预示着文明拯救落后、强者拯救弱者。"东方主义的另外一个重要特征——神化白人男性综合症（the white man as god syndrome）"①，这些男性来到东方，都具有神一样的力量，所以，"在前现代东方主义看来，当西方第一次与伊斯兰和中国的伟大文明碰撞时，被神化的白人是带来了基督教训的传教士。"② 在小说中，安德鲁作为整个西方社会的代表，他似乎就是上帝，几乎所有的陷入困境的人都是被他拯救的，不管是身体的还是精神的。而安德鲁正好也是一个从美国派来的西方传教士，在他的身上，神化的色彩十分明显：从身体上，他拯救了孤儿、康太太和凤慕；从精神上，他拯救了爱莲和秋明。所以说，安德鲁这个人物本身就是东方主义思维模式下的产物。

　　先看身体的拯救。安德鲁先是拯救了孤儿。爱莲问过他为什么会选择来中国，他只说他是志愿者。文中有两次描述他拯救孤儿的情节。一次是他把吴家的剩菜剩饭都带回孤儿院，因为那里的孩子没有足够的食物，而在此之前，他也经常为了孤儿们的温饱而四处奔波。"他记挂着那些被他收养的孤儿。孩子们吃不到什么好东

---

① 〔英〕齐亚乌丁·萨达尔：《东方主义》，第12页。
② 〔英〕齐亚乌丁·萨达尔：《东方主义》，第12页。

西，他没有足够的钱给他们买有营养的食物。孩子们天真活泼，却个个面有菜色，这让他觉得对不起孩子们，所以他和吴太太商量好，有机会会把吴府的剩饭菜带回去给他们吃。"① 虽然他没有能力给孤儿们很好的食物，但是他却总是想办法让他们吃饱。对于孤儿来说，他就是一个神的存在，有了他，他们才不会挨饿。孤儿院起火的时候，安德鲁不顾自己的性命冲进火场救出孩子，以至于自己差一点儿就没能走出来。"他无暇顾及，两手各抱着一个蓬头垢面的孩子冲出门，一块被火烧断的屋椽在他身后轰然倒下。"② 当有人告诉他还有一个孩子没有被救出来时，他不顾一切地又冲进了火场，直到救出最后一个孩子他才放心。这样一个毫不为己、只为他人的西方传教士差点为孤儿牺牲了自己的性命，所以，小说的情节明白地昭示：他拯救了孤儿。

安德鲁拯救了康太太。康太太难产是文中非常重要的一个情节，这是他在小说中首次出场，也是他代表的西方文明首次与东方社会相碰撞。不管是他的出场，还是他挽救了康太太和她孩子的生命，安德鲁代表的西方文明都胜过了东方，他不但富有勇气而且医术精湛。与安德鲁相比，被救的康太太无疑是落后的。她在和爱莲游船时看到救过她性命的安德鲁非但没有感谢，反而觉得自己没有脸面，对她来说安德鲁是她最怕见到的人。这一次的相遇赛珍珠写得非常细致，不管是人物的语言、动作还是人的心理活动，她都刻画出了东西方之间的差别。

安德鲁拯救了凤慕。凤慕是吴宅里最不安分的人物，他参加共产党，闹革命，到处去张贴革命标语，以至于被抓进了警察局。安德鲁在爱莲的请求下想办法去救凤慕。他开了吴家用来摆阔的车子，带上宋美龄给他的感谢他办孤儿院的信，利用了狱警不敢违背

---

① 〔美〕赛珍珠：《庭院里的女人》，罗燕改编，北京现代出版社，2001，第147页。

② 〔美〕赛珍珠：《庭院里的女人》，罗燕改编，第169页。

蒋夫人的意旨的心理，把凤慕从监狱里救了出来。虽然说这个行为并不合法，但是却体现出了安德鲁的聪明才智，而他无所不能的神化形象又再一次被体现出来了。

再看精神拯救。如果说身体上的挽救是可以通过安德鲁单方面的努力做到的，那么精神上的拯救就没有这么简单了。不过，赛珍珠赋予了安德鲁无所不能的本事。譬如，她让他拯救了秋明和爱莲。如果说之前的秋明和爱莲还是传统的中国妇女，那么在上了安德鲁的课之后，她们对这个"神"一样的西方传教士就产生了崇拜和顺从。"东方主义不是源自东方经验的产物。它是一种先在的西方思想的虚构，是对东方的夸张、并将之强加于东方。以其妇女的形象为例，东方是顺从的——这是对'神'的唯一正确的反应。"①

安德鲁先是从精神上拯救了秋明。秋明从嫁到吴家作二姨太的那天开始就不开心，一是除了吴太太之外所有人都藐视她，二是她本人的自卑感作祟。但是，当她上了安德鲁的课后，她接触到了一个自己原来完全不敢想象的世界：即使身体无法选择自由，至少灵魂是可以自由的。当安德鲁告诉她"灵魂就是你的心，你的理智，你的思想，你赖以生活的东西"时，她似乎就作好了用结束生命而换取灵魂自由的决定。她在与凤慕的相处中，互生情愫，在全镇通电大会上，凤慕拉住了她的手示爱，身为吴家二姨太的她勇敢地选择接受这份"出轨"的爱情，这与以前事事小心谨慎的她是有很大不同的。当她与凤慕的情感被爱莲见出之后，她义无反顾地选择结束生命，因为她决定用身体的死亡换取灵魂的自由。她选择如此刚烈的方式来结束生命，为的就是追求安德鲁口中的"灵魂自由"。所以从思想层面上来说，正是因为听了安德鲁的课，秋明才逐渐摆脱了过去胆小、自卑的自己，而选择去追求一

————————

① 〔英〕齐亚乌丁·萨达尔：《东方主义》，第14页。

个全新的自我。

安德鲁同样从精神上拯救了爱莲。爱莲是整本书中最关键的人物，也是作者写得最精彩的人物。她的思想也是从安德鲁给她上课之后发生了巨大的变化，之后，她从一个深受中国传统教化的妇女变成了一个追求个性解放、追求自由的女性形象。爱莲，这个吴家的当家人，虽是个女人，但是却是这个家的顶梁柱，一家上下都对她敬畏有加，包括她的丈夫，这点从她丈夫没有主动娶任何一房姨太太就可以看出来。她的公公知道她的丈夫是个不成器的男子，就把她这个才过门的聪慧儿媳培养成吴家未来的接班人，而她的丈夫吴兆亭是在她的操持下过着舒心的日子，但却一事无成。爱莲无论是在对朋友、对家人还是家里的客人都是礼仪周到。她首次与安德鲁见面是在康太太难产的时候，当时爱莲对于这个号称可以救康太太的洋教士是很排斥的，她说："都什么时候了，还来捣乱。他不知道这种事男人不能近前的吗？"① 可见爱莲对于这个洋教士不懂中国礼仪内心是有些恼怒的，因为此时的她还是一个传统的中国女性，她还没有受到西方文明的熏陶。不过，爱莲作为东方主义者"解救"的对象，她在安德鲁面前选择的是顺从。她开始思考很多人生哲理，也爱上了西方的文化。普西尼的歌剧《蝴蝶夫人》是她最早接触的西方爱情故事，这个歌剧在她和安德鲁分开的那段时间里一直陪伴着她。而《蝴蝶夫人》似乎也带有东方主义的色彩，赛珍珠在小说中把它当成是安德鲁和爱莲感情表达的一种纽带，所以，不管赛珍珠是有意还是无意，该作品中的东方主义倾向因此愈加明显了。另外，除了对西方文明的接受，更加让爱莲心动的是安德鲁身上的西方男性具有的绅士风度，或曰他对女性的尊重。以前她认为女性在夫妻生活中扮演的角色就是仆人，而男性是主人，但是与安德鲁接触之后，她第一次感受到自己在这方面受到了尊重，

---

① 〔美〕赛珍珠：《庭院里的女人》，罗燕改编，第 37 页。

"她全身心地感谢安德鲁！是安德鲁让她意识到原来她那么高贵、美丽，值得一个男人这般去宠爱！多年来笼罩她的不安一扫而空！她的心中空灵澄澈。"① 如果说安德鲁传授给她的知识在一定程度上让她接受了西方文明，那么安德鲁给她的爱情更增强了她的自尊意识。她不再是一个只顾家庭的妇女，而是愿意为别人奉献自己的新女性。在安德鲁死后她决定自己接替安德鲁继续照顾孤儿院的孩子们。

从以上两个方面可以看出赛珍珠的《庭院里的女人》具有东方主义色彩：安德鲁作为西方文明的代表，在落后的、愚昧的东方世界里无所不能。他不仅可以挽救人的生命，还能拯救人的灵魂，所有先进的知识都是他传授的，所有落后的东西都是他摒弃的，而美国这个国家的强势立场也于此中凸显了出来。

但是，赛珍珠毕竟是热爱中国的，我们不能因为她的一部作品所表现出的东方主义倾向就断言她是一个东方主义的拥护者。因为她在创作该作品时已经离开中国很多年，加上当时整个世界处于战争的阴影中，东西方之间的信息交流并没有今天这么迅速和准确，赛珍珠对当时中国的社会情况并不能直接了解，所以该小说中故事的背景、人物和事件具有较多的想象的色彩。正是这番想象，暗合了东方主义的节拍。

虽说这部作品中有明显的东方主义因素，但是作品最后以爱莲和安德鲁相爱的方式结束，也就预示着东西方的"融合"，这与东方主义者认为的西方文明会战胜东方文明显然是不同的。"融合"是赛珍珠的希冀。

① 〔美〕赛珍珠：《庭院里的女人》，罗燕改编，第221页。

# 第五章
## 加夫列拉·米斯特拉尔

Gabriela Mistral

我看着年华不停地奔流，
我看着命运不停地逝去。

——加夫列拉·米斯特拉尔

加夫列拉·米斯特拉尔（Gabriela Mistral，1889～1957年），智利诗人。"因为她那富于强烈感情的抒情诗，已经使她的名字成为整个拉丁美洲渴求理想的象征"① 而于1945年获得诺贝尔文学奖。这是获此奖项的第五位女作家。

## 第一节　智利圣地亚哥的抒情诗人

在20世纪初期的智利，曾发生了"他俩"的事："对他俩的事我们知道的并不多，但我们知道他背弃了她。在1909年11月的某一天，他向自己脑袋开了一枪自戕。而年轻的女子从此便陷入无尽的绝望之中。如《圣经》里的约伯，她大声地哭叫着，抗议上帝怎么能允许这种事情发生。在那被遗弃的、贫瘠而焦枯的智利山谷间，扬起了一个声音，传入远处人们的耳朵里，一出日常生活中很平庸的悲剧失去了它的隐秘，却纳入了世界文学的一部分。"② "他俩"中活着的并将一出日常的悲剧纳入世界文学中的"她"，即是米斯特拉尔。若要了解她，先要走进这智利的山谷中。

1889年，加夫列拉·米斯特拉尔出生于智利艾尔基山谷的维库尼亚镇，她的原名是卢西拉·德拉·玛丽亚·德尔·佩尔佩杜奥·索科洛·戈多伊·阿尔卡亚迦，如此长的名字是她父亲的杰作。1912年，她开始使用"加夫列拉·米斯特拉尔"这个笔名。米斯特拉尔的父亲是一位乡村教师，他热爱作诗和唱歌，但在米斯特拉尔的童年时代，他父亲常常抛下妻儿，离家出走。尽管如此，她仍然深爱着她的父亲。父亲的诗作激发了小米斯特拉尔对诗歌懵懂的热情。如果说父亲浪漫的个性赋予了米斯特拉尔诗歌创作的基因，那么母亲以及姐姐对她无私的爱护与教育是滋养她成长的

---

① 彭诗琅、廖隐郇主编《诺贝尔文学奖金库》，第285页。
② 迦尔马·古尔伯格：《颁奖词》，载彭诗琅、廖隐郇主编《诺贝尔文学奖金库》，第288页。

沃土。她的母亲独自艰辛地抚养女儿，给她的生命打下了坚强、柔情、博爱的底色。米斯特拉尔同母异父的姐姐是一名乡村教师，也是米斯特拉尔的启蒙教师，米斯特拉尔之后效仿姐姐也走上了乡村教师之路。

1901 年，米斯特拉尔开始创作诗歌。从 1905 年到 1921 年，她先后在拉贡巴尼亚村、特拉伊根学校、特雷莎·贝略·德·萨拉特拉第六女子学校等地担任教员、视察员和校长。米斯特拉尔在任职乡村教师期间，经历了几次刻骨铭心的爱情。她在坎特拉任教时期，与当地的铁路职员罗梅里奥·乌雷塔·卡尔瓦哈尔之间的情感纠葛是她的一次最刻骨铭心的爱情。1914 年，她为罗梅里奥所作的三首《死的十四行诗》，使她赢得圣地亚哥赛诗会的桂冠。这三首诗歌不仅使米斯特拉尔声名鹊起，同时也激发了她极大的创作热情。1922 年，她出版了第一部诗集《绝望》，正是这部诗集奠定了她在拉丁美洲文坛上的地位。1924 年以后，她受邀出访众多国家，也先后被任命为热那亚、西班牙马德里、意大利那不勒斯等地的领事。1945 年她获得诺贝尔文学奖。1957 年她在纽约逝世。

米斯特拉尔的获诺贝尔文学奖无疑给智利这个拉丁美洲的小国带来了无限的荣耀，因为她的充满个人生命情感的书写，使越来越多的人开始关注智利，也使这位女诗人的情感和经历开始为更多人所知。米斯特拉尔的创作是和自己的经历紧密联系在一起的，她的创作往往是她个人情感的最真实的流露。这位出生于智利首都圣地亚哥北部一个小镇上的女作家，就像故乡的安第斯山脉一样，沉静的外表下有一颗炽热的心。她倾其一生的情感抒发是对爱情的执著，对大自然的热爱，对儿童、女性的关爱，以及对世界和平和人类解放事业的关心，这种种经历在她的文学作品中表现为爱情失意的痛苦，对母爱和大自然的歌颂，以及人道主义精神的颂扬等，这几个方面也正是米斯特拉尔诗作中常见的主题。她的一生创作丰富，主要著作有诗歌集《绝望》（1923）、《柔情》（1924）、《塔拉》（1938）、《葡萄压榨机》（1954）等，散文集（编著）主要有

《妇女读本》（1923）、《唱给智利的歌》（1957）等。

　　总之，米斯特拉尔的文学成就卓著，并具有鲜明的情感色彩，故诺贝尔颁奖委员会在评价她的创作时说："诗人用她那慈母般的手为我们酿制了饮料，使我们尝到了泥土的芬芳，使我们的心灵不再感到饥渴。"① 若对其创作历程进行分期，有必要先观其主要作品目录，见表5-1。

表 5-1　米斯特拉尔的主要作品目录

| 类型 | 主要作品名称 | 完成/出版时间 |
| --- | --- | --- |
| 诗歌与诗歌集 | 《死的十四行诗》 | 1914 年 |
| | 《绝望》 | 1923 年 |
| | 《柔情》 | 1924 年 |
| | 《塔拉》 | 1938 年 |
| | 《葡萄压榨机》 | 1954 年 |
| | 《诗歌全集》 | 1958 年 |
| | 《智利诗歌》 | 1967 年 |
| 散文集 | 《妇女读本》 | 1923 年 |
| | 《唱给智利的歌》 | 1957 年 |
| | 《唱给美洲的歌》 | 1978 年 |
| | 《墨西哥素描》 | 1978 年 |
| | 《老师和孩子》 | 1979 年 |
| | 《献给大地万物的赞歌》 | 1979 年 |
| | 《智利简述》 | 1957 年 |
| | 《散文篇章》 | 1962 年 |

注：此表根据相关材料自制。

---

① 段若川：《米斯特拉尔——高山的女儿》，长春出版社，1997，第364页。

纵观米斯特拉尔的创作历程，可分为三个时期：1914～1923年为创作初期；1923～1932年为创作中期；1932～1957年之后为创作后期。

## 一 创作初期

米斯特拉尔自1914年在圣地亚哥赛诗会上以三首《死的十四行诗》获得桂冠并一举成名，至1923年，可以说是其创作的初期。这一时期的主要代表作品有诗集《绝望》、诗歌《死的十四行诗》（成名作）、《炽爱》等。

这一时期正值米斯特拉尔的成长时期，此间诗人经历了童年和青年时期的种种磨难，而后成长为一名乡村女教师。几次恋情的失败和爱人的自杀给诗人的内心带来了巨大的痛苦和创伤。这样的经历转变成了米斯特拉尔诗作中一首首泣血的吟唱。在其第一部诗集《绝望》中，有很多诗作都表现了诗人因此而感到的失意和痛苦。例如在《小曲》中："他和别的女人一起走过，/我看见了他的身影。/风依然柔和，/路依然平静。/可我这双可怜的眼睛啊/却看见了他们的身影！/他爱上了别的姑娘，/那里的土地洋溢着花香。/一首歌儿飘过；/只有刺儿开放。/他爱上了别的姑娘，/那里的土地洋溢着花香……他将和别的女人/一起，一直到永远。/天空将会晴和（上帝默默无言。）/可他将和别的女人/一起，一直到永远！"①

在这部诗集中，诗人站在一个被遗弃者的角度来看她的爱人和另一个女人在一起的情景。她直白地将自己的眼睛所见和内心所感全部写进诗歌，显得淳朴自然，感情真挚。虽然她的爱情总是以失败告终，但米斯特拉尔还是体验过短暂的幸福时刻。然而，这种幸福于她而言却是稍纵即逝的。所以，即使是爱情甜蜜时，米斯特拉尔的心头也总会有悲观的感觉。《心声》就是这一类诗歌的代表：

---

① 〔智利〕卡夫列拉·米斯特拉尔：《卡夫列拉·米斯特拉尔诗选》，赵振江译，河北教育出版社，2004，第46页。

"你不要握紧我的双手，/长眠的时刻终会来临，/交叉的手指上笼罩着阴影/还有厚厚的一层灰尘。"那时"你"也许会说："我对她已经没有情意，/因为她的手指/像脱了粒的谷皮。"① 在爱情失意时，悲伤痛苦是很正常的，可是诗人却在甜蜜时也心事重重，唯恐失去爱人的那一天会来临，这种对爱情的悲观情绪是和诗人的经历分不开的，她像所有年轻的女子一样期望有一段美好而又长久的恋情，可是每一次无望的爱情都带给诗人巨大的伤痛。

诗人在诗歌创作的初期就呈现出了鲜明的特点。在写作角度上，她多选用第一人称的视角；诗歌总体上呈现出一种强烈的个人情感的投射；语言朴素自然。

## 二　创作中期

从 1923 年米斯特拉尔前往墨西哥开展教育改革开始到 1932 年，可谓是米斯特拉尔创作的中期。这一时期她的主要代表作品有诗集《柔情》、诗歌《艺术家十戒》《小羊》《智利的土地》等。

米斯特拉尔在到达墨西哥两年后便离开此地，前往美国和欧洲旅行。诗人从个人爱情的忧伤中走出来，开始转向讴歌母爱、关注儿童、赞美大自然的主题。米斯特拉尔创作的一系列歌颂母爱的诗歌大多采用第一人称的角度，她虽然终身未育，但她对孩童却怀有博大的母爱情怀。诗集《柔情》中的很多诗篇，读来都像是一位母亲写给自己孩子的摇篮曲，充满了爱意与温暖。在诗歌《万事如意》中，诗人轻唱："睡吧，小心肝，/笑得多么甜，/巡夜的星宿/为你摇摇篮。/你享受光明，/你真有福气，/只要有了我，/万事都如意……睡吧，小心肝，/笑得多么甜，/上帝悄悄地/为你摇摇篮。"②这一首甜蜜的摇篮曲表达了全天下母亲的心声：希望自己的孩子平安、幸福，万事都如意。诸如此类的诗歌，如《小羊》

---

① 〔智利〕卡夫列拉·米斯特拉尔：《卡夫列拉·米斯特拉尔诗选》，第 36 页。
② 〔智利〕卡夫列拉·米斯特拉尔：《卡夫列拉·米斯特拉尔诗选》，第 115 页。

《迷人》《只有你睡觉》等，都表达了米斯特拉尔对母亲身份的向往，以及母亲特有的这种细腻而深切的母爱。

除了讴歌母爱之外，米斯特拉尔还创作了大量礼赞自然的诗歌与散文。与许多男性诗人歌颂自然的诗歌不同，米斯特拉尔经常将大自然看作母亲的化身，承载万物，哺育万物。例如《智利的土地》："我们在智利的土地上舞蹈，／她比利亚和拉结还漂亮。／这块土地上哺育的人口内和心中都没有悲伤……比果园更翠绿的土地，／比庄稼更金黄的土地，／比葡萄更火红的土地。／踩上去多么甜蜜！／她的灰尘装点了我们的面颊，／她的河流汇成了我们的欢笑，／她吻着孩子们舞蹈／像母亲在轻轻的呼叫。"①米斯特拉尔在散文诗《大地的形象》中说："我渐渐明白一切事物的母性的含义。凝视着我的山脉也是母亲，傍晚时分，雾霭有如孩童，在她的肩膀和膝头嬉戏……"②在诗人眼中，大地不再是承载万物的无生命的物体，而是变成了有血有肉、有情有义的慈爱的母亲，用她的温柔关爱着生活在这片土地上的所有人。

在这一时期，米斯特拉尔形成了自己独特的艺术创作理念。她在现实生活中受到了创伤，找不到出路，便试图在宗教信仰中找寻归宿。她在《艺术家十戒》中公开表示："一、要爱美，因为它是上帝投在宇宙间的影子。二、没有无神的艺术。你可以不爱创世主，但你按照他的形象创作时，就对他作了肯定。"③她用有神论的美学观点来观照她的创作，在她的很多诗歌中都体现出有神论的思想，比如在《怀念》中："你会这样写给我：／'我孤独忧伤，／穿着寿衣与他人的尸体为邻，／我唯有颤抖不已／一心祷告耶稣基督，／我的上苍。'……我们未曾见面便永诀，这是天命。／是谁曾

---

① 〔智利〕卡夫列拉·米斯特拉尔：《卡夫列拉·米斯特拉尔诗选》，第 149 页。
② 〔智利〕卡夫列拉·米斯特拉尔：《卡夫列拉·米斯特拉尔诗选》，第 376 页
③ 〔智利〕卡夫列拉·米斯特拉尔：《露珠》，王永年译，上海译文出版社，1988，第 160 页。

与你神交？是谁在你墓旁/嘶哑地呼唤着你的姓名？/又是谁望穿秋水，/在上帝身旁寻觅你的灵魂？"①这首诗是诗人为了纪念墨西哥著名诗人阿马多·内尔沃所作，在诗中诗人一心向上帝祷告，将她和阿马多·内尔沃的未曾谋面视为命运的安排，诗人要去上帝面前寻觅他的灵魂。在有神论的创作理念的指引下，诗人后期的创作表现出超现实主义的倾向。

在创作手法上，诗人选取大量独特的自然意象，运用奇特、贴切的比喻和拟人手法营造出生动和谐的自然场景。总体来说，这一时期无论是在诗歌的题材上还是技巧上，诗人的创作都逐渐臻于成熟。

### 三　创作后期

从1932～1957年散文集《唱给智利的歌》在圣地亚哥的出版，是米斯特拉尔创作的后期。这一时期的主要代表作有诗集《有刺的树》《葡萄压榨机》，以及诗歌《工人的手》《织布机的主人》等。

1932年以后，诗人开始从事外交活动，先后成为智利驻多国的大使并担任联合国特使，参与到国际事务中。一系列的国际活动使诗人的视野得到了极大的开阔，关注的重心也发生了变化，她开始弘扬拉美文化，关注人类的前途和命运，呼吁世界和平。米斯特拉尔对受压迫和苦难的人民表示了深切的同情，对劳动人民给予了高度的赞扬，这种反映实事和表达自己内心愿望的诗作在米斯特拉尔的创作中也不在少数。《大树的赞歌》是其中的代表作："大树啊，你对路上的行人，/表现得多么和蔼可亲，/用你宽广、清凉的树阴/还有你那生命的光轮：/在生活的原野当中，/让我也能与你相同，/就像纯真的少女一样/对人温柔而又热情。/大树的产量成

---

① 〔智利〕卡夫列拉·米斯特拉尔：《柔情》，赵振江、陈孟译，漓江出版社，1988，第5页。

倍地增长：/鲜红的果实，/建筑的栋梁，/树阴可以保护行人，/花儿开放四处飘香。"① 在这首诗中，大树成了无私的化身，它尽自己的所能为人类提供所需，果实、树阴、花儿、树胶等树的每一个因子都在奉献着所有。诗人旨在歌颂大树的这种无私精神，唤起人们的人道主义博爱精神。战争给世界带来了巨大的创伤，需要人们互帮互助，共同面对苦难。显然，米斯特拉尔的诗歌已经从倾述个人的情爱变成了呼吁人道主义的博爱精神，她开始将自己的眼光投向更广阔的世界，她所关心的不再是个人的悲苦，而是整个人类的疾苦。

　　米斯特拉尔创作的后期，整体诗风宁静高远，在语言方面已现晦涩与玄奥的倾向。

　　加夫列拉·米斯特拉尔这位从山谷里走出去的诗人，童年和青年时期经历过种种痛苦和不幸，尤其是爱情的失意带给诗人很大的打击，但这些却为诗人早年的诗歌创作带来了源源不断的动力和写作题材。随着年龄的增长和经历的丰富，她突破了个人感情的狭小范围，转而关注智利以及整个拉丁美洲的自然风貌、风土民情，以及儿童的生活发展状况，最后升华为对人类命运的关心。这种转变是一位诗人从小我到大我的蜕变与升华，同时也是拉丁美洲诗歌的骄傲与自豪。正如授奖词所说："诗人用她那慈母般的手为我们酿制了饮料，使我们尝到了泥土的芬芳，使我们的心灵不再感到饥渴。这是来自艾尔基山谷的加夫列拉·米斯特拉尔的心田里的泉水，它的源头永远不会枯竭。"②

## 第二节　灵魂写作：艺术家的作为

　　加夫列拉·米斯特拉尔问鼎诺贝尔文学奖时，瑞典皇家文学院

---

① 〔智利〕卡夫列拉·米斯特拉尔：《卡夫列拉·米斯特拉尔诗选》，第199页。
② 段若川：《米斯特拉尔——高山的女儿》，第364页。

在给她的授奖词中说："因为她那富于强烈感情的抒情诗，已经使她的名字成为整个拉丁美洲渴求理想的象征"①，这已经很明显地概括了米斯特拉尔诗歌创作的特点，即强烈的情感抒发和对理想的追求。这样的诗歌特点是和米斯特拉尔独特的创作思想分不开的。1930年，她发表了《艺术家十戒》，在这篇散文诗中，她用简洁、凝练的语言提出了艺术家应该遵从的十条原则。本着这样的原则，她的诗歌创作真正步入了一个诗人理想的写作境界，即用灵魂写作。

纵观《艺术家十戒》，其基本内容大致可以分为以下四个方面：

首先，米斯特拉尔强调的是艺术创作中美的地位问题。她认为，艺术作品中的美具有崇高的地位，但美不是唾手可得的，有一个发现的过程，发现美、表现美、肯定美是一个艺术家应有的能力。她说："不要到集市上去寻找美，也不要将美带到集市上去，因为美是贞洁少女，她不会在那里出现。美将从你的心灵升华为你的歌唱，它首先会将你本人净化。"②在这里，米斯特拉尔充分肯定了美的价值，美不但能愉悦观感，更能净化人的灵魂。她的诗集中有大量表现自然生态风光的作品，如《彩虹》《春夫人》《雏菊》等。这些自然景物本身是美的，但诗人同时又在其中倾注了自己的情感，使原来单纯的自然之美具有了更加丰富的内涵。这种情感的倾注是发自诗人内心的需要的，灵魂深处的爱、忧伤、绝望、期望与自然融为一体，更具动人和感人的力量。

其次，米斯特拉尔提出了艺术家的自身修养问题。真正的艺术家不仅要善于发现美，更重要的是能够通过美使灵魂得到升华。她说："不要将美当做感官的饲料，而要使它成为灵魂的天然食物。

---

① 彭诗琅、廖隐郸主编《诺贝尔文学奖金库》，第285页。
② 〔智利〕卡夫列拉·米斯特拉尔：《卡夫列拉·米斯特拉尔诗选》，第418页。

艺术不是你纵欲和虚荣的借口，而是神圣的事业。"①米斯特拉尔的
诗歌将表现美放在十分重要的位置，尤其是大自然的美，她笔下的
自然之美总是和人性相连的，自然的美成为了人类净化灵魂的养
料。以《大树的赞歌》为例：

> 大树的产量成倍地增长：
> 新红的果实，建筑的桥梁，
> 树阴可以保护行人，
> 花儿开放四处飘香；
> ……
> 让我也能激情荡漾，
> 也能具有丰收的产量，
> 让我的胸怀和思想
> 如同世界一样宽广！
>
> ——《大树的赞歌》②

这首诗在赞美大树功用的同时将大树拟人化了，目的在于呼吁
人们要像大树一样有甘于奉献的精神。显然，表现自然之美是诗歌
的题旨之一，但米斯特拉尔的创作目的在于使自然之美作用于人的
心灵。在诗集《柔情》中，诗人的大量诗歌都是将大自然和母爱
交融在一起，在赞美自然的同时也歌颂了母性之爱，诗歌中的这种
母爱正是米斯特拉尔个人情感的体现。她虽然没有生育，却将自己
无私的爱献给了祖国和人民。正如瑞典文学院院士迦尔马·吉尔伯
格在给她的颁奖词中所说："通过她母性的手，诗人赐给我们的是
能够尝到的泥土芬芳和满足心灵饥渴的甘露。"③

---

① 〔智利〕卡夫列拉·米斯特拉尔：《卡夫列拉·米斯特拉尔诗选》，第418页。
② 〔智利〕卡夫列拉·米斯特拉尔：《卡夫列拉·米斯特拉尔诗选》，第200页。
③ 彭诗琅、廖隐邨主编《诺贝尔文学奖金库》，第289页。

再次，米斯特拉尔阐述了艺术家的责任问题。艺术家不应是为艺术而艺术的，一位有良知、有道德的诗人应该是担负着创作的社会责任的。她曾在一首诗中写道："你的美又叫做同情心，／它使人的心灵得到安慰。／美不是使你沉醉的鸦片，／而是点燃你行动的慷慨的琼浆，／因为如果你不再是男人或女人，／也就不再是艺术家。"[1]在她看来，艺术的美固然是值得追求的，但如果仅仅是为艺术而艺术，那么不仅与大量的文学实践不符，同时也否认了艺术的社会功用。19世纪后半期诞生的唯美主义否认文学的目的性，认为艺术之美是纯粹的，文学不应为道德和社会服务，艺术意味着自由、享乐、放荡。米斯特拉尔的艺术观显然是不赞同唯美主义的观点的。文学的诞生不是偶然的，是一定社会历史条件下的产物。古希腊时期的亚里士多德提出的"净化说"就是对文学功能的一种肯定。同样，米斯特拉尔也十分强调文学的社会功能，使文学服务于大众，提升人的道德和心灵，这是作家创作的使命所在。随着生活阅历的日渐丰富，米斯特拉尔的诗歌从早年的书写爱情的绝望转到后来的表现人道主义的关注，这种转变是一个诗人应有的社会责任感的表现。在诗集《葡萄压榨机》中，她表达了对战争的仇恨，同时也对受难者表示了深切的同情。她的行为不仅体现了一个政治家的立场，更是体现了一个文学家的良知和社会责任感。

最后，米斯特拉尔关注的是艺术创作的问题。艺术创作的过程是复杂、艰辛的，凝聚着艺术家的心血，但真正的艺术家从来不会因为自己的一点点成就而沾沾自喜，因为发自内心的创作是来自灵魂的追求。在《艺术家十戒》中，米斯特拉尔说："像孕育婴儿一样创造你的作品，要花费千日的心血。对一切创造都应该感到惭愧，因为它总低于你的憧憬。"[2]艺术创造是来之不易的，好的艺术家不是为名利去创造，而是发自个人内心的需要。米斯特拉尔通过

---

① 〔智利〕卡夫列拉·米斯特拉尔：《卡夫列拉·米斯特拉尔诗选》，第418页。
② 〔智利〕卡夫列拉·米斯特拉尔：《卡夫列拉·米斯特拉尔诗选》，第418页。

以灵魂写作的态度创作了大量感情真挚、优美动人的诗作，因为追求艺术的出发点不同，所以她的诗可谓是真、善、美的融合。

综上所述，《艺术家十戒》虽然是一篇简短的散文诗，却反映了米斯特拉尔的艺术观和美学观念，是她诗歌创作的指导思想。诗中所言的无论哪一个方面，都是她所主张的用灵魂写作的具体阐释。可以说，她的艺术创作正是对其墓志铭"灵魂为躯体之所作，正是艺术家对人民之所为"① 的最好诠释。

## 第三节　生态书写中的审美追求

作为拉丁美洲第一个获得诺贝尔文学奖的女性作家，加夫列拉·米斯特拉尔无疑是有其独特之处的。在现代主义诗风盛行的20 世纪，诗歌从内容到形式都发生了巨大的改变。米斯特拉尔没有跟随这一潮流，相反，无论在题材上还是在形式上，她都有意识地向传统的现实主义和浪漫主义诗歌回归，大量描写自然景色，表现自然风光，并通过诗歌表达自己对生态的关注。

随着人类工业化的进程和科学技术的发展，环境问题和日益显现的生态危机越来越多地受到人们的关注。在文学领域，许多作家都投入到生态文学的创作上来。在研究领域，生态批评作为一种文学批评理论也越来越活跃。米斯特拉尔在她的创作中对大量的自然生态意象的描绘和人与自然关系的观照，都体现出了生态文学的特点。

### 一　关于"人类中心主义"

纵观欧洲文学的历史，古希腊时期的文学就十分重视人的价值，文艺复兴时期的"人本主义"更是将人的地位抬高到一个空前的高度，虽然后来的启蒙运动开始提倡理性，但前提还是肯定人的力量

---

① 〔智利〕卡夫列拉·米斯特拉尔：《卡夫列拉·米斯特拉尔诗选》，第23 页。

和人的欲望。当然，这一时期的对人的肯定是历史的进步，是以坚持"以人为本"而对抗"以神为本"。不过，这种精神领域对人的高度肯定，以及在物质领域的人的欲望的高度膨胀，必然导致"人类中心主义"的产生。"人类中心主义"强调人的绝对主体价值，主张自然为人类创造福利，现代人类中心主义更是高度评价和肯定自己作为人类在自然界中的至高无上的地位。在这种观念的影响下，人类社会在坚持一切为人类所用的前提下必然会加剧对生态环境的破坏。基于此，在20世纪后半期，出现了生态哲学和与之相关的生态美学。"生态哲学及与之相关的生态美学的出现，标志着20世纪后半期人类对世界的总体认识由狭隘的'人类中心主义'向人类与自然构成系统统一的生命体系这样一种崭新观点的转变。"① 虽然历史发展到今天，人类似乎已经在某种程度上能够控制和改变自然，但绝不等于说人类能够凌驾于一切生物之上，凌驾于大自然之上。大自然是一个不断运动着的整体，人类仅仅是大自然中的一部分。

要打破"人类中心主义"，人类就必须尊重自然，人类在利用自然价值的同时也应该强调自己对自然应负的责任。人类自诞生之初，就不断地从自然界攫取资源以满足自身的发展需要；进入工业文明后，在追求物质利益的前提之下，人类又加大了对自然的掠夺，并将自身无限的欲望所造成的负担强加在了大自然之上。米斯特拉尔在散文《智利的乡村》中就对依靠自然，却又不尊重、不珍惜自然的行为提出了批评："对或大或小的土地都不太重视，对他们生活中的这种第一位的东西了无溺爱之心，他们遗忘了土地，就像遗忘了不需要滋养和看护的空气一样。"② 显然，这样的做法在米斯特拉尔看来是不值得提倡的。相反，艾尔基人的做法正符合米

---

① 党圣元、刘瑞弘选编《生态批评与生态美学》，中国社会科学出版社，2011，第136页。
② 〔智利〕卡夫列拉·米斯特拉尔：《米斯特拉尔散文选》，孙柏昌译，百花文艺出版社，1997，第42页。

斯特拉尔对自然生态的态度："艾尔基谷地的白人，可能比印欧混血人更好地懂得了出于需要而照料土地，把稀少的土地当作唯一可以使人生存下去的东西，他们已逐渐从土地为自己效劳转变成为土地效劳并热爱土地。"①艾尔基人的这种与自然相互依存的关系，不仅尊重了自然，更是对自然怀有感恩之心的表现，对艾尔基人的肯定表现了米斯特拉尔的生态立场。显然，米斯特拉尔是不认同"人类中心主义"所强调的人的主宰地位的。她在诗作中表现出来的明显的观点是还自然万物与人类同等的地位，人类可以利用自然，也应该做到保护自然。正是基于这样的生态观念，她的诗作具有独特的审美视角和审美追求。

## 二 生态书写中的女性视角

在许多民族的传统文化中，女性与自然总是有着非常紧密的联系，比如古希腊文化中的大地女神盖娅，中国古代神话中造人的女娲等，都表现了女性因为生殖和创造的特性而与大自然有着天然的相似性。如此，女性相较男性而言，与大自然更为亲近，也更能理解人与大自然的关系。正是基于这一点，有学者认为"女性在关怀、同情、非暴力等性别基质方面，也比男性具有更多的亲近自然的优势，这对缓解人与自然的矛盾、解决环境生态问题均具有特殊的认识价值。"② 生态女性主义者正是看到了女性与自然的天然相似性，才认为女性遭受的来自男性的压迫正如人类对大自然的压迫一样，女性和自然都处于从属地位。在大山中长大的米斯特拉尔在她的作品中大量描写了女性形象，并且这些形象都与自然相关，她的写作是一位女性对自然的温柔关照。

首先应该关注的是她将自然比喻成母亲的拟人化书写。以大地伦理学的观点来看，生态是一个完整的整体，人们应该将世间每一

---

① 〔智利〕卡夫列拉·米斯特拉尔：《米斯特拉尔散文选》，第42页。
② 刘文良：《范畴与方法——生态批评论》，人民出版社，2009，第130页。

个个体都看成是有生命的。在米斯特拉尔看来，大自然承载万物、哺育万物，和母亲的特性是相似的。所以，她用深情的笔触向读者展示了大自然的明丽动人、温柔亲切的母性之美。诗人在散文诗《大地的形象》中说："我渐渐明白一切事物的母性的含义。凝视着我的山脉也是母亲，傍晚时分，雾霭有如孩童，在她的肩膀和膝头嬉戏……"①她的这种对母性的理解在诗歌中得到了展现，"她的灰尘装点了我们的面颊，她的河流汇成了我们的欢笑，她吻着孩子们舞蹈，像母亲在轻轻的呼叫。"②这是《智利的土地》中的一小节诗，在诗中，智利的土地成为了母亲的化身，大地不再是承载万物的无生命的物体，而是变成了有血有肉、有情有义的慈爱母亲，用她的温柔关爱着生活在这片土地上的人。

　　进而更应该关注的是她对生命孕育全景的深情描绘。说到这一点，难免要联系到生态女性主义。生态女性主义者将女性和自然进行同等的观照是建立在反抗男权的基础上的。事实上，除了强调男性和女性有同等的权利之外，生态女性主义者可以观照的角度是多元的。米斯特拉尔也许并不是一位自觉的生态女性主义者，但是她面对自然的观照角度是对生态女性主义的积极呼应。譬如她对生命孕育的全过程的描写，就凸显了女性对世界和对人间的贡献。

　　在散文诗《母亲的诗》中，米斯特拉尔用十六组小散文诗表现了人的生命从孕育到诞生的整个过程。在这个过程中，她用极其真实的笔触描写了母亲在孕育生命的过程中表现出的惊喜、忧虑、期待和困惑。"我已经不在草地上玩耍，怕和姑娘们打秋千。我已是挂了果实的枝头"③，这是一个女人的怀孕的信号，她已经有了"果实"；"我曾抚弄过一团黑莓，愿他的头发也这般油黑、卷

---

① 〔智利〕卡夫列拉·米斯特拉尔：《米斯特拉尔散文选》，孙柏昌译，第 154 页。
② 〔智利〕卡夫列拉·米斯特拉尔：《卡夫列拉·米斯特拉尔诗选》，第 149 页。
③ 〔智利〕卡夫列拉·米斯特拉尔：《卡夫列拉·米斯特拉尔诗选》，第 373 页。

曲"，①这是"我"从有孕开始对小生命诞生时刻的幻想；"告诉我，他会自己寻找我的乳房吗？还是要我主动地献给他、挑逗他?"②这是"我"在怀孕期间对婴儿出生后的哺乳情景的想象……凡此种种，事无巨细，直到最后痛苦却又喜悦的分娩。就这样，诗人以诗歌的形式对一个生命降生的全过程进行了全景式的描写。此举在诗歌史上是罕见的。米斯特拉尔的女性视角使她注意到了被男性作家忽略甚至是不屑于表现的细节，无论这些细节多么微小、多么细碎，但这都是女性与生命的千丝万缕的联系，是大自然赐予女性的独特权利，是所有人来到这个世界必须经历的过程。作为女性诗人的米斯特拉尔能够写就这样的诗篇，无疑是对诗歌写作题材的突破，同时显现出独具特色的生态关注。

### 三 多重生态审美追求

生态文学对自然的审美有着不同于传统文学的审美原则，"生态文学家在进行自然审美时，目的不是自然命名化、自然抽象化、自然意识形态化，而是自然物本身的美和对这种美的感知过程。"③只有基于生态的审美原则，才能还大自然以主体性，跳出人与自然二元对立的模式去发现自然、感悟自然。米斯特拉尔的生态审美视域即是多重的，主要体现在如下几个方面。

#### 1. 原生态的审美志趣

所谓原生态的审美志趣，简言之，即欣赏自然本真的状态。自然并非是为人类而存在的，它的存在有其客观性，自然规律的客观必然性也不是以人的意志为转移的。所以认识自然就必须从自然的原生态出发，在尊重自然规律的基础上发现自然之美。梭罗在其著名的生态著作《瓦尔登湖》中就表达了对原生态美的推崇，"然

---

① 〔智利〕卡夫列拉·米斯特拉尔：《卡夫列拉·米斯特拉尔诗选》，第 370 页。
② 〔智利〕卡夫列拉·米斯特拉尔：《卡夫列拉·米斯特拉尔诗选》，第 377 页。
③ 王诺：《欧美生态文学》，北京大学出版社，2011，第 54 页。

而，在我所知道的所有景物中，也许只有瓦尔登湖坚持得最久，最久地保持了它的纯洁。"① 1845 年，梭罗独自一人来到瓦尔登湖畔，并在那里度过了两年多的生活，他对瓦尔登湖的喜爱很大一部分原因在于其时的瓦尔登湖是未经人类染指的，是原生态的。同样，米斯特拉尔对原生态的自然是情有所系的，她尤其执著于在诗歌中对客观存在物的原始风貌的再现。在组诗《巴塔哥尼亚风光》中，她以浓重的笔触书写了巴塔哥尼亚的荒凉：

> 永恒的浓雾，使我忘却了是在什么地方
> 大海将我抛入它饱含盐分的波浪。
> 我到达的这片土地没有春天：
> 它的黑夜漫长，宛似母亲把我隐藏。
>
> 风在我房屋的周围哀号抽泣，
> 打破我的呐喊，如同打碎玻璃。
> 在白茫茫的原野，一望无际，
> 我望着无垠的黄昏痛苦地逝去。
>
> 来到这里的人有谁可以呼唤，
> 既然比她更远的地方只有死亡？
> 人们只能看到一个沉寂、僵硬的海洋
> 在他们可爱的手臂间蔓延滋长！
>
> ——《巴塔哥尼亚风光》②

在这里，在短短的几句诗行中，人们看到，巴塔哥尼亚的

---

① 〔美〕亨利·梭罗：《瓦尔登湖》，田伟华译，中国三峡出版社，2010，第151 页。
② 〔智利〕卡夫列拉·米斯特拉尔：《卡夫列拉·米斯特拉尔诗选》，第72 页。

"主人公们"是浓雾、大海、风、原野,而这几近自然的真实即是原生态。这一点正如米斯特拉尔在散文《加夫列拉·米斯特拉尔继续讲智利》中所讲述的一样:"在巴塔哥尼亚高原这个人迹罕至的地方,只有一种悲剧性的自然力会让居住者想到自己处在可怕的南方:狂风,它统领着暴风雪"①。如此看来,米斯特拉尔喜欢将自己的审美视角投向原生态的自然。

总之,在米斯特拉尔的诗歌和散文中,有大量的对智利等地山川地貌的描述,她的描写以"本真"为特点。她不会因气候的恶劣和土地的贫瘠就对那片土地表示冷落,因为她知道这是自然的本性,并不以作者的意志为转移,这种对自然的理性思考显然来自于她的审美志趣的取向。

### 2. 主体间性的审美立场

所谓主体间性的审美立场,是指在审美的过程中,坚持人与自然之间具有平等地位的立场,任何一方在审美过程中都不能丧失主体性。"在这种审美关系当中,人有时摒弃自我,完全融入,全身心地感受自然本身的魅力;有时则仍然坚持自己的主体性,但却不是把自然物当做客体而是当做另一个主体,与之进行交互主体性的沟通,并在这种平等的沟通中体验自然物的美。后者便是生态审美的主体间性原则。"②只有人视自然为平等的,才能在对自然的审美过程中更客观,而不是居高临下地将自然置于客体地位来审视。米斯特拉尔选择的即是这种主体间的审美立场。

在诗歌《对星星的承诺》中,米斯特拉尔在每一节都设置了一个疑问句来询问星星,"你们在高空,/看我可纯净?/你们在天庭,/看我可温情?"③这是表示"我"很在乎星星对自己的看法。显然,米斯特拉尔在这儿已经将星星看成了与"我"平等的主体,

---

① 〔智利〕卡夫列拉·米斯特拉尔:《米斯特拉尔散文选》,第102页。
② 王诺:《欧美生态文学》,第66页。
③ 〔智利〕卡夫列拉·米斯特拉尔:《卡夫列拉·米斯特拉尔诗选》,第192页。

它们有自己的思考，有自己的判断。"你们为什么，／又蓝、又紫、又红？／为什么朝霞能用她的玫瑰色，／涂掉你们的身影？／你们在天空抖动，／可是因为寒冷？"①这几个问题是"我"对星星本身的疑问，诗人成了一个充满好奇心的孩子，将对方视为与自己平等的另一个主体，从而来探寻她所不解的星星之太多的谜团。诗歌的最后一小节，米斯特拉尔用简短的四句话讲述了星星与"我"之间的关系："我盯着星星的眼睛，／向他们保证：／只要你们看我，／我会永远纯净。"②听似孩子般的话语却是作者最真实的想法，她对星星许下了自己的承诺，她没有将星星看作自己这个主体之外的作为客体的自然界的宇宙现象，而是与之平等对话、交流，她眼中的星星和星星眼中的她构成了明显的主体间性关系。

**3. 交融性的审美意境**

如前文所述，主体间性的审美强调人与自然在审美过程中的相互独立性，而交融性的审美并不是对主体间性审美的反对，相反，交融性审美是主体间性审美的更进一层的审美状态。"生态审美不是站在高处远远地观望，而是全身心地投入自然，有时候，特别是在审美的初期，甚至需要忘掉自我，与自然融为一体。"③ 因此，如果说主体间性审美是一种审美的立场，那么交融性审美就是一种审美的意境。这种审美意境在米斯特拉尔的诗歌中有着明显的体现，《渔妇的歌》可谓代表之作：

> 渔家小姑娘
>
> 不怕风和浪。
>
> 睡脸像贝壳，
>
> 鱼网罩身上。

---

① 〔智利〕卡夫列拉·米斯特拉尔：《卡夫列拉·米斯特拉尔诗选》，第193页。
② 〔智利〕卡夫列拉·米斯特拉尔：《卡夫列拉·米斯特拉尔诗选》，第193页。
③ 王诺：《欧美生态文学》，第62页。

海滩上睡眠，
沙丘上成长。
海阿姨唱着歌，
绝妙地将你晃。

渔网缠住衣裙，
我无法向你靠近，
如果弄断了网结，
会打破你的好运。

——《渔妇的歌》①

　　在文学史上，有很多作家将大海写进了文学作品中，但情形各不一样。有的侧重于书写人与大海之间的较量，例如《老人与海》《白鲸》等，在这样的作品中，大海的形象是狰狞的，是人要抗争的对象；有的意在讴歌大海的美丽，赞美大海的风姿，但作品中欠缺人与大海的融合；还有一类作品的重心是凸显人与大海之间的沟通与交融，如普希金的《致大海》中的诗句："翻滚着蔚蓝色的波浪，和闪耀着娇美的容光。好像是朋友忧郁的怨诉，好像是他在临别时的呼唤……你是我心灵的愿望之所在呀！"显然，"沟通"是这里的主旋律。米斯特拉尔的这首《渔妇的歌》显然属于这最后一类。它恬静、自然，向读者描绘了一幅人与自然和谐共处的清新图景：小姑娘在海风的吹拂中安然入睡，完全融入了大海的怀抱。"狭义的生态美学仅研究人与自然处于生态平衡的审美状态，而广义的生态美学则研究人与自然以及人与社会和人自身处于生态平衡的审美状态。"② 这样看来，表现人在自然中的状态以及人与自然和社会的相互关系，体现了生态审美的不同维度。米斯特拉尔的诗

---

① 〔智利〕卡夫列拉·米斯特拉尔：《卡夫列拉·米斯特拉尔诗选》，第 131 页。
② 党圣元、刘瑞弘选编《生态批评与生态美学》，第 134 页。

歌创作中这类相似题材的作品还有《雏菊》《一切都是龙达》等。

综上所述，米斯特拉尔虽然并没有声称自己是个生态主义者，但她的创作却自然流露出了生态审美意志，从审美志趣到审美立场，再到审美意境，这些都暗合了生态主义的写作。如果不是出于对大自然的挚爱，米斯特拉尔不会看到如此丰富万象的生态风光，更不会将它们倾注于笔端。她以一位女性特有的柔情观照了大自然的林林总总，不论是秀美的还是险峻的，不论是有生命的还是无生命的，她都给予了它们以平等的尊重和关怀。

## 第四节　文学偶像：超越时空的心灵契合

在诺贝尔文学奖的历史上有两位同姓的获奖作家，这就是1904 年获奖的法国作家弗雷德里克·米斯特拉尔（Frederic Mistral，1830～1914 年）和 1945 年获奖的智利作家加夫列拉·米斯特拉尔，而且，他们都是在诗坛上耕耘，并令其作品大放异彩。他们之间是什么关系？怎么有着相同的姓氏——"米斯特拉尔"？却原来，智利的加夫列拉·米斯特拉尔本名卢西拉·戈多伊·阿尔卡亚加，她因喜爱法国诗人弗雷德里克·米斯特拉尔和意大利诗人加夫列拉·阿米诺的作品，并为了表达自己对两位作家的怀念和崇拜，于是，在 1913 年弗雷德里克·米斯特拉尔去世之时，她分别取两位作家的姓和名作为自己的笔名，因此她有了"米斯特拉尔"这个姓氏。既然她如此喜爱法国的米斯特拉尔，那么，她到底受其怎样的影响？这显然是个有趣的研究课题。

### 一　关于诗歌民族性的共同取向

这里，先将目光转向法国的米斯特拉尔。弗雷德里克·米斯特拉尔于 1830 年出生在法国南部的普罗旺斯，1914 年卒于自己的故乡。他的获奖评语是"表彰他诗作的新颖的独创性和真正的灵感，忠实地反映了自然景色及其人民的感情；还有他作为新普罗旺斯语

言家的重大成就"。① 弗·米斯特拉尔的代表作即长诗《米赫尔》
是用其母语——古老的普罗旺斯语言所作，此诗的主线围绕一个美
丽的爱情故事展开，向读者展示了普罗旺斯古老且充满魅力的风土
民情。弗·米斯特拉尔用毕生的精力来弘扬普罗旺斯的语言及文
化，他的作品是一座普罗旺斯语的丰碑。

当人们走进加夫列拉·米斯特拉尔的作品时，可以深切地感受
到在诗歌创作方面她所受到的弗·米斯特拉尔作品的潜移默化的影
响。加·米斯特拉尔也毫不讳言自己对弗·米斯特拉尔的作品，尤
其是他的代表作《米赫尔》的喜爱之情，她在诗歌《我的书》中
这样高唱："米斯特拉尔的歌，有如新翻的犁沟，散发清晨泥土的
芬芳，使我神怡心醉！我看到米勒亚在严峻的荒漠，从爱情之果挤
出鲜红的液汁！"②如此的喜爱，如此的憧憬，那么，加·米斯特拉
尔到底从弗·米斯特拉尔那里悟到了怎样的文学创作的真谛呢？应
该说最鲜明的一点便是诗歌创作要具有民族化特征。居于智利的
加·米斯特拉尔像遥远的法国土地上的弗·米斯特拉尔一样，都令
自己的诗歌荡漾着民族性的血液。

首先，从身份定位上看，他们都坚持了鲜明的民族诗人的立
场。弗·米斯特拉尔在其创作中自觉地运用濒临消亡的普罗旺斯语
言，同时他还编写了《费利布里热词库》，这本"词库"是对普罗
旺斯语言的整理和挖掘。因此，无论是他的文学创作还是他对普罗
旺斯语言所做的努力，都使他立足于民族化的立场。那么另一位
呢？加·米斯特拉尔曾骄傲地宣称：自己是艾尔基的女儿——艾尔
基是米斯特拉尔的家乡，她是故乡艾尔基的歌手。即使是在国外工
作的数年里，她也一直在强化自己的民族身份，并在各国介绍和传
播她的家乡和她祖国的文化。显然，加·米斯特拉尔同样在乎自己
创作中的民族身份。

---

① 〔智利〕加夫列拉·米斯特拉尔：《柔情》，第 94 页。
② 〔智利〕卡夫列拉·米斯特拉尔：《露珠》，第 9 页。

　　其次，在创作题材上他们都致力于故乡风土民情的书写。在自然风景、乡土民情入诗方面，加·米斯特拉尔显然有意地接受弗·米斯特拉尔的理念。米斯特拉尔这个姓氏就有着强烈的地中海风格，传达出了两位诗人对自然的热爱之情。

　　1859 年，弗雷德里克·米斯特拉尔出版了他的长诗《米赫尔》，这部诗作是诗人以家乡的普罗旺斯语写成的，是一首具有浓烈的抒情色彩的叙事长诗。故事讲述的是一对门第悬殊的青年男女的爱情悲剧，全诗分为十二歌，运用史诗的章法与结构，描摹出了普罗旺斯的风土人情以及历史发展状况，具有荷马史诗般的波澜壮阔的风貌。综观整首长诗，与其说是米赫尔的爱情让人沉醉，不如说是整个普罗旺斯旖旎的风光令人神往。整首诗中作者对普罗旺斯风情进行描绘的语句俯首即是："这些巨大浓密的树木，/在屋瓦上投下阴凉，/淙淙泉水注入鱼塘、蜂箱。/秋来采蜜后的掠夺，/在明亮的五月复生，/朴树上聚集成百蜂群。"[①]诗人用细致的笔法勾勒出了普罗旺斯乡村五月的迷人风景：明亮温暖而又奔波忙碌，诗人通过泉水注入鱼塘、蜂箱和蜜蜂的采蜜，绘出普罗旺斯农民的辛勤劳作。

　　加夫列拉·米斯特拉尔同样是一位热爱故土善于描摹自然的作家，她以饱含深情的笔调唱出了一首首热爱故土的赞歌。在《智利的土地》中有诗云："我们在智利的土地上跳舞，/她比利亚和拉结更美丽；/她哺育的人们/谈吐和蔼，心地善良……这片土地上的果园郁郁葱葱，/麦田扬起金黄的波浪，/一串串葡萄红得像宝石，/她在脚下多么温柔！/她的泥土培养我们成长……明天我们要劈山开石，/把这片土地变成果园；/明天我们要兴建城镇，/今天我们且尽情跳舞！"[②] 同样，在作者的笔下，果园、麦田、葡萄也都在传递智利土地上人们的劳作与丰收。

---

①　〔法〕弗雷德里克·米斯特拉尔：《米赫尔》，许文堂译，台湾远景出版公司，1981，第 11 页。
②　〔智利〕卡夫列拉·米斯特拉尔：《露珠》，第 78 页。

　　总之，加·米斯特拉尔是智利这片丰饶的土地哺育出的优秀女儿，所以她始终坚持自己是这片土地上的劳动者的立场，在诗作《音信》中她说："我是一名农人，我生为农人，死为农人。"①加·米斯特拉尔从民族诗人的立场抒发自己对智利这片土地的热爱，用诗魂铸就了神奇迷人的智利。她以深情绘出的恬静怡人的田园风景画中，蕴涵着诗人构建本土文化的热情和浓厚的民族自豪感，饱含着诗人对民族文化的深沉挚爱和作为智利女儿的一腔如水似梦的柔情。

　　通过对两位米斯特拉尔的比较，可以明显地看出这两位相隔半个世纪的作家在文学的民族性方面的共同取向。这一方面并不排除是加·米斯特拉尔在阅读弗·米斯特拉尔的作品时受到了启发和影响，而另一方面，也说明了文学的民族性是许多作家的共同选择。优秀的民族文学中包含着人类普遍的情感与向往，由于人类自身具有民族性的特征，文学中的人类普遍情感必然要以民族化的文学为载体，通过民族文学的形式表现出来。这两位作家的诗作蕴藏了人类最美好的情感，包括对自然的热爱、对民族和故土的赤子之情以及对爱情的向往等，他们的创作可以令人产生超越时空的共鸣。

　　现今，在全球化的语境下，民族文学面临着前所未有的危机。这是因为随着科学技术的发展以及经济全球化的进程的加速，世界已经逐渐变成了地球村。由于人们的生活习惯逐渐趋同，导致了文化的趋同，也便出现了文学的民族性特征逐渐被淡化的问题，同时催生了文学的民族性与世界性之间关系的讨论。而两位诗人的作品，可以引发人们对民族文学的思考。为什么时隔半个世纪甚至是一个世纪的今天，他们的作品依然散发着独特的魅力？由此不难发现，保持鲜明的民族特征是民族文学立足的根本。立足于本国文学，同时吸收与借鉴别国优秀的文学养分，是民族文学发展的根本

---

① 车吉心、朱德发主编《诺贝尔文学奖得主全传》，明天出版社，1997，第343页。

途径。只有民族文学的繁荣与发展，才能带来世界文学这棵大树的枝繁叶茂。

## 二　"远近高低各不同"的独特风采

在讨论了两位米斯特拉尔创作的民族性的共同取向的同时，还应该看到他们各异的风采。作为一位风格独特的诗人，加·米斯特拉尔的诗歌创作比之弗·米斯特拉尔，更彰显了自己的鲜明特色。

首先，加·米斯特拉尔的创作饱含着浓烈的个人情感。弗·米斯特拉尔的代表作《米赫尔》是一首爱情长诗，加·米斯特拉尔也以爱情诗著名。不过，作为一名女性作家，加·米斯特拉尔在写作立场上表现出与弗·米斯特拉尔的明显不同。她的很多诗歌是用第一人称写成的，通过一种内视角模式将个人生活入诗，凸显了诗歌题材与情感的真实性。这显然有别于弗·米斯特拉尔的全知全能的外视角模式。另外，弗·米斯特拉尔是在讲别人的故事，抒"主人公"之情，而加·米斯特拉尔的诗歌注重对个人内心强烈感情的抒发，其早期的爱情诗便将她的个人遭遇写入诗歌中。她的成名作《死的十四行诗》表现的就是她的生命历程中一段刻骨铭心的爱情给她的心灵带来的伤害和阴影："人们把你搁进阴冷的壁龛，/我把你挪到阳光和煦的地面。/人们不知道我要躺在泥土里，/也不知道我们将共枕同眠。/像母亲对熟睡的孩子一样深情，/我把你安放在日光照耀的地上，/土地接纳你这苦孩子的躯体/准会变得摇篮那般温存。/我要洒下泥土和玫瑰花瓣，/月亮的薄雾飘渺碧蓝/将把轻灵的骸骨禁锢。带着美妙的报复心情，/我歌唱着离去，/没有哪个女人能插手这隐秘的角落/同我争夺你的骸骨！"[①] 加·米斯特拉尔在 17 岁时与铁路职员罗梅里奥·乌雷塔·卡尔瓦哈尔相爱了。在他们即将结合之际，她的恋人却移情别恋投

---

① 〔智利〕卡夫列拉·米斯特拉尔：《露珠》，第 28 页。

人到别的女人的怀抱，而当他准备和这位新的女友结婚之际，却又突然地自杀了。他死时的口袋里装着诗人寄给他的明信片。这个噩耗给年轻的加·米斯特拉尔以极大的打击。《死的十四行诗》表达了诗人对死去恋人的深深的怀恋，同时夹杂着一种报复的快感。虽然在现实生活中她的爱人已被别的女人夺去了，但是在死亡的世界中，诗人完全拥有了自己的爱人，谁也不能将其抢走。诗人将这种复杂而强烈的感情表现得淋漓尽致，令人为之动情。

其次，加·米斯特拉尔擅长在诗歌里表现女性世界中的两类人物的心理与情感，即母亲和女儿。这得力于诗人自身的性别意识给予她的灵感与启迪。法国女性主义文论家露丝·伊利格瑞认为："在妇女身上一直保留着那种产生别人同时产自别人的力量（尤其是别的妇女）。在她身上，有母体和抚育者；她自己既像母亲又像孩子一样，是给予者；她是她自己的姐妹加女儿。"[①]以此论之，诗人身上同时负载着女儿性和母性的两重身份，所以，无论是母亲还是女儿，她的笔触都是极为生动和富有生活情趣的。在《我的母亲》一诗中，诗人以女儿的身份歌颂母亲的伟大："我的母亲身材纤巧，/犹如薄荷或者小草；/她荏弱的体形/几乎没有投下阴影，/大地喜爱她，因为她步履轻盈，/还因为她总是微笑，/无论身处顺境或逆境。"[②]母亲虽然身材瘦小，但是她的精神却是伟大的，无论是在怎样的境况下她都保持微笑，这首诗表现了母亲乐观昂扬的精神状态。在《母亲的诗·祈求》中，年轻的母亲不怕自己的身体发胖走形，只是担心没有足够的乳汁来喂养婴孩，"上帝既然让我腰围宽大，/怎么会使我的乳房枯竭？/我觉得胸脯在增长，/像大池塘里的水无声无息地涌冒。/它丰满的轮廓在我腹部投下了影子，/仿佛向它作出许诺。/如果我的不能湿润，/山谷里还有谁比

①　张京媛主编《当代女性主义批评》，北京大学出版社，1992，第196页。
②　〔智利〕卡夫列拉·米斯特拉尔：《露珠》，第94页。

我更贫困?"①　这是在书写母亲对乳汁丰满的期待。显然,米斯特拉尔的诗歌擅长着笔于女性的身体:荏弱的体形、轻盈的步履、宽大的腰围、丰满的乳房等,所以,她笔下的女儿和母亲不仅具有阿佛洛狄特般的美丽,更传递出鲜活、清新的生活气息。

再次,米斯特拉尔的诗歌中有一片孩童的世界。诗人或表现他们的出生和对世界的好奇;或描述他们的自然美态;当然,更多的是书写他们在母爱的浸润中的成长。比如,在《孤独的婴儿》中,诗人柔声轻唱:"听到哭声我停在山坡上,路边小屋的门廊。欢快的目光,从床上投向了我,似美酒使我陶醉异常。母亲迟迟未归,躬身操劳在耕地上,孩子醒来,寻找玫瑰色的奶头哭声凄凉,我把他紧紧地抱在自己的怀里,一首摇篮曲油然而生,嘹亮悠扬……月亮透过敞开的窗户将我们凝望,孩子已经入睡,歌声还在回荡,像是新的光源,照得我心花怒放……当母亲颤抖着打开房门,看见我脸上洋溢着幸福的光芒,就听任婴儿在我的怀里畅游梦乡!"②　诗人用大地母亲一般的情怀给孩童们唱着一首首摇篮曲,从而使她的诗歌世界活跃着崭新的生命。与弗·米斯特拉尔相比,这一点更彰显了加·米斯特拉尔的独到之处。

最后,加·米斯特拉尔的创作具有更为广阔的世界性视域。有评论家评说她的诗歌"具有的世界性要超过男性诗人,更加激烈,更能震撼人心。"③弗·米斯特拉尔的创作视野没有脱离过他的家乡普罗旺斯,而加·米斯特拉尔在 1932 年之后一直代表智利担任包括美国在内的几个国家的领事,晚年担任驻联合国大使,她的外交经历使她的创作从个人情感的圈子中拓展出来,具有了一种全球的视野,而且使她能够以世界性的眼光重新审视本民族的文学与文化。她的中晚期的诗集《有刺的树》以及后期创作的一些散文,

① 〔智利〕卡夫列拉·米斯特拉尔:《露珠》,第 135 页。
② 〔智利〕加夫列拉·米斯特拉尔:《柔情》,第 4 页。
③ 段若川:《米斯特拉尔——高山的女儿》,第 310 页。

一改对爱情的低吟以及对祖国和自然的礼赞的内容，转而以一种背负责任的心态向世界展现拉丁美洲的历史与现状，着力挖掘拉丁美洲的民族精神。她用母亲般的心爱抚着拉丁美洲的儿童，如《墨西哥的孩子》："置身于似在非在的地方，/阿纳瓦克闪着银光，/我用手给一个孩子梳头/沐浴着阿纳瓦克罕见的光芒。/他在我的双膝中间/像从弓上落下的箭一样，/我边摇边唱/像在把箭磨得又快又光。/光线那么老，/又那么小，/我总觉得是新的发现，/让他沉默，又将他翻转，/用我所唱的谚语格言……离开墨西哥的孩子，/已过十二个春秋，/但无论是睡是醒，/我都在为他梳头……这是母亲的本性/从不使我疲倦，/这是如痴的喜悦，/使我摆脱了死神的纠缠！"① 诗人在抚慰墨西哥孩子的过程中看到了永恒的生命，她将自己对智利的爱扩展到整个拉丁美洲。一个民族如果可以以世界性的目光来审视自己，那么说明这个民族已经更成熟了，民族文学亦是如此。加·米斯特拉尔以其具有世界性目光的文学创作使"她的名字成为整个拉丁美洲世界渴求理想的象征"②。

综上所述，作为自然之子的弗·米斯特拉尔和加·米斯特拉尔都用无限的深情吟唱着他们身置的热土。他们将本民族的文化呈现在世人的眼前，为各自的民族文学的发展作出了不可磨灭的贡献。同时他们又以鲜明的个性特征为世界文学的鸿章巨卷增添了各异的风采，尤其是加·米斯特拉尔凭借着她浓郁的激情、女性的情怀给人类的文学世界以诗的滋养，这是世界诗歌史上的精彩之笔。

---

① 〔智利〕加夫列拉·米斯特拉尔：《柔情》，第94页。
② 彭诗琅、廖隐邨主编《诺贝尔文学奖金库》，第285页。

# 第六章
## 奈丽·萨克斯

Nelly Sachs

有人想到我，我很幸福。在我死后，别人能够判断，我的作品中哪些是值得传世的。

——奈丽·萨克斯

奈丽·萨克斯（Nelly Sachs，1891～1970 年），瑞典诗人、戏剧家和翻译家。"因为她杰出的抒情与戏剧作品，以感人的力量阐述了以色列的命运"① 而于 1966 年获得诺贝尔文学奖。这是获此奖项的第六位女作家。

## 第一节　瑞典的犹太裔歌者

"迄今为止我甚至没有一张写字台，我的手稿就堆在厨房的架子上。在德国，希特勒上台之前，我住在父母家里。为命运所压迫，我得操持家务，有人生病还得看护病人，实在透不过气来的时候，我就在纸片上涂上几笔。"② 在如此糟糕的境遇下坚持写作的作家即是奈丽·萨克斯。她是犹太人的后裔，又始终吟唱着犹太人的故事。从这两个方面看，都可以称其为"犹太裔歌者"。

1891 年 12 月 10 日，奈丽·萨克斯出生在德国首都柏林一个富有的犹太工厂主家庭，她的原名是莱奥妮·萨克斯。其父威廉·萨克斯在经营工厂的同时，又是个业余钢琴家，富于文学和音乐等方面的修养并有大量的藏书，这些对女儿都产生了颇多的影响。奈丽·萨克斯是在父亲的书房里长大的，从小就接触到了许多优秀的作家作品，不过也因此与外界接触较少，养成了比较内向封闭的性格和构筑了脆弱敏感的病态精神。萨克斯是家里的独生女，幼年教育是在优越的家境中完成的，主要是学习音乐和舞蹈并练习写作。

1908 年，萨克斯在 17 岁的时候体验到了人生的初恋。那是在全家度假时，在一个疗养胜地，她认识并爱上了一位比她年长 23 岁的男子，但是初恋收获的却是失恋的痛楚，她还为此自杀但未遂。这次恋爱经历对于诗人的生活有着较大的影响，她因此终身未嫁，同时，其创作也受到了这次事件的影响。1921 年，萨克斯发

① 宋兆霖主编《诺贝尔文学奖文库》（10），浙江文艺出版社，1998，第 252 页。
② 〔瑞典〕奈丽·萨克斯：《逃亡》，孟蔚彦译，漓江出版社，1991，第 368 页。

表了处女作诗集《传说与故事》（*Legenden und Erzaehlungen*），由于对瑞典女作家塞尔玛·拉格洛夫的崇拜，这部处女作明显地模仿了拉格洛夫的创作风格。

1930 年，萨克斯的家里发生变故，其父去世，只剩母女俩相依为命，家境也日趋贫寒。此时，萨克斯常写诗作画，也写过一些木偶剧，还参加了柏林大学文学教授马克斯·赫尔曼家的文学沙龙。因亲人和朋友相继过世的打击，萨克斯经历了几次精神危机，过去的种种痛苦情境始终像梦魇一般压迫着诗人。她试图通过写作，用语言来宣泄内心的痛苦并缓解这份苦闷。就这样一次又一次的精神危机，促使她不停地思索和写作，并逐渐获得文坛的认可，还获得了多次奖项。1966 年获得的诺贝尔文学奖无疑是她得到的最厚重的一份殊荣。她的作品主要集中于诗歌和戏剧领域，一生出版的作品主要有：诗集《在死亡之屋》（*In den Wohnungen des Todes*，1946）、《星光暗淡》（*Sternverdunkelung*，1949）、《度日如年》（1956）、《而无人知道该如何继续》（*Und niemand weiss weiter*，1957）、《逃亡与蜕变》（*Flucht und Verwandlung*，1959）、《无尘之旅》（*Fahrt ins Staublose：Die Gedichte der Nelly Sachs*，1961）、《死亡欢庆生命》（1962）、《晚期诗作》（*Späte Gedichte*，1965）、《探索者》（*Die Suchende*，1966）和《分开吧，黑夜》（*Teile dich Nacht：Die letzten Gedichte*，1971）等，戏剧选集《沙上的记号》（*Zeichen im Sand：Die szenischen Dichtungen der Nelly Sachs*，1962），以及德译瑞典诗歌选集《波浪与花岗岩》（1947）和《但太阳也没有家乡》（1957）。

"正像许多犹太血统的德国籍作家一样，奈丽·萨克斯也遭到了流放的命运。通过瑞典政府的调停她才免遭迫害和被驱逐出境的威胁，而安全地抵达瑞典境内"①。而在她与瑞典政府之间进行沟通的即是瑞典女作家塞尔玛·拉格洛夫。

---

① 彭诗琅、廖隐郫主编《诺贝尔文学奖金库》，第 439 页。

15 岁时，萨克斯受到拉格洛夫的影响，萌发了对文学的热爱，由此成为了改变她一生的契机。当年那孩童时代的一封信，便使她从此与拉格洛夫开始了长久的友谊。1940 年，去世前的拉格洛夫说服了瑞典政府，使其接受了萨克斯的避难请求。于是，萨克斯移民瑞典，定居斯德哥尔摩。1970 年 5 月 12 日，萨克斯病逝于斯德哥尔摩，终年 79 岁。

萨克斯一生的创作是丰富的，主要作品可见表6-1。

表 6-1　萨克斯的主要作品目录

| 时间 | 作品 | 整体风格 |
|---|---|---|
| 1921 年 | 诗集《传说与故事》（处女作） | 浪漫、传统 |
| 1941 年 | 在瑞典杂志上发表译为瑞典语的诗作《晚歌》 | 现实性、宗教性 |
| 1943 年 | 诗剧《伊莱》 | |
| 1944 年 | 诗作《写在空中的墓志铭》 | |
| 1946 年 | 诗集《在死亡之屋》；德译 21 世纪瑞典诗选集《波浪与花岗岩》 | |
| 1949 年 | 诗集《星光暗淡》、《瑞典诗歌小说集》（由萨克斯译） | |
| 1954 年 | 组诗《在北极星下》 | 延续现实性，开始向后期过渡 |
| 1955 年 | 散文《威胁下的生命》；诗作《呼喊的景色》 | |
| 1956 年 | 诗集《度日如年》；《太阳也无家可归》 | |
| 1957 年 | 诗集《无人再知晓》 | |
| 1959 年 | 诗集《逃亡与变迁》 | |
| 1961 年 | 《奈丽·萨克斯 70 岁纪念文集》；诗集《进入无尘之境》；诗集《死亡欢庆生命》 | 泛神秘主义的倾向，诗风阴郁晦涩 |
| 1962 年 | 戏剧选集《沙上的记号》 | |
| 1963 年 | 《诗选》 | |
| 1965 年 | 诗集《晚期诗作》；《瑞典诗》 | |
| 1966 年 | 《奈丽·萨克斯 75 岁纪念文集》；诗集《探索者》 | |
| 1967 年 | 《千年降落的参孙》 | |

注：此表根据相关材料自制。

上述作品发表于萨克斯一生创作的各个阶段。总观其创作历程，可分为如下四个时期：从 1898～1940 年为创作初期；从 1940～1948 年为成熟时期；从 1949～1960 年为巅峰时期；从 1961～1970 年为创作后期。

## 一　创作初期

萨克斯是从 17 岁开始学习写作的，从 1898 年开始到她离开德国的 1940 年是其创作的初期。

萨克斯自小在富于艺术气息的家庭环境中成长，从而耳濡目染培养出了对文学艺术的热爱，诺瓦利斯、侯德龄、陀思妥耶夫斯基、斯蒂夫特等人的作品，都是她年轻时的案头之书。17 岁时，萨克斯开始写诗歌和木偶剧。1921 年，她出版了第一部诗集——《传说与故事》，正式拉开了其文学创作的帷幕。此后若干年中，萨克斯的诗作也曾在《柏林日报》及一些犹太报纸和期刊上发表，她还于 1930～1933 年完成了组诗《轻盈的旋律》，其创作的木偶剧也曾在德国的一些剧院上演。1933 年后，萨克斯的很多诗作都遗失了，加之作家不愿重提这些早期作品，以致这一时期的作品未能结集出版。

这一时期，萨克斯的创作题材主要是德国或意大利的历史传说，其代表作即是《传说与故事》，由 7 篇作品组成。艺术上的特点是趋向浪漫主义的抒情。她注意汲取了歌德和席勒的创作手法，情感带有细微的忧郁与伤感。此外，由于萨克斯自 15 岁起便开始与瑞典女作家塞尔玛·拉格洛夫通信，交流有关文学创作的诸多观点，所以这一时期，作家的整体创作风格受到拉格洛夫很深的影响。《传说与故事》集中的 7 篇作品，大多是对拉格洛夫作品风格的模仿之作，书中的大部分诗歌都带有童话色彩和民歌韵味。

## 二　成熟时期

从 1940 年离开德国去瑞典到 1948 年是萨克斯创作的成熟时期。早在 1933 年，希特勒等纳粹党徒上台后，便开始施行肆无忌惮的排犹政策和惨无人道的屠杀暴行。萨克斯在纳粹排犹的恐怖中煎熬了 7 年之久后,最终在瑞典女作家拉格洛夫等人的帮助下,才携母亲离开了德国,来到了瑞典的斯德哥尔摩。此时,拉格洛夫已经去世,萨克斯为求生存,做过洗衣工,也从事过抄写、翻译等艰辛的工作,而后才又提笔写作。可以说,她真正的创作生涯是在来到瑞典后才正式开始的。1943 年 8 月的一天,萨克斯忽然得知她 17 岁时的恋人惨死于纳粹集中营的噩耗,强烈的悲痛刺激了她的创作,在一年的时间内,她写出了诗集《在死亡的寓所》和剧本《伊莱》(*Das Leiden Israels*),由此进入了创作的成熟时期。

萨克斯这一时期的创作内容,是将纳粹大规模地屠杀犹太人的史实置于历史的长河之中思考,并将其与圣经时代犹太民族的苦难历程相链接,从而审视整个民族遭受的灾难史。其作品不再是简单地抒发哀怨,而是将个人的悲惨遭遇和犹太民族的深重苦难交织在一起。诗集《在死亡的寓所》是萨克斯的成名作,创作于 1943 年,出版于 1947 年。这是一部题为"献给我死去的兄弟姐妹"的作品。该诗集收录了《喔,烟囱》《一个死去的孩童如是说》《何种血液之秘密渴望》《如果我知道》《为死去的未婚夫的祈祷文》《午夜过后的合唱》《写在空中的墓志铭》等诗作,可以说,整部诗集都在写生命的死象,每一首诗都是投向这死象的制造者的"匕首"。诗剧《伊莱》是一部用抒情叙事诗写成的剧本,是萨克斯于 1943 年听闻德国纳粹惨无人道地屠杀犹太人的骇人暴行之后,用了几个晚上的时间,在极其悲愤的情绪下一气呵成的。该剧以"一出有关以色列苦难的神话剧"为副题,书写了犹太人被屠杀的血淋淋的事实。诗剧共有 17 幕,以倒叙的手法描写了战争期间一个 8 岁的犹太牧童被杀的悲剧。主人公男孩伊莱在亲眼目睹了自己的双亲被抓走之后,在悲痛中向上天扬起风笛,以祈求神的救助,却被一名德国占领兵杀害了。被大家称为"神的选民之一"的极具正义感的补鞋匠麦可立誓要为伊莱报仇。然而当他终于在森林中得以追捕到那个德国士兵,并正准备开枪射击予以惩罚时,这个士兵却被麦可身上闪耀的光辉所灼烧，精神崩溃，瘫死在地，完全瓦解了。而麦可完成了他的使命之后，受到了神的召唤。

这一时期萨克斯的创作在艺术上表现出来的主要特点是，清醒的现实性和神秘的宗教性交织。

以诗写实，并非简单之事，如若功力不够，便失去诗之特点。萨克斯以诗写实的特点是善于抓住一个与"屠杀"和"死亡"相关的具体事物，"残忍"地述说从"屠杀"到"死亡"的具体过程，激起读者毛骨悚然的阅读体验。譬如《哦，屋上的烟囱》一诗，即是书写活生生的犹太人被投进焚尸炉后尸灰从烟囱飞出的情景："哦，屋上的烟囱/构筑精巧的死屋/犹太人的躯体成了烟/飘散在空中/死亡清扫烟囱/迎接黑烟被熏成黑色/是星星还是阳光？……哦，死屋/惹人注目的外形/屋主本该是过客/哦，你们这些手指/安一条入口的门槛/门槛是区分生死的刀……"[1] 在这首诗中，"寓所"的主人不是人类，而是"死亡"。在"死亡"霸占了"寓所"之后，被焚的人们只能算是个过客，最终化为"飘散于空中"的"黑烟"。萨克斯在此以"寓所"的"烟囱"为意象，形象地道出了犹太民众随时被置于死亡边缘的现实，体现出以色列人命运的悲剧性。萨克斯还善于用联篇的系列诗作强化共同的主题，如《获救者的合唱》《石块的合唱》《未降生者的合唱》等就是一例，这诸多的合唱无疑即是发自生与死之间的呐喊。

诗剧《伊莱》既写出了逃离大屠杀的犹太幸存者所面临的恐怖现实，又充满了神秘主义的宗教色彩——那个杀人的士兵被麦可身上闪耀的光辉灼烧而死，显然是一种不可知的神秘力量所为之。

总之，写实性与神秘性是此时期萨克斯创作的明显特征。

## 三 巅峰时期

从 1949~1960 年，是萨克斯创作的巅峰时期。诗人相继出版

---

① 〔瑞典〕奈丽·萨克斯：《逃亡》，第 3 页。

了诗集《星群的晦暗》《度日如年》《而无人知道该如何继续》
《逃亡与蜕变》等。

　　萨克斯在这些诗集中，延续了上一个时期强烈的现实性和神秘
的宗教性的创作特点，所不同的是，在描绘出了一幅幅犹太人不断
遭受苦难、迫害、流亡和死亡的受难图景后，诗人又把受难的群众
从犹太民族扩展到了整个人类，把受难的空间范围从犹太民族拓展
到了整个世界，作更广泛的生命与苦难的思考。萨克斯这一时期的
创作，以1949年发表的《星光暗淡》为代表，其中收录了《黑夜，
黑夜》《约伯》《啊，我的母亲》《你坐在窗口》《地球之名》等诗
作。这部诗集的大部分诗作都以杀戮和被杀戮、逃亡和追逐、暴力
和死亡的关系为书写的主题，被称之为是反抗纳粹大屠杀的"疾
呼"。不过，萨克斯从来都不绝望，她坚信犹太民族定会在离乱后回
家，譬如她的诗作《如今亚伯拉罕已经抓住风的根》："如今亚伯拉
罕已经抓住风的根/因为以色列将在离乱后回家。……但年轻人已将
其憧憬的旗帜抖开/因为原野渴望被他们爱/沙漠渴望被滋润/而房屋将
向阳/而建：上帝/而夜晚将再度吐出唯有在故乡才显得这么蓝的/紫罗
兰般羞怯的字眼：/晚安！"再如，《以色列的土地》："以色列的土地，
为天国之吻选定的/星光灿烂地！……以色列的土地，/而今你的人民/
泪眼斑斑地自世界各角落归返/在你的沙上重新书写大卫王的赞美诗/
而那完工后的字眼'大功告成'/在它收获的黄昏歌唱——"萨克斯
在其中表达了犹太民族坚韧不屈的民族精神和承担历史使命的坚定信
念，以及对犹太民族重建家园的骄傲自豪和殷切希望。

　　萨克斯此时的诗风情感浓烈，悲愤与激昂交织。大部分诗作都由
无押韵、节奏感强、自由流畅的语句构成，语言极富深刻的象征意味。

## 四　创作后期

　　从1961年出版诗集《无尘之旅》直至去世，是萨克斯的创作
后期。这一时期继《无尘之旅》后，诗人又出版了《死亡依旧庆
祝生命》《晚期诗作》《探索者》和《分开吧，黑夜》以及戏剧选

集《沙上的记号》等。

萨克斯创作后期的作品，普遍具有泛神秘主义的倾向，如《晚期诗作》中收录的系列诗作《炽热的谜语》即是萨克斯这一时期诗歌的代表作。诗集中大部分都是一些神秘的诗作，语言模糊，结构松散，诗歌风格阴郁晦涩，由此呈现出一种难以捉摸的面貌。

《沙上的记号》主要收录了萨克斯一生创作的 14 篇剧作，包括实验剧、宗教剧以及一些短剧。其中，最著名的剧作便是萨克斯于 1943 年创作的神迹剧《伊莱》。她创作该诗剧的一大理由，便是借此表达她在诗歌中无法表达的思想内容。作家在大部分剧作中，都将现实与幻想很好地结合在一起，表现出神秘主义的特色。

## 第二节　脉搏和呼吸创造了诗

虽然文坛上的作家未必都是理论家或批评家，但必须注意的是，许多作家的笔下都会留下关于文学创作与批评的理论或理念的痕迹，哪怕是碎片。萨克斯也是如此。作为诗人，萨克斯自然十分关心什么是诗，诗是怎样写成的。于是，她在诗论方面留下了最经典的话语：脉搏和呼吸创造了诗。应该说，这一见解在诗论史上是有重要意义的，即使今天它还没有受到人们的关注，但总有一天人们会认识到它的价值。

### 一　"脉搏和呼吸创造了诗"的提出

"脉搏和呼吸创造了诗"的具体提出见于萨克斯于 1958 年 3 月 17 日写给友人的一封信，这封信是《致玛吉特·阿伯纽斯（乌普萨拉）》。她在信中说："我刚刚收到美茵河畔法兰克福寄来的杂志《当前》，里面有一篇文章写在了点子上，它认为我的抒情诗不是源自当代知识分子的现代派，不是源自知识分子试验性的努力，而是源自诗的热情。我细细想来，是这么回事。脉搏和呼吸创造了诗。"[①]

---

① 〔瑞典〕奈丽·萨克斯：《逃亡》，第 369 页。

在这段话中，她认同了《当前》这个杂志里面的一篇文章对她诗歌的看法，并借用其说法来谈论她自己的诗。她强调了两个"不是"，肯定了一个"是"，而后将"脉搏和呼吸创造了诗"作为结论提出来。

## 二　"不是"与"是"

萨克斯首先强调她的诗歌"不是源自当代知识分子的现代派"，这就说明她的诗歌创作与现代派诗歌不是同路人。以现代派中的最经典的诗歌流派象征主义为例，萨克斯诗作的与之不同是十分明显的。

象征主义文学流派分为前期和后期，其先驱者是法国的夏尔·波德莱尔（1821～1867年），他的诗集《恶之花》（1857）是象征主义的奠基之作。尔后，法国文坛上出现了象征主义的三剑客，这就是魏尔伦（1844～1896年）、兰波（1854～1891年）和马拉美（1842～1898年）。到19世纪末，象征主义作为一个文学流派实际上已经解体。所以，前期象征主义从时间上看已经无缘进入20世纪的现代派的范畴中。但是到了20世纪20年代，象征主义又东山再起，被人们称之为后期象征主义。这一阵营中的主要成员有法国的瓦雷里（1871～1945年）、奥地利的里尔克（1875～1926年）、爱尔兰的叶芝（1865～1939年）、比利时的维尔哈仑（1855～1916年）以及英国的艾略特等。

这个流派以象征为标志——"从简单象征发展到复杂多重象征；从个性象征发展到普遍象征，即暗示普遍真理的象征；从情感象征发展到具有高度抽象性和思辨性的理智象征。"[①] 读者阅读象征主义的诗歌，是要绞尽脑汁去探讨它的象征意义的，多重的、普遍的、抽象的、思辨的，等等；萨克斯的诗的确与此不同，读者阅读萨克斯

---

[①]　王福和、黄永恒等主编《西方现代派文学简编》，辽宁大学出版社，1994，第27页。

的诗时无须绞尽脑汁地关注诗中有无各类的"象征"，而是在开篇就已经被它的诗情抓住了。譬如她写被奥斯维辛夺去孩子的母亲的痛苦——她站着，疯狂的母亲/带着失去的理智的残片，/带着焚毁的理智的余烬/将她死去的孩子装入棺材⋯⋯/从空中拘取他的眼、他的头发/还有他跳动的心——（《上天安慰的手臂环抱着她》）①。这就是一个母亲无法与死去的孩子分离的情景，读者阅读到此处只能在这里驻足发"呆"，却无须追问这里是否有什么象征意义。象征主义是要培养读者的，萨克斯则不必，天下人都可以读懂她的诗。

象征主义这个流派又张扬诗的"博学"。艾略特在《传统与个人才能》一文中说："我这种教条要求博学多识（简直是卖弄学问）达到了可笑的地步，这种要求即使向任何一座众神殿去了解诗人生平也会遭到拒绝。我们甚至于断然说学识丰富会使诗的敏感麻木或者反常。可是，我们仍然坚信诗人应该知道得愈多愈好，只要不妨害他必需的感受性和必需的懒散性，如把知识仅限于用来应付考试，客厅应酬，当众炫耀的种种，那就不足取了。"② 以此为创作理念，他的诗作大量地引经用典，其代表作《荒原》涉及书籍几十部，而且跳跃性极大。事实上，要读懂这首诗，必须有相当（相当也不够，必须是博学的）的知识背景。以中译本为例，没有多少读者不是靠译者的注释来完成解读的。萨克斯的诗完全是另一种品味：她是引领读者以情感解天下，以心灵寻沟通。读她的诗不一定非得学识渊博，也不必参加典籍大赛，作者没有给读者设置那么大的阅读障碍，谁也不必望"诗"止步。有过孩子的人就能读懂她诗中的母亲；有过悲痛的人就能理解她笔下的泪水；失去过自由的人就能感受她诗中的挣扎；亲人故去的人就能领悟她笔下的死亡。由此可见，她的确不与现代派为谋。

萨克斯进而又强调她的诗歌"不是源自知识分子试验性的努

---

① 〔瑞典〕奈丽·萨克斯：《逃亡》，第 11 页。
② 黄晋凯等主编《象征主义·意象派》，中国人民大学出版社，1989，第 104 页。

力"。试验性的诗歌在 20 世纪初也曾红火一时，譬如立体未来主义的诗歌。他们强调将立体绘画派的美感和诗歌的内容及艺术手法融为一体，试验写"图画诗"。以法国诗人阿波利奈尔为例，他就经常根据诗歌的思想内容，相应地把笔下的文字排列成花、心、圆圈等各种图案，实现可读的诗和可看的图的双重效果。《被刺的和平鸽》就是其"图画诗"的代表作。这首诗是悼念在第一次世界大战中无辜惨死的四位青年的，作者将文字编织成一幅一只和平鸽被刺杀的血海图。萨克斯的确不做这类的诗歌试验，虽然这样的试验也是一种创新。她首先追求诗歌的简洁，或者换一个更普通的词——简单。她的抒情诗没有长诗，每首诗也不过十几行、二十几行而已。这样，传递给读者的首先是解读上的轻松，至少不必像立体未来派诗歌那样要让读者在诗与画之间进行思维的转换。萨克斯更追求诗歌的流畅、贯通，只要读者的心"流"紧跟着她的诗"流"的脚步就够了，所以，她没有做诗的试验，她的诗很"传统"。

既然萨克斯认为她的诗"不是源自当代知识分子的现代派"，"不是源自知识分子试验性的努力"，那么，是什么呢？她说，她的诗"是源自诗的热情"。也就是说，她认为自己的诗不是为了象征去写，也不是要做什么诗歌创新的试验去写，就是因为心中的情感必须抒发出来而去写。她的诗是从心里流淌出来的，诗就是诗，不必追赶什么流派。至于到形而下的层面上，她更认为诗不必去附和出版商。她在一封写给友人的信中明确表示，"诗作的任务"根本不惧怕出版商的无理："然而凭我的感觉，事实是他们看一眼标题就把我的稿子扔到证词和审讯记录堆中去了，这些纸堆会发出焚尸般的浓烟而窒息牺牲者的哀叹。他们只是不肯出一点儿力去看一看。这些诗尽管力量单薄，却力图使可怕的经历升华而进入美的王国。这正是一切诗作的任务。"① 在萨克斯这里，诗歌要拥有"诗

---

① 〔瑞典〕奈丽·萨克斯：《逃亡》，第 359 页。

的热情”永远是第一位的。

## 三　生命为诗

进而，萨克斯认为：“脉搏和呼吸创造了诗”。这种见解颇有新意。脉搏和呼吸是什么呢？是鲜活的生命。没有了脉搏和呼吸，人也就没有了生命。在人的生命中，脉搏和呼吸是变化的。当人紧张、兴奋、冲动的时候，也就是当人的情感趋于强烈的时候，其脉搏和呼吸便迅速加快。联系前文的“诗的热情”，萨克斯的这个见解的核心内涵是要把生命中最强烈的情感化为诗。

回望历史，萨克斯的见解在某种程度上与华兹华斯的主张产生了共鸣。华兹华斯在谈到诗的本质问题时认为：“诗是强烈情感的自然流露”，而诗的目的在于“真理”，在于“普遍的和有效的真理”。这些见解在他的《抒情歌谣集》的序言中有颇多的阐释。当然，这种见解波德莱尔之辈是不同意的。波德莱尔曾经说：“那个真善美不可分离的著名理论不过是现代哲学胡说的臆造罢了……诗除了自身之外没有目的；它不可能有其他目的，唯有那种单纯是为了写诗的快乐而写出来的诗才会这样伟大，这样高贵，这样真正地无愧于诗这名称”[1]。于此又证明了萨克斯与现代派（这里是指它的鼻祖）的不同，不过也看出了她与华兹华斯的相通之处。

“脉搏和呼吸创造了诗”，或曰生命中最强烈的情感化为诗，既是萨克斯的“诗论”之眼，也是她诗歌创作过程的形象概括。她的很多诗都是在生命中最强烈的情感的刺激下写出来的，尤其是当她陷入与亲人死别的境遇中的时候，她的悲痛的情感就会像从泉眼中迸发出来一样而化为诗。譬如，父亲去世、恋人惨遭杀害等，她都将最强烈的情感化为了经典诗作。关于这一点，可从表 6-2 见出。

---

[1] 〔法〕波德莱尔：《论泰奥菲尔·戈蒂耶》，载黄晋凯等主编《象征主义·意象派》，中国人民大学出版社，1989，第 240 页。

表 6-2　萨克斯重大生活变故后的悲情之作

| 时间 | 事件 | 作品 | 内容 |
|---|---|---|---|
| 1939 年 | 父亲去世 | 《星光暗淡——纪念我的父亲》 | 关注犹太民族的命运 |
| 1943 年 | 早年的恋人在集中营中惨遭杀害 | 诗集《在死亡之屋》；诗剧《伊莱——一个有关以色列苦难的神话剧》 | 个人的遭遇和犹太民族的深重苦难交织 |
| 1950 年 | 母亲去世 | 《无人再知晓》《逃亡与变迁》 | 将现实的苦难表现得更加广泛，超越时间和空间 |
| 1960 年 | 第一次回德国，勾起惨痛死亡回忆 | 诗集《死亡欢庆生命》《进入无尘之境》《寻觅者》《炽热的谜语》；诗剧《沙上的记号》等 | 劫后余生者的痛楚 |

注：此表为自制。

　　上表记录了萨克斯的父亲、恋人、母亲等去世的悲痛、悲情而激发的她的诗作。由此可见，萨克斯的诗都是真情之作，最强烈的情感凝聚之作，将情感升华到更高的层次，可谓是生命之作。而如果认真地透视萨克斯的生命之作，便会发现其中的一个特点，她的诗总是联系着一个关键词——黑夜。

　　"黑夜"一词在萨克斯的笔下多次出现。1958 年，她在写给玛吉特·阿伯纽斯的信中曾这样写道："多少年来我夜不成寐，不断被抛入'另一世界'，每一夜都要去重新认识一番死亡，因为我看到最后的亲人被抓住离我远去，看到受难的人，生活逼迫我接受后来被称为诗和诗句的语言。我只是在夜里将它们记录下来，它们完全是我个人的东西。"[1]可见，就是她的这些诞生于黑夜中的诗成了犹太民族历尽苦难的无数证言中的一份。1959 年，她在写给约翰

————————

[1] 〔瑞典〕奈丽·萨克斯：《逃亡》，第 369 页。

内斯·埃德菲尔特的信中又曾这样说道："我的作品产生于黑夜中，我只想把它们放下而后再消失于黑夜中。"①可见，"黑夜"仿佛是萨克斯笔下的一个"宠儿"。

频繁出现的"黑夜"，对解读萨克斯的诗作有何启迪的意义呢？至少可引发如下两方面的思考。

其一，"黑夜"隐喻着苦难——萨克斯诗作的题材即是人类的苦难，尤其是犹太民族的苦难。在这个层面上，萨克斯强调的是"苦情"书写，这体现了诗作的写实主义特征。萨克斯生活在一个血腥的时代，对犹太民族的一个孤独逃亡者来说，她所面对的一切似乎都是"黑暗"的，仿佛如"黑夜"，她就是将这些所见所历抒而为诗的。纵观萨克斯的诗歌题目，人们就不难发现其中许多都与黑夜有关，包括相关的隐喻。显然，她笔下的"黑夜"是所有苦难铸成的集中点：《在死亡之屋》中的"屋"的黑暗、《星光暗淡》中天下的昏暗、《无人再知晓》和《逃亡与变迁》中的无尽的逃亡，以及后期诗歌《进入无尘之境》《死亡欢庆生命》《寻找生者》和诗剧《沙上的记号》中作者劫后余生所产生的恐惧，等等。就这样，死亡、孤独、逃亡、恐惧，这一切都是"黑夜"给人带来的窒息之感。萨克斯无疑是书写"黑夜"的强手，正如诺贝尔文学奖的颁奖词中所云："奈丽·萨克斯的作品是迄今为止描写犹太人的心灵和苦难方面具有艺术魅力的产物"②。

以诗剧《伊莱》为例。作者着重从幸存者的角度去感受黑夜给人带来的恐惧。可以说，《伊莱》仿佛是侥幸逃脱大屠杀的犹太幸存者们集体吟唱的一场哀歌。女面包师傅巴西雅自目睹丈夫艾撒克被强行抓走后，耳边就日夜回响着丈夫沉重的脚步声；荷赛耳在得知好友即当铺老板伊色多被吊死后，时常听到"水"的声音。这脚步声和水声犹如同伴们的灵魂始终追随着幸存者们，敲打着他

---

① 〔瑞典〕奈丽·萨克斯：《逃亡》，第 377 页。
② 彭诗琅、廖隐邨主编《诺贝尔文学奖金库》，第 434 页。

们的苦难记忆。撒姆尔看到儿子、儿媳被士兵带走，孙子伊莱被士兵打死后，从此就变哑了；另一个十几岁的女孩，目睹母亲被带走后，唯一想到的只是还没有跟母亲好好告别。这里，萨克斯要表达的是，被屠杀的人死得残酷；侥幸活着的人活得也很"残酷"，这恐怕是大屠杀中的幸存者最深切的感受。萨克斯在《伊莱》中，还刻画了一群非常特殊的幸存者——回家的人。他们亲身经历过奥斯维辛集中营种种非人的迫害，仍能幸存活下来，最终回到了故土。但这些幸存者即便侥幸逃脱了集中营的死亡制裁，但心灵上所受到折磨却是永远无法抹去的，"老乞丐"就是这样一个人物。"老乞丐"在集中营中经历了被活埋的悲惨遭遇，与老乞丐一起被活埋的还有其他人，但负责掩埋尸体的士兵发现老乞丐未被杀死，因这位士兵当天收到了母亲的家书，受其感召，一念之仁便救下并藏匿了老乞丐，使其免于死亡。但老乞丐艰难存活下来回到故土后，却整日过着苟延残喘的流浪生活。可见，他虽从纳粹的屠刀下逃了出来，但却依然逃不出苦难的命运。一个黑夜过去之后，他还要面临后面无数个黑夜。如果说死去的人已消散在"黑夜"之中，那么，侥幸存活下来的人却还要继续在"黑夜"中挣扎。

其二，"黑夜"代表着一种颜色——萨克斯认为世界的色彩即是"黑"色的，这就是萨克斯的世界观。这种世界观的形成当然是生活给予她的。生活对萨克斯来说并不是那么容易，在希特勒统治的 7 年中，诗人经历了逃亡、恐怖与孤独，包括身体的逃亡和精神上的逃亡。常年的逃亡生活加上精神上的孤独处境，使得萨克斯一直被黑暗包围着。在她看来，整个世界就是黑色的夜，就是她诗中描绘的情景："黑夜，黑夜，/如今你变成/一颗星体的可怕的沉舟的墓地——/时代无言地在你里面沉没/带着它的标志：/坠落的石头/和烟中的旗帜！"① 所以，"黑夜"即是萨克斯对世界的最真

---

① 彭诗琅、廖隐邨主编《诺贝尔文学奖金库》，第 2733 页。

切、最直接的描述。

但是，萨克斯没有在"黑夜"中沉默，而是在"黑夜"中奋笔写作。越是身处"黑夜"之中，她越是笔耕不辍。如前文所述，她的一些重要的诗作都是在她经历了亲人死亡的重创之后而创作出来的，这就证明她没有被"黑夜"所吞噬。

"我从来就不是人们通常所理解的那种诗人。"[1] 萨克斯与其他诗人的主要区别就是她把诗歌作为活下去的理由，她也打破了"奥斯维辛之后写诗不再可能"的论断，使得诗歌在苦难与绝望面前更有存在的权利。苦难对于诗人来说并不是生活的终结，相反却激发了诗人内心必须揭露黑暗的勇气。"把黑暗中的所作所为写进宇宙"，[2] 当苦难与心灵发生碰撞时，它促使作者去寻找一种尽可能存在的"光的能"[3]。萨克斯说："我相信彻底的痛苦"，[4] 她将在"黑夜"中酝酿的力量凝聚、散播，继而升华为一种"审美"的体会，这正如悲剧的最高境界一般。悲剧的最大力量并不只存在于事实的表面，而在于将个体的、单一的悲剧上升到群体的、人类的苦难与境遇的追问。只有正视苦难，才能激发化解苦难的勇气；只要将黑夜中的微光聚焦成一个亮点，黎明就有希望。萨克斯虽置身于"黑夜"之中，但她用诗的语言将其汇聚成一片神圣之光，在黑夜的沉思中积淀成"支撑祭坛的岩石"（里尔克语，出自《给奥费斯的十四行诗》）。在这里，"黑夜"既是萨克斯对世界的观照，同时也是作为一种意象而存在，内涵所指即是"苦难"，而萨克斯一直以她的诗在向人们呼吁：在"黑夜"中是不能消沉的。

总之，奈丽·萨克斯的诗歌从黑夜中汲取力量，并传递这样的信息：黑暗聚集到一定程度的时候，人们就迎来了光亮——如果黑

---

① 〔瑞典〕奈丽·萨克斯：《逃亡》，第368页。
② 〔瑞典〕奈丽·萨克斯：《逃亡》，第366页。
③ 〔瑞典〕奈丽·萨克斯：《逃亡》，第366页。
④ 〔瑞典〕奈丽·萨克斯：《逃亡》，第366页。

夜来了，黎明还会远吗？她以诗歌的语言将犹太民族在苦难中生成的力量点燃、传递，并将一个民族的悲剧上升到对人类命运的关注，传递出希望之声。可以说，萨克斯的诗"使可怕的经历升华而进入美的王国。"① 不过，在黑夜中书写希望并不是一件容易的事，它需要很强大的精神支撑。而在背后支撑着诗人不断书写希望的力量源泉就是信仰。"……但我从未失去过信仰。这是我们在尘世的使命，让尘土痛彻亮透，将我们在黑暗中的作为记入不可见的宇宙，而不论真善恶。"② 所以，对于萨克斯来说，"诗歌本身不是一种目的，而是透过语言去实现和国家历史同等悠久的生命的梦想。"③

## 第三节　历史记忆：诗与真

"1945 年战争结束后，全世界有几十万人，甚至几百万人，都在询问：'我们的爸爸、妈妈、姐妹、妻儿、丈夫和兄弟在哪里?'"④ 这个问题的答案是，他们都被抓进了奥斯维辛，都被投进了"死亡工厂"。

奥斯维辛是第二次世界大战中纳粹德国修建的诸多集中营中最大的一座，是波兰南部奥斯维辛市附近约 40 座集中营的总称。而在文化和文学领域，它又是法西斯大屠杀的代名词。

奥斯维辛是万湖会议后修建的。1942 年 1 月 20 日在柏林西南部万湖的一个别墅里召开的一个纳粹德国官员的会议上，与会者通过了"犹太人问题最终解决方案"，即通过灭绝营来实行有系统的犹太人大屠杀行动，这就是万湖会议的主要内容。而后，纳粹德国

---

① 〔瑞典〕奈丽·萨克斯：《逃亡》，第 359 页。
② 〔瑞典〕奈丽·萨克斯：《逃亡》，第 376 页。
③ 陈映真主编《诺贝尔文学奖全集·阿格农、沙克丝》，第 152 页。
④ 〔捷克〕奥托·克劳乌斯、艾利希·库尔卡：《死亡工厂》，白林、魏友译，重庆出版社，1983，第 2 页。

在奥斯维辛等多个集中营里建立了进行大规模屠杀的毒气室、焚尸炉和以人体进行化学实验的实验室等，约有上百万人在奥斯维辛集中营中被杀害，百分之九十的遇害者都是犹太人，因为纳粹德国法西斯的目的就是要灭绝犹太民族。

任何结果都会有支撑它的原因，所以才会有因果关系。那么，纳粹大屠杀的原因是什么呢？《死亡工厂》的作者作了这样的揭示：

> 纳粹分子称之为"最终解决犹太问题"的对犹太人的大规模屠杀是有其经济原因的。纳粹分子为巩固经济的和政治的地位，选择了一条最简捷的道路。他们将富有的犹太人的资财攫为己有，而用耸人听闻的和欺骗性的宣传试图吸引群众的注意力，以掩盖其帝国主义战争的真实目的。
>
> 纳粹分子在被占领的国家中实现其消灭犹太人的计划，通常是利用当地法西斯分子。在集中营里，特别明显的感觉到，反犹主义是所有法西斯分子的共同事业。[1]

这里，该作者指出了两个原因，经济的和种族的。当然，可能还有更多的原因，但无论有多少个原因，其结果都是灭绝人性的。这样一段血迹斑斑的历史，这样一个泯灭人性的计划，自然跳不出文学家、艺术家的视野。于是，以此为题材的传记、小说、散文、诗歌、戏剧、电影、音乐等各类作品频频问世。而这其中，萨克斯的诗歌成就是十分突出的，她作为犹太民族的一个作家，对历史赋予本民族的这段血淋淋的灾难史给予了特别的文学观照。

据相关数据统计，截至 2004 年的历届诺贝尔奖获奖者中，有 22% 是犹太人，而犹太人只占世界人口的 0.2%（约 1400 万），[2]

---

① 〔捷克〕奥托·克劳乌斯、艾利希·库尔卡：《死亡工厂》，第 75 页。
② 李杰：《上帝的国度——破译犹太人的神秘基因》，新世界出版社，2012，第 1 页。

可见获奖者比例之大。而在诺贝尔文学奖的得主中，并非所有的犹太裔作家都关注犹太民族的历史与当下。据笔者的不完全统计，在这支获奖队伍中，犹太裔作家就有 13 位之多。从 1927 年法国的亨利·柏格森获奖之后，陆续有犹太裔作家摘取诺贝尔文学奖这顶桂冠。列数一下，他们依次是：1958 年获奖的苏联作家鲍里斯·列昂尼多维奇·帕斯捷尔纳克、1966 年获奖的以色列作家萨缪尔·约瑟夫·阿格农和瑞典的奈丽·萨克斯、1969 年获奖的爱尔兰作家萨缪尔·贝克特、1976 年获奖的美国作家索尔·贝娄、1978 年获奖的美国作家艾萨克·巴希维斯·辛格、1981 年获奖的英国作家艾利亚斯·卡内蒂、1987 年获奖的美国作家约瑟夫·布罗茨基、1991 年获奖的南非作家纳丁·戈迪默、2002 年获奖的匈牙利作家凯尔泰斯·伊姆雷、2004 年获奖的奥地利作家埃尔夫丽德·耶利内克、2005 年获奖的英国作家哈洛德·品特。这些犹太裔作家创作题材的取向差距很大，对犹太民族问题的关注指数的差距也很大，与犹太文化关系的密切度也有很大差距。有些作家深深地受到了自己的民族文化与文学的影响，并在此基础上立足文学创作。他们围绕着犹太人的历史与现状不断思考，其作品集中反映特定时期中犹太人所遭受到的苦难。例如，1978 年获奖的辛格、1966 年同时获奖的两位作家阿格农和萨克斯，还有尽管并不愿意承认自己犹太身份的作家伊姆雷，其创作都与犹太的历史和文化有着深厚的联系。但有些作家虽在族裔上和犹太民族有着一定的关系，不过并不直言犹太问题而是将犹太文化因素隐含在作品之中，使其融解为文学作品之中的内在构因。较为典型的是 1969 年的获奖者贝克特，其代表作《等待戈多》就是将犹太民族对于救世主的期盼和等待的状态以一种荒诞的戏剧形式表现出来，其真实寓意并没有直接在作品之中显现；1981 年获奖的卡内蒂以各种精神反常的小人物扮演着犹太人多年来的一种尴尬的"边缘人"角色，惟妙惟肖。但是还有一些犹太裔的作家受犹太文化和历史的影响不大，有些甚至基本没有关系，所以，他们的写作关注不在于此。例如，1958 年获奖的帕斯捷尔纳克和 1987 年获奖的布罗茨基，他们虽然是犹太人，但是其创作更多的是受到了俄罗斯文学的影响。所以说，并非所有的犹太裔作家都注意到犹太民族的历史，也并非都关注奥斯维辛。在上述三部分作家中，萨克斯显然属于第一类，而与所有这些作家相比，萨克斯对自己民族的历史与现状的关注指数显然是较高的。

在关注指数比较高的队列中，除了萨克斯，就要提到伊姆雷，这两位可谓是书写奥斯维辛的作家之中比较典型的代表。

凯尔泰斯·伊姆雷（Kertész Imre，1929 ~ ），匈牙利犹太裔作家，2002 年获得诺贝尔文学奖。他亲身经历了奥斯维辛的苦痛，并且将其作为文学创作的主要素材，他的创作就是不断重复着奥斯维辛的题材。瑞典文学院在宣布伊姆雷获奖的理由时曾经说，他的写作支撑起了个体对抗历史野蛮的独断专横的脆弱的经历。事实上，伊姆雷的所有作品都在经营着一个主题：大屠杀。他曾经表示，奥斯维辛的这段经历对于他的一生来说是一段具有决定性的成长经历。其中较为突出的是他以其亲身经历集中营的生活为题材创作的较为典型的三部作品：《无命运的人生》（*Sorstalanság*，1975）、《失败》（*A kudarc*，1988）和《给未出生的孩子做安息祈祷》（*Kaddis a meg nem született gyermekért*，1990），这三部作品一起被称之为"命运三部曲"。

这三部曲中最受关注的是首部作品《无命运的人生》（又译《命运无常》）。该书原本是在 1965 年就完成了，却在 10 年后才在匈牙利出版，并且出版以后并未引起太大的关注。但在当代很多评论人士看来，这本书应该被看作是凯尔泰斯事业上的一个重要的转折点，不仅因为这本书是他集中营三部曲的首部作品，还因为这本书道出了凯尔泰斯生命哲学的精华。作为第一部长篇小说，此书主要与作家幼年时期在集中营的生活有关，可以说是一部具有自传性质的作品。小说并没有直接去写奥斯维辛的血腥与杀戮，相反，它所写的却是一个少年在奥斯维辛里的"平静"生活，通篇透露的是冷漠而非痛苦和愤怒。在小说的主人公久尔吉（一个 14 岁的匈牙利犹太少年）的眼里，集中营的生活就是正常的一种生活状态。对他来说，"恐惧"并非是他能够真正用来形容奥斯维辛的那个词，"这种无聊加上这种奇怪的等待，实际上才是真正意义上的奥斯维辛"。甚至于在经历过所谓的"特殊待遇"和"萝卜汤的香味"之后，他的整个大脑在告诉他：我想在这个美丽的集中营里再多活一阵子。而之后从奥斯维辛出来回家时，小说的主人公居然还在怀念集中营里的生活。从某种意义上看，奥斯维辛的生活对于久尔吉来说显得更加清楚、更加简单。这些，就是伊姆雷向人们讲述的故事，一部看似平淡实则痛苦的故事。

那么，奥斯维辛的史实真的如伊姆雷小说中所写的那样只是"无聊"加"等待"吗？走出奥斯维辛的人们真的会留恋那样的环境与生活吗？文学作品有理由将奥斯维辛这样的"死亡工厂"加以美化吗？也许这并非伊姆雷的本意，也许这是他在有意地进行扭曲性地描写，亦可能是他想通过这种变形的书写方式去吸引更多的人关注这样一个史实中的个体。但是，无论如何，他传递给读者的信息都是模糊的。

不过，萨克斯的写作与他完全不同。在这位女作家的诗作中，人们更多感受到的是鲜血和死亡。诗人并没有回避苦难，也没有扭曲苦难，而是更加真实地去展现苦难，让更多的人去反思那样一段历史。可以说，这是一种"原形态"的描写。所谓"原形态"，是指没有变形和扭曲，按照事情原本的形态去写。这不同于现实主义的典型化，也不同于自然主义的如实描摹。这是一种不必典型化的真实，但又融入作者的原始情感。这种"原形态"的书写方式在诗人的作品中十分突出，尤其是以下两个方面在其中更为明显。

第一，对奥斯维辛的具象化书写。奥斯维辛是个真实的所在，萨克斯无意去作抽象的评论，而是让笔下的诗文具象化，具象的基础是"原形态"的事实。

譬如，作者笔下的焚尸炉的烟囱："哦，烟囱/在精心设计的死亡的寓所之上/当以色列的肉体如黑烟般/飘散于空中……哦，你们的烟囱/哦，你们的手指/而以色列的肉体如黑烟般飘散于空中"。(《哦，烟囱》)诗歌通过烟囱这个杀人的通道，表现了集中营这个"精心设计的死亡寓所"，每天都有如此多的人被投进焚尸炉，最后成为飘散于空中的一缕黑烟。显然，这是"原形态"的。据相关资料记载：截至1945年，欧洲近600万犹太人成为纳粹分子屠刀下的冤魂，其中还包括100万儿童。进入集中营的约有80%的人，从军用列车下来就直接被投进了毒气室，然后进了焚尸炉，只有被鉴定有劳动能力的人才被送往集中营干活，但这只是其中的一小部分。在奥斯维辛集中营中，焚尸场是其中的主要建筑，这些死亡机器在集中营中永不停息地运转着，每天都有近万人在集中营中丧生。在《死亡工厂》中有过这样一段历史的真实记录：

> 　　载有妇女和孩子的卡车开到4号焚尸场。更衣室挤得满满的。以克拉麦尔队长为首的党卫军分子，担心这些不幸的牺牲品会出事，因而采取了一系列"预防措施"。机枪，警犬和成群的党卫军全都出动，布置在毒气室和焚尸场的周围。
>
> 　　毒气室前女犯人中间，站着一名带一个5岁女孩的妇女。女孩子已经等得不耐烦了。她不断地在问，什么时候轮到她们进去。母亲噙着眼泪安慰她："再等一会儿，快了，很快我们就要到奶奶和爷爷去的地方去了。我们要先洗个澡，换上干净衣服，再去……"①

所有的奥斯维辛的真实如果化成具体的数据，更是令人震惊

---

① 〔捷克〕奥托·克劳乌斯、艾利希·库尔卡：《死亡工厂》，第62页。

的。下面的表6-3即是《死亡工厂》中的一组数据统计表。

表6-3    焚尸场的死亡数据统计

| 焚尸场编号 | 焚尸场<br>工作月数 | 焚尸场一个月的<br>"生产"能力 | 焚尸场建成以来的<br>"生产"能力 |
|:---:|:---:|:---:|:---:|
| 1 | 24 | 9000 人 | 216000 人 |
| 2 | 19 | 90000 人 | 1710000 人 |
| 3 | 18 | 90000 人 | 1620000 人 |
| 4 | 17 | 45000 人 | 765000 人 |
| 5 | 18 | 45000 人 | 810000 人 |

注：此表引自《死亡工厂》。

这就是焚尸场的"生产"能力，而它的"生产"过程总要通过那个具体的实物"烟囱"来结束，萨克斯在诗中就是紧紧地"抓"住了这"烟囱"。如此具象化的写作，不仅凸显了事件的"原形态"，更是产生了真实并强烈的感染力。

再譬如，集中营里的号码。

号码，即是人的代码，好端端的生命在集中营中就成了一个简单的数字。诗集《星光暗淡》中就有一首关于号码的诗：

当你们的形体成了灰
沉入夜的海，
那儿永恒将生与死
冲入潮汐——

号码突出——
(烙在你们的臂上
谁也逃不脱折磨)

号码中升起彗星，

被召唤到空间

那儿光之年像箭挺伸

行星

从痛苦这神奇的物质

诞生——

号码——根就扎在

凶手的脑中

被计算进

带蓝脉天体轨迹

秘密的循环。

————《号码》①

　　这集中营中一串串的数字号码就是一队队鲜活的生命。读着这样的诗，想象着集中营中的"囚犯"排着队接受刽子手用滚烫的火烙在他们的身上的血淋淋的号码，哪个读者的心灵能不产生强烈的震撼？

　　还譬如，集中营里的声音。

　　集中营里最刺痛人心的声音是哭声与哀嚎。萨克斯的诗中对这种声音的描述无处不在：孩子的哭泣声、人们的控诉声，还有死者的话语声，等等。《圣地之声》传递出的就是死者的声音。

通过孤独的管道，

死者的声音在说：

把复仇的武器放入耕田

让它们变轻——

————

① 〔瑞典〕奈丽·萨克斯：《逃亡》，第59页。

　　　铁和鼓也是兄妹

　　　在地球的怀里——

　　　……

　　　快回来，告诉那儿

　　　那儿眼泪意味着永恒。①

　　死者都在说话，生者更要呐喊。死者的声音化作了眼泪传递给读者，读者在这话语声中反思着那一段血色的历史。

　　最后，也譬如，骨灰。当人的生命被戕害之后，焚尸炉的"工作"结束了，烟囱的青烟停止了，生命只剩下了一把骨灰，在无光的世界里，他们的灵魂沿着哪一条路奔波呢？作者在聚焦骨灰的同时，想为他们点燃蜡烛。在《我为你点燃蜡烛》一诗中，作者写道：

　　　我为你点燃蜡烛，

　　　烛苗祈祷摇曳随风，

　　　泪水出眶；你的灰在坟墓

　　　听得出在呼唤永恒的生命。

　　　哦，相逢在陋室。

　　　我若能知道自然力的本意；

　　　它们指着你，因为一切总是

　　　指着你，我只会哭泣。

　　　　　　　　　　　　　　　　——《我为你点燃蜡烛》②

　　烟囱、号码、声音、骨灰，等等，这些在奥斯维辛都是司空见

---

①　〔瑞典〕奈丽·萨克斯：《逃亡》，第43页。

②　〔瑞典〕奈丽·萨克斯：《逃亡》，第16页。

惯的、习以为常的，有谁会关注它们呢？萨克斯关注了。萨克斯通过具象化的书写，在诗的世界里还原了生活的本真形态。

第二，灾难人群的多极化描写。奥斯维辛原本就是个灾难的世界，萨克斯在描述陷于大灾难里的人们的时候，并不锁定哪一类人，而是选择多极化描写，因为这是生活的"原形态"。所以，她笔下的受苦受难的人们包含了各类人，这里有未出生的孩子、已出生的婴儿、正在成长的小孩儿，还有他们的母亲、父亲以及生者和死者。

事实上，在奥斯维辛，灾难和死亡是不需要原因的，它可以随时降临，更可以降临到任何人的身上。譬如，如果刽子手认为某人可以用作研究材料，那么，瞬间，鲜活的人就会即刻变为"材料"。《死亡工厂》的作者曾为一对犹太父子被作为标本的事作过这样一段记述：

门格勒来到一列军用列车时，注意到了一位50来岁的驼背男人，他身旁站着一个15岁左右的少年。这孩子的右腿比左腿短，穿着矫形鞋，此外，还拄着拐杖。这是一对父子。

门格勒博士自以为，他眼前看到的正是犹太种族退化的例证。他叫出他们，并命令党卫军分子将这两个可怜的人送往1号焚尸场。

……

晚上，门格勒博士来了，这一天他处死了一万多人。他以极大的兴趣读完了对两名牺牲品的临床和解剖检查记录。门格勒博士声称："尸体不要烧毁。将他们制成标本。标本架送柏林人类学博物馆。"

门格勒博士把几名医生带到了焚尸场，让他们看了标本骨架。他们神情严肃的看着他们，谈话里夹杂着一些科学术语。这些医生，和门格勒博士一样，都在力图证明种族有优劣的伪科学理论。标本被装进结实的纸袋里，往柏林发运。纸袋上注明："军需急件"①。

"军需急件"，多么刺眼的词语。人居然在瞬间就被变成了非
人，如果不是《死亡工厂》的作者们这些亲身经历了奥斯维辛的
人们将此事记录下来，那么人们或许会以为这一切只是杜撰。由此
可见，陷于奥斯维辛苦难中的人们，头上随时都悬挂着一把达摩克
利斯剑，而且是指向除凶手之外的每一个人。

萨克斯笔下的灾难人群的多极化描写就是在揭示灾难的普遍
性。先看孩童：《一名死去的孩童如是说》中向人们展现了一名孩
童在临死前与母亲分手的情景："我的母亲握住我的手。/后来有
人举起离别的刀刃：/为了不让它伤到我/母亲松开了我的手。/但
是她再次轻触我的大腿/而她的手淌着血——/接着，离别的刀刃/
将我吞食进的每一口切割为二——/它随着旭日在我眼前升起/开始
在我眼中磨利——/风和水在我耳中磨碎/而每一声安慰之语刺痛了
我的心——/当我被引入死亡/在最后一刻我仍感觉到/那把已出鞘
的离别的巨大刀刃。"萨克斯通过死去的孩童之口，将一个孩子被
杀害的情景赤裸裸地、血淋淋地展现在读者的眼前，让读者在这样
的诗句中受到震撼，从而领悟大屠杀的残酷性。还有母亲的死、父
亲的死、个体的死、群体的死，等等。

除了死去的人，那些幸存者们也是作者笔下主要的描述对象。
在大屠杀中存活下来的人，他们是否因为自己是幸存者而感到幸福
了呢？他们对未来的生活还抱有希望吗？萨克斯在《世界啊，不
要询问那些死里逃生的人》中告诉读者，"世界啊，不要询问那些
死里逃生的人/他们将前往何处，他们始终向坟墓迈进。"这些在
集中营中死里逃生的人，对未来是迷惘的，他们在大屠杀中失去了
自己的亲人，即使自己侥幸存活了下来，在经历了集中营的种种恐

---

① 〔捷克〕奥托·克劳乌斯、艾利希·库尔卡：《死亡工厂》，第59页。

怖之后，他们也已经找不到存活下去的动力。作者是这样书写获救者的吟唱的：

我们得救者，
死亡用空骨削它的长笛，
死亡用怀念作它的琴弓——
我们的躯体跟着呻吟
随着残缺的音乐。
我们获救者，
为我们的脖颈搓好的绞索
还悬在面前的蓝天——
沙漏盛满我们的血滴。

我们得救者，
恐惧的蠕虫在蚕食我们。
命运在尘土中埋葬。
我们得救者，
请求你们：
将你们的太阳慢慢指给我们看。
领着我们一步步从一个迈向另一个星球。
让我们再悄悄地学会生活。

——《得救者合唱曲》①

作者笔下的这些劫后余生的人看到的是死亡的绳索仍然摆荡于他们的眼前，恐惧仍然悬在他们的心头无法离去，即使鸟儿的歌声或汲满井水的木桶都可能使他们的苦痛再次迸裂，他们虽然

① 〔瑞典〕奈丽·萨克斯：《逃亡》，第29页。

肉体幸存，但心中早已千疮百孔，甚至已成为了生活中的行尸走肉。可见这些亲身经历灾难的人其身体和心灵遭到的极大摧残。

这种灾难的多极化展现，源于奥斯维辛的"原形态"，是真实的、没有扭曲的书写，令人读起来有诗的报告之感。

萨克斯书写了殉难者的悲怆和幸存者的苦难，但即便如此，萨克斯却不愿接受"犹太命运的女诗人"这一称号，因为苦难不是哪一民族所独受的。纵观整个人类的历史，种族歧视、迫害、屠杀从来就没有停止过，人类的苦难命运是共同的。因此，萨克斯的终极关怀是整个人类的命运。

应该指出的是，尽管萨克斯基于"原形态"来书写苦难，但是，她对世界并不绝望，她在深刻透视现实的基础上对世界的进步充满信心。

她主张用信仰来治疗这些创伤，在给约翰内斯·埃德菲尔特的信中她说："我一生的作品就来自这样的源泉：希特勒统治下度过的七年中一个最亲爱的人烈士般惨死，但我从未失去过信仰。这是我们在尘世的使命，让尘土痛彻亮透，将我们在黑暗中的作为记入不可见的宇宙，而不论真善恶。"[1]

她还主张以仁爱来疗伤。以《圣地的声音》一诗为例，诗中的死者透过芦笛向活着的人诉说："把复仇的武器置于田野/让它们变得温柔——/因为在大地的子宫里/即使铁器和谷物也属同类——"。她不希望被迫害者成为迫害者，希望活着的年轻人能"将其憧憬的旗帜抖开/因为原野渴望被他们爱/沙漠渴望被滋润/而房屋将向阳而建"（《如今亚伯拉罕已经抓住风的根》）。她不是让大家忘记这段惨痛的记忆，而是请大家不要沉浸在悲痛中，"将时光连同那遮暗光线的尘土一起哭掉"（《盖新房的人们》），她认为应该投入到对以色列土地的新的建设中。德籍犹太女诗人希尔德·杜明

---

① 〔瑞典〕奈丽·萨克斯：《逃亡》，第376页。

（Hilde Domin）的生活经历跟萨克斯相似，那些有关集中营的战后图片一直是她的梦魇。她说直到阅读萨克斯的诗作之后，那些死者才在她的心中埋葬，他们才沉淀为一般人对死者的那种记忆①。

可见，萨克斯的创作目的并不是止于揭露苦难，她是想用她的文字启迪后世谨记这样苦难的教训，以免不幸再次发生。

很明显，萨克斯区别于伊姆雷的地方是她选择去揭露苦难，让诗歌接近生活的"原形态"，诗作饱含泪水和哀伤；而伊姆雷的小说却大大消解了大屠杀和集中营所带来的苦痛。虽然两位作家的创作题材都聚焦于奥斯维辛，但两人的表达方式是不一样的。萨格斯在诗歌、戏剧中对集中营残暴恐怖的揭露，是从整个犹太民族，甚至是全人类所遭受苦难的角度去思考的，让读者直接从作品描述的画面中受到震撼，并于其中融入作者浓重的丰富的情感色彩，这种表达方式比较直接，极富感染力。伊姆雷的《无命运的人生》对于集中营的描写是他对这段历史进行的一种变形、扭曲的思考，用的是一种迂回的情感表述方式，侧重于个体的体验，读者只有通过细细回味才能感受到其中的震撼，手法上更加趋于间接性表达。

综上所述，两位犹太裔作家都在试图用作品来书写奥斯维辛。相比较而言，伊姆雷的写法是非常态的、扭曲的、变形的，作者投入到小说中的情感是冷漠的；萨克斯的笔法是常态的、直接的、写实的，作者投入到作品中的情感是浓烈的。

## 第四节　情愫凝重：悲壮与崇高

什么样的作品具有崇高的品质？用朗吉努斯的话来说，即"凡是古往今来人人爱读的诗文，你可以认为它是真正美的、真正

---

① 梁慧：《眼泪象征永恒——论女诗人奈丽·萨克斯》，《杭州大学学报》1996 年第 1 期，第 103 页。

崇高的。因为如果不同习惯、不同生活、不同嗜好、不同年龄、不同时代的人们，对于同一作品持同一的意见，那么，各式各样批评者的一致判断，就使我们对于他们所赞扬的作品深信不疑了。"①崇高是个属于美学范畴的词语，探索萨克斯诗作的崇高，自然是在从美学的角度去探讨她的诗作风格。不过她的诗歌的崇高与悲壮相关，所以，这里要从悲壮谈起。

## 一　一种厚重的底色——悲壮

萨克斯诗作的崇高来源于何处？那要看她的作品中是什么东西打动了各类读者。毫无疑问，是其悲壮的情感。所以，若要探讨萨克斯诗作的崇高，就要从悲壮入手。

那么，什么是"悲壮"？所谓悲壮，既可解释为"情节的悲哀而壮烈"，又可解释为"情感的哀伤与激昂"。②在萨克斯的诗作中，悲壮是一种厚重的底色。这可从如下两个层面观之。

首先，是情节的悲壮。这在诗人的诗作中已是令人触目惊心。这里，可以选择两点来讨论，即死亡的恐怖和色彩的沉重。

其一，死亡的恐怖。死亡在萨克斯的关于奥斯维辛的诗作中仿佛是个主人公，到处出现。萨克斯还真是"残酷"，其死亡书写是在多个层面上展开的。譬如，将血淋淋的残杀过程展露在读者眼前，这首《死去的孩子说》可以是典型之作：

> 妈妈抓住我的手。
> 有人举起离别的刀；
> 妈妈松开我的手，
> 好去挡落下的刀。

① 张秉真、章安祺、杨慧林：《西方文艺理论史》，中国人民大学出版社，1994，第 89 页。
② 中国社会科学院语言研究所：《现代汉语词典》，商务印书馆，1977，第 40 页。

　　她轻轻碰到我的臀部——
　　她的手在淌血——

　　从此那刀
　　劈开我喉咙的食物——
　　晨光中刀随太阳而出
　　在我的眼中它变得锋利——
　　在我的耳中风水在击磨，
　　安慰只能伤我的心——

　　当我被领向死亡，
　　最后的瞬间我感到
　　离别的刀在出鞘。①

　　这首诗描述的是一个死去孩子对他自己死亡过程的回忆。这样一个惨不忍睹的场面与晨光、太阳、风、水这些自然景物联系在一起，以孩子的生命欲望反衬这血淋淋的死亡场面。

　　再譬如，诗人将死亡的瞬间作为落笔的中心，把这个瞬间的某个细节，或一个眼神，或只言片语，在读者面前细细道来，令这细节牵动着读者的毛发。如《我只想知道》：

　　我只想知道，
　　你最后的一瞥落到何处。
　　落到石块上，它吞饮多少
　　最后的目光，盲目中的目光
　　又落到盲人的身上？

① 〔瑞典〕奈丽·萨克斯：《逃亡》，第10页。

落到泥土上，
它能灌满一只鞋？
它已经发黑，
为那么多的告别，
为那么多的死亡而准备？

落到最后的路上，
往昔上路前那一声保重
它又给你送上？

还是水的笑声，反光的金属，
仇敌的皮带，
还是天边
某一位占卜师？

没有爱抚地球不让你走，
那掠过的小鸟
可是她送你的信号？
提醒你的灵魂，她在颤栗
在她煎熬中的躯体。①

　　在这首诗中，作者通过对即将被杀害的人在这世界上的最后一瞥展开联想，想到这一瞥是落在了石块、盲人、泥土、鞋、路……还是其他她都想不到的地方？但是不管是落到什么地方，这最后的瞬间都传递出即将被杀害的人们对生命的眷恋。

　　还譬如，诗人竟将死亡过后的某些细节铺陈出来。人死之后会

----

① 〔瑞典〕奈丽·萨克斯：《逃亡》，第 25 页。

被埋葬，而活着的人只剩下怀念已经死去的人。这一死一生的两情两境也都融入了诗人的笔端。在诗作《上天安慰的手臂环抱着她》中，萨克斯描述了一位母亲因为死去的孩子而在疯狂的妄想，并在孩子得以埋葬之后而死去的过程：

> 上天安慰的手臂环抱着她
> 她站着，疯狂的母亲
> 带着撕碎的理智的残片，
> 举着焚毁的理智的余烬
> 将她死去的孩子装入棺材，
> 将她失去的光装入棺材，
> 将她的手合成一个罐，
> 从空中攫取孩子的躯体，
> 从空中攫取他的眼、他的头发
> 还有他跳动的心——
>
> 然后吻一吻空中出生的孩子
> 死去！[1]

说萨克斯"残酷"真不为过——血淋淋的死境、临死前的目光、永无相见的生死之隔，等等和死亡相关的每个过程都没有逃离她的笔下，俨然现出了一个死亡的链条。

其二，色彩的沉重。纵观萨克斯的诗歌，满眼尽是奥斯维辛的黑暗与鲜红的血色。哭泣、死亡、折磨、挣扎、苦难以及毫不避讳的血淋淋的场面，这些都让她的诗歌营造出了一种极度沉痛悲愤的氛围。以《屋上的烟囱》为例，原本应该是象征着生活气息的烟

---

[1]　〔瑞典〕奈丽·萨克斯：《逃亡》，第 11 页。

囱，在集中营中却被用来当做焚尸炉；"构筑精巧"的并且拥有
"惹人注目的外形"的楼房本来应该住人，但在集中营中却被充当
杀人的场所；"屋主"本应该是人，死亡却让这里容不下任何
人……这一系列事实所透露出来的是令人无比的恐惧。除此以外，
诗人还擅长把握一些特殊关注，如"孩子"在她的诗中出现的频
率就很高，但她在诗歌中并没有单纯地写孩子，而是借孩子来传达
纳粹刽子手对儿童所行的无辜残杀。这在《哦，哭泣的孩子的夜》
《死去的孩子说》《哦，我的孩子》等诗中均有体现。又如她对
"手指"的关注，在《在死亡之屋》和《伊莱》中，"手指"所暗
指的是党卫军军官们的手指，而当犹太人看到他们的手指的那一
刻，即意味着死亡已不远了。

悲剧的沉重氛围是萨克斯诗歌的基调，死亡的气息加上沉重的
色彩都成为悲壮的核心要素。

其次，是情感的悲壮。这里，作者同样是在多个层面上来表现
的。仅以诗中的"声音"为透视点，就可见：个体的诉说——集
体的呐喊——内心的控诉——合唱的轰鸣，等等。

先看个体的诉说。诗人首先作为一个个体的存在在用文字述
说。萨克斯将自己的所思所感，以诗歌的形式向世人倾诉。同时，
在诗歌中，她又让自己笔下的某个生命发出他的声音。诗人不仅将
话语的权利让给生者，有时又赋予死去了的人以说话的机会。如上
文中所列举的《死去的孩子说》。

再看集体的呐喊。除了个体的倾诉，萨克斯在诗歌中有时让整
个犹太民族喊出了他们的心声。最为典型的就是诗剧《以利》（又
译《伊莱》），诗中云："我们命运的裂人肺腑的惨剧不应当再用枝
节去冲淡".①

还有内心的控诉。诗歌同样可以使用小说中的心理刻画的手

---

① 〔瑞典〕奈丽·萨克斯：《逃亡》，译本前言第 5 页。

法。萨克斯对此十分在行。在《星光暗淡》中，诗人集合了众多
在苦难中受伤的内心的控诉。《哦，你世界哭泣的心》《我们受伤
了》《去向何方，哦，去向何方》……诗人有四句诗曾被人们一再
引用："世界，你怎么还在玩你的游戏/这游戏欺骗时代/世界，小
孩被当做蝴蝶/拍打着翅膀投入火中"①诗中蝴蝶所代表的是一种
自由，在纳粹集中营中的儿童经常会将蝴蝶画入画中。这是一种期
盼，也是一种控诉。通过蝴蝶，所控诉的是一种毫无自由的生活
状态。

最后是合唱的轰鸣。萨克斯擅长以合唱来表现众人、团体、民
族的声音。譬如《在死亡之屋》中，有着一系列的"合唱曲"：
《得救者合唱曲》《孤儿合唱曲》《死者合唱曲》《地球合唱曲》
《不可见之物合唱曲》《云的合唱曲》《树的合唱曲》《安慰者合唱
曲》以及《未降生者合唱曲》等。在这里，诗人将活着的人（得
救者、孤儿、安慰者）、死了的人（死者）、大自然中的物质（地
球、云、树），以及不可预知的事物（不可见之物、未降生者）集
聚在一起，让各种现存的力量都发出他们各自的声音。这是一种集
体的呼声，也是一种情感的特殊汇聚。当所有的悲伤在一个画面中
一起展现的时候，给读者带来的是一种震撼之后的轰鸣，继而是情
感上的悲壮之凝聚。

## 二 悲壮的情感升华——崇高

以上一直在论述萨克斯诗作中的悲壮。那么这种悲壮是如何转
化为崇高的呢？

首先，什么是崇高？这是我们首要解决的问题。对于这样一个
概念，最早可以追溯到公元3世纪雅典修辞学家卡苏斯·朗吉努斯
（Casius Longinus，213~273年）对它的描述。在他看来，"崇高"

---

① 〔瑞典〕奈丽·萨克斯：《逃亡》，译本前言第94页。

的根源在于崇高的事物和崇高的心灵这主客观两方面。[1] 他曾这样
形象地去表达崇高："在本能的指导下，我们绝不会赞叹小小的溪
流，哪怕它们是多么清澈而且有用，我们要赞叹尼罗河、多瑙河、
莱茵河，甚或海洋。……关于这一切，我只须说，有用的和必需的
东西在人看来并非难得，唯有非常的事物才往往引起我们惊叹。"[2]
由此可见，崇高是需要两方面条件的：这其中之一的审美客体必须
要"非常之大"，即数量上的庞大和力量上的强大；而相对的另一
方即审美主体，则需要被审美客体的"非常之大"引发惊讶和赞
叹。只有在这样的两者兼具的过程之中，崇高之感才能生成。从上
文所论述的有关崇高的含义之中，不难发现，惊讶与赞叹是作为审
美客体对于审美主体所产生的效果。朗吉努斯认为，"崇高的风格
能产生巨大而深刻的感染力，这种力量'往往胜于说服与动听'。
说服，主要靠严密的逻辑论证，诉诸人的理智，使人觉得有理；动
听，主要凭悦耳的言词韵律，诉诸人的情感，使人感到愉快。然
而，崇高却兼二者之长，它具有不可抗拒的魅力，能够征服听众的
心灵，令人心荡神驰、惊叹不已，并留给人不可磨灭的印象。"[3]
这就是伟大的诗人与作家能够流芳百世、不同凡响的原因——
崇高。

　　崇高所带来的首先是一种震撼力与感动力，这是对于审美主体
心灵上的一种强烈的触动感；其次，崇高能够瞬间激发出一种潜在
的力量之感，正如在《论崇高》之中所描述的狂风闪电似的效果：

　　　　崇高风格到了紧要关头，像剑一样突然脱鞘而出，像闪电
　　一样把所碰到的一切劈得粉碎，这就把作者的全副力量在一闪
　　耀之中完全显现出来。[4]

---

① 张秉真、章安祺、杨慧林：《西方文艺理论史》，第 80 页。
② 张秉真、章安祺、杨慧林：《西方文艺理论史》，第 81 页。
③ 张秉真、章安祺、杨慧林：《西方文艺理论史》，第 81 页。
④ 朱光潜：《西方美学史》（上卷），人民文学出版社出版，1979，第112页。

在震撼力与感动力之下的审美主体，同时感受着外界所带来的强大力量，于心灵的共鸣之间倍感一种猛烈的冲击力，从而得以释怀内心的恐惧，达到无所畏惧的境界，继而充满勇气。这就是崇高所带来的转变与升华的效果。

既然知道了什么是崇高以及崇高会产生怎样的效果，那么，什么样的作品才能算是崇高的呢？这就需要一个较为明确的评判标准。

世界上没有一个统一的评判标准，恐怕永远都不会有。因为文学的世界从来都不会有一刀切的事情出现。但是，讨论问题还是可以有一个依据的。这里，如果参考朗吉努斯的观点，那么，在思考作品崇高与否的时候，必须要想清楚三个问题。首先，是作家的创作问题，即作家怎样创作或者说在创作内容和特点上是否崇高；其次，作品所得到的当时的社会评价，即与作家生活在同一时代的人是否认为这部作品崇高；最后，还必须经得起时间的考验，即后世的人们是否依旧认为它是崇高的。具备了以上三点，基本上可以判断出一部作品是否崇高了。

我们在前文中说萨克斯的诗作是悲壮的，而这种悲壮正体现了这种气势之大。与此同时，她的诗作是否满足了上述朗吉努斯提出的作品体现出崇高性的三个标准呢？

第一点，就作家的作品本身而言，萨克斯的诗歌在面对灾难的时候，它所展现的是一种牵人魂魄的共鸣。在《逃亡》这本书的译本前言中，译者就曾引用特奥尔多·阿多诺的一段话作为全文的终结去概括萨克斯的诗歌创作："沉入个性化，让未加曲解的、未加理解的、未加概括的都表露出来，从糟糕的共性化即过分的琐细化不再束缚人性的状态中先行一步，从精神上有所收获，从而使抒情诗达到共性化。抒情诗的画面则从绝对的个性化中期待着共性化。"①

---

① 〔瑞典〕奈丽·萨克斯：《逃亡》，第15页。

从萨克斯的一生来看，苦难是她的生活，这是事实。诗人将个体的悲哀以作品的方式传达给更多的人，让更多的人去感受这一种灾难之后的悲哀之情，这是一种情感上悲壮的外在展现，并且作者通过作品将更多的读者的更多颗陌生的心灵拉近，共同反思那一段苦痛的历史，让集体的悲壮在读者的心中撞击出人性向善的崇高。

第二点，萨克斯的诗歌在面对历史的时候，它所传达出的是对于历史厚重的思考。没有人会忘记奥斯维辛的那段历史，尤其是对于一个犹太人来说。尽管我们不能单一的将其作品简单地纳入"大屠杀文学"的框架之中，但是不得不说，无论是在萨克斯的诗歌还是戏剧之中，我们都能强烈地感受到大屠杀留下的哀伤。面对苦难，诗人并没有选择漠视，而是奋笔直书。在这样的过程之中，作者一直在思考着这样的一个问题：自我在他者的世界中如何生存下去。自我是单个的个体，或者说是整个犹太民族的个体存在；他者相对于自我是一种噩梦式的存在，是以希特勒纳粹式的恐怖为代表的苦痛的存在。然而，悲剧并不代表着沉沦，而是可以用来唤醒更多的人，尤其是犹太民族的民族意识。这种思考所引发的是一种情感上的悲壮取向，而对于特定的时代来说，也记录了历史的真实，这本身又是一种崇高。

第三点，就现代影响来说，萨克斯的诗歌也引发了一系列关于文学关注的问题。文学究竟是应该更多地去关注生活中的一些鸡毛蒜皮的小事，还是应该将重心集中于重大的历史事件上，这是仁者见仁、智者见智之事。但从萨克斯的角度来说，她以一生的创作聚焦历史，关注时代中的重大事件，显示了她是一个真正具有责任感的作家。作家如能引导和启发人们去关注和反思历史，从而促使人们更好地去解决面临着和发生着的各种问题，无疑是和读者产生了心灵上的共鸣。萨克斯便是如此。

从以上三个方面来看，萨克斯的作品是具有崇高性的。她一直在做这样的一种工作：将所有奥斯维辛的苦难会聚成一片海洋，让所有的灾难与不幸铺成沙滩，演绎出人间最为悲壮的史实，直至人类心灵的深处而升华为崇高。正如在 1966 年的诺贝尔文学奖颁奖典礼上，瑞典学院的英格瓦·安德森所描述的："激起萨克斯灵感的悲壮之情是没有仇恨的，从她的创作根源上来说，排除仇恨使得作品中人的苦难显得崇高。"①

---

① 〔瑞典〕奈丽·萨克斯：《逃亡》，第 396 页。

# 第七章
# 纳丁·戈迪默

Nadine Gordimer

我所写或所说的任何事实
都不会比我的虚构小说真实。

——纳丁·戈迪默

纳丁·戈迪默（Nadine Gordimer, 1923 ~ ），南非作家。因
"她史诗般壮丽的作品使人类获益匪浅"①，于 1991 年获得诺贝尔
文学奖。这是获此奖项的第七位女作家。

## 第一节　南非斯林普斯的"史诗"作家

"小时候我最喜欢做而且被大人们鼓励去做的一件事，就是模
仿他人，逗人发笑，我总是模仿得很像。我可以像鹦鹉那样模仿口
音和讲话方式，有时候妈妈的朋友来玩，我就模仿别人的声音给他
们听"。世上有这样一位作家，就是从儿时幼稚的模仿起步，而发
展成为当下以小说模仿世界的文学大家，她就是戈迪默，瑞典文学
院称她的创作如"史诗般壮丽"。为了更好地了解她，我们就顺着
这段文字走进她的童年。

1923 年 11 月 20 日，纳丁·戈迪默出生于南非德兰士瓦省约
翰内斯堡的小镇斯林普斯，双亲都是犹太人，父亲自幼逃离东欧立
陶宛移民至南非定居，母亲则来自伦敦。在一次访谈中，戈迪默说
起了自己的创作："我在 9 岁或 10 岁时候就开始写作了，说真的，
我一生写作、永不止息。从我还是稚气十足的小姑娘时就开始写诗
歌了……我读书不偷懒，我一生读了很多书。从我孩提时期起，我
母亲一直担心我身体娇嫩、病魔缠身，所以对我格外疼爱，甚至不
让我做什么体育活动。于是我把读书当作我的生活乐趣，然后我开
始写作。"② 可见，戈迪默从小就萌发了对文学的强烈兴趣和喜爱。
她 9 岁时开始尝试创作，13 岁发表了名为《追求看得见的黄金》
的寓言故事，深受好评。接着，在 15 岁那年，她便在杂志上发表
了小说处女作《昨日再来》。23 岁那年，她进入约翰内斯堡的威特
沃斯特兰大学学习。两年后，她的第一部短篇小说集《面对面》

---

① 彭诗琅、廖隐邨主编《诺贝尔文学奖金库》，第 691 页。
② 宋兆霖主编《诺贝尔文学奖文库·访谈录卷》，浙江文艺出版社，1998，第 312 页。

问世。1952年，她又出版了第二部短篇小说集《蛇的低语》。随着第一部长篇小说《说谎的日子》（1953）的发表，她正式开始了一个作家的人生征程。20世纪70年代的严酷社会现实更激起了戈迪默新的创作灵感，她的长篇小说创作也因此达到了高潮。进入2000年后，戈迪默仍然保持着良好的创作状态。如今，戈迪默的作品已被译成20多种文字出版，其影响跨出南非，蜚声世界文坛。

对于为何走上创作的道路，戈迪默说过："在我居住的小城市里有一所了不起的公共图书馆。我很幸运，当时有一个人主动指导我如何正确选择图书，哪些书该读，哪些书又不该读。我母亲也读了很多书……她还是鼓励我读自己选择的书。就这样，我在文学创作道路上迈出了第一步，使我以后成为一名小说家、作家。"① 而她成为作家的更重要的原因，是她能深刻地理解生活。小时候的戈迪默，只知道"黑人的孩子不看电影，不参加舞会"。因为那时候年龄还小，她一直认为这些都是上帝的安排。随着年龄的增长，她逐渐认识到，上述现象并非上帝所为而都是人为的结果。可以说，自己"和黑人有着更多的共同之处"是戈迪默在生活中探索和感悟出来的真实感受。于是，她将这种感悟融入到自己的创作之中。尽管她深受欧美文学的影响，但她的小说背景均为南非，故事都发生在她熟悉和生活过的地方。她用丰富的文字和深刻的思想反映了南非的生活，传达出自己真实的情感和对现实的评判。

总之，戈迪默的文学成就卓著，并具有鲜明的时代性。所以，诺贝尔文学奖颁奖委员会对她的创作给予了很高的评价："她的文学作品由于提供了对这一历史进程的深刻洞察力，帮助了这一进程的发展"。② 若对其创作历程进行分期，有必要先观其主要作品目录，见表7-1。

---

① 宋兆霖主编《诺贝尔文学奖文库·访谈录卷》，第312~313页。
② 彭诗琅、廖隐邺主编《诺贝尔文学奖金库》，第692页。

表7-1 纳丁·戈迪默的主要作品目录

| 体裁 | 作　品 | 出版时间 |
|---|---|---|
| 长篇小说 | 《哭泣吧！亲爱的祖国》<br>(*Cry, The Beloved Country*) | 1948 年 |
| | 《说谎的日子》又译《虚妄年代》或《缥缈岁月》<br>(*The Lying Days*) | 1953 年 |
| | 《陌生人的世界》<br>(*A World of Strangers*) | 1958 年 |
| | 《恋爱季节》<br>(*Occasion for Loving*) | 1963 年 |
| | 《资产阶级世界的末日》<br>(*The Late Bourgeois World*) | 1966 年 |
| | 《尊贵的客人》<br>(*A Guest of Honour*) | 1970 年 |
| | 《自然资源保护论者》又译《生态保护者》<br>(*The Conservationist*) | 1974 年 |
| | 《伯格的女儿》<br>(*Burger's Daughter*) | 1979 年 |
| | 《七月的人民》又译《朱利的族人》<br>(*July's People*) | 1981 年 |
| | 《大自然的运动》又译《自然变异》<br>(*A Sport of Nature*) | 1987 年 |
| | 《我儿子的故事》<br>(*My Son's Story*) | 1990 年 |
| | 《无人伴我》<br>(*None to Accompany Me*) | 1994 年 |
| | 《新生》<br>(*Get a Life*) | 2005 年 |
| 短篇小说集 | 《面对面》<br>(*Face to Face*) | 1949 年 |
| | 《蛇的低语》<br>(*The Soft Voice of the Serpen*) | 1952 年 |

| 体裁 | 作　品 | 出版时间 |
|---|---|---|
| 短篇小说集 | 《六英尺土地》<br>(*Six Feet of the Country*) | 1956 年 |
| | 《星期五的足迹》<br>(*Friday's Footprint*) | 1960 年 |
| | 《利文斯顿的伙伴》<br>(*Livingstone's Companions*) | 1970 年 |
| | 《短篇小说选》<br>(*Selected Stories*) | 1975 年 |
| | 《士兵的拥抱》<br>(*A Soldier's Embrace*) | 1980 年 |
| | 《有什么东西散落在那里》<br>(*Something Out There*) | 1984 年 |
| | 《开枪前的一刹那》<br>(*The Moment Before the Gun Went Off*) | 1988 年 |
| | 《跳跃短篇小说集》<br>(*Jump：And Other Stories*) | 1991 年 |
| | 《战利品短篇小说集》<br>(*Loot：And Other Stories*) | 2003 年 |
| | 《贝多芬是 1/16 的黑人》<br>(*Beethoven Was One-Sixteenth Black*) | 2007 年 |
| 评论文集 | 《黑人解释者》<br>(*The Black Interpreter*) | 1973 年 |
| | 《基本姿态》<br>(*The Essential Gesture：Writing，Politics and Places*) | 1988 年 |
| | 《写作与存在》又译《创作与生存》<br>(*Writing and Being：The Charles Eliot Norton Lectures*) | 1995 年 |

注：此表根据相关材料自制。

纵观戈迪默的创作历程，可分为三个时期：1932～1970 年为创作初期；1970～2005 年为创作中期；2005 之后为创作后期。

## 一　创作初期

戈迪默是从少年时代开始写作的，评论界将她于 1970 年出版的长篇小说《尊贵的客人》视为其创作的一个分界线。故从 1932 年开始到《尊贵的客人》发表的 1970 年，可以说是其创作的初期。

戈迪默自小就产生了对文学艺术的热爱，世界文学领域的许多作家的作品都是她广泛阅读的对象。9 岁时，戈迪默就开始尝试写作。1936 年，她发表了名为《追求看得见的黄金》的寓言故事，受到了读者的好评。第一部长篇小说《说谎的日子》（1953）的发表标志着她正式开始了一个作家的创作之路。《星期五的足迹》和《不宜发表》等短篇小说集和长篇小说《陌生人的世界》（1956）、《恋爱季节》（1963）、《资产阶级世界的末日》（1966）都在这一时期相继出版。

综观这一时期的作品，戈迪默旨在揭示南非人民特别是广大黑人和有色人种在白人种族主义政权统治下的生活遭遇和反抗斗争，暴露种族主义的罪恶，并刻画现实社会中黑人与白人的种种矛盾心态，抨击种族主义制度对人性的扭曲。这是她以自身的生活来观照、探索并反映南非的历史和现状。相比较而言，此时她的短篇小说成就更引人注目。从艺术上看，戈迪默这一时期的作品已形成了现实主义的风格，体现了明显的写实性，真实地表现了人物的痛苦与困惑、失望与迷茫、沉沦与挣扎，透露出人物在平凡生活中的真实心理意识。小说结构严谨精巧，叙述生动细腻。

## 二　创作中期

从 1970 年长篇小说《尊贵的客人》的出版，到 2005 年《新生》的问世，可谓是戈迪默创作的中期。

《尊贵的客人》的出版令评论界对戈迪默刮目相看，而戈迪默也是以这部里程碑式的作品向世人证实了她在长篇小说创作上的卓越才能。如前文所述，她初期的创作是以短篇小说为主的，向人们揭示了这样一种现象：在南非，占少数人口的白人一直在统治着为数众多的黑人，并实行着残酷的种族主义统治，南非人正处于种族歧视的灾难之中，无论是白人还是黑人。进入创作中期，以长篇小说为创作重心后，作家的这一创作题旨依然延续着，中期是初期思想的深入和发展。有所变化的是，在中期的创作中，作者在作品中更多地寄予了理想和希望，但目光依然注视着南非。"南非的生活和在那里生活的人民"始终是戈迪默创作的中心，她的创作视角从未离开过这片土地。在《基本姿态》中，戈迪默写道，"一个作家的'事业'，即他的作品，是其作为社会存在的基本姿态。"① 这样的表述，更加强调了一个作家在一个大的社会群体中的作用。她认为，社会现实对于作家的创作来说是很重要的影响因素，而文学也影响着社会。她始终在追问：既然文学能影响人生、影响社会、影响国家，那么，在一个特殊的国家和一个特殊的时代，作为作家的我们所面临的使命是什么呢？正是因为有了这样的使命感，戈迪默以创作为行动，以改变南非的落后现实为目标，在创作中期待未来。这就是她此时的创作充满了理想与希望的原因。

　　总体而言，戈迪默这一时期的主要成就集中在长篇小说上。20世纪70年代中期以后，她相继出版了《自然资源保护论者》（1974）、《伯格的女儿》（1979）和《七月的人民》（1981）三部长篇小说，这也是她创作中期的主要代表作品。《自然资源保护论者》主要通过意识流的手法，在回忆中展开了主人公梅林的一生。作家所预示的是一场在南非即将发生的政治风波。一方面，南非的白人自以为拥有南非的土地，但在本质上却因无法真正成为其主人而万分焦虑；另一方面，南非的土地上存在着各种不同的势力，它们之间矛盾重重。所有迹象显示，这里并不太平，不同的社会矛盾

---

① 宋兆霖主编《诺贝尔文学奖文库·散文卷》，第407页。

正在酝酿着大的社会动荡。《伯格的女儿》以 1976 年索韦托黑人学生流血事件为背景，叙述了一个正直医生的遭遇。《七月的人民》尤其值得关注，故事的核心线索是：在社会动乱中，白人斯迈尔斯一家在一个名为"七月"的黑人仆人的引导下逃难到七月的家乡。处于迥异于过去的幸福家园的穷乡僻壤，他们之间的主仆关系渐渐发生了颠倒，黑人与白人之间的矛盾越来越激烈。这部充满现实意义的力作虽然带有一定的悲剧性，但仍然通过白人家族孩子对黑人部族生活的融入，寄托了作家饱含寓意的理想。短篇小说《士兵的拥抱》和《城市和乡下的恋人们》是戈迪默这一时期短篇小说的代表作，其中渗透着对于人性乃至革命多层面反思的深刻思想。

这一时期戈迪默在艺术上表现出来的特点是强烈的现实关注和"预言"色彩。现实性尤其体现在戈迪默的使命感上。对于戈迪默来说，创作是一种使命。创作不仅要写出可供读者阅读的文本，还要在写作过程中不断地探索、发现问题并力图解决问题。那么，行动则是解决问题的最终途径，要敢于行动。在接受法国《解放报》记者的采访时，戈迪默说："必须行动，要证明我是一个白种非洲人不取决于我的写作，而取决于我作为白人的行动。"从这个意义上讲，《伯格的女儿》《七月的人民》等作品都是作家对南非新旧政权交替时期社会上出现的"多种多样的病态症状"的关注，是一个作家的行动。而在《七月的人民》中，当黑人与白人之间的关系面临着严峻的考验时，作家虽没有给出如何解决这些病症的结论，但她在文本中已经寄予了解决矛盾的希望，使得这部现实性极强的小说带有了"预言"的色彩。这也正是戈迪默试图从这一切未定的诸多病症中寻找出路的积极努力。

## 三　创作后期

从 2005 年至今，是戈迪默创作的后期。她在这一时期创作的作品更倾向于关注现代人的社会生活和精神世界，这主要体现于她的新作《新生》和《贝多芬是 1/16 的黑人》当中。

在这两部作品中,戈迪默更加关注生活在南非特定历史中的家庭、个人,并对历史的具体问题加以反思和回应。小说《新生》以主人公保罗·班纳曼这个身患癌症的人的生活起笔,向人们展示了一个作为个体的人的反思。保罗·班纳曼是一个生态学家,因癌症进行放射性治疗而暂住于父母家中并且被隔离。从某种意义上来说,这种隔离是种族隔离的一种变体。保罗热衷于环保事业,而他的妻子却从事着为破坏生态环境的客户们做广告宣传的工作。小说的另一条线索是保罗的父母的关系。保罗的父亲能够原谅妻子 4 年的婚外情,但最后却不知缘由地在考古的行程中爱上了年轻的导游。戈迪默以充满荒诞色彩的故事情节叙述了"从痛苦绝症中奇迹生还,在幸福圆满后无望离散"的人物的悲欢命运。与此同时,小说也反映出了作家在人生和道德问题上的态度。

2007 年出版的短篇小说集《贝多芬是 1/16 的黑人》一共由 11 个短篇小说组成。戈迪默在这部短篇集中更加广泛地关注了整个现代社会的共通性:尽管人们生活在物质、科技都十分发达的现代社会,但人类对于自身生存意义的迷惘,却成了一个普遍的精神困扰,自我迷失和精神空虚成为现代社会中习以为常的现象。同时,戈迪默试图告诉人们:在迷失之后所面临的是如何选择。人类的生活无法预知,但我们可以选择。作家任意选择讲述故事的形式,就会有不同的故事结局。同理,人们任意选择人生的意义,也定会有不同的结局。可以说,这一时期的作品是戈迪默自身人生阅历的积淀。她在为南非奉献一生的同时,也为自己和这个社会开辟了一个小小的精神空间。尽管如此,她并没有在这部作品中转移写作的中心点,虽然作品中并没有直接地描写南非,但她所写的仍然隐喻着南非的现代生活。这部短篇小说集中的 11 个短篇都各有特点,如,《贝多芬的黑人血统》讲述的是一个白人主人公追寻自己黑人血统的故事;《逝去的一切》以一名南非妇女的视角,描写了她失去丈夫的伤痛。这部短篇小说集出版后受到读者的好评。

较之初期和中期的创作，戈迪默后期的写作更具有现代性的特征。这一时期的作品明显地见出了她对意识流手法的娴熟运用、存在主义思想的文本渗透以及荒诞性风格的融入。

## 第二节　天然作家：言为心声的践行

戈迪默在其受奖演说中，对自己作了一个十分中肯的评价，即"我是一个我所认为的所谓天然的作家。我不曾指望以供人阅读来谋生。"①可见，戈迪默是以"天然的作家"为荣的。而以文学批评理论的视角观之，"天然的作家"的理念是有其理论意义和实践意义的。

戈迪默在写作生涯中，自始至终贯彻着作为"天然的作家"的创作理念：创作是出于身心最自然的行为，从创作到发表，她的心目中没有特定的读者群，不管他人的评价如何，她始终坚持真实的写作，即"言为心声"。从她初识世界的孩提时代的写作，到凭借想象专注于欲望和爱情的青春期的创作，再到以深邃的思想洞察世界的后期创作，她都一以贯之这一理念。虽然戈迪默在其访谈录中曾说："我已经经历了许多岁月，遭遇了许多事情，观念当然会有所改变"，②但作家自身特有的创作独立的品格和坚持始终的深层理念却未曾改变。具体而言，即她始终具有作家的责任感、客观写实性及创作独立性。她拒绝被贴上种种艺术标签，如"女性主义作家"等，永久地保持创作自由的姿态，站在一个更高的人道主义的立场上进行创作，探求存在与真理，观照人的解放，超越种族、血统、性别及肤色，使文学与社会毫不脱节。

---

① 〔南非〕纳丁·戈迪默：《获奖演说：写作与存在》，载彭诗琅、廖隐郴主编《诺贝尔文学奖金库》，第695页。
② 宋兆霖主编《诺贝尔文学奖文库·访谈录》，第308页。

## 一 作家责任感

戈迪默虽然早年"不曾做任何决定要当一名作家"①——她曾说过:"我童年第一次拿起笔写东西的时候——九岁左右,怎么也没有想到,写作日后竟会成为大家全都认为就是我干的工作,也没有想到,写作是一种需要担当责任的行为。"② 但当这一职业于她而言已成为既定事实时,她首先做到的是她对自己的作家职责的认知。关于作家职责的问题,戈迪默曾与美国作家苏珊桑塔格专门进行过一次讨论。戈迪默说:"我出生在南非这样一个国家,是个白人,天生就拥有特权,像我这样一个在殖民地生活中长大成人的孩子,要当作家,就必定要有机会了解到这一社会里有什么,并且明白社会是如何塑造我、影响我的思维的。作为一个人类成员,我就会自动地为它担当起某种责任(因为作家是个善于辞令的人),就会有一种特殊的责任要求他去以某种方式作出反应。"③ 明确了自己的作家的责任后,戈迪默便开始运用"言语"这一工具尽力发挥最大的创作才能,对自我和世界、个体与集体加以探索。对她而言,作为一个作家,要达到对外在世界有所探求和理解,就必须以睿智的思想和犀利的笔锋去揭示事物的本质和社会的真相。借助文学创作这一手段,戈迪默将作家(包括她自己)存在的意义表述为:一个作家存在的理由和作为像任何其他人一样,是"在一个社会环境中,起着作用的有责任心的人。"④ 于是,她以创作作为探索生活、寻求真理、为国家和人民服务,并与时代节奏合拍的路径。戈迪默的这种对自我身份(作家职责)的认知,反映在多个

① 〔南非〕纳丁·戈迪默:《获奖演说:写作与存在》,载彭诗琅、廖隐邨主编《诺贝尔文学奖金库》,第695页。
② 〔南非〕纳丁·戈迪默、〔美〕苏珊·桑塔格:《关于作家职责的对谈》,姚君伟译,《译林》2006年第3期第200页。
③ 〔南非〕纳丁·戈迪默、〔美〕苏珊·桑塔格:《关于作家职责的对谈》,第21页。
④ 彭诗琅、廖隐邨主编《诺贝尔文学奖金库》,第697页。

文本中，如作家于 2007 年出版的短篇小说集《贝多芬是 1/16 的黑人》中就有体现。在这部短篇小说集中，有一条贯穿全书的主线，即主人公对自我身份的追寻，这也正是作家在其创作生涯中不断思考的问题。总之，她在强烈的作家责任感的驱使下创作出的文本都体现了其对社会的一份担当，从这个意义上讲，戈迪默的创作就是人们认识南非历史和社会以及作家的一面镜子。

## 二　客观现实性

对戈迪默来说，作家的工作就是以写作为手段，不断探求真理，以达到接近真理的存在状态。作家始终通过客观性的叙述视角，来描写其在现实生活中的所见所闻；始终运用现实性的题材，来反映其对于当今社会的认识。

戈迪默作为一个白人，生活于白人统治下的南非，原本一切都有优越于一般黑人的条件，但她却能抛弃白人惯有的优越感和统治心态，去正视南非的不平等的现实，深刻地描写少数白人统治者推行的种族隔离制度给黑人造成的深重灾难，以及由此也导致的对白人自身造成的各种危害。这样的行为缘于作家对"自由"的不懈追求。她认为，"在别人不自由的情况下，你不可能有真正的自由。在有奴役存在的国度，不可能有真正的自由。"[①] 这种写作态度不仅体现出作家博大的胸怀、人道主义精神、敏锐的洞察力和崇高的社会责任感，更是其站在客观的立场上对现实社会的直观反映。

在这种写作态度的引导下，戈迪默的作品从初期开始就极具客观现实性。譬如她于 1952 年出版的第一部短篇小说集《蛇的低语》，就是以写实性的笔法揭露了白人统治造成的不公正的种种社会现象。第一部长篇小说《说谎的日子》通过对矿区一对男女的

---

① 莫雅平：《我儿子的故事·译者的话》，译林出版社，2008，第 699 页。

爱情悲剧的叙述，揭示了被种族政治扭曲了的人际关系。第二部长篇小说《陌生人的世界》真实地描写了一个从英国来到南非的外地人的所见所闻和真切感受，表现了白人与黑人贫富悬殊的生活境遇和难以沟通的困境。正是作家对真正的自由的追求，才使其能客观公正地看待南非黑人和白人的生存现状。这一点在作家1990年发表的长篇小说《我儿子的故事》中更是有所体现。小说叙述了一个在种族主义制度下由政治狂热造成的家庭悲剧、社会悲剧。它的主线是一个被现实社会所不容的爱情故事，主人公索尼和情人及妻子之间的关系错综复杂，又因为受到现实政治的不断干扰，三者之间的链条终于断裂。戈迪默在这里使用了父子两人的双重叙述视角，因此使小说中的人物描写丰富而多面化。作家极尽笔墨地写出了种族隔离政策及当局的暴行使人们生活在痛苦和恐怖中，以及白人和黑人之间关系的难以协调。在这部小说中，甚至一个黑人小男孩儿对白人本能的厌恶之情都是溢于言表的。

戈迪默固有的这种追求真理的执著信念，加之热爱自己的民族和人民的深厚情感的驱动力，使她始终坚持客观性、现实性的文学创作。正如她在其受奖演说中所说："真理是言语的终极言语，永远不会被我们拼读或抄写的磕绊努力所改变，永远不会被谎言，被语义学的诡辩，被用于种族主义、性别歧视、偏见、霸权、对破坏的赞美、诅咒和颂歌等目的的言语玷污所改变。"①

### 三　创作独立性

从开始创作至今，戈迪默一直强调，作家必须保持艺术创作的独立性、自主性。美国国家公共广播电台的节目主持人泰利·格罗斯对她进行采访时，她曾这样表述："最好的写作方式就是好像你

---

① 〔南非〕纳丁·戈迪默：《获奖演说：写作与存在》，载彭诗琅、廖隐邨主编《诺贝尔文学奖金库》，第699页。

已经死了，不害怕任何人的反应，不理睬任何人的观点。"①这段看似消极的对自己写作状态的陈述，其实鲜明地反映了戈迪默长久以来一直坚持的写作准则：作家必须永远保持文学创作的独立思考，不被任何人和任何组织的立场与态度所左右。

当戈迪默着手写作时，她就想象现实生活中的自己已经不存在了，这样便不必担心自己写出的作品是否会冒犯亲朋好友或政要商贾，不必忧虑其后果。戈迪默始终认为，作家永远也不要让自己成为宣传家和鼓动家。作家首要的责任是恰如其分地运用自己的才能，努力接近真理。由此可见，戈迪默所提倡的"言为心声"，其中的"言语"所要表达的是作家自己的"心声"，与旁人无关，与社会政治权力无关。应该说，戈迪默的这种创作自由论得到了诸多作家或学者的肯定，这突出表现在瑞典学院的授奖词中："戈迪默以热切而直接的笔触描写了在她那个环境当中极其复杂的个人与社会的关系。与此同时，由于她感受到一种政治上的卷入感——而且在此基础上采取了行动——她却并不允许这种感觉侵蚀她的写作。"②作家的这种写作立场，使其在她的三部长篇小说即《已故的资产阶级世界》《陌生人的世界》《伯格的女儿》先后被禁后依旧坚持"言为心声"的准则，毫不在乎当局对其施加的压力。

综上所述，"天然的作家"是戈迪默提出并践行的创作理念。这位"天然的作家"因其于文学创作中表现出来的强烈的责任感、客观写实性和创作独立性而彰显了自己的特点。相较于文学为政治服务、为道德服务、为宗教服务等带有明确的服务为目的创作，戈迪默更显示了自由的人文主义立场；而相较于文学与社会要完全脱钩的唯美主义观点，她又显示了其现实主义立场。总之，戈迪默不做任何意义上的传声筒，而是始终坚持"言为心

①　〔南非〕纳丁·戈迪默：《我儿子的故事》，莫雅平译，译林出版社，2008，第272~273页。

②　彭诗琅、廖隐邨主编《诺贝尔文学奖金库》，第691页。

声"的创作理念。

## 第三节　《写作与存在》的真谛

1991 年，瑞典学院将诺贝尔文学奖颁给纳丁·戈迪默时，她以《写作与存在》为题，发表了受奖演说。在这篇演说词中，戈迪默以写作与存在的关系为脉络，从"存在"的涵义、"存在"的理由和"存在"的方式三个方面阐述了她的创作思想。基于此，这里将按照作家演说词的逻辑结构，论述戈迪默于演说中体现出来的创作思想，抑或是创作的真谛。

### 一　存在先于本质——"存在"的涵义

存在主义认为，存在先于本质，即人的"存在"在先，"本质"在后。纳丁·戈迪默无疑是认同存在主义这一观点的。由此，她以这一观点为基础，对于作家存在的意义展开了论述。"太初有言"，言语自产生之日起，就经人类文化的发展而变得越来越意义丰富，从"工具论"进而到"本体论"，言语已经在自身的发展过程中带上了深深的文化烙印。然而言语作为一种工具也逐渐同义于"极权""声誉"以及某种"信念"和"才能"。作为用语言进行写作的文学家，他们"是将她或他写入存在的故事"[①] 的创作群体。进而，在戈迪默看来，这一过程就是一个"双重过程"："它既是一个个体存在发生与发展的发育过程，也是依照那个体的性质分别对就其发育过程所作的探索的适应过程。因为我们作家就是为此任务而被逐渐造就的。"[②] 在戈迪默看来，正是在这种意义上，

---

① 〔南非〕纳丁·戈迪默：《获奖演说：写作与存在》，载彭诗琅、廖隐邨主编《诺贝尔文学奖金库》，第 693 页。
② 〔南非〕纳丁·戈迪默：《获奖演说：写作与存在》，载彭诗琅、廖隐邨主编《诺贝尔文学奖金库》，第 693 页。

"写作永远同时是对自我和世界的探索，对个体和集体存在的探索。存在于此。"① 那么简言之，作家"存在"的意义就是力图完成用言语解读和阐释自我与世界、个体和集体的事业，与此同时也是铸造自己"本质"的作为。

具体说来，对作家而言，实现其本质的可能性在于他们以一种创造"神话"的方式，"发明"令人满意的东西。作家自身，包括他们的文本中的形象，都具有这种诠释自我和世界、个体与集体的关系的可能，从某种意义上讲，他们都处于动态行为的选择之中。接近"存在"即是尽可能地接近真实，相对于用以逃避现实的"新神话"的编织，戈迪默认为，作家应该选择直面现实。

## 二　以写作接近"存在"——"存在"的理由

在戈迪默看来，作家"存在"的理由就是要以创作接近"存在状态"。然而，"存在状态"是不可框定的，"现实是由许多因素和存在物构成的，有可见的和不可见的，表现出来的和为稍事喘息而留在内心未表现出来的。"② 作家如何对待可见的和不可见的现实存在状态并对之进行表现？戈迪默认为"生命本身是不可预测的；存在不断地被环境和不同意识层次拖到这边，拉到那边，拽成这样，揉成那样。绝没有纯粹的存在状态，因此也绝没有完全体现那不可预测性的纯粹文本，'真正的'文本。"③ 那么，尽管作家与文学研究者都是在通过种种途径尝试对现实存在作出确定的回答，实质上也是在"编造故事"，但就以"神话"为例，戈迪默更加看重的是神话创作者以此种写作方式在已知和未知之间的斡旋。进

---

① 〔南非〕纳丁·戈迪默：《获奖演说：写作与存在》，载彭诗琅、廖隐邨主编《诺贝尔文学奖金库》，第693页。

② 〔南非〕纳丁·戈迪默：《获奖演说：写作与存在》，载彭诗琅、廖隐邨主编《诺贝尔文学奖金库》，第694页。

③ 〔南非〕纳丁·戈迪默：《获奖演说：写作与存在》载彭诗琅、廖隐邨主编《诺贝尔文学奖金库》，第694页。

而，无论是作家的创作、文学研究者的研究，还是主流意识形态等编造"新神话"的行为，都是对"存在"本质的建构与解构。

存在主义是一种自由哲学，每个人都可以自由选择。让-保尔·萨特提出过："为谁写作?"① 这实质上是针对作家的写作目的提出的最直接的问题，那么对于这一问题的回答就是作家对其"自由选择"的阐释，也是对其"存在"理由的声明。接近和理解存在有很多变化无穷的途径，通过列举叶芝、E. M. 福斯特、乔伊斯、加夫列尔·加西亚·马尔克斯以及西蒙娜·德·波伏娃等人的例子，戈迪默总结道"这些都是作家通过言语接近存在状态的变化无穷的方式。"② 每一位作家都有其独特的创作风格，这在于他们阐释"存在"本质而自由选择的结果。按戈迪默的说法，也许这些伟大的作家们都是有价值的，但他们只希望发出袖珍手电筒般的光亮；而罕见的则是那些通过天才点起火炬照入人类有关存在的经验之迷宫者，恰恰这一点是她对于"存在"理由的趋向。

作为一位作家，要通过写作达到对存在有所探求和理解，就必须以"对言语的美学加以探索"为起点，去揭示隐藏在事物背后的或由此总结出的以及由于事物的变幻所导致的东西。并且，相较于选择为"特定读者群"创作的作家，戈迪默始终强调自己是一个"天然作家"，这就是她创作理念的选择。从孩提时的写作开始，她就一直在现实存在中寻找最真实的题材，以接近"存在"状态。相反，在她看来，选择为"特定读者群"而进行创作的作家，则会将自我与世界、个体与集体等一切"存在"之本质诠释为一种远离确切"存在"状态的样貌。而这些作家则在这一写作过程中，同时将自己导入一个被毁天才的阴影之中。

---

① 让-保尔·萨特:《为谁写作》，载《萨特文论选》，人民文学出版社，1991，第 137 页。

② 〔南非〕纳丁·戈迪默:《获奖演说：写作与存在》，载彭诗琅、廖隐邨主编《诺贝尔文学奖金库》，第 695 页。

　　自由选择的要义不仅限于此，它还强调在极限的境遇之中的选择。作家在受压制的社会现实中进行创作，就是一种在特殊境遇中的自由选择。那么，有的作家就会停止创作；有的作家就会顺从主流意识形态；有的作家则会用"革命的"基本姿态进行抗争。戈迪默就属于第三种文学创作者。个性和思想时时受压抑的南非对于她来说，就是一个"极限境遇"，她的有些作品曾遭禁很长时间。尽管如此，戈迪默始终没有妥协，因为这就是她的坚定的选择。在她看来，她作为作家的存在的意义便可阐述为是一个"起着作用的有责任心的人"。① 于是，她不停地创作，用文学手段作为接近"存在"的路径。

## 三　寻求真理——"存在"的方式

　　确定了"存在"的含义，拥有了"存在"的理由，怎样通过写作去接近"存在"状态便是作家更应该实质性地探究的一个问题。戈迪默在《写作与存在》中说："存在于此：在一个特定的时间和地点。这是文学具有的特定含义的存在位置。"② 这即是说，与作家创作密切相关的是他们所处的时空，也就是当时的社会存在状态。被誉为"20世纪的良心"的萨特，作为作家的他，就是将知识分子的使命和他所生活的时代结合起来的典范。他认为，在面对所处的境遇中，作家应该介入到生活中，应该有所行动，努力做到与时代相拥。正如他说："写作，这是某种要求自由的方式；一旦你开始了，你就给卷入了，不管你愿意不愿意。"③ 在萨特看来，真正的作家、艺术家，必然是捍卫自由的战斗者。同时，他还认

---

① 〔南非〕纳丁·戈迪默：《获奖演说：写作与存在》，载彭诗琅、廖隐郇主编《诺贝尔文学奖金库》，第697页。

② 〔南非〕纳丁·戈迪默：《获奖演说：写作与存在》，载彭诗琅、廖隐郇主编《诺贝尔文学奖金库》，第697页。

③ 让-保尔·萨特：《为何写作》，载伍蠡甫主编《现代西方文论选》，上海译文出版社，1983，第213~214页。

为，作家在介入的同时就应该有所揭露，从而引起一定程度上的改变。在一个混乱荒诞的时代，选择一种什么样的态度去面对它，选择一种怎样的方式去寻求真理、接近"存在"，这对于处于这个时代的作家是一个非常重要的思考。显然，戈迪默是赞同萨特的观点的，她用自己的创作行动证明着这一点。与萨特相似，她被冠誉为"南非的良心"。

那么，作家在一个特定的社会时空中，如何进行选择，从而达到接近"存在"的路径呢？在戈迪默看来应该注意如下几点。

首先，不管境遇如何，作家应该有勇气坚持写作。尽管时代的氛围不尽如人意，但也要投身于时代之中；尽管作家的作品时常遭禁，但仍然要以不凡的勇气坚持创作；尽管可能因冒犯虚伪的资产阶级道德习俗、反叛政治独裁而获罪，甚至受到宗教机构的"宣判"，但仍要紧握笔杆奋战。而这些作家创造出的由语言形成的文本，已经成为寻求真理、接近"存在"状态的最好明证。而语言的作用正是必须和行动相联系起来进行理解的。文字的力量会激发出人们暂时埋藏于心底的激情和勇气，改变人们的意向。那么，语言和文字建构的文本，就是通过种种"揭露"的行为进而使人们作出相应的思考和行动，它们就像是一种媒介、一种手段，是作家与时代中的人们交流的最为有利的思想工具。

在这一过程之中，一方面，作家的境遇建构了因自己的自由选择而逐渐被阐释的自身"存在"的本质，他们是一群伟大的"探险者"；另一方面，正是由于他们"探险"式的写作和遭际命运，给人们带来了很大的影响，在交流的过程之中，人们会思考其中的隐含意义。正如戈迪默所说的："一旦艺术家以对显现在她或他生活中的存在状态的反叛性诚实而深入地探索我们时代的可耻秘密，我们的这种审美冒险就变得具有颠覆性了"。①

---

① 〔南非〕纳丁·戈迪默：《获奖演说：写作与存在》，载彭诗琅、廖隐邨主编《诺贝尔文学奖金库》，第 698 页。

其次，作家在特定的艰难的境遇下，应该确信存在状态。存在状态是一种接近真实的状态，是一种不为任何压力所扭曲的状态。对于作家，可以说是有一种写作的信仰与追求。文学和现实世界有着密切的关系，一个作家在特定的社会生活境遇中行使"揭露"的权利，便表明他要通过文学创作与现实世界的真实"存在状态"相接近。但不可避免的是，作品的主题和人物就会被特定境遇的压力和扭曲所阐发和塑造。那么，在以写作接近存在状态的过程中就会面临两难的矛盾，即"作家有时必须冒险被国家指控为反叛，又冒被解放势力抱怨为缺乏责任感之险。"[①] 尽管如此，必须强调的是，在戈迪默看来，任何一个作家都不会达到一种两不倾向的"平衡"状态。那么解决问题的办法仍然是马尔克斯所说的："一个作家能够为一场革命服务的最佳方式即尽量写得好些。"[②] 也就是说，不论在什么样的境遇下，作家始终要确信存在状态，保持诚实地写作。

这一理念的忠实践行者首先即是戈迪默自己。有评论认为，戈迪默创作的主题是揭示南非的种族歧视所导致的尖锐的社会矛盾，她的最大成就就是令全世界知道她的祖国由于种族主义付出的巨大代价，绝对不是新闻报道所能尽述的。的确，种族主义的悲剧在戈迪默的作品中展露无遗，她将她长期以来对于南非生活的探索表现在写作之中，利用写作来传达现实世界的存在和真实。她将写作融入生活，并不断地反映现实和探索解决的方法。

最后，便是寻求真理，这是作家通过写作与存在相连的要义和路径。在《写作与存在》的末尾，戈迪默总结道："作家必须获取一切如实地既探查敌人又探查亲爱的武装同志的权力，既然只有寻

---

① 〔南非〕纳丁·戈迪默：《获奖演说：写作与存在》，载彭诗琅、廖隐邨主编《诺贝尔文学奖金库》，第698页。

② 〔南非〕纳丁·戈迪默：《获奖演说：写作与存在》，载彭诗琅、廖隐邨主编《诺贝尔文学奖金库》，第697页。

求真理的尝试才会使存在有意义，只有寻求真理的尝试才会恰好赶在叶芝的怪兽懒懒走向伯利恒投生之前接近正义。"① 由此可见，"寻求真理"便是这篇受奖演说词的真谛。而作家也正是在如此范围内，忠诚地运用着语言为人类服务。

始终把承担知识分子的社会良知和责任当做第一要务，是戈迪默坚持寻求真理的基本出发点。在1988年出版的《基本姿态：写作、政治和地域》这一论文集中，她深入分析了在南非特殊的社会语境下，作家作为知识分子应该担当的责任和义务。他们的基本姿态必须是"不懈地追求与社会息息相关的自我实现，作家既应该特立独行，更应与他人的命运紧密相连，既需要艺术自由，更应清楚这种自由一日也无法与社会大环境脱节。"② 秉持着"忠诚是一种情感"的自我陈述，戈迪默自己则通过自身的文学创作实践一直在证明、维护着这种姿态。

始终通过言语为人的解放进行写作并保持作家的艺术独立性，是戈迪默坚持寻求真理的具体实践方式。正如她所说的那样，"能像一把钻头那样凿下去，让创造的原动力喷薄而出，淹没书报审查官，洗净法规中种族主义、性别主义的龌龊条文，冲刷宗教分歧，扑灭凝固汽油弹和喷火器，清除海陆空中的污秽，将人类引入夏日庆典的清泉，任其尽兴欢乐。"③ 也就是说，作家的写作是为了接近存在状态，站在为人的解放的立场上，去运用言语揭露、消解例如种族主义、性别歧视等非正义、不平等的现象，最终是要"寻求真理"。

在反对种族主义的大潮中战斗着、坚守着的戈迪默，便是用写

① 〔南非〕纳丁·戈迪默：《获奖演说：写作与存在》，载彭诗琅、廖隐邨主编《诺贝尔文学奖金库》，第699页。
② 沈艳燕：《作家的基本姿态——评戈迪默新作〈时代故事：1954—2008年写作与生活〉》，《外国文学动态》，2011年第1期，第36页。
③ 宋兆霖主编《诺贝尔文学奖文库·散文卷》，浙江文艺出版社，1998，第419页。

作这一行动始终坚持着"寻求真理"的信念。她的写作永远都在接近"存在",塑造自我。她将社会中较为重要的东西汇聚,带着作为作家的信条,给予了人们以尝试着去改变那些当代作家曾经面对并将继续面对的艰难境遇的力量和勇气,使经由写作而与存在相近成为可能。

综上所述,戈迪默坚持以写作来接近存在状态为宗旨,将真实的存在状态纳入虚构的文本中去加以揭示。在她看来,作家就是要探求真理,接近存在状态。正是在这种对真理的执著信念和强烈的作家责任感的驱动下,戈迪默始终坚持着独立的文学创作。

## 四 作家责任感敦促下的当代关注

戈迪默在《基本姿态》中说过:"有一件事很清楚:我们身处的时代中,不大有人能脱离开责任的制约去奢谈什么作家的绝对价值。"所以,她十分看重作家的社会责任:"任何一位作家,只要他生活在受歧视、受压制的人们之中,只要他周围的人群由于种族、肤色、宗教的原因而被打入另册,就都会听命于时代,感受到大形势在他内心唤起的道德使命。"① 所以,这位犹太裔的南非作家,既关注种族歧视问题,如长篇小说《伯格的女儿》,又关注建立政权、巩固政权中的冲突问题,如长篇小说《贵客》;既关注南非的未来,如《朱利的族人》,又关注白人、黑人与自然的关系问题,如《自然资源保护论者》。总之,戈迪默的创作题材是广阔而丰富的,她的创作所引发出的令人深思的问题也是多方面的。

这一结论并不单单适用于她的长篇小说创作,也同样适用于她的短篇小说创作。这位以多部优秀短篇小说集赢得"短篇小说大师"称号的作家,在其短篇创作中,也表现出了她聚焦当代社会问题的责任意识,并展示了她的创作才能。难怪瑞典文学院在授奖

---

① 〔南非〕纳丁·戈迪默:《基本姿态》,载彭诗琅、廖隐邨主编《诺贝尔文学奖金库》,第3924页。

词中跃出一笔："她的同情心和出色的文体同样使她的短篇小说具有特色。"①

这里，以短篇小说《最后一吻》为例，来透视戈迪默的创作与当代社会存在之间的紧密联系。

《最后一吻》是个什么题材的小说呢？"吻"？肯定是爱情小说了？或者至少是与爱有关的小说，如母爱、父爱、兄弟姐妹之爱，等等。错了！这里戈迪默以黑色幽默的方式和读者开了一个玩笑。《最后一吻》与爱情无关，与任何层次上的爱都压根儿不沾边儿。但是，是否像《秃头歌女》那样，通篇都没有出现"秃头歌女"呢？也就是说，《最后一吻》是否通篇都不见"最后一吻"呢？不，"最后一吻"倒是小说中的重要情节。那么，"最后一吻"又与任何层次上的"爱"都风马牛不相及，这到底是怎么回事呢？仅从这一点，就可见戈迪默笔法的不同凡响。

细细品味，小说的主题有两个。

其一，这是一部浓缩的个人衰败史。关于衰败史，文坛上已并不少见，有大部头的家族衰败史，如《布登博洛克一家》《福尔赛世家》《蒂博一家》等；有个人衰败史，如《高老头》《李尔王》《夏倍上校》等。戈迪默的这部个人衰败史置于这诸多的衰败史中，不仅与其同样熠熠生辉，而且以其精炼的笔法和精当的构思显示了作者创作的独特风采。

所谓衰败史，自然是从兴盛到衰败的过程，即由高向低滑坡的过程。如夏倍上校由一位上校沦落为被关进精神病院里的"疯子"；李尔王由一个国王沦落为暴风雨中的狂者；高老头由一个百万富翁沦落为一个寒酸公寓里的拮据的房客。《最后一吻》中的主人公瓦那斯是由什么沦落成什么了呢？——由曾任期6年的市长沦落为因在火车上对一个14岁的女孩儿非礼而被指控的"罪犯"。

---

① 彭诗琅、廖隐邨主编《诺贝尔文学奖金库》，第 692 页。

一个人的衰败总是要有标志的。瓦那斯衰败的标志是工作的变化。在 20 世纪 10 年代，他是一个城市的市长，是著名的商人；20年代，他破产了，无所事事；30 年代，他在一个成品仓库找到一份工作——"如果一个中年人干上这种工作，人们就会认为，这个人已经不适宜干任何别的工作了"；40 年代，战争打得火热的时候，他穿上了军装，在征兵处找到了工作，这件事在城市里成了一桩小话柄，人们用手戳着他那穿着不合适的列兵服的胸口，大声喊："好嘛，现在咱爷儿们没有什么可担心的了，是不，瓦那斯？这回希特勒算是玩完了，因为您来了"；战后，他从军队复员，干了另一种工作——没有人确切知道那是什么工作，无非是某种老年人干的微不足道的职业。

戈迪默以简练的笔触揭示了瓦那斯败落的原因。第一，他是被金钱挤出历史舞台的。他本来靠运输起家，因为有着显赫的经济实力，平步青云当了市长。然而，当城市里又有了两家强有力的运输承包商出现的时候，他的经济实力敌不过对方，便在残酷的竞争中败下阵来，于是也便与市长的职务挥手告别，并且一天天沦落下去。第二，他没有能力适应社会的变化。当金钱已经成为南非社会的主宰的时候，它牵动了社会各个方面的变化，而瓦那斯先生落伍了——难道他会去主持露天游泳节的开幕式、参加评判选美的比赛，或者为欢迎一位来访的好莱坞影星而卖弄身姿吗？不能。所以，他便被历史淘汰了。

而正是通过上述两个原因，戈迪默揭示了南非的社会现状：金钱成了社会的主宰，社会风气的变化令人担忧。作为一个有社会责任感的作家，戈迪默并非对某一个人的衰败过程感兴趣，而是要通过对其衰败原因的挖掘，重在对社会风气的披露。

其二，这又是一部青年群体的精神滑坡史。在任何一个社会里，青年都是社会的未来，青年人的精神面貌如何，与社会发展的前景息息相关。戈迪默既然对南非社会风气的变化十分关注，当然也十分注意当代青年精神面貌的变化。其实，这方面的担忧才是小说的重心所在，因为她笔下出现的情景已真的并不那么令人乐观。

这是瓦那斯在战前和战后每天在火车上遇见的青年和少年们。作者根本没有描绘战争的硝烟，但却刻画了战争对青少年精神世界的扭曲和摧残。

青少年们到底显露了怎样的特点？这在以下三个层面上表现出来。

他们的衣着是性感的。小说写道："这些身材高大、发育得很好的南非孩子们，他们的身体和大腿以一种最精彩的轻歌舞剧的传统风格使学校让他们穿学生制服的目的彻底落了空。在那些身体上，呈现出的不是庄重与循规蹈矩，而是强健和富于刺激性。女孩子们的哔叽短体操服暴露出黑袜子以上几英寸的大腿。那绷紧的袜子遮盖住她们强健而曲线毕露的大腿和圆滚滚的小腿，她们那丰满的乳房在扣得紧紧的衬衣下高耸着。男孩们穿的足球短裤紧紧包住了他们那肌肉发达的屁股"。①

他们的行为是放荡的。作者写道："他们把粗大而多毛的大腿横七竖八地伸在车厢的过道上。他们只有十四五岁，体重却有一百七十磅。他们发出吓人的捧腹大笑声"②。他们在公众场合互相捶打，男孩子和女孩子公开调情。

他们的精神世界是空虚的。在火车上他们经常看的书就是一本无聊的平装杂志：《真实浪漫故事》；他们常做的游戏就是拿一块用橡皮做的假狗食戏弄周边的人，尤其是戏弄瓦那斯这样的"像动物园里某种不伤人的、反应迟钝的动物"，然后笑得浑身哆嗦，挤作一团；而所谓的被瓦那斯在火车上非礼的那个女学生，是一个"做着从青春期到衰老期的全部性爱白日梦的女性，由于身体内各

---

① 〔南非〕纳丁·戈迪默：《最后一吻》，载彭诗琅、廖隐邨主编《诺贝尔文学奖金库》，第 1859 页。

② 〔南非〕纳丁·戈迪默：《最后一吻》，载彭诗琅、廖隐邨主编《诺贝尔文学奖金库》，第 1859 页。

种腺体的作用，她凭幻想做出许多无心的、下流的，甚至几乎是恬不知耻的想象"①。问题的严重性在于，这个女学生的行为并非是个别现象，"她看来和其他女孩很相像，也许就是那群女孩中随便的哪一个。"

显然，戈迪默写出了自己的担忧：青少年的精神面貌已经急剧地滑坡。

上述两个主题说明，戈迪默没有游离社会现实去做束之高阁的写作，她在用一支强有力的笔揭南非社会的疮疤。

那么，戈迪默是如何将这两个主题贯通在一体的呢？我们就不得不感叹作者在小说结构上的独具匠心——它用一"吻"将一个风烛残年的败落的老人与一个或一群（因为那一个很像那一群中的任何一个）行为放荡的少年联系在一起。

"吻"，是小说情节的一个关键，也是作者有意识地设下的一个伏笔：到底是谁"吻"了谁？

小说给出的情节是：一个非常偶然的原因，瓦那斯与那一群中的一个女孩都错过了上一班车，乘上了旅客极少的下一班车。这个"长着长长的大腿、沉甸甸的乳房、高大强壮的女学生"，这个"做着从青春期到衰老期的全部性爱白日梦的女性"，先是沉浸在一本新买的《真实浪漫故事》里，而后突然站起来，坐到老头的旁边；而老头呢？"他叹了一口气"。不久，这女孩就有了向同学们渲染的故事——连她的老师都不想再听这种胡编乱造的故事；而瓦那斯老头则因强吻一个女学生而被送上法庭受审。

就这样，两条线索递接了起来。

如果真是瓦那斯老头强行吻了那个女学生，则说明污浊的社会风气实在有着可怕的感染力——连"老古董"都被彻底熏染了；如果是那个女学生强吻了瓦那斯老头，则更是可怕，说明南非社会

---

① 〔南非〕纳丁·戈迪默：《最后一吻》，载彭诗琅、廖隐邨主编《诺贝尔文学奖金库》，第1861页。

对青少年的精神滑坡有着不可推卸的责任。不幸的是，情节中透露出的种种不明确的信息恰恰暗示的是后者。

从艺术的角度上看，我们应该十分欣赏戈迪默在情节设计中的这种模糊笔法，它似悬念又不是悬念，似有定论又没有定论，但却极有吸引力地引导读者作多个层面的思考。显然，这比给出确定的答案更令人回味无穷。

## 第四节　种族矛盾的多重书写

瑞典学院在颁奖词中说：纳丁·戈迪默"以热切而直接的笔触描写了在她那个环境当中极其复杂的个人与社会的关系。"① 的确，戈迪默尤其关注南非的种族关系，她以深邃的目光透视了南非种族社会的历史，从早期根深蒂固的白人统治和白人优越论，到20世纪50年代种族平等的社会构想和20世纪70年代以后社会理想的幻灭，一直再到当代渐露端倪的社会政治变革等，都体现在她的文本中。可以说，她发出的是南非整个社会的心声，她的作品勾画出了一条历史的轨迹。

综观戈迪默的创作，其"辉煌的、史诗般的"作品包括长篇小说和短篇小说，几乎每一部都深深地打上了抨击南非现实中的种族主义的烙印，即"种族隔离的种种后果构成了这些作品的重要主题"。② 如果说，以1970年出版的长篇小说《尊贵的客人》为其创作的分界，那么，这之后戈迪默的作品除了继续展现南非充满种族之间的矛盾冲突外，还明显地增加了对南非黑人地位与白人特权的关系的探究以及对未来两者之间关系变化的预言成分。关于这一点，长篇小说《七月的人民》（1981）可谓是个典范。

《七月的人民》以逃难开篇，讲述了一个白人家庭斯迈尔斯一

---

① 彭诗琅、廖隐郇主编《诺贝尔文学奖金库》，第692页。
② 彭诗琅、廖隐郇主编《诺贝尔文学奖金库》，第691页。

家在他们的黑人奴仆七月的帮助下逃避白人和黑人之间的内战的故事。由于国家内战爆发，主人公斯迈尔斯夫妇及其三个孩子由名为"七月"的黑人男佣一路护送着，艰辛地逃到了七月的部族里。那里的贫穷程度大大地超出了斯迈尔斯夫妇的想象，俨然是个穷乡僻壤，但他们不得不在那里生活。虽然处在动荡不安的社会背景下，黑人与白人的社会关系和地位已经发生了重大的变化，但七月依然一如既往地悉心照顾着他们。尽管如此，始终放不下白人优越感的斯迈尔斯一家与七月及其部族的黑人无法进行真正的沟通。与此同时，黑人们也不能理解这些拥有着一切的白人何以无处可去，藏匿到这里。最后，生活在恐惧和忧虑之中的斯迈尔斯一家因丢枪事件与七月爆发了激烈的争吵。小说结尾是开放式的，女主人公莫琳疯狂地向着轰隆隆飞过的飞机奔跑，读者尽可以想象出无数个结尾。

在《七月的人民》中，戈迪默从社会大背景下的黑人革命到家庭小环境中的尖锐争斗，再到具体的个人自身的思想冲突等多个层面对南非社会的种族矛盾进行了多层面的书写。这里，笔者将从三个方面来探究《七月的人民》对种族矛盾问题的多重观照。

## 一　宏观社会——黑人革命的疾风暴雨

在纳丁·戈迪默生活的南非，种族矛盾是一个尖锐、敏感但又确实是由来已久而又不可回避的问题。南非，位于非洲大陆的最南端，一方面由于交通便利、资源丰富而属非洲最富裕的国家；另一方面也是遭受殖民和种族歧视持续时间最长的地区。17世纪中叶，欧洲的白人移民开始移居南非，此间，先由荷兰人占据统治支配的地位。到了19世纪初，英国殖民势力开始扩张，渐渐向南非渗透，接着他们取代了荷兰殖民者在南非的支配地位。此后，荷兰人和英国人因争夺南非的统治权一直冲突不断，直到1902年，英国战胜荷兰，将整个南非变成了自己的殖民地。与此同时，来自欧洲的白人殖民者对南非的土著居民采取了种族隔离的政策。从此，有色人种尤其是黑人备受歧视和限制、剥削和压迫，他们和白人的生活处境是不能同日而语的。由此，种族矛盾激化到极点的时候，革命就一定成为历史的必然，黑人的反抗就以革命的形式爆发并进行得轰轰烈烈。

在《七月的人民》这一文本中，戈迪默以社会大背景下的黑人革命书写了种族矛盾。黑人以革命的形式反抗，是为争取自己的平等、权力和尊严而拿起了武器。首先，作家在文本中正面将已经在轰轰烈烈进行着的黑人革命诉诸笔端："事情发生得自然而又离奇，1980 年的罢工，由于工人团结而此伏彼起，一直发展到罢工停产被视为持续不断的家常便饭的程度，而不仅仅是工业秩序的混乱。"① 在种族歧视和压迫下，黑人们再也不能忍受失业的饥饿、受压制的愤懑，他们汇聚"成千上万"的力量游行、纵火、暴乱，展开了他们"英雄主义"的战斗。正如戈迪默在下文中所写的"这是第一百零一次骚乱，结果又是老样子，上千名黑人被逮捕，碎玻璃被扫走，割断的电话线被重新接上，电台和电视保证说局势又被重新控制住了。"② 尽管"局势又被重新控制住了"，但黑人革命轰轰烈烈形势可以从"上百次的骚乱"、"上千名黑人被逮捕"见出端倪。与此同时，当七月要带着他侍奉了 15 年的白人一家逃难到自己的部族时，他说道："到处都一样，他们都在赶白人出去，白人正在跟他们打仗。所有这些城市全一样。"③ 显然，革命的战火似乎已经遍布了整个南非，黑人们正在为争取自己的权力而拿起武器进行着战斗。

其次，在文本中，这样的革命形势也始终通过新闻广播从侧面

① 〔南非〕纳丁·戈迪默：《七月的人民》，莫雅平等译，漓江出版社，1992，第 10 页。
② 〔南非〕纳丁·戈迪默：《七月的人民》，第 12 页。
③ 〔南非〕纳丁·戈迪默：《七月的人民》，第 22 页。

被表现出来。在这个小说中的白人家庭里，收音机是他们收听外界新动向的重要媒介，也是他们带着逃难的最重要物件。女主人公莫琳和她的丈夫巴姆会经常一起收听电台的新闻，而他们所听到的就是有关革命的信息，甚至有时收音机因为收不到电台而发出的混乱嘈杂的声音，在某种意义上，也是革命气息的一种象征。文本中有一段这样的新闻播报可以印证：

> ……在星期五后半夜发生的一场火箭袭击战中，几枚萨姆导弹落在了城区……咨询保险公司大楼受到了最严重的破坏，东西向高速公路上的一座跨线桥也被严重地破坏了，切断了道路交通……工程兵正在连夜抢修……①

由此可见，大背景下的种族矛盾已经以革命的形式遍及了几乎整个南非，这是该矛盾发展的最高表现形式。在文本中，戈迪默将正面描写和侧面烘托巧妙地结合在一起，将黑人革命的形势、种族矛盾的尖锐复杂都充分地表现出来。

## 二 微观家庭——明暗微妙的剑拔弩张

在戈迪默的笔下，种族矛盾不仅体现于轰轰烈烈的革命的大环境之中，也存在于社会小家庭里。在《七月的人民》中，种族矛盾的根源在于埋藏在那一白人家族内心中的白人优越心理和对黑人的歧视，同时也来源于以七月为代表的黑人觉醒的意识和反抗的举动。七月服侍的白人一家是由丈夫巴姆·斯迈尔斯、妻子莫琳和他们的三个孩子（维克多、罗伊斯、吉娜）组成。巴姆是一个中产阶级的白人工程师，莫琳是一个家庭主妇，主管着家庭的大小事情。从某种意义上讲，服侍了这个白人家庭 15 年的七月也算是这

---

① 〔南非〕纳丁·戈迪默：《七月的人民》，第 50 页。

个家庭的一员，只不过他是从属于他们的"仆人"，而他们则是他的"主人"。在这样相对平静的 15 年中，黑白二元对立的种族矛盾似乎并不十分尖锐，但在整个南非这个种族矛盾的社会体系中，这种家庭的"和谐共处"也只是表面现象，种族矛盾始终存在着。当内战爆发后，巴姆一家不得不在现实条件的逼迫下跟着自己的仆人七月逃难到他的部族去生活。在迥异于他们过去的美好生活的黑人部落，他们窘迫不堪，束手无策。也就是在这里，家庭里的种族矛盾开始逐渐显露出来。

首先，小家庭的种族矛盾表现在斯迈尔斯一家刚到黑人部落时与当地人的"磨合"。这一方面表现在白人一家到达七月部族时的惊恐不安上，他们看到的是房屋破旧、用品简陋，牲畜裹挟着粪便随意乱窜，种种情景俨然与他们的"过去"形成鲜明的反差。另一方面也体现在"七月的人民"，包括他的妻子、老母以及部落的其他人对于这白人一家到来的不理解的反应上。他们不明白为什么那家白人会随着七月来到他们的族群，也不明白为什么白人是那样的妆容打扮。其中引人注意的是，七月的老母的心里始终存有种族隔离制度造成的不可磨灭的阴影，认为白人的到来会给他们带来灾难，甚至担忧白人来此会危及他们的生命。这正是种族矛盾不可调和的鸿沟，也是印在黑人心中的一道可悲的伤痕。小从七月的家庭对巴姆的白人家庭的隔膜，大至七月的整个黑人的部落对白人的群体性的抵触，种族矛盾得到了充分体现。法农·弗朗兹在《全世界受苦的人》中所说的话可作为这里的总结："土著人居住的区域和殖民者居住的区域是不可协调的，这些地带受亚里士多德学说的逻辑控制，服从互相排挤和对立的原则。"[1]

其次，小家庭的种族矛盾表现在七月与斯迈尔斯夫妇之间微妙的明暗兼存的针锋相对中。内战爆发前，七月以服从为前提，和斯

---

① 〔法〕法农·弗朗兹：《全世界受苦的人》，万冰译，译林出版社，2005，第 42 页。

迈尔斯一家小心相处，无论做什么都是受他们直接安排的。莫琳作为管理家庭大小事的家庭主妇，对七月的控制更加严厉。自内战爆发，斯迈尔斯一家逃难到七月的部族之后，他们的权力地位发生了颠倒。从逃难开始，斯迈尔斯一家就在依靠七月，是七月的冒险引导才让他们顺利到达七月给他们提供的避难所，是七月给他们提供日常生活的所需，还一如既往地为他们一家服务。但这对儿夫妇掩藏在心中的白人优越感和种族歧视意识始终在作祟，并随着他们生活变故的增加而慢慢地显露出来。与此同时，作为黑人的七月的反抗意识也渐渐引发了隐藏在家庭内部的种族矛盾的冲突。

最典型的两个事件就是围绕着斯迈尔斯一家所拥有的宝贵财产——一辆车和一支枪所发生的故事。"在某些条件发生变化的情况下，某些东西和人变得至关重要。"① 当内战爆发后，正是这辆以前用以出游的车变成了那白人一家逃难的"诺亚方舟"。来到了七月的落后部落里，这辆车更是成了斯迈尔斯夫妇的宝贵财物，因为对这辆车的拥有权在他们的眼里象征着他们的优越性。于是，当七月学会驾驶这辆车，甚至拿去了车钥匙的时候，他们开始抱怨和不满；当这辆车未经允许被开走而不知所踪的时候，他们更是坐立不安、失魂落魄。文本中这样写道："占据他们脑海的只有丢车那件事。烦恼在痛苦中滋生，长大"②，直到车子回来，原来是七月开出去为他们购买东西去了。然而，"对他们来说，感谢的分量抵不上汽车钥匙。"③ 因为七月的这一善行在他们看来，更大意义上是对他们权威与地位的无视与侵犯。由此，他们长期被掩盖的优越感便暴露无遗了。

枪的不翼而飞使一直带有白人优越感和种族偏见的莫琳终于

---

① 〔南非〕纳丁·戈迪默：《七月的人民》，第 10 页。
② 〔南非〕纳丁·戈迪默：《七月的人民》，第 43 页。
③ 〔南非〕纳丁·戈迪默：《七月的人民》，第 57 页。

"爆发"了，使得她原本已经与七月明里暗里的微妙的矛盾对峙一步步地发展到剑拔弩张的程度。而这一切的产生，究其原因，还是由于莫琳始终怀有的种族偏见。可以说，从她们一家人生活在七月的部族时起，她就对七月一直心存芥蒂与怀疑。当她发怒后找到七月的时候，直呼的一句话就是："——你得把枪弄回来——"① 这句话包含着命令的口吻、责任的追究，甚至是无理的怀疑。尽管七月的反应已经让莫琳看出他不知道这件事，但她还是问责七月，命令他一定要把枪拿回来。因为她不相信七月，包括七月的人民。而就在这剑拔弩张的针锋相对中，以七月为代表的黑人始终表现出来的人间大爱是令人感动的，这就更引发了读者对白人的优越感、白人的特权以及种族偏见的强烈的批判意识。

## 三　细观个体——挣扎浮沉的别形异态

种族矛盾是无孔不入的，它不仅体现在黑人革命的大背景下和针锋相对的社会小家庭里，也在具体的个体身上得到表现并产生着影响。戈迪默对种族矛盾的多重书写也同时体现在对个体矛盾的考察之中。这一点首先最明显地体现在女主人公莫琳的身上。此前，她曾经和一个叫莉迪亚的黑人妇女很亲昵。在陪莫琳上学的路上，两人保持一致的步调，嘴里都嚼着口香糖，过马路的时候手牵手。然而，这种亲昵毋庸置疑地是建立在作为白人的莫琳享有着绝对特权的基础之上的。因为她们终究有着肤色的区别，正如文本中这样写道"莫琳哄着，吊在她的脖子上，那儿比她身上其余的地方颜色浅一些"②，显然，尽管莫琳宣称自己是平等的开明的知识分子，但她在与女友的相处中始终表现出白人的优越感。再看她对待仆人的态度。因为自己是一个"白人妇女"，所以她几乎从来不曾真正平等、公正地对待过七月。在她看来，他们只是一种主人和仆人

---

① 〔南非〕纳丁·戈迪默：《七月的人民》，第 141 页。
② 〔南非〕纳丁·戈迪默：《七月的人民》，第 33 页。

的关系，所以，她总是以主人的居高临下的态度支使着七月。当黑人革命爆发后，她的一家与七月的主仆关系在现实面前受到挑战。因为车、枪等事故，莫琳内心世界的矛盾越来越激烈。尽管她已经意识到支配权的丧失、地位的颠倒，但她仍然无法屈从于一种从属于黑人的关系中。显然，她就是一个被种族意识扭曲了心灵的人物。

其次，这种种族矛盾也潜伏于七月的身上。七月，作为一个黑人，一个服侍白人家庭15年的仆从，他的心理矛盾更是复杂的。一方面，在黑白二元对立的南非，当他带着自己服侍多年的白人家庭逃难至自己家乡的时候，他已处于两难之境：一面要保证主人家庭的安全，另一方面，要跟黑人革命者、他的族人解释清楚为什么要搭救这家白人。不过，即使再艰难，他都自始至终并一如既往地很好地照顾着这家人，尤其是那三个孩子。然而，他还是受到了女主人莫琳满怀芥蒂的种种质疑。于是，当他与莫琳对峙的时候，他越来越表现出奋起反抗的架势。从文本中可以看到，作者对七月的个人立场是肯定的，从开始带着斯迈尔斯一家逃难，到在自己的群落中给他们一家体贴的照顾，甚至在每一次与莫琳的正面冲突中始终保持着克制冷静的态度，都体现出他是一个挣扎在备受怀疑而又有着自觉意识的矛盾中的人物。

综上所述，在南非的现实社会中，种族矛盾是无孔不入的，可以说它已经成为社会的主要矛盾。有时是显性的、激烈的，有时又是隐藏在社会的每一个"细胞"之中的。戈迪默通过一层层的深入书写，将它从多个层面上揭示了出来。相较于同样是书写南非的男性作家约翰·库切，戈迪默的出发点和落脚点都是着眼于种族平等的核心问题上。她放弃自己作为白人的优越感，对黑人和有色人种给予人道主义的观照。她更多的是强调对现实问题的揭露，启发人们去思考，并在文本中寄予着希望，尽管只是一个"乌托邦"式的断想。戈迪默通过对种族矛盾问题的多重书写，意在表明种族矛盾的解决需要一个漫长的过程，不过究竟应该如何解决这样历史性的难题，她没有也无法给出答案。但值得充分肯定的是，戈迪默的长篇小说《七月的人民》对种族矛盾问题给予的不同层面的观照及其结尾的"预言"，为读者提供了多元的思考空间。

# 第八章
# 托妮·莫里森

Toni Morrison

一本小说应该是绝对的政治性并且永恒的美丽。

——托妮·莫里森

托妮·莫里森（Toni Morrison，1931～    ），美国黑人作家，因其"作品想象力丰富，有诗意，显示了美国现实生活的重要方面"①，于 1993 年获得诺贝尔文学奖。这是获此奖项的第八位女作家。

## 第一节　美国俄亥俄州的黑人作家

"我们总是要死的。这也许就是生命的意义。但我们用语言。这也许就是衡量我们的生命的尺度。"② 这是莫里森在获奖演说词中的一段表述。如果用这个尺度衡量，这位作家的生命价值已得到了充分的体现。

1931 年 2 月 18 日，托妮·莫里森出生于美国俄亥俄州克利夫兰市罗伦镇（Lorain，Ohio）。不同于美国南方种植园或贫民区那样的黑人聚居地，罗伦是一个工业小镇，那里集中了一些由南方迁徙过来谋求生活的黑人以及来自欧洲其他地方的移民。作为黑人移民家族中的一员，莫里森的父亲乔治·沃福德是该镇造船厂的一名工人，并同时打多份零工以维持一家人的生计。沃福德夫妇共育有四名子女，莫里森排行第二，原名克洛·安东尼·沃福德。虽然远离了祖辈生活的南方故土，沃福德一家仍旧保留和传承着古老的民族习俗，长辈们常给孩子们讲述独具黑人文化趣味的民间传说和鬼魂故事。这显然对莫里森的成长产生了重要影响，不仅增强了她对自身民族传统的了解，培育了其积极自信的民族文化观，还为作家以后的创作积累了丰富的素材。1949 年，读完高中的莫里森进入华盛顿霍华德大学的英语系学习，由于其名字较难发音，遂改名为托

---

① 堵军主编《诺贝尔文学奖获得者作品暨演讲文库》，中国物资出版社，2004，第 4673 页。

② 〔美〕莫里森：《剥夺的语言与语言的剥夺》，载彭诗琅、廖隐邨主编《诺贝尔文学奖金库》，第 3935 页。

妮。获学士学位后，莫里森进入康奈尔大学继续攻读英国文学，主要研究福克纳和伍尔芙的作品，并以两人作品中的死亡主题作为其硕士论文的论题，于 1955 年获英国文学硕士学位。对欧洲文学经典的大量阅读和深入研究，使莫里森汲取了充足的精神养分，并建构了宽阔的审美视域和打下了扎实的写作基础。离开康奈尔大学后，莫里森的职业生涯正式开始。1955～1957 年，她作为英语讲师任教于得克萨斯南方大学，随后又回到其母校霍华德大学一直任教至 1964 年。在此期间，莫里森与一位名叫哈罗德·莫里森的牙买加建筑师相爱，两人于 1958 年结婚，并育有两子。遗憾的是，莫里森的婚姻生活并不长久，莫里森夫妇于 1963 年离异。此后，莫里森带着两个儿子生活，并于 1965 年离开霍华德大学，担任纽约州西里丘斯蓝登书屋的编辑，于 1968 年调入蓝登书屋的纽约总部任高级编辑。莫里森的编辑生涯令她触及许多被历史尘封的民族事件与记忆。1974 年，由她主编的《黑人之书》的出版，展开了一幅浓缩了黑人民族 300 年历史的宏伟画卷。对本民族苦难的深入了解，对民众血泪抗争史的解读，令莫里森在自己的创作中时刻保持着强烈的民族责任感。除了编辑和创作工作，莫里森还先后任教于耶鲁大学以及纽约州立大学，并于 1989 年起至今出任普林斯顿大学英美文学教授。

围绕黑人题材与主题，从 1970 年发表处女作至今，莫里森共出版了 9 部长篇小说《最蓝的眼睛》（*The Bluest Eye*，1970）、《秀拉》（*Sula*，1973）、《所罗门之歌》（*Song of Solomon*，1977）、《柏油孩子》（*Tar Baby*，1981）、《宠儿》（*Beloved*，1987）、《爵士乐》（*Jazz*，1992）、《天堂》（*Paradise*，1999）、《爱》（*Love*，2003）和《恩惠》（*A Mercy*，2008），以及散文集《黑暗中的游戏：白色与文学意象》（*Playing in the Dark*：*Whiteness and the Literary Imagination*，1992）等作品。这位当代美国最重要的黑人女作家，几乎以每四至五年出版一部长篇小说的稳定态势进行着创作，从对个人经历的关注到对整个黑人历史的聚焦，她越发广泛而深入地向读者展现出一幅幅属于美国黑人的社会生活画卷。

总之，莫里森的文学成就卓著，并具有鲜明的时代性，故诺贝尔颁奖委员会在评价她的创作时说："她深入钻研语言本身，要把语言从种族桎梏中解放出来。她是用诗歌一样璀璨的语言写作"。①

纵观莫里森的创作历程，可分为四个时期：1970～1973 年为创作初期；1974～1987 年为创作成熟期；1987～1999 年为创作巅峰期；2000 年之后为创作后期。

**1. 创作初期**

莫里森是从 1970 年开始写作的，故从 1970 年发表处女作《最蓝的眼睛》到她发表《秀拉》的 1973 年，可以说是其创作的初期。

这一时期，莫里森的小说创作主要是围绕一个中心人物的个人经历展开，并通过个人的悲剧性结局，折射出在种族主义的戕害下，黑人民众生理及心理上的创伤。如长篇小说《最蓝的眼睛》就是围绕一个想得到像白人女孩那样"最蓝的眼睛"的黑人女孩佩科拉最终走向精神失常的故事，表现出白人主流价值观念对黑人审美和文化心理的扭曲。而长篇小说《秀拉》，则是通过具有强烈反叛心理的同名女主人公秀拉一步步走向毁灭的经历，表现出黑人妇女在遭受种族和性别的双重压迫下，生存以及追求个性解放与独立自由的多重困境。

作家在小说的开端便将其创作视角投射在了黑人女性身上，通过这一她最熟悉却在之前被黑人男性作家所忽视的群体的遭遇与经历，去反映美国黑人的生活与历史。这一创作特点贯穿着莫里森写作生涯的始终，体现了作家对处于最弱势地位、最无权言说的黑人女性的关注，并打破了以黑人男性为中心的小说叙述形式。不仅如此，莫里森还特别注重对人物心理的挖掘和探索。在小说中，莫里

---

① 彭诗琅、廖隐邨主编《诺贝尔文学奖金库·作家传略卷》，第 717 页。

森并没有用直接的文字去控诉奴隶制的血腥与残酷，而是通过对人物真实心理的描摹与探索，表现出种族主义以及白人主流价值观念对黑人生理与心理的戕害，展现了作家对后奴隶制时期黑人生存困境的种种思考。

在创作初期，莫里森就显示出了其区别于前辈黑人作家们的独特性，取得了一定程度上的成功，从而受到了美国文坛与社会舆论的关注，为作家以后创作的发展与成熟奠定了良好的基础。

**2. 创作成熟期**

从 1974 年由莫里森主编的《黑人之书》出版，到 1987 年，可谓是作家创作的成熟期，代表作品为《所罗门之歌》（1977）和《柏油孩子》（1981）。

莫里森这一时期创作的小说其主线虽仍以一个中心人物的独特经历引领展开，但作家已经突破了创作萌芽期以某一个人的悲剧经历和结局来表现小说内容与主题的创作模式。莫里森开始从不同的方面去凸显黑人历史与黑人文化传统对黑人民族的生存、发展与繁荣的重要性。如在长篇小说《所罗门之歌》中，通过主人公奶人寻找家族历史、一步步追寻自我身份的经历，说明黑人历史与黑人文化才是黑人走出白人种族主义困境的钥匙，是黑人寻求自我、迈向未来的基石。而在长篇小说《柏油孩子》中，莫里森创造出一个与世隔绝、黑人与白人共处的骑士岛，通过主人公——一个名叫"儿子"的黑人青年，与深受白人主流价值文化观念影响的黑人女主人公吉德之间的对照，彰显出黑人传统文化对黑人自身的认定、抵御白人主流价值观念的同化以及增强民族自信心与自豪感的重要性。

这一阶段，莫里森的创作倾向与特点进一步显现出来。一方面，莫里森擅长将民族历史浓缩在家族历史或社区文化中，去重现被白人主流文化淹没的黑人文化传统。如《所罗门之歌》中，作家通过奶人的寻根之路，向读者展现出一幅幅不同于白人城市文化的黑人社区风貌图景，一步步揭示了已被后人遗忘的古老黑人家族所罗门的历史。这似乎对黑人民族的现状有所隐喻。在白人主流文化的同化下，许多黑人开始自觉或不自觉地遗忘本民族的历史与传统，产生一种"无根"的身份危机感。而在《柏油孩子》中，黑白两种文化之间的对立得到了进一步的彰显。小说中，莫里森塑造了被白人文化浇筑出的"柏油孩子"吉德这一形象，她与坚守本民族文化传统的黑人"儿子"真诚相爱，但两人最终分道扬镳。通过"儿子"与吉德之间的爱情经历，作品表现出了拥有两种不同文化价值观念的年轻的黑人一代之间的差异与隔阂。这也体现了莫里森对黑人文化生存处境的思考与担忧：完全脱离于现代文明与文化的民族只能走向落后与故步自封，但完全抛弃本民族的传统文化，也只会走向令民族消亡的危险之途。

　　另一方面，莫里森的小说创作继承和发扬了黑人文化传统，尤其是民间文学的艺术养分。这至少在两个层面上有所体现，其一，小说中存在一些超自然的现象，如祖先的灵魂或者具有神秘力量的人物等。这些都源于非洲的传统文化，正如莫里森所说，在古老的非洲哲学与宗教中，鬼怪和灵魂是真实存在的。其二，莫里森注重对非洲传统民间传说与故事进行再创造，并赋予了新的时代意义。如《所罗门之歌》中，作家通过对"飞行"这一意象的运用，表现出被奴役的黑人民族对自由的向往以及为此所做的努力。莫里森曾说，"那永远是我生活中的民间传说的一部分；飞翔是我们的一种天赋。我不在乎它看上去有多愚蠢"[①]。而《柏油孩子》更是莫里森借鉴非洲传统民间故事并赋予其现代意义的典范之作。小说中的吉德显然是身为白种人的主人用自己的文化价值观念浇筑与培育出的"柏油娃娃"，用以引诱、黏附及同化执著于本民族传统文化的黑人青年"儿子"。"儿子"又何尝不是另一种意义上的"柏油娃娃"，他同样试图去吸引、改变吉德的价值观，他们不自主地相爱而

---

① 〔美〕托马斯·勒克莱尔：《"语言不能流汗"：托妮·莫里森访谈录》，少况译，《外国文学》1994年第1期，第26页。

最终因种种矛盾分道扬镳的过程，正是凸显了黑白两种文化之间既相互斗争、相互排斥同时又相互补充、相互吸引的复杂关系。

总的来说，这一时期的莫里森不再将创作视角局限于对黑人女性命运的关注，而将目光投向了逐渐被白人主流文化所掩盖、淡化的黑人民族的历史与文化传统，表现出作家对黑人民族文化缺失问题，以及如何处理黑人传统文化与白人主流文化之间的关系的深刻思考。

### 3. 创作巅峰期

从 1987 年《宠儿》出版，到 1999 年《天堂》问世，可谓是莫里森创作的巅峰期。代表作品是被称做"历史三部曲"的《宠儿》（1987）、《爵士乐》（1992）及《天堂》（1999）。

通过这三部小说，莫里森将黑人民族的苦难历史与奋勇不断的反抗历程展现在读者面前，表现出作家对历史写作的宏观把握。《宠儿》的故事发生在 1873 年，即奴隶制废除后的"南部重建时期"，作家通过对母爱的聚焦——身为奴隶的母亲塞丝为了不让后代再经受奴隶主非人的奴役，便亲手杀死了自己挚爱的儿女，笔触直指残酷的奴隶制，重现了黑人民族被奴役的苦难历史，表现了莫里森对本民族命运的沉重思考。她试图通过历史的记忆与重现，去治疗被奴隶制戕害、被历史束缚的黑人心灵。《爵士乐》的叙述始于 1926 年，小说立足于"大迁徙"时期大批南方农村的黑人北上大都市的社会背景，通过一对儿在纽约谋生的黑人夫妇与一个年轻的黑人姑娘之间的情感纠葛，表现出黑人从南方农村到北方都市复杂的心理转变过程与艰难的生存现状，向读者展现了从 19 世纪 70 年代至 20 世纪 20 年代近半个世纪的黑人生活的变迁图景，奏响了一曲悲鸣而向上的爵士乐。《天堂》开端于 1976 年，一伙来自一个名叫鲁比的黑人城镇的男人们，持枪屠杀了距离该镇 17 英里的女修道院里的修女，理由是他们认为女修道院中的生存方式触犯了鲁比镇的旧有传统，威胁了鲁比镇的兴旺与繁荣。如果说前两部小说中作家关注的是历史进程下的外部环境——从奴隶制到大都市的商业文化对黑人生存境况的威胁，那么，在这部作品中，作家则将视角更多地伸向民族内部，探讨黑人种族主义与男权主义对象征黑人民族未来与前景的"天堂"之境的威胁与毁坏。

这一时期，莫里森一个显著的创作特点就是，根据对历史真实事件的表现、描摹与再创造，去重现历史，表现出作家对自己苦难同胞的深切理解与关怀。《宠儿》中塞丝的原型是一名叫做玛格丽特·加纳的逃亡女黑奴，她为了让后代免于遭受奴隶主的玷污与奴役而"砍断了她小女儿的喉管"。通过对这一历史事件的挖掘，莫里森痛斥了奴隶制对人性的压抑与扭曲，它不仅残害了被奴役者的身体，践踏了他们的尊严与人格，甚至扭曲了人类情感中最基本也是最浓郁的母爱，以至于迫使像加纳那样的黑人女奴要用如此极端的行为去保护自己的孩子，保全他们作为人的尊严。《爵士乐》的创作灵感则源于一张照片，照片中一个年轻的黑人姑娘静静地躺在棺材里，她在舞会上被与其有情感纠葛的情人用无声手枪击中。为了让情人逃脱罪责，她以不舒服为由向朋友隐瞒中枪的事实，并拒绝说出情人的名字，最终丧失了生命。莫里森对这一事件进行了衍生与再创造，将关注的焦点从这一情杀事件的本身延展开来，赋予其特定的社会背景，即北迁都市的南方黑人的艰难经历，着重探求的是"大迁徙"过程中在城市夹缝中谋求生路的黑人复杂而痛苦的心理适应过程。《天堂》中为受到外界伤害的女性提供避风港的女修道院也有其原型，在 20世纪初美国的某个州就出现过一个只存在了 8 个月的黑人女儿国。而关于女修道院被一伙儿持枪的男人血洗这一情节，则源自莫里森在一次前往巴西的旅途中所听说的一个真实故事，曾经有一个黑人修女办的修道院，专门接收一些被家人遗弃的孩子，但是由于修女与当地居民所信奉宗教的不同，后者将她们当成了伤风败俗的异教人，一伙男人杀害了她们。莫里森将这两个故事巧妙地联系在一起，创造出了女修道院与鲁比镇这两个具有各自演变与发展历史的"天堂"——受伤妇女的避难所与黑人自强自立的乌托邦，并通过二者的毁灭，去探究黑人民族内部的矛盾与问题，希冀一个真正属于黑人民族的"天堂"的出现。

### 4. 创作后期

从 2000 年至今，是莫里森创作的后期。代表作品为《爱》（2003）和《恩惠》（2008）。

这一时期，莫里森处于新小说的创作期。作家开始在小说中以多个人物的复杂、矛盾的"声音"来聚焦人物与事件，故事内容则继续从性别、种族与文化的角度，揭露美国社会制度对黑人民族长期造成的身心创伤，展现作家对黑人民族的文化历史、生存状况与内心世界的新认识。如小说《爱》就是通过对一个美国黑人中产阶级家族在民权运动前期、中期、后期三个阶段的兴衰史的讲述，反映出黑人民族的生存现状在不同历史时期的变迁，正视了诸多种族问题与性别问题尚待解决的社会现状。而小说《恩惠》则描写了北美殖民地初期蓄奴制对各类奴隶（包括黑人、印第安土著人、白人契约劳工）造成的身心创伤，也包括白人自由人亦为心灵枷锁所累的生存状况，表现出各色人种面对各种奴役时生发的对身心自由的期盼与向往，作家在小说中甚至超越了种族问题。

这一时期，莫里森小说创作的一个显著特点是，继续采用首先交代结局，然后层层剥茧、披露真相的叙事方式。小说中的人物关系复杂多变、矛盾重重，随着故事的发展逐渐展现。并且作家在小说中故意从多个人物视角展开描述，时间跨度很大且来回穿梭错位，以致全书无形中营造出了一种神秘的氛围。此外，作家在这一时期还偏好以小说的一个中心情节设置悬念、引领全文，在把握小说主题思想与凸显人物形象的同时，增添了一种侦探推理小说的色彩。如《爱》中的悬念主要是比尔·科西的遗嘱，几乎小说中的所有人物都参与到了争夺遗嘱的行列中，小说的冲突与高潮便由此引发。而《恩惠》中的悬念是作家呈现出的一个令人匪夷所思的疑问，即为什么女黑奴会请求陌生人带走自己年幼的女儿。围绕这个看似有违常理的悬疑，小说从各个有关人物的视角展开了深入的描述，在人物心理的对照描写中突出了各类奴隶对身心自由的极度渴望。

作为一名美国黑人作家，莫里森所有的小说创作几乎都围绕黑人生活、黑人民族、黑人历史这一主题链展开，集中体现和思考了非裔美国黑人的生存状况与困境；而作为一名黑人女作家，莫里森又有着同黑人男性作家相区别的显著特点，她特别关注黑人女性在种族、性别、社会、传统、家庭等诸多方面所受到的压迫、歧视与侵害，塑造出了一系列成熟、丰满、饱经坎坷的黑人女性形象。总而言之，托妮·莫里森是一位种族意识和民族精神极其强烈的作家。表8-1是对其创作的整体概观。

表 8-1　莫里森的整体创作概观

| | 思想内容 | 艺术特色 | 主要作品 |
|---|---|---|---|
| 创作初期 | 通过一个中心人物的个人经历及其悲剧性结局，折射出在种族主义戕害下，黑人民族生理及心理上的创伤 | 将创作视角放在黑人女性身上，打破了以黑人男性为中心的小说叙述形式；特别注重对人物心理的挖掘和探索 | 长篇小说《最蓝的眼睛》（处女作，1970）、《秀拉》（1973） |
| 创作成熟期 | 从不同方面凸显黑人历史与黑人文化传统对黑人民族的生存、发展与繁荣的重要性 | 擅长将民族历史浓缩在家族历史或社区文化中；继承和发扬黑人文化传统，存在超自然元素，对非洲传统民间传说与故事再创造，赋予新的时代意义 | 长篇小说《所罗门之歌》（成名作，1977）、《柏油孩子》（1981），主编《黑人之书》（1974），以及为《纽约时报书评周刊》撰写书评 |
| 创作巅峰期 | 将黑人民族的苦难历史与奋勇不断的反抗历程展现在读者面前，表现出作家对历史写作的宏观把握 | 根据对历史真实事件的表现、描摹与再创造，重现历史的真实，即对现实原型的重塑 | "历史三部曲"《宠儿》（代表作，1987）、《爵士乐》（1992）、《天堂》（1999）以及散文集《黑暗中的游戏：白色与文学意象》（1992） |

| | 思想内容 | 艺术特色 | 主要作品 |
|---|---|---|---|
| 创作后期 | 以多个人物的复杂、矛盾的"声音"来聚焦人物与事件，故事内容继续从性别、种族与文化的角度，揭露美国社会制度对黑人民族长期造成的身心创伤，展现作家对黑人民族文化历史、生存状况与内心世界的新认识 | 采用先交代结局，然后层层剥茧、披露真相的叙事方式，从多个人物视角展开描述，时间跨度大，营造一种神秘氛围；以一个中心情节设置悬念，把握小说主题思想与凸显人物形象的同时，增添一种侦探推理小说色彩 | 小说《爱》（2003）、《恩惠》（2008） |

注：此表为自制。

## 第二节 "绝对的政治性"的呐喊

与强调文学的审美功能而摒弃其政治功用的作家不同，莫里森认为，"一本小说应该是绝对的政治性并且永恒的美丽"①。所谓"绝对的政治性"，即作家在文学创作中需要表明其鲜明的政治倾向、表达一定的政治观点；"永恒的美丽"，即文学作为个体精神的创造，它并不是政治、社会生活的附庸品，它具有所有艺术应具备的审美特性，能够呈现出永恒的艺术魅力。

以这一标准来看，莫里森的每部小说都是"绝对的政治性"与"永恒的美丽"相融合而结出的果实，她所有的创作都围绕非裔美国黑人的历史以及艰难的生存现状展开，她所要揭露和剖析的是其身处的美国社会一直存在而且还将存在下去的问题——种族歧视。对于一个国家来说，这是一个历史遗留下来并依旧影响着当今时代的重大社会问题；而对于一个非裔美国黑人来说，这是攸关他们民族尊严、生存现状以及未来发展的关键性问题。作为一名非裔

---

① 胡笑瑛：《不能忘记的故事：托妮·莫里森〈宠儿〉的艺术世界》，宁夏人民出版社，2004，第 268 页。

美国作家，莫里森"拒绝相信那一段时光或者说奴隶制是无法用艺术手段来表达的"① 说法，而是认为"艺术本身是可以承担起这一责任的"②，因此她敢于直面这个尖锐的社会症候，并通过犀利尖锐、想象力丰富的作品，对这样的重大社会问题做文学上的思考。可以说，坚持文学的政治功用是贯穿莫里森创作始终的重要理念。

在这一创作理念的指导下，莫里森的小说表现出了鲜明的政治色彩。从处女作《最蓝的眼睛》的成功发表到《秀拉》《所罗门之歌》《宠儿》等一系列优秀作品的问世，莫里森关注的问题从来不曾脱离她的民族和人民。她关心被遗忘的角落里的黑人儿童与妇女的悲惨境遇，她揭示非裔美国黑人的艰难生存状况，她希望用文学的目光去透视被蒙尘的历史。正如作家在一次访谈中所说，"从我的角度看，只有黑人，当我说'人们'时，我的意思便是黑人"③。莫里森讲述着那些被白人主流文化所湮没、遮蔽或扭曲了的故事，她说，"这就是为什么具有世界性是一个对我毫无意义的词。福克纳写的作品我想可以称做地方文学，但全世界到处出版他的书。它优秀——具有世界性——因为它是专门关于一个独特世界的。这就是我希望做的事情"④。莫里森的政治倾向是明确而鲜明的，她坚定地站在本民族的立场，凭借其出众的才华与深邃的思想，做她所希望做的事情。她给读者创造了一个独特的世界——真实的非裔美国黑人的世界，包括他们悲壮的历史、艰难的现状以及充满希望的未来。

作为一位美国黑人作家，莫里森对自己所从事的写作的权利看

① 胡笑瑛：《不能忘记的故事：托妮·莫里森〈宠儿〉的艺术世界》，第 276 页。
② 胡笑瑛：《不能忘记的故事：托妮·莫里森〈宠儿〉的艺术世界》，第 276 页。
③ 吕同六主编《20 世纪世界小说理论经典（下）》，华夏出版社，1995，第 520 页。
④ 〔美〕托马斯·勒克莱尔：《"语言不能流汗"：托妮·莫里森访谈录》，少况译，《外国文学》1994 年第 1 期，第 27 页。

得十分重要，因为这是一种话语的权利，同时也是一种政治的权利。她认为，文学是作家凭借语言表现其精神世界的产物，写作工作说到底是一门运用语言的艺术，但是，当语言成为某种文化、制度的附庸时，是否每个人都真正拥有说话的权利？在题为《被剥夺的语言和语言的被剥夺》的诺贝尔文学奖获奖演说中，莫里森这样谈道："对语言系统的掠夺可以从使用它的人的那种把它的细腻、复杂和接生员似的品格抛弃，而代之以威胁与压服的口气中看出来。压制性的语言不仅代表着暴力，它就是暴力；不仅代表着知识的局限，它制约了知识"①。自被奴役和压迫以来，非裔美国黑人为争取平等与自由而做的抗争就从未停歇过，但是，主流社会压抑着他们的声音，主流文学扭曲着他们的形象，主流文化解构着他们的思想。在白人控制了大部分的社会生活资源、控制着公共话语权的美国社会，黑人被剥夺了自己的语言，而被另一种语言所戕害，"那是一种喝人血、舐人伤口的语言，它不顾一切地向最底层、向最低下的头脑滑去时，却把它的法西斯长靴隐藏在尊严和爱国心的石榴裙下"②。

　　身为作家的莫里森深知语言所拥有的力量以及语言被剥夺的后果，因此她这样说道，"无论是模棱的官方语言，还是虚假的、没有主心骨的媒体语言，无论是盛气凌人却又僵化不堪的学界语言，还是商品化的科学语言，无论是只谈法律不谈道德的莫予毒的语言，还是那种将种族主义的用心隐藏在文学修辞的背后、旨在使少数民族疏离的语言，都必须统统摒弃、改变和揭露"③。不仅要摒弃，还要抗争，这也是支撑莫里森进行文学创作的动机之一。对于非裔美国黑人来说，语言不仅是人们用于交流的工具，它更是一种象征，莫里森称其为"衡量生命价值的尺度"，"它的作用和布道

① 〔美〕托妮·莫里森：《宠儿》，南海出版公司，潘岳、雷格译，2006，第354页。
② 〔美〕托妮·莫里森：《宠儿》，第355页。
③ 〔美〕托妮·莫里森：《获奖演说：剥夺的语言与语言的剥夺》，载彭诗琅、廖隐邨主编《诺贝尔文学奖金库》，第723页。

一样：它使你离开座位站起来，使你忘记自己，倾听自己。世界上最可怕的事情便是失去语言。"①

　　莫里森选择的抗争方式就是写作，它期望通过笔下的文字去拯救那些被历史扼杀了的语言，去解放被压抑的声音。语言是主流意识形态用于同化个人的工具，同时，它也可以成为另一种武器。以语言为载体，莫里森发挥着文学对政治生活的干涉作用，她让自己笔下的黑人最大程度地开口说话，黑人孩子、黑人男人、黑人女人，她说，我"总是这样不停地变换角度不停地重写，我想尽量贴近现实，我不想使任何一个人的声音被忽视。在重构另一种生活时应该公正。"②她希望通过对话语权的重新掌控，尽量让那段谁也不愿去记忆的历史恢复其真实的面貌，给那些在奴隶制的碾压下消逝的人们以诉说真相的权利。莫里森曾说，不管故事中的人说的是什么，最重要的是让黑人开口说话。恢复被湮没的声音，这是黑人为追求平等、自由、权利而迈出的重要一步。

　　综上所述，以语言为武器，莫里森发挥着文学的政治功用，让它成为为黑人民族言说的载体。在自由、平等还不能完全被社会践行的时候，莫里森就会永远坚持文学的"绝对的政治性"的理念，并使其绽放"永恒的美丽"。

## 第三节　《宠儿》叙事的模糊性

　　作为美国当代文坛上最受瞩目的黑人女作家，托尼·莫里森以其敏锐的洞察力与富有诗意的表达，创作出了《最蓝的眼睛》《秀拉》《所罗门之歌》等大量以黑人生活、黑人历史为题材的文学作

---

① 〔美〕托马斯·勒克莱尔：《"语言不能流汗"：托妮·莫里森访谈录》，少况译，《外国文学》1994 年第 1 期，第 26 页。
② 胡笑瑛：《不能忘记的故事：托妮·莫里森〈宠儿〉的艺术世界》，第 273 页。

品，将"美国现实生活的重要方面"① 展现在读者的面前。纵观莫里森的小说创作可以发现，作家很少采用传统的线性叙述模式来构建作品，而是擅长运用时空交错、多角度叙事、意识流及暗示、隐喻等写作技巧或手法，打破小说脉络发展的连贯性，从而有意在作品中营构出模糊的艺术效果。莫里森的这一创作特点在其最具代表性的作品《宠儿》中发展到了巅峰，因此，这里就以该小说为例，来探寻模糊性在莫里森的小说叙事中所起的独特的艺术功效。

## 一　一张"支离破碎"的密网

先看《宠儿》情节上的模糊性。

莫里森以一名叫做玛格丽特·加纳的女黑奴的真实经历为蓝本，设定了女黑奴赛丝为了使后代免于遭受奴隶主的奴役与玷污，而亲手杀死了自己的还是婴孩的女儿这一核心故事情节。但是小说所叙述的并不仅仅是这个黑奴母亲的故事，《宠儿》中出现的每一个人物几乎都有一段必须讲述或被讲述的故事，关于这些可做下面的简单排序：

1. "甜蜜之家"的主人加纳先生死了，他的妹夫即一个残酷的"学校老师"来了，他开始向奴隶实施暴行并专卖黑奴。奴隶们开始逃亡了。

2. 女黑奴赛丝被奴隶主及其侄子的折磨与"性"摧残；艰难的逃亡；途中的分娩；杀死儿女。

3. 黑奴西克索逃亡中的惨死。

4. 黑奴黑尔看见妻子赛丝的遭遇后的精神疯狂。

5. 保罗·D 逃亡后被抓所经受的一系列痛不欲生的磨难以及他在与赛丝重逢之前的漫长流浪。

6. 老祖母贝比·萨格斯在来到"甜蜜之家"前的不断被贩卖；被当做"性"工具的惨痛经历及被赎出的过程。

---

① 堵军主编《诺贝尔文学奖获得者作品暨演讲文库》，第 4673 页。

7. 丹芙在母亲逃亡之路上出生；在鬼魂缠绕的 124 号中的艰难成长。

8. 蓝石路上重获自由的黑奴们（艾拉、斯坦普·沛德等）各自的不堪回首的往事与重建家园的艰难。

9. "宠儿"，一个很像是被母亲杀死的那个女儿来到蓝石路 124 号的"闹鬼"。

……

但是，莫里森没有采用传统小说的以线性的时间顺序或因果逻辑关系来关联事件的叙述模式，而是将上述这诸多人的无数个故事编织成一张网，而仿佛在布好整张密网后又将它撕碎、打乱，甚至是有意地抽去其中的某部分，这样就令《宠儿》呈现出情节杂乱、事件无序、内容缺失的叙述特点。比如在讲述主要人物之一保罗·D 的故事时，作家就将他从"甜蜜之家"逃亡、被抓、再次被贩卖然后逃跑、流浪直到和赛丝重逢的线性经历分割成诸多片段，然后打乱各个片段发生的顺序，将其夹嵌在小说的各个章节中，读者需要运用自己的逻辑思维在文本中重新提炼、组织、拼凑出属于保罗·D 的故事原貌。不仅如此，莫里森似乎有意给笔下的人物经历留下一些空白，让读者自行去想象和填补。小说一开场就讲到了保罗·D 与赛丝的重逢，但是他是怎样找到赛丝所在的 124 号？在漫长的流浪、逃亡的过程中，他到底经历了什么？这些作家很少提到，或者只是简单地叙述一个片段，比如他与其他 46 个被拴在一根铁链上的黑人奴隶的大逃亡、他与一个女织工短暂的同居经历等，而其余的部分在读者面前似乎都成了未知数。

有关保罗·D 的叙述只是整张密网中的一条线，当网中所有的线都呈现出这样一种断裂、无序的状态时，无疑会令整部小说的叙述脉络显得模糊而混杂。莫里森的创作就是一个从织网到碎网、再到以一种不规则的方式重新织网的过程。读者必须逆作家的叙述顺序而行，即将小说中众多碎片式的叙述重新拼凑、接合起来，才能恢复这张密网的原状，获得整个故事的概貌。并且，这张网铺得越大、小说叙述的内容越丰富，那么当它以碎片的形式交杂、混乱地重新呈现出来时，就越会模糊读者的视线，增加阅读过程中的难度。

综上所述，莫里森选择用"一张破碎的密网"，去重现非裔美国黑人被贩卖、奴役、剥夺作为人的一切尊严与权利的血泪史。作家没有采用那种娓娓道来的方式、也没有用任何确切的年份日期来告诉人们历史上先发生了什么、再发生了什么，而是将历史打乱，让读者参与到历史的重构之中，在重构的过程中发现：从保罗·D、赛丝、黑尔、西克索等"甜蜜之家"的奴隶们的悲惨经历，人们看到的不仅仅是奴隶制时期黑人奴隶们苦难的受奴役史，更是他们以生命为代价所做的不屈的抗争史；从蓝石路124号中发生的一系列变故——它从逃亡奴隶的栖息地变为一幢整日受幽魂侵扰的"鬼屋"，又变为一个连周边的黑人都不予理睬的孤立的房子，人们看到的不仅仅是奴隶制对黑人身体上的残害，更是显现了他们心理上造成的扭曲与伤害，甚至造成了黑人社会内部的分裂；从蓝石路上那些曾经被奴隶主所残害和奴役而后历经苦难获得自由的人们身上，包括贝比·萨格斯、艾拉、斯坦普·沛德等，人们看到的是黑人们重建家园与生活的艰难……

历史是一个以庞大的时间与空间构成的复杂混合体，它所记录下来的绝不可能是简单明了的一个个以时间线条串联起来的清晰的事件，历史本身即是一张扯不清的网。莫里森通过这种"破碎"的叙述方式，让黑人民众的苦难在同一时空里层层地叠加在一起，从而增加了历史的厚重感。

## 二　一个充满谜团的姑娘

小说同名主人公宠儿身份的多重性更是莫里森在文本中设置的一个模糊点，作家有意将这一人物神秘化，并通过前后并不统一的叙述话语，为读者提供了判断这一人物身份的多种可能性。

可能性一：宠儿是人。小说中对宠儿出场的具体描述是："一个穿戴整齐的女人从水里走出来"①，并且紧接着叙述了她疲惫不堪的身体状况，以及怎样筋疲力尽地坐在离 124 号不远处的一个树桩上。其后收留了宠儿的赛丝从种种迹象中推测出这样的结论，"她相信宠儿曾经被某个白人关了起来，以满足他的私欲，从来不让出门。她肯定是逃到了一座桥之类的地方，将其余的一切从记忆中洗去。"② 也就是说，宠儿很有可能是被某个白人囚禁而后逃出的黑人女奴。

可能性二：宠儿是幽魂。随着情节的发展越往后阅读，读者越是觉察到宠儿身上带有许多异于人的特征："她的皮肤是新的，没有皱纹，而且光滑，连手上的指节都一样"③；她与丹芙待在储藏室中时突然地消失又出现；她的牙齿开始脱落，"她身上的零件也许会一点一点地，也许一股脑全掉下去"④……这种种迹象似乎都在告诉读者，宠儿不是人，她是一个幽魂。接着的问题是，她是谁的幽魂？

她的脖子上有着形似于疤痕的印迹；她知道赛丝有一对水晶的耳坠；她会唱赛丝只唱给自己的孩子们听的歌；她对赛丝怀有强烈的占有欲……宠儿首先有可能是 18 年前被母亲杀死的那个女孩儿的幽魂，她回到蓝石路上的 124 号诉说她对母亲赛丝的爱与怨。但是，她的脑子里又有着黑人奴隶在遥远的非洲土地上生活的画面，人们采花、摘花；同时又充斥着非洲黑人从自己的家园被贩卖到美洲途中，在阴暗、拥挤的船舱中的悲惨回忆。仅仅作为死去女孩儿重返人间的宠儿不可能会有这些记忆，只有真正经历了"中间通道"——即非洲黑人在被运送至美洲途中的凄惨经历——的幸存者才能向人们讲述这样的苦难历史。正如莫里森在与玛利·达琳的

① 〔美〕托妮·莫里森：《宠儿》，第 64 页。
② 〔美〕托妮·莫里森：《宠儿》，第 152 页。
③ 〔美〕托妮·莫里森：《宠儿》，第 65 页。
④ 〔美〕托妮·莫里森：《宠儿》，第 169 页

访谈中谈到的，宠儿这个幽灵存在两个层面的可能，一方面，"从文学角度讲，她的出现是赛丝臆想出来的：她的孩子死而复生了"①，另一方面，"她是事实上真正存在过的奴隶贩运船上的幸存者，她用一种饱受精神创伤的语言讲述自己的经历"。② 由此可见，即使是幽魂，宠儿到底是谁的幽魂也具有模糊性。

综上所述，宠儿的每个身份都可以在文本中找到相应的线索与证据，作家通过这一"充满谜团的姑娘"多重性身份的设定，令作品呈现出神秘化的倾向与引导读者作多元思考的效果。

这样一种塑造人物的方法可以说是作为黑人作家的莫里森对黑人传统文化，特别是对黑人文化中的灵魂观的接受和继承的表现。在非洲黑人看来，灵魂是一个可以与人的身躯相分离并且具有永存性质的东西，"死去的人离在世者不太远，他们时刻关注着自己的家族，与家族有关的每件事"③。莫里森在接受访谈时谈到，"有人会走进门来，坐在桌边，你必须考虑到这一点，不管他们是什么东西，有一点对我来说很清楚，那就是鬼魂的存在并不违反非洲宗教哲学。对于一个儿子、父母或邻居，他们所熟悉的死去的人以一个孩子的形式或另外什么人的形式出现都是很容易理解的。"④

不仅如此，莫里森也以宠儿这一人物身份指向的模糊性充实和扩大人物的展现内涵。宠儿是谁？她可以是逃亡的女奴；是被母亲浓郁的爱所扼杀的小生命；是熬过了非人的中间通道而幸存的人；是被奴隶制所戕害的"六千万甚至更多"中的任何一个。这样，作家就将宠儿这一人物形象固定单一的"所知"身份扩大到"能

① 胡笑瑛：《不能忘却的故事——托尼·莫里森〈宠儿〉的艺术世界》，第278页。
② 胡笑瑛：《不能忘却的故事——托尼·莫里森〈宠儿〉的艺术世界》，第278页。
③ 艾周昌、舒运国主编《非洲黑人文明》，福建教育出版社，2008，第206页。
④ 胡笑瑛：《不能忘却的故事——托尼·莫里森〈宠儿〉的艺术世界》，第281页。

指"的范围，从而扩大人物的表现空间，增强了故事的表现力度。

### 三　一个模棱两可的答案

《宠儿》中的模糊性还表现在其人物命运的安排上。小说的后一部分，看着在宠儿的折磨下一步步濒临精神崩溃的母亲，丹芙勇敢地走出了紧闭着大门的 124 号，向外面的世界寻求帮助。在社区黑人妇女集体的歌唱与祈祷中，这个搅扰着 124 号安宁的幽灵最终消失。

幽灵走了，但故事还在继续：18 年前亲手杀死了自己的小女婴的母亲将尖刀刺向了前来接丹芙上班的白人。"每次有个白人来到门口她都要杀人么？"① 莫里森通过笔下人物之口似乎在暗示读者，老祖母贝比·萨格斯所说的"剑与盾"，赛丝还没有放下，她依旧以防备与还击的姿势对待着 124 号以外的世界。那么，赛丝是否真的走不出那段残酷的回忆？人物命运是否真的只能走向悲剧的结局？莫里森通过小说结尾处保罗·D 和赛丝的一段对话，给了读者一个模棱两可的答案：

> "赛丝，"他说道，"我和你，我们拥有的昨天比谁都多。我们需要一种明天。"
> 他俯下身，攥住她的手。他又用另一只手抚摸着她的脸颊。"你自己才是最宝贵的，赛丝。你才是呢。"他有力的手指紧握住她的手指。
> "我？我？"②

"我？我？"没有表示否定的"不是"，也没有表示肯定的句号，两个字，两个问号，这就是赛丝最终的回答。作家通过这样一个模棱两可的答案，将故事的最终结局、人物命运的最终走向安置

---

① 〔美〕托妮·莫里森：《宠儿》，第 317 页。
② 〔美〕托妮·莫里森：《宠儿》，第 346 页。

在了故事之外。读者可以认为赛丝认同了保罗的说法，共同经历了苦难"昨天"的两人将共同创造出新的"明天"；也可以认为，赛丝最终无法承受沉重回忆的重压，一步步走向崩溃，而失去了这一有着"锻铁一般的后背"① 的女人的保罗，极有可能再次出走、流浪。

　　这种开放式的结尾在一定程度上也受到了黑人口头文学的影响，在非洲文化的口头传统中，人们常在结尾处留下一点空白或者歧义，以让听者仍沉浸于故事中，从而不得不去思考可能出现的任何一种结果。通过这种模棱两可的结尾与富有深意的对话，读者很容易将人物命运的结局与黑人民族的走向联系在一起。保罗和赛丝拥有着比谁都多的昨天，同样，保罗们和赛丝们，以致整个黑人民族都拥有着充满苦难的昨天，他们需要的是一个未来。在这里，作家对民族的未来寄予了一种期望，但是却没有给它设定一个结局，因为未来始终掌握在继续生活着的人们自己的手中。

　　纵观以上三个部分，笔者分别从小说情节的混杂与无序、同名主人公多重身份的设定以及人物命运的安排上分析了模糊性在《宠儿》中的表现，并分别论述了这样的多重模糊手法在小说中所起到的重要作用。不过需要指出的是，这种有意在小说中制造模糊性的艺术效果的手法也是欧洲文学传统的一部分。举例说，塞万提斯就有意以作品《堂吉诃德》中主人公的名字做文章，用各种不确定的名字来打破小说人物指向的明确性，堂吉诃德不再是单个的被骑士小说所毒害的绅士，他是基哈达、又可能是克萨达，他可以是任何一个沉迷于骑士小说而受害颇深的人，这就在一定程度上增加了对骑士小说的批判力度。而这种模糊的手法发展到后来，又被现代主义和后现代主义作家所广泛接受，并成为他们的主要理论观点之一，即小说的不确定性。比如，卡夫卡小说的人物就颇具模糊

① 〔美〕托妮·莫里森：《宠儿》，第346页。

性。莫里森正是在继承本民族的文化传统和欧洲文学传统的基础上，用一种模糊叙事的方式重现了有关黑人苦难历史的记忆，从而取得了艺术上的创新与成功。

## 第四节　《宠儿》与《汤姆大伯的小屋》的互文性

托妮·莫里森的小说《宠儿》出版后在国际上引起了很大的轰动，并被视为美国黑人文学发展史上的一座丰碑。尽管关于《宠儿》的研究很多，但至今，似乎没有人注意到《宠儿》与哈里叶特·比彻·斯陀（Harriet Beecher Stowe，1811～1896 年）的小说《汤姆大伯的小屋》（Uncle Tom's Cabin）之间的互文性关系，而这却是一个很有意义的研究课题。

### 一　关于"互文性"

"互文性"这一术语出现在 20 世纪 60 年代，蒂费纳·萨莫瓦约在其《互文性研究》一书中将互文性理论的缘起及其多种界定进行了梳理。这里，笔者将主要的几位言说者的见解列了出来，见表 8-2。

表 8-2　"互文性"的相关表述

| 论者/论著/时间 | 表述① | 贡献 |
| --- | --- | --- |
| 朱丽娅·克里斯蒂娃/《封闭的文本》/(1967) | 一篇文本中交叉出现的其他文本的表述 | 提出了这个术语 |
| 菲力普·索莱尔斯/《理论全览》/(1971) | 每一篇文本都联系着若干篇文本，并且对这些文本起着复读、强调、浓缩、转移和深化的作用 | 强调了互文性的作用 |

---

① 〔法〕萨莫瓦约:《互文性研究》,邵炜译,天津人民出版社,2003,第 1～50 页。

续表

| 论者/论著/时间 | 表述 | 贡献 |
|---|---|---|
| 罗兰·巴特/《大百科全书》/(1973) | 每一篇文本都是在重新组织和引用已有的言辞 | 强调宽泛性 |
| 杰拉尔德·普林斯/《叙事学词典》/(1978) | 一个确定的文本与它所引用、改写、吸收、扩展，或在总体上加以改造的其他文本之间的关系 | 注重文本间性 |
| 吉拉尔·热奈特/《隐迹稿本》/(1982) | 一篇文本在另一篇文本中切实地出现 | 强调互文的具体性 |
| 麦克·里法特尔/《诗的符号学》/(1983) | 读者对一部作品与其他作品之间的关系的领会，无论其他作品是先于还是后于该作品的存在 | 将互文性引到了读者接受的层面上 |

　　注：此表根据《互文性研究》的相关内容自制。

　　十分明显，互文性的研究，打开了单个文本封闭的围墙，主要注重了下面几种关系的研究：其一，此文本与彼文本的共存关系与派生关系，如德国民间传说中的浮士德与英国大学才子克里斯托弗·马洛的《浮士德博士的悲剧》以及歌德的诗剧《浮士德》之间的共存关系与派生关系；其二，此文本与自身之外的文本群的吸纳、引用关系，如艾略特的《荒原》与《从祭仪到神话》和《金枝》等作品的文本群的关系；其三，此文本对文学史的记忆关系，如乔伊斯的《尤利西斯》与文学史上的荷马史诗《奥德修纪》的关系；其四，读者在阅读此文本时对隐含文本的寻觅，如读者在阅读《喧哗与骚动》时对其"神话模式"的探寻，等等。说穿了，互文性的关系即是"我中有你的关系，或曰此中有彼的关系"①。

## 二　两部作品"互文性"的表现形态

　　表面上看，莫里森的《宠儿》与斯陀夫人的《汤姆大伯的小

---

　　① 杨肖：《从蒋天佐的译作谈翻译文本的互文性》，载《扬州大学学报》（人文社会科学版）2009年第1期，第123页。

屋》之间，除了反对种族歧视的主题有共通性之外，是两部互不相干的作品，叙述手法各异，创作风格不同，似乎没有什么关系可谈；但如果走进这两部作品的文本深处细细品味，便会发现，两部小说的故事情节其实很相像，其间蕴涵着明显的互文关系，主要表现在：

其一，故事的起步——都是从一个"开明的"白人庄园主的败落说起，他们的经济危机毫无悬念地都转嫁到庄园里的黑奴身上，于是，黑人们的"家园"破散了。

其二，故事的核心——逃亡的线索中（两条线索中的一条）都是书写一个年轻的母亲带（怀）着孩子的绝处逢生。

其三，故事的关键——在女黑奴艰难逃亡而濒临绝境的时候，都出现了一个男人对她的救助。

其四，故事的线索——都平行地铺设了两条线索，一条写女黑奴艰辛的逃亡，另一条写男黑奴的忍辱并被转卖；两者也都同样地赋予了女黑奴逃亡的这条线索以异常的光彩。

摆在我们面前的问题是，在文思百变的文坛上，莫里森与斯陀夫人这两位女作家为什么会有上述如此这般的互文？人们或许会想到该做一番"影响研究"，即莫里森如何受到了斯陀夫人的影响——毫无疑问，作为生活在美国这同一片土地上的作家，莫里森对斯陀夫人自然不会陌生，但作为一个出色的作家，她不会刻意地去邯郸学步。仔细推敲一下，她们的文本互文，并非缘自技巧层面的影响与借鉴，而是缘自思想上的共鸣。如果我们向更深的层面透视，便会发现，这两位女作家文本互文现象的产生是根植于由女性生存历史而形成的女性集体无意识之中。

尽管要想将女性生存的历史与男性做全方位的、整体的比较几乎是不可能的，但有几个维度的抽样比较是十分必要的，因为这是支撑莫里森与斯陀夫人文本互文关系生成的重要因素，这便是：活动空间、生理制约、历史角色、社会定位等。其具体的差异可见下面的表8-3。

表 8-3　两性历史生存状况抽样比较

|  | 活动空间 | 生理制约 | 历史角色 | 社会定位 |
|---|---|---|---|---|
| 男性 | 世界 | 自由 | 强者 | 中心 |
| 女性 | 家庭 | 孕产 | 弱者 | 边缘 |

注：此表为自制。

上述抽样比较，虽然只显示了几个层面的差异，却是有代表性的。显然，家庭、孕产、弱者、边缘已成为女性生存历史中的典型处境，或曰女性生存的"原型"，并且经由漫长的历史已成为女性的集体无意识。这正如荣格所言："生活中有多少种典型环境，就有多少个原型。无穷无尽的重复已经把这些经验刻进了我们的精神构造中，它们在我们的精神中并不是以充满着意义的形式出现的，而首先是'没有意义的形式'，仅仅代表着某种类型的知觉和行动的可能性。当符合某种特定原型的情景出现时，那个原型就复活过来，产生出一种强制性，并像一种本能驱力一样。"① 可以说，女性作家在观察与言说世界的时候，必然在"本能驱力"下表露出女性生存的"原型"，这便有可能在她们的文本中产生互文性。莫里森与斯陀夫人的写作正是基于上述的家庭、孕产、弱者、边缘等女性生存的"原型"而在其笔下出现了家庭视域、"母"性情结、弱者心态、边缘抗争等共通性，这便是她们的文本出现互文性关系的重要原因。

### 三　两部作品"互文性"的深层动因

前文所言的四个层面的互文关系，在两部作品中是有据可查的。

第一，故事的起步。两部作品的第一处互文是，故事的起步阶

---

① 〔瑞士〕荣格：《荣格文集》，冯川译，改革出版社，1997，第90页。

段都出现了一个"善良的"庄园主,即庄园里的"家长",此"家长"在经济上的败落导致了黑人们"家园"的破散。

斯陀夫人给《汤姆大伯的小屋》第一章起的题目就是"本章给读者介绍一位善人",文中说:"谢尔贝先生是一个普普通通的人,为人和蔼可亲,待人接物颇为宽厚。他庄园上的黑人从来没有在物质生活方面感到什么匮乏。然而,由于他大量地、无节制地做投机生意,结果弄得债台高筑"①。显然,斯陀夫人笔下的谢尔贝是一个温和地对待黑奴的"善人",是个"和善"的大家长。随着这个"和善"的家长境遇的变坏,庄园里的黑人们便纷纷地被卖掉了。

莫里森与斯陀夫人不谋而合。在《宠儿》中,名为"甜蜜之家"的庄园里最早的庄园主加纳先生也是一个"善人"。作者对他没有做直接介绍,而是通过小说中的老黑人贝比·萨格斯的感觉以及她与这位"善人"的对话来表现其"和善"的。先看贝比·萨格斯的感觉,她刚被卖到"甜蜜之家"时便对主人加纳有了这样的好感:"加纳夫妇施行着一种特殊的奴隶制,对待他们像雇工,听他们说话,把他们想知道的事情教给他们。而且,他不用他的奴隶男孩们配种。从来不把他们带进她的小屋,像卡罗来纳那帮人那样命令他们'和她躺下',也不把他们的性出租给别的农庄。这让她惊讶和满意"②;再看她被儿子黑尔从加纳那里赎出后与这个"善人"的对话:"你在'甜蜜之家'呆了多久?""十年,我想是。""挨过饿吗?""没有。先生。""受过冻吗?""没有,先生。""有人碰过你一个手指头吗?""没有,先生。""我让没让黑尔赎你?""是的,先生。你让了。"③。显然,萨格斯这个黑人在加纳的庄园里待了10年,既没有挨过饿,也没有受过冻,最后,还允许

---

① 〔美〕哈里叶特·比彻·斯陀夫人:《汤姆大伯的小屋》,黄继忠译,上海译文出版社,1993,第9页。
② 〔美〕托妮·莫里森:《宠儿》,潘岳、雷格译,中国文学出版社,1996,167页。
③ 〔美〕托妮·莫里森:《宠儿》,174页。

被儿子赎了出来，加纳可谓是个善人。但"甜蜜之家"的这个"善人"死了，一个残酷的庄园主来了，于是，像《汤姆大伯的小屋》中的情节一样，黑人们纷纷被卖掉了。

斯陀夫人起笔于"家园"和一个"和善"的大家长，莫里森的起笔也异曲同工，显然，"家"与"和善"的家长是这个层面上互文的关键所在。为什么她们都如此关注"家"和如此厚爱"和善"的家长？这自然可以追溯到历史赋予女性的极度狭小的生存空间——"家"，以及因此而生成的女性的家庭视域。

西蒙娜·德·波伏娃曾说："这个世界就其整体而言是男性的；塑造它、统治它、至今在支配它的仍是些男人。至于她，她并不认为对它负有责任……她被封闭于她的肉体和她的家庭。"[①]由于女性在漫长的历史中处于弱势地位，活动的空间被高度挤压，只剩下家庭这个十分狭小的范围，故女性思想中关于世界的影像是淡漠的，家庭的印象则是深刻的。事实上，几千年来，"家"是女人的唯一归属，所以，家庭视域是历史赋予女性的；对于女作家来说，家庭视域很容易把她们的视线在创作的第一时间引入"家"中。同时，既然世界是男人的，不属于女人；既然"家"其实也不属于女人，只是女人被困于"家"中——"家"实际上是政权、族权、夫权统治的基本单位，那么，女作家们把改善受压抑的生活境遇的良好愿望寄托于某个"善良"的家长身上，这恐怕是最通常的想法了，斯陀夫人和莫里森便是如此。

第二，故事的核心。两部作品的第二处互文是，在黑奴逃亡的这条线索中都以一个年轻的母亲带（怀）着孩子在惊险中出逃并绝处逢生为核心情节。

在《汤姆大伯的小屋》中，最动人的情节就是黑人奴隶伊丽莎抱着孩子在浮冰上飞奔。当得知自己年幼的儿子要被卖掉时，她

---

① 〔法〕西蒙娜·德·波伏娃：《第二性》，陶铁柱译，中国书籍出版社，1998，第674页。

做了与汤姆大伯截然不同的选择——带着儿子逃亡。途中，一条大河挡住了她的去路，后面黑奴贩子又在紧追，生死攸关时，她奋不顾身地抱着孩子踏上了河面上的一块块浮冰：

> 追兵就在背后；她鼓足全身力气——一个人在生死关头得自神明的那种力气——一声狂号，纵身越过岸边的湍流，跳到河面的冰块上。这真是铤而走险的一越——只有疯子或是亡命者才有可能这样做；她跳下河时，海利、山姆和安第都情不自禁地举起双手惊呼起来。
>
> 她的脚一落下，底下绿色的大冰块立刻就吱吱作响地摇晃起来，可是她一分钟也不停留，一面尖声狂叫，一面使出全身的劲儿来，从一块又一块浮冰上跳过去，摔了跤又蹦起来，滑一脚还是向前跳！鞋也掉了——袜子也划破了——所过之处，血迹斑斑……①

黑人母亲、孩子、大河、追兵，这就是上述这段文字中的四个关键词，由此串联起一个黑人母亲带着孩子艰难逃亡的过程。

在莫里森的《宠儿》中，也有近似的惊心动魄的一幕。主人公塞丝肚子里怀着未出生的孩子拼命地逃亡，路上几近死亡，被白人姑娘爱弥救助后，她拼命地逃到了一条大河边。就在她担心追兵赶到而自己又无力过河的时候，她肚子里的孩子要出生了，于是，她拼命跳上大河边的一条小船上：

> 婴儿卡住了。它脸朝上，让妈妈的血淹没了，爱弥停止祈求耶稣，开始诅咒耶稣他爹。
>
> "使劲！"爱弥尖叫道。

---

① 〔美〕哈里叶特·比彻·斯陀夫人：《汤姆大伯的小屋》，第55页。

"拽呀。"塞丝低声说。

那双有力的手第四次发挥威力了，但不是立竿见影，因为河水从所有窟窿里钻进来，漫过了塞丝的屁股。塞丝的一只手伸到背后，一把抓住船缆，同时爱弥轻轻地钳住了脑袋。当河床里露出一只小脚，踢着船底和塞丝的屁股时，塞丝知道完事了，就允许自己昏迷了一会儿。[①]

如果我们也在这一段文字里找一下关键词，同样——黑人母亲、孩子、大河、追兵，一样都不差。

斯陀夫人的笔墨集中在伊丽莎的"母"性上，莫里森同样关注了塞丝的"母"性，显然，"母"性是这个层面上互文的关键所在。探讨这个问题，我们便要注意到，因为"孕产"是女人在人类生命传承过程中经历的特殊过程，所以女性的"母"性情结已是一份集体无意识。

关于这一点，女性主义理论家贝蒂·弗里丹曾有过论述："男女除了在生产下一代的方式上有所区别以外，他们之间并无差异"[②]，这也就是说，生产下一代的方式是男女的唯一区别。而这唯一的区别对女性来说当然是最深刻的记忆，这份记忆是性别的集体传承，即使某一个女性个体尚未进入孕产的特殊时期甚至还处于孩童时代时，这种集体无意识的记忆传承依然是存在的。《女性的奥秘》一书中就记载过这样的事例："在巴厘岛，两三岁的小女孩大多数时间都有意地挺着小小的肚子走路，当她们走过时，年龄较大的妇女则开玩笑地拍她们的肚子，并逗弄说：'怀孕了。'因而那小女孩了解到，虽然她自己的性别成员资格的特征并不明显，她的乳房只像小纽扣，并不比她兄弟的胸部大，她的生殖器只是简单

---

① 〔美〕托妮·莫里森：《宠儿》，第 99 页。
② 〔美〕贝蒂·弗里丹：《女性的奥秘》，程锡林等译，四川人民出版社，1998，第 184 页。

不显著的褶皱，但是有朝一日她会怀孕，她会生小孩"①。由于生产过程的决定，由于母体与新生儿之间鲜活的血肉联系（这种血肉联系父体与新生儿之间是不存在的），所以，女人与被生产者（孩子）之间关系的亲密度在通常情况下是至高的。显然，"孕产"对女人来说，是永恒的记忆。"孕产"情结的集体无意识在女性作家这里便会出现令人刻骨铭心的"母"性书写。莫里森与斯陀夫人的文本就是最好的例证。

第三，故事的关键。两部作品的第三处互文是，在女主人公逃亡的最危险、最艰难的时刻，都出现了一个男人对女黑奴的救援，于是，女黑奴眼前的灾难暂时化险为夷了。

在《汤姆大伯的小屋》中，伊丽莎带着孩子在河面上的一块块浮冰上飞奔——

> 最后，仿佛做梦似的，她隐隐约约看见了俄亥俄州的河岸，有一个男人过来扶她上岸。
> "不管你是什么人，你这个女人可真有胆量！"那个汉子赌了个咒说。②

在《宠儿》中，刚刚生下孩子的塞丝一个人抱着婴儿准备想办法过河——

> 她疲惫不堪，就待在那里，照进眼睛的阳光让她头晕目眩。汗水在她身上哗哗流淌，彻底浸湿了婴儿。她肯定是坐着坐着就睡着了，因为她再睁开眼的时候，那个男人站在她面前，手里已经拿了一块热腾腾的炸鳝鱼。③

---

① 〔美〕贝蒂·弗里丹：《女性的奥秘》，第 184 页。
② 〔美〕哈里叶特·比彻·斯陀夫人：《汤姆大伯的小屋》，第 55 页。
③ 〔美〕托妮·莫里森：《宠儿》，第 107 页。

　　为什么两个文本中都不约而同地出现了男人的救助？可以说，支撑这个互文现象的是女性生存历史中的"弱者"地位。西蒙娜·德·波伏娃为什么称女性为"第二性"？因为她们的前面有男人这"第一性"，社会地位的排序已经将女人置于依附地位，所以，居于困境下的"弱者"怎可能不受到"强者"救助？

　　莫里森和斯陀夫人的这段互文情节不免令人想起了"英雄救美"。"英雄救美"虽然似乎充溢着人道主义和英雄主义色彩，但它明显地是男权统治下的社会话语，"男人"为"英雄"，"女人"为"美"，一个"救"字就已表现出了社会的权利意志偏向——对男性而言，这里强调的是"英雄"行为；对女性而言，表现的则是对男性的依赖。这种意识已经根深蒂固地植于千百年来的社会意识形态中。莫里森与斯陀夫人的文本尽管将"英雄"和"美"的指数都做了削减，但她们笔下的社会历史真相没有变：强者依旧是强者，弱者依旧是弱者。

　　第四，故事的线索。两部作品的第四处互文是，小说中都铺设了两条平行的线索，一条是女黑奴的携（怀）子逃亡，另一条是男黑奴的辗转被卖，而同样都是将女黑奴携子逃亡的线索写得熠熠生辉。

　　在《汤姆大伯的小屋》中，逃亡这条线索上的主要人物是女黑奴伊丽莎和她的儿子。伊丽莎是谢尔贝夫人房里的黑奴，当听到自己的孩子要和汤姆大伯一起被卖时，她毅然地抱着孩子逃亡。另一条线索上的主要人物是老黑奴汤姆。汤姆从伊丽莎口中得知自己已被主人卖掉时，他选择了听命："他靠在椅子背上，两只粗大的手掩着脸，以低沉、嘶哑的声音剧烈地呜咽着，以致椅子都为之震动起来"[①]。他被卖后又经转卖，受尽了折磨，最后死在了一个暴戾的庄园主手中。

---

　　① 〔美〕哈里叶特·比彻·斯陀夫人：《汤姆大伯的小屋》，第36页。

　　莫里森的《宠儿》几乎是同样的两条线索。一条线索是女黑奴塞丝怀着孩子的拼命逃亡；另一条线索上的男黑奴保罗·D 两兄弟当时没有出逃，只想等待时机，但其结果却根本没有逃出来，一个被处死，另一个被转卖，受到非人的折磨，险些丧命。

　　这里的问题是，《宠儿》不仅有《汤姆大伯的小屋》中的两条类似的线索，而且作者也像斯陀夫人一样，赋予了女黑奴逃亡的这条线索以异常的光彩，原因何在？

　　这自然可追溯于处于边缘地位的女性的抗争心理。"次要者"是历史赋予女人的身份，而因为种族歧视，黑人女性更是被视为"次要者"中的"次要者"。西蒙娜·德·波伏娃曾疾呼："女人为什么没有对男性主权（Male Sovereignty）提出异议？没有一个主体会自觉自愿变成客体和次要者"①。是的，被历史置于边缘地位的女性不会永远地自愿地认同做历史的"他者"。女作家在文学领域中的崛起，本身就是在逐渐地改变女性在文坛上的"他"者地位，那么，她们笔下的一个重要使命就是在文本中变女性形象的边缘身份为中心身份，促其"他"者地位的改变。莫里森与斯陀夫人的作品与男性作家马克·吐温的同类题材作品《哈克贝利·芬历险记》相比较就很可以说明问题。后者在人物的安排上是忽视女人的，无论是老黑人吉姆的逃亡，还是哈克贝利·芬的助其逃亡，仿佛一切都是男人的事。两位女作家则不同，她们在线索的对比中将笔墨和情感向女性倾斜，更是将黑人女性向"中心"推进，这明显地是在消解边缘与中心的界限。尽管也有相当多的男性作家将女性置于他们文本中的核心地位，但是，莫里森与斯陀夫人这样的女性作者与其不同，这是女作家以主体的身份在文本中还女人的主体性。

　　综上所述，莫里森的《宠儿》与斯陀夫人的《汤姆大伯的小

---

　　① 〔法〕西蒙娜·德·波伏娃：《第二性》，第13页。

屋》之间互文性关系的出现，是女性文化潜在支撑和作用的结果。这一现象的深刻启示是，"互文性"可以是共同的文化基因使然。莫里森与斯陀夫人作为女人，她们的创作都传递出了根植于女性生存历史而形成的女性集体无意识中的若干信息，致使她们在显露创作个性的同时，又明显地留下了"互文"的痕迹。

这个启示对我们研究"群"作家或"类"作家是有进一步的启迪意义的。"群"与"类"本身已经具有了潜在的相通性，所以，"群"作家或"类"作家之间的"互文性"便很可能成为挖掘"群"与"类"特征的突破口，并在相互作品内涵的解读时，彼此成为有价值的参照系。从这个意义上可以说，《宠儿》与《汤姆大伯的小屋》的文本关系研究，为互文性的研究提供了新的视角与视野。

## 四 为"互文性"障眼的叙述手法

显然，从《汤姆大伯的小屋》起步的美国废奴文学中传统的黑人逃亡的主题与故事经由莫里森的叙事，便成为 20 世纪美国黑人文学的巅峰之作。那么，这两者之间的互文性是如何被隐蔽起来而令读者难于发现的呢？是莫里森的叙述手法。

（1）变他者叙事为主体叙事

很明显，在《汤姆大伯的小屋》等作品中，讲述故事的并不是黑人们自己，黑人们只是被讲述的对象。换句话来说，是别人在讲黑人的故事，不是黑人自己讲自己的故事。比如在《汤姆大伯的小屋》一书中，是作者站在全知全能的角度，以其人道主义的胸怀，同情黑人们的境遇，讲述着他们的苦难，而这一切，都是从旁观者的角度观之，并非是讲述者自己的亲历，这明显是他者叙事。而在莫里森的笔下，情况就不同了。在《宠儿》一书当中，是黑人自己讲述自己的境遇，自己讲述自己的苦难：

黑人老祖母贝比·萨格斯讲自己被买的经历：在卡罗来纳时，她的屁股受了伤，被认为不值什么钱，就在这时，加纳先生买了她，价钱比她只有 10 岁的儿子黑尔还低，这样，他们俩就被带到了肯塔基，来到了名字叫"甜蜜之家"的农庄上。"甜蜜之家"的人并不多，除了庄园主加纳先生、加纳太太这两个白人之外，就是六个黑奴了——她和她的儿子黑尔，还有保罗·D、保罗·F、保罗·A、西克索。她在这个地方劳作 10 年，后被黑尔赎出。

塞丝讲自己逃离"甜蜜之家"时的凄惨遭遇：她把三个孩子塞进别人的大车，随着一个车队的黑人过了河，他们将留在辛辛那提附近黑尔的母亲那里。而她回来是找黑尔的。但是当她找不到黑尔正要逃走的时候，却遭到"学校老师"的两个侄子的摧残。他们一个人按住她，另外一个人吃她的奶水，而"学校老师"就坐在旁边用笔记录着这一切。她把这件事情告诉了加纳夫人，"学校老师"的侄子们便用刀切开了她的后背，把她打得遍体鳞伤。没有人想到一个怀孕的、被折磨到如此程度的女人会逃跑，但是她带着遍身的伤痕逃了，并且在一条船上生下了一个女儿。她终于来到了黑尔母亲的住处，即蓝石路 124 号。

保罗·D 讲他和其他 46 个黑奴在一起干活并逃跑时的情景：干活时候的他们，脚踝和手腕上都得带上镣铐；活干完了，下起了雨，他们又被锁在地下的匣子里。这时的他们蹲在快要涨满的壕沟里，睡觉、撒尿就地解决。最后，他们集体带着镣铐逃跑了。

宠儿这个死去的女孩儿讲自己被母亲杀死后对母亲割舍不断的爱：母亲来到蓝石路 124 号后，"学校老师"等人追来了，当他们刚一露头的时候，母亲便把自己的三个孩子带到一个房间——她不忍心让她的孩子们被"学校老师"带走，她宁可自己把他们杀死，宠儿就是这样被母亲割断了脖子。但是，死去的宠儿不甘心自己的命运，她的灵魂回到母亲的房间里折腾，她要找回母亲的爱。

丹芙也在说，她述说着在闹鬼的房子里的孤独：她的两个哥哥忍受不了鬼魂的折磨，从家里逃走了；奶奶死了；外人没有人跟她们说话，没有人来她们家；男孩子不喜欢她，女孩子也不喜欢她。她只好把来到她们家的"小鬼魂"看做自己的好朋友，作为她的一个伴儿。

说呀说，都是黑人们在说。如果说，在他者叙述的作品中，黑人们始终处于作品的边缘地带，从来就没有什么话语权的话，那么，在《宠儿》一书中，黑人们则驻扎在作品的中心地带，他们牢牢地掌握着说话的权利。他们不用别人来转述自己的经历，而是公开站出来向世人言说。这就显示了莫里森的黑人主体意识。她作为一个黑人作家，致力于改变文坛上的黑人的边缘地位，于是，便在自己的作品中，为黑人开辟了一个大讲坛，她的作品无疑也就成了黑人声音的巨大的传声筒。

（2）变个人言说为群体言说

在《汤姆大伯的小屋》中，作者采用的是他视角言说，即作者站在第三人称的立场上说话。莫里森在《宠儿》中就不一样了，她把说话的权利交给了黑人，但是，她不是把话筒交给了一个人，譬如像艾丽丝·沃克在《紫色》一书中那样，让茜莉一个人唠唠叨叨地说：

亲爱的上帝：

我十四岁了。我一直是个好姑娘。也许你能给我一点儿启示，让我知道自己出了什么事儿啦。

……

亲爱的上帝：

我妈死了。她死的时候又叫又骂。她对着我尖叫。她骂我。我大肚子了，动作不够快。

……

亲爱的上帝：

他今天打我，因为他说我在教堂跟一个男人眉来眼去。我也许用自己的眼睛看到了什么，可我并没眉来眼去的。我连男人都不敢看一眼。这是真的。

……

　　显然，艾丽丝·沃克是让茜莉一个人说个够。莫里森不是这样，不是让一个黑人不停地说下去，而是把说话的权利交给了一个黑人群体，那么，就是众多的黑人在讲话。为此，她在说话的形式方面做了精心的设计。

　　要么不同的章节换不同的述说人，如，这就是丹芙在某章节里述说："宠儿是我的姐姐。我就着妈妈的奶水吞下了她的血。我耳聋痊愈之后最先听到的是她爬楼梯的声音。"这一章里就几乎都是她在说话。再如，这是宠儿在某章节里述说："我是宠儿，她是我的。"这一章里就几乎都是宠儿的声音。

　　要么在一章里几人轮番述说。这述说有时是对话，有时是心理话语。有时是说各自的事，有时是说一件共同的事。譬如下面的一段述说：

　　　"我不是非打听他不可，对吧？假如有的说，你会告诉我的，是不是？"塞丝盯着自己的脚，又看见了梧桐树。

　　　"我会告诉你。我当然会告诉你。我现在知道的不比当时多一丁点儿。"搅乳机的事除外，他想，而你又并不需要知道那个。"你必须认为他还活着。"

　　　"不，我想他死了。一相情愿又不能让他活命。"

　　在这一章里，基本上是塞丝和保罗·D在说，说的是一件他们共同关心的事——黑尔的死活，形式以对话为主，其中也有心理话语，如"搅乳机的事除外，他想，而你又并不需要知道那个"。这是保罗·D的心语，因为当年塞丝从"甜蜜之家"逃跑时，寻不见黑尔，却被"学校老师"的侄子们按住吃她的乳汁，而这一切被黑尔目睹，他疯了，只有保罗·D一个人看见他在搅乳机旁以牛油涂面。但是他心里盘算着这一切不能告诉塞丝。

　　除此之外，也有作者在说。

　　总之，小说中的叙事是多声道、多频率、多视角的，一句话，是集体型的。这就应了后经典叙述学家苏珊·S. 兰瑟的话：托妮·莫里森等当代美国黑人女作家，改变了叙事权威的既定规则，大多倾向于用"集体型叙述声音"代替个人的声音，用"我们"代替"我"的观点，而这种"集体型叙述"基本上是边缘群体或受压制的群体的叙述现象，主导文化则很少采用这种叙事。莫里森为什么采用这种叙事？因为这种集体型叙事的力量，强于个体的单薄的声音，黑人的集体型叙述声音是黑人历史的最有力的述说。

# 第九章
# 维斯瓦娃·希姆博尔斯卡

Wislawa Szymborska

诗歌只有一个职责：
把自己和人们沟通起来。

——维斯瓦娃·希姆博尔斯卡

维斯瓦娃·希姆博尔斯卡（Wislawa Szymborska，1923～2012年），波兰诗人和评论家。因为"她的诗歌以精确的讽喻揭示了人类现实若干方面的历史背景和生态规律"[①]，她于1996年获得诺贝尔文学奖。这是获此奖项的第九位女作家。

## 第一节　波兰克拉科夫的哲理诗人

"诗人的情况最糟，他们的工作根本不能拿去拍摄。一个人坐在桌子旁边或者睡在沙发床上，两眼一动也不动地望着墙壁或者天花板，有时写上七行诗，过了一刻钟又划掉一行，再过一小时，他什么事也没干，哪个观众受得了这种场面？"[②] 这就是一个诗人的工作状况，对于如此这般的"折磨"，希姆博尔斯是厌恶抑或享受？这只能走进她的世界中去探访。

1923年7月2日，维斯瓦娃·希姆博尔斯卡出生在波兰波兹南省克尔尼克县布宁村的一个知识分子家庭。父亲文岑特·希姆博尔斯基是当地政府的一名文官，富于文学修养，这对女儿的成长产生了一定的影响。希姆博尔斯卡5岁时便会作打油诗，为此得到了父亲20格罗希的奖励。

1931年，希姆博尔斯卡随父母移居波兰南部的克拉科夫城。她刚步入豆蔻年华，便尝到了法西斯战争的折磨和痛苦。第二次世界大战爆发时期，希姆博尔斯卡在一所地下开办的秘密中学学习，毕业后在铁道部当了一名铁路职员。从1945年到1948年，即战争结束后，希姆博尔斯卡进入了克拉科夫雅盖沃大学，攻读波兰语言文学和社会学，此外她还学习过哲学、自然科学和艺术史等。

---

① 赵平凡编《授奖词与受奖演说卷》（下），见宋兆霖主编《诺贝尔文学奖文库》，浙江文艺出版社，1998，第358页。
② 〔波兰〕希姆博尔斯卡：《诗人与世界》，张振辉译，中央编译出版社，2003，第379页。

1945 年 3 月 14 日，希姆博尔斯卡在克拉科夫《波兰日报》的青年副刊《斗争》第 3 期增刊上，发表第一首诗作《寻找词句》，开始展露诗才。之后，她在波兰各大报刊上发表诗作，引起诗坛广泛注意，深受青年读者喜爱。1953 年起，希姆博尔斯卡开始在克拉科夫《文学生活》编辑部工作，负责主持文学部工作，长期主编《诗歌》和《课外读物》专栏，后编辑成书，分别于 1973 年、1981 年、1992 年出版。其作品主要集中于诗歌和书评领域，并逐渐获得文坛的认可，获得了多次奖项，1996 年获得的诺贝尔文学奖是她得到的最厚重的一份殊荣。她一生出版的作品主要有诗集《我们为此而活着》（1952）、《向自己提问题》（1954）、《呼唤雪人》（1957）、《盐》（1962）、《一百种乐趣》（1967）、《各种情况》（1972）、《大数字》（1976）、《桥上的人们》（1986）和《结束和开始》（1993）等，以及一系列书评。

2001 年，希姆博尔斯卡成为美国文学艺术学院名誉会员，2012 年 2 月 1 日，她逝世于克拉科夫，终年 88 岁。

希姆博尔斯卡是继小说家亨利克·显克维奇、小说家弗瓦迪斯瓦夫·莱蒙特和诗人切斯瓦夫·米沃什之后第四位荣获诺贝尔文学奖的波兰作家，也是这四位获奖者中唯一的女性。如此殊荣不仅奠定了她在波兰文学史上乃至世界文学史上的重要地位，而且给波兰这个国家又一次带来了荣誉，以致波兰总统瓦西涅夫斯基亲自致电诗人，为她"给波兰和波兰人增添了这么大的荣誉而表示衷心的感谢"①。

"怀着一种对世态淡远、对文学献身的态度，希姆博尔斯卡竭力推崇她自己的观点——天地之间任何问题都不如纯真朴实的问题那么意义重大。从这一见解出发，她力图以尽善尽美的形式来传递

---

① 王基高：《1996 年诺贝尔文学奖获得者希姆博尔斯卡》，《世界文化》1997 年第 1 期，第 14～16 页。

诗人自己的灵感与思考。"①这是瑞典文学院在 1996 年 10 月 3 日的授奖词中的评价，足见诗人在自己的诗歌创作中投入了多么深刻的思想与感情。深刻的文学思想在诗人的笔下主要是通过丰富多彩的题材与内容表现出来的，正如一位波兰评论家所说的，她的诗歌是一个包罗万象的宇宙世界的缩影。若对其创作历程进行分期，有必要先观其主要作品目录，见表 9-1。

表 9-1　希姆博尔斯卡的主要作品目录

| 时间 | 作　品 | 整体风格 |
|---|---|---|
| 1945 年 | 诗作《寻找词句》（处女作）<br>诗作《×××（我们曾把世界弄得没有先后秩序）》、《从影院里出来》、《黑色的歌曲》 | 现实性与政治性 |
| 1952 年 | 诗集《我们为此而活着》 | 由政治性过渡到抒情性 |
| 1954 年 | 诗集《向自己提问题》 | |
| 1957 年 | 诗集《呼唤雪人》 | 哲理性与思辨性 |
| 1962 年 | 诗集《盐》 | |
| 1967 年 | 诗集《一百种乐趣》 | |
| 1972 年 | 诗集《各种情况》 | 哲理性与超时空性 |
| 1976 年 | 诗集《大数字》 | |
| 1986 年 | 诗集《桥上的人们》 | |
| 1993 年 | 诗集《结束和开始》 | |
| 1996 年 | 书评集《课外读物》 | |

注：此表根据相关材料自制。

纵观希姆博尔斯卡的创作历程，可分为如下四个时期：1945～1948 年为第一时期；1949～1955 年为第二时期；1956～1967 年为第三时期；1968～2012 年为第四时期。

---

① 易丹主编《诺贝尔文学奖名著快读》，四川文艺出版社，2007，第 371 页。

## 一　第一时期

希姆博尔斯卡于 1945 年开始发表诗作，从 1945 年到 1948 年，即她在克拉科夫雅盖沃大学的这段时光，可谓是她在文坛上的初学时期，即第一时期。

希姆博尔斯卡自小在富于艺术气息的家庭环境中成长，从而耳濡目染地培养出了对文学艺术的热爱，尤其是对诗歌创作的钟情。1945 年，希姆博尔斯卡在《波兰日报》上发表诗歌处女作——《寻找词汇》，正式拉开了其文学创作的帷幕。此后几年中，她的诗作陆续发表。从时间上看，希姆博尔斯卡是在第二次世界大战结束前后登上诗坛的。第二次世界大战后的波兰诗坛较之第一次世界大战后的境况更加萧条，此时的希姆博尔斯卡刚展露才华。她尚处于大学时代，学业繁重，文学创作还不是她生活的主旋律，以致诗人这一时期的作品后来未能结集出版。

这一时期，希姆博尔斯卡的创作内容主要围绕战争造成的悲剧而展开。诗中大多表现出战争结束之后笼罩波兰全国的阴云。主要作品包括《×××（我们曾把世界弄得没有先后秩序）》《从影院里出来》《黑色的歌曲》等。细观希姆博尔斯卡此时的诗歌创作，可以分为两类。其一，反映诗人的内心世界与外部变化多端的世界之间的距离，表现战争过后人们对周围世界的陌生感，以及人与人之间相互理解的艰难。诗人的这类诗歌中，常常运用大段内心剖析式的独白，流露出浓郁的孤独和感伤情绪。其二，体现诗人对历史、人在历史中的地位以及整个人类命运的探索。而艺术上的特点则趋向强烈的现实性，并带有浓厚的政治色彩。诗人在这一时期的诗歌中，用象征、隐喻的艺术手法来表现波兰历史的波折，赋予历史浓重的神话色彩，以神话为象征来影射当代社会生活，并将历史看做是周而复始、循环往复的运动过程。

## 二　第二时期

从 1949 年离开大学校园踏上社会到 1955 年，是希姆博尔斯卡创作的成熟时期。这一时期的波兰，全国上下团结一心，积极地进行着战后重建工作，并以和平建设为主旋律。希姆博尔斯卡身为一名年轻的知识分子，亲眼目睹了自己的国家遭受的巨大灾难以及人民摆脱苦难的艰辛，更看到了国家的历史性进步，于是，她欣然作诗并成果丰厚。可以说，希姆博尔斯卡真正的诗歌创作生涯是从这开始的。在短短的几年时间里，她写出了两部诗集《我们为此而活着》和《向自己提问题》，由此她进入了创作的成熟时期。

希姆博尔斯卡这一时期的创作呈现出由政治诗向抒情诗过渡的特征。其诗作根据题材可分为两类：一类是继续延续初期的战争题材，反映了在残酷的战争环境下成长起来的一代人的经历和心态。诗集《我们为此而活着》便是诗人这一创作题材的集中体现。该诗集收录了《普通韵律》《马戏团的动物》等诗篇。诗人的这类政治诗，从头至尾都贯穿着赞美新生活、歌颂人民政权和波苏友谊的主题思想。另一类，希姆博尔斯卡开始向硝烟烈火挥手告别，诗歌转向以抒情为主旋律。诗歌主人公由过去对现实生活抱有天真幻想的青年发展成为一个感情细腻的思考者。这一类创作以诗集《向自己提问题》为代表。集中收录了《向自己提问题》《情侣》《钥匙》《爱祖国的话》等诗篇。诗人在诗中不断地向自己提出各种各样的问题，以探索人生命运与宇宙万物的奥妙之处。

这一时期希姆博尔斯卡的创作在艺术上表现出来的主要特点，是诗中带有宣传鼓动的政治色彩和细腻的抒情意味。诗人此时创作的政治诗依旧带有很强的现实性，并在诗中表现出热情歌颂现实生活的情感。譬如《普通韵律》一诗，通篇洋溢着如鲜花般明朗、和煦的基调。全诗重复了 10 处"更高兴的是"一词，夸张地体现出诗人对美好生活的热烈向往。此外，希姆博尔斯卡还在她的一系列抒情诗中，运用自问自答的设问形式，表现出她对宇宙世界不断探索的追求。诗人在《向自己提问题》一诗中，连续提出了 13 个问题，但并不是每一个问题都有答案，有时即使找到了答案，诗人也会对其暗自窃笑挖苦一番。在诗人笔下，只有问题是真实严肃的，答案往往带有戏谑的情调。人生如此复杂多变，命运如此反复无常，宇宙万物如此多种多样，要找到对每个问题的确切答案，事实上是不可能的。诗中的最后一个问题，即"人与人之间的一切/是否都是最简单的?"① 道出了诗人对世间万物复杂关系的深刻思考。总之，由政治性向抒情性的过渡，是这一时期希姆博尔斯卡创作的明显特征。

## 三　第三时期

从 1956 年开始希姆博尔斯卡作为《当代》诗派的代表活跃于诗坛，至 1967 年，是希姆博尔斯卡创作的第三时期。这期间诗人相继出版了诗集《呼唤雪人》《盐》《一百种乐趣》等。

诗人这一时期创作的诗歌在主题上大多表现当代知识分子的心理感受，探讨人在历史与自然中的地位。以 1957 年发表的《呼唤雪人》为代表，其中收录了《夜》《韩妮娅》《什么都不会发生两次》《公开》《滑稽剧》等诗作。这部诗集的大部分诗作都在讲述一个哲学道理：人不仅受自然法则的制约，同时也受文化因素、社会环境的限制。在诗人看来，人总在幻想幸福，忍受痛苦，畏惧死亡，而人的悲观主义缘于提出问题却得不到答案。于是诗人便力图以幽默与感伤的戏谑方式对人生的各种问题进行追问，如："有谁知道同情心（心中的想象）在哪里？/那就请你把它说出来！/请你放声把它歌唱，/像失去理智那样疯狂地跳舞，/在一株枝瘦叶黄的白桦树下欢闹，/总要闹得大哭一场"② （《小广告》）。诗人认

---

① 〔波兰〕维斯瓦娃·希姆博尔斯卡：《诗人与世界：维斯瓦娃·希姆博尔斯卡诗文选》，张振辉译，中央编译出版社，2002，第 9 页。
② 〔波兰〕维斯瓦娃·希姆博尔斯卡：《诗人与世界：维斯瓦娃·希姆博尔斯卡诗文选》，第 24 页。

为，每个人必须正视现实，面对生活，哪怕这现实和生活根本不如人意："在这个世界上就只能这么生活，/除了死亡，所有的一切/都像巴赫的乐曲放在/锯琴上演奏一样"① （《我设想了一个世界》）。诗人在诗中探录了人与历史的关系，认为个人在历史面前是渺小的，历史也并不以个人的意志为转移的："历史不急不忙，/给我演奏小号。/我居住的那座城市/叫耶雷霍。/但它却一堵墙连着一堵墙地/在我面前轰隆隆倒了下来。/我孤身一人/站在空气的大衣下"② （《×××（历史不急不忙）》）。希姆博尔斯卡针对宇宙世界、人类社会的各种现象，提出了一系列深刻的哲学见解。

希姆博尔斯卡在这一时期最突出的创作特点，即是诗中充满了丰富的哲理性和思辨性，并且颇具含蓄微妙、独辟蹊径的特点。此外，诗人这一时期的诗歌具有很强的情节性，或讲一个事件，或讲一段趣闻，但诗歌的意义并不在这些事件或趣闻中，而是在情节之外给读者留下的诸多思考和想象。诗中的趣闻只是诗人用来进行哲学思辨的凭借物。

## 四 第四时期

从 1968 年直至 2012 年去世，是希姆博尔斯卡的创作后期，也可谓是巅峰时期。这一时期，诗人相继出版了四部诗集《各种情况》《大数字》《桥上的人们》《结束和开始》等，此外，还有两部自选的《诗集》和几首散见于报刊的新诗。

相较于上一个创作时期，希姆博尔斯卡在这一时期的诗集中所涉猎的题材更加多元化。主题不再直接触及社会政治斗争，而是超越时代，超越国界，追求持久普遍的意义。诗人这一时期的创作，

---

① 〔波兰〕维斯瓦娃·希姆博尔斯卡：《诗人与世界：维斯瓦娃·希姆博尔斯卡诗文选》，第 45 页。
② 〔波兰〕维斯瓦娃·希姆博尔斯卡：《诗人与世界：维斯瓦娃·希姆博尔斯卡诗文选》，第 33 页。

以 1972 年发表的《各种情况》为代表,其中收录了《各种情况》《天上掉下来的东西》《错事》《看戏的印象》《声音》等诗作。在这部诗集中,希姆博尔斯卡淡化功利性,强调自己写诗只是出于对世界感到"惊诧和好奇"。诗人以一副孩童般天真的姿态,瞪大双眼看世界,觉得什么都很新鲜,然而诗人拥有的又是一双睿智的哲人的眼睛,见微知著。

她有诸多的"好奇"。比如,她对万物之间存在着的既相互依存又彼此排斥斗争的二元对立的复杂关系表示"好奇":"海参在遇到天敌时会把身子分成两半,一半让天敌吃掉,另一半逃走。于是马上就遇到了死亡和得救,得到了奖赏和惩罚"① (《自断》)。诗人尤其不解的是"二元"之间为何会有"鸿沟":海参把身子半分之后,便形成了一道鸿沟,鸿沟两岸互不相识。这边岸上是生存,那连岸上是死亡。这边岸上是欢乐,那边岸上是绝望。之后,诗人由海参想到了人类:"我们之间虽然没有间隔,但我们周围却有一道与世隔绝的鸿沟"。可见,诗人从对一个现象的"好奇"进入人与人之间关系的哲思。

她有诸多的"惊诧"。比如,她"惊诧"人与大自然的关系以及人类社会的生存状态的不正常——诗人在赞美大自然的慷慨大度的同时,对人类破坏自身赖以生存的环境的暴殄天物的行为,表现出含蓄的愤怒:"原谅我,沙漠,/原谅我跑过时连一小杯水都没有把你浇灌。/还有你,隼鹰,/这么多年你一点也没有变,/还在这个笼子里,/还是那么一动不动地注视着那个目标。/宽恕我,即使你是一只标本鸟。/我向被砍倒的树道歉,/因为我用它做了桌子的四条腿"② (《在一颗小星下》)。诗人在诗中反省了人类对自然

---

① 〔波兰〕维斯瓦娃·希姆博尔斯卡:《诗人与世界:维斯瓦娃·希姆博尔斯卡诗文选》,第 158 ~ 159 页。

② 〔波兰〕维斯瓦娃·希姆博尔斯卡:《诗人与世界:维斯瓦娃·希姆博尔斯卡诗文选》,第 169 页。

界以及自然规律的破坏。

诗集《大数字》中，主要收录了《大数字》《感谢》《赞美诗》《罗得的妻子》《从山上往下看》等诗作。在这部诗集中，希姆博尔斯卡审视了 20 世纪后半叶诸多重大的政治、伦理和道德问题，表现出诗人对人类前途的关注，以及对文明危机和价值危机的担忧。为此，诗人提出了一系列的问题，旨在让读者去寻找答案，而其中若干的问题都是颇有深意的。比如，在强权统治下，人类能亲如兄弟吗？"幻想家们认为，/人类亲如兄弟，/要把世界变成一个欢歌笑语的乐园。/但是我很怀疑，比如说，/这些政府首脑们的微笑/也许根本就没有必要。/只有时在春天或夏天，当他们不那么性急，/他们的精神不那么紧张的时候，/他们才会露出自然的微笑。/人的悲哀是出于他的天性"①（《微笑》）。再比如，在"他人即是地狱"的社会环境中，人与人之间的关系十分陌生，彼此很少交流，那么，"隐士"还只是原始意义上的"隐士"吗？"你以为隐士住在荒野的地方，可他却住在一所带花园的房子里"②（《隐士的住宅》）。人类只有在梦中才能获得幸福，亲情、爱情、理想等永远是梦境中的海市蜃楼："回声抓住一个没有被召唤的声音，/主动地阐述了世界的秘密。/右边有一个洞，/洞里躺着人生的意义。/左边有一个湖，/湖里藏着'深刻的信念'。/真理脱离水底，/轻轻地浮上了水面"③（《乌托邦》）。总之，诗人在其诸多诗作中，涉及了事关社会人生的诸多问题。

这一时期，当希姆博尔斯卡的诗歌创作达到巅峰的同时，其运用的艺术技巧也更加丰富多彩。诗人通过"叙寓情之事"、"抒事外

---

① 〔波兰〕维斯瓦娃·希姆博尔斯卡：《诗人与世界：维斯瓦娃·希姆博尔斯卡诗文选》，第 181～182 页。

② 〔波兰〕维斯瓦娃·希姆博尔斯卡：《诗人与世界：维斯瓦娃·希姆博尔斯卡诗文选》，第 187 页。

③ 〔波兰〕维斯瓦娃·希姆博尔斯卡：《诗人与世界：维斯瓦娃·希姆博尔斯卡诗文选》，第 204 页。

之情"的手法，探讨偶然与必然、想象与现实、希望与失望、追求与幻灭之间的关系，反映生活的矛盾与复杂。此外，诗人的语言运用也颇具特色，达到了出神入化的地步。她擅长用表面看来轻松明快的语言甚至文字游戏，来表现严肃沉重的主题，寓庄于谐。诗中也不乏幽默机智、俏皮精妙的反讽与自嘲，成语、哲学格言、拉丁语典故、借喻和比拟等随处可见，尤其多义词与双关语的运用，更是令人眼界大开。诗中还有很多堪称神来之笔的"诗眼"，耐人寻味。凡此种种，体现了诗人的视野开阔、视角多变、形式新颖的创作特色。

表 9-2 为希姆博尔斯卡创作的总体概观。

表 9-2    希姆博尔斯卡的创作概观

| 时间 | 写作背景 | 思想内容 | 艺术特色 | 主要作品 |
|---|---|---|---|---|
| 第一时期<br>（1944~1948 年） | 第二次世界大战后 | 诗人的内心世界同外部多变的世界之间的隔膜；诗人对历史和人在历史中的地位，以及整个人类命运的探索 | 独白式的语言；象征手法；神话传说的现实影射 | 《寻找词句》（处女作）、《从影院里出来》《黑色的歌曲》等诗歌 |
| 第二时期<br>（1949~1955 年） | 学习苏联社会主义现实主义的样板诗 | 赞美新生活；关注世界生态问题；抒发情感 | 宣传鼓动色彩；以问答形式阐述哲学思辨 | 《我们为此而活着》《向自己提问题》等诗集 |
| 第三时期<br>（1956~1967 年） | 《当代》派的代表活跃于诗坛 | 当代知识分子的心理和感受，探讨人与自然的关系 | 幽默和感伤的戏谑方式；富于情节性 | 《呼唤雪人》、《盐》《一百种乐趣》等诗集 |
| 第四时期<br>（1968~2012 年） | 政局的动荡不安直接导致了文学界的分化，诗歌曾一度遭到社会冷落 | "好奇"与"惊诧"；生态意识；伦理道德问题，对人类前途的关注，对文明危机和价值危机的忧虑 | 叙寓情之事、抒事外之情；成语、哲学格言等的借喻和比拟 | 《各种情况》《大数字》《桥上的人们》《结束和开始》等诗集 |

注：此表为自制。

## 第二节 我不知道：诗的求索

希姆博尔斯卡是因其"诗歌以精确的讽喻揭示了人类现实中若干方面的历史背景和生态规律"获得诺贝尔文学奖的。瑞典文学院的这一评价显然是在对她的诗作进行深刻解读的基础上提出的，因为她创作的诗歌题材广泛、蕴涵着哲理的思辨。而她的丰富的创作，缘于其贯穿始终的世界观与创作观："我不知道"——求索。

"我不知道"是作者所云，是表象；求索，是笔者的注释，是本质。简言之，希姆博尔斯卡始终怀有一颗敬畏生活的谦卑心和探索世界的好奇心，以诗歌创作去探寻包罗万象的宇宙，求索世间万物的真谛。

希姆博尔斯卡在其受奖演说中说："如果是一位真正的诗人，他就应当不断地对自己说：'我不知道'。"[①]诗人在谈到她的创作灵感时也曾经这样说道："灵感，它究竟是什么？回答将是不断出现的'我不知道'。"这四个字"虽然小，但却长上了坚强有力的翅膀。它们扩大了我们内心中的生活范围，以及我们在这个微不足道的地球悬于其中的天地。"[②]诗人甚至觉得，在其创作每一部作品的过程中，都应该坚持说"我不知道"。而且"他要再说一次，再说一次，然后提出一系列自己不满意的理由"[③]。由此可见，"我不知道"——求索，不仅为希姆博尔斯卡反复强调，也是贯穿她一生的诗歌创作的重要理念，这个理念可以从三个方面加以阐释。

首先，"我不知道"——求索，是希姆博尔斯卡对待世界的态

---

① 〔波兰〕维斯瓦娃·希姆博尔斯卡：《诗人与世界：维斯瓦娃·希姆博尔斯卡诗文选》，第381页。

② 〔波兰〕维斯瓦娃·希姆博尔斯卡：《诗人与世界：维斯瓦娃·希姆博尔斯卡诗文选》，第380~381页。

③ 〔波兰〕维斯瓦娃·希姆博尔斯卡：《诗人与世界：维斯瓦娃·希姆博尔斯卡诗文选》，第381页。

度，是诗人世界观的体现。在《诗人与世界》中，希姆博尔斯卡提到了"我不知道"的态度对伊扎克·牛顿和玛丽亚·斯克沃多夫斯卡·居里取得成功的重要性。如果没有这种"我不知道"的求索态度和探索事物本质和发展规律的精神，那么于牛顿而言，"一个苹果掉在他的果园里，在他看来就像掉下一个冰雹一样，最多也只不过躬下身去把它拾起来，津津有味地把它吃了下去"；于居里夫人而言，"她肯定只能当一个化学教师，教那些良家闺女，靠薪水吃饭，靠这项——从另一方面来说是诚实的——工作庸庸碌碌地度过她的一生"。①正是"我不知道"的态度，促使他们进一步探求隐藏在事物表面现象下的本质。希姆博尔斯卡则将这种世界观从科学领域带入了文学领域。

在创作题材上，希姆博尔斯卡的诗歌呈现在读者面前的，是一个包罗万象的艺术世界。诗人将自身兴趣的广泛多样性，反映到诗歌的具体内容中，哲学和自然科学、宇宙世界和人类社会、大自然现象和生物进化、人类社会发展和现实社会状况以及人们日常生活的各种事物，几乎无所不有。如此广博的视野正源于诗人"我不知道"的谦逊态度和对世界的探索欲望。在创作风格上，希姆博尔斯卡的"我不知道"主要是通过"提问"的方式来探寻世界寻求答案的。她曾说过："不论处于顺境还是处于逆境，都能坚持自己的信念，那就是任何问题都没有那种天真朴实的问题来得有意义"。②譬如诗人在《惊奇》一诗中提出的诸多问题："为什么我在屋子里而不在巢穴里？为什么我的身上包着一层皮而不是一层壳？为什么我有一张脸而不是一片树叶？为什么我的生命只有一次？为什么我正好在

---

① 〔波兰〕维斯瓦娃·希姆博尔斯卡：《诗人与世界：维斯瓦娃·希姆博尔斯卡诗文选》，第381页。

② 刘国栋：《1996年诺贝尔文学奖得主申博尔斯卡》，《译林》1997年第2期，第210~211页。

地球上？为什么在一颗小星旁？"① 诗人提出的问题表面看似天真质朴，却令人难以解答，很能引起读者的思考和探索。正是这种"我不知道"的态度，使希姆博尔斯卡的视野无比广阔，丰富多样。在她的诗歌中，世间万物都成为她追问和探求的对象。由此可见，"我不知道"的态度是激起诗人对世界的探索欲望的创作动力。

　　其次，"我不知道"是希姆博尔斯卡对世界的多元化和不确定性的深入解读，是诗人相对主义哲学思想的体现。在诗人看来，世间万物都是相对存在的，在纷繁复杂的社会生活中必然存在各种各样的矛盾。且矛盾双方并不会构成绝对的矛盾，它们之间既可以相互并存，也可以相互转化。如此，事物的产生、发展和结果就必然会呈现出多样性和不确定性了，这就是宇宙万物存在和发展的客观规律。而正是这种复杂性和多样性，促进诗人不断地探求世界奥秘和真理，并以诗歌鼓励人们不停地提出对世界的多元看法。希姆博尔斯卡试图以一种辩证的、多元的态度去思考和观照世界的复杂性发展，并阐释其对此的独特见解。

　　正因为宇宙世界和人类社会的这种多样性和复杂性，以及不断发展变化的不确定性，消解了社会生活中的权威性，诗人常常会表现出自我怀疑甚至是自我否定的态度。如在《向自己提问题》一诗中，希姆博尔斯卡通过对人与人之间诸如"微笑和握手"、"人与人之间的距离"等细节的描写，启迪读者与诗人一起思考。为什么会产生这么多问题呢？因为世界本身就是不确定的，无论是自然社会还是人类社会都有一个不断变化和发展的过程，既然如此，答案就不是唯一的，真理也不是绝对的。在事物发展的现阶段，这个答案可能是正确的，但到了另外的阶段，也许就不再是正确的了。因此，对待世界的多元化发展，应该有"我不知道"的态度，允许事物的多样性，允许解答的多元性，只有发展变化的观点才符

---

① 〔波兰〕维斯瓦娃·希姆博尔斯卡：《诗人与世界：维斯瓦娃·希姆博尔斯卡诗文选》，第 153 页。

合人类社会和自然界的发展规律。

再次，"我不知道"是希姆博尔斯卡在强调文学历史与文学传统的重要性，是诗人重视对文学传统的建构的体现。文学从产生伊始就必然承担着一定的社会功用。与其说文学是作家的创作，不如说是时代的产物，因为每一个时代文学的诞生都会打上那个时代的烙印。因此，经得起时代与历史考验的作品就是好的作品。那么，诗人的"我不知道"就是在淡化个人的权威而凸显历史评判的意义。因为"我不知道"，所以一切都要接受时间和历史的检验，只有经过如此检验被证明是好的东西才能传承下去，于世人有所裨益。

但这并不意味着在来不及接受历史检验的当下人们就无所作为。在访谈录《我站在人们一边》中，记者向希姆博尔斯卡提问："你是不是抱有一种小小的希望，要使文学成为一个能保存你要保存的所有现在发生的事情和往事，表面上看并不重要的感情和话语等的诺亚方舟？即使我们的物质世界被魔鬼吞噬，文学依然有它的意义和价值。"①希姆博尔斯卡回答道："应当努力这么去做。我觉得我只能拯救这个世界一个很小的部分。当然还有别的人，希望每个人都能拯救这么一个很小的部分。"②从希姆博尔斯卡的回答我们可以看出，她的"我不知道"的态度不是不回答，而恰恰是要勇敢地去回答，并等待历史的检验。但同时也应看到，正因为每个人的答案可能是不一样的，这种多样性的存在才能使历史的检验得以全面且丰富多彩。

综上所述，希姆博尔斯卡的创作理念即"我不知道"——求索，这种理念带来的是一种对世界进行探索的动力和给予世界的多元化解读，以及对文学传统建构的重视的思想。因为"我不知

---

① 〔波兰〕维斯瓦娃·希姆博尔斯卡：《诗人与世界：维斯瓦娃·希姆博尔斯卡诗文选》，第388页。
② 〔波兰〕维斯瓦娃·希姆博尔斯卡：《诗人与世界：维斯瓦娃·希姆博尔斯卡诗文选》，第388页。

道"，作者才对一切令人困惑的大自然和人类社会的诸多现象感到好奇；也因为"我不知道"，才有了探索世界的主动性以及答案的多元性；最后，在这个"我不知道"的思想下创作出的作品需要接受时间的检验以确定其价值。可以说，从创作的准备阶段直至创作的最终完成，"我不知道"的思想贯穿了希姆博尔斯卡创作过程的始终。同时，这也正是诗人在世界的汪洋中不断地提出疑问，从而形成的一种独特的创作观念。

## 第三节　哲理入诗自有权利

维斯瓦娃·希姆博尔斯卡荣获诺贝尔文学奖显然与哲理诗有关。她将别具一格的哲理诗一卷又一卷地展现在读者的眼前，像是理直气壮地在说：哲理入诗自有权利。

### 一　哲理入诗的权利

关于哲理诗，中国的典籍曾这样解释："希腊诗之一种，起源于芝诺芬尼。尝居柯罗凤，遭波斯之乱，流为歌人；不信神话，以自然无限为神，作诗论自然，惟今仅存断片，为古代希腊哲学之源泉。按今人对于诗中包含哲理，不纯为情绪之抒写者，亦统称为哲理诗。"[1]

由此观之，哲理诗的历史可谓由来已久。它起源于古希腊哲学家芝诺芬尼"作诗论自然"的诗体哲学。早在荷马、萨福时代，便开始出现一些揭示宇宙人生绵绵不息的自然法则的哲理诗，如传为荷马所作的诗《世代如落叶》："正如树叶荣枯，人类的世代也如此，秋风将枯叶撒落一地，春风来到林中又会滋发许多新的绿叶，人类也如此，一代出生一代凋谢。"[2]这显然是古代的哲理诗。

---

[1] 参见叶昌云《外国哲理诗审美价值初探》，《重庆广播电视大学学报》1995 年第 3 期，第 29 页。

[2] 叶昌云：《外国哲理诗审美价值初探》，第 29 页。

到 18 世纪启蒙文学时期，哲理诗得到了一定程度的发展和巩固，尤其在德国发展迅速，主要成就体现在歌德和席勒的诗歌中。之后 19 世纪的一批浪漫主义诗人笔下的诗歌，也大多蕴涵深刻的哲理。其中，雪莱著名的抒情诗《西风颂》中的名句表现得最为鲜明，"冬天如果来了，春天还会远吗？"①而华兹华斯与柯勒律治两人的诗歌合集《抒情歌谣集》中，也不乏一些短小精悍的富有哲理的诗歌。同样身处 19 世纪的一批现实主义诗人创作的诗歌中，亦不乏哲理诗的重要地位，如普希金的一首哲理诗《假如生活欺骗了你》，便透视出对人生的真切体验和对未来理想的执著追求。哲理诗发展到 20 世纪的现代主义文学时期，则攀上了新的高峰。其中，以艾略特为代表的象征主义诗歌，为哲理诗的主要成就。

如果把哲理视为一种"真实"或者"理"的话，那么，也有人不赞同它入诗，还包括科学与道德，尤其是那些尊崇唯美主义艺术观的诗人们。波德莱尔就曾说过："诗不能等于科学和道德，否则诗就会衰退和死亡；它不以真实为对象，它只以自身为目的。表现真实的方式是另外的方式，在别的地方。真实与诗了无干系。造成一首诗的魅力、优雅和不可抗拒性的一切东西将会剥夺真实的权威和力量。"② 尽管他自己的诗歌中也有哲理的成分，但他的主张却是如此。

不过，诗的世界是自由的，哲理诗也并不惧怕反对的声音。20 世纪末，希姆博尔斯卡赢得世界文坛的最高荣誉——诺贝尔文学奖，可以说在世界诗坛上为哲理诗赢来了荣耀。

## 二 哲理入诗的载体

19 世纪英国浪漫主义诗人雪莱在《为诗辩护》一文中说道："一个优秀的诗人，同时也必然是充满睿智的哲人，是力量最为崇

---

① 郑克鲁主编《外国文学史（修订版）上》，高等教育出版社，2006，第 168 页。
② 〔法〕波德莱尔：《论泰奥菲尔·戈蒂耶》，载黄晋凯等主编《象征主义·意象派》，第 3 页。

高的哲学家。"①希姆博尔斯卡无疑便是哲理诗人的典范。她的诗歌不仅以其对自然界和人类历史的透视彰显哲理性，而且通过其丰富的艺术想象力，描绘出一幅幅新奇的、包罗万象的宇宙世界和社会生活的画卷，形成了诗人独特的创作风格，即"以精确的讽喻揭示了人类现实中若干方面的历史背景和生态规律"②。希姆博尔斯卡让哲理入诗，自有其凭借的载体。具体而言，诗人主要是以客观事理、生活事件以及诸多意象为载体，让哲理于其中显露出来。

**（一）客观事理**

希姆博尔斯卡擅长从客观存在的事物本身蕴涵的事理出发，挖掘深刻的哲学道理，启迪世人，警醒世人，促其更加客观明智地看待世间的万事万物。

诗人对存在于大自然中的各种动物和植物的观照是很独特的，从它们在自然界中长久的存在方式出发，她能于其中透视出看似很普通却很深刻的道理。例如，她在一首诗中说："胡狼不知道什么叫自我批评，蝗虫、鳄鱼、毛毛虫和蚊蝇都自得其乐。鲸鱼的心脏有百斤重，和它的身躯相比又微不足道。在太阳系的第三颗行星上，纯净的良心比什么都更加兽性。"（《在评价自己时颂扬恶》）③ 表面上看，这几句诗就是直白地提到了几种动物的生存状态，而且角度也并不一样，或曰形态，或曰体重，仿佛是作者随便向它们瞥了一眼，回头又随便向读者介绍两句一样，但细细品读又全然不是这么回事。因为这里面的道理是很睿智的——世间万物，从不同的角度看都有各自不同的特点，所以世界是复杂的，各类事物都是有自己内在的规律的。但转头一想，这道理又绝非一种，它又说明，不能用同一性的标准去衡量一切。那么，它还说明，不能以自己的立场、自己的标准去要求自己以外的事物。看，就这么几句诗，却越

---

① 叶昌云：《外国哲理诗审美价值初探》，第 29 页。
② 赵平凡编《授奖词与受奖演说卷》（下），第 358 页。
③ 〔波兰〕维斯瓦娃·希姆博尔斯卡：《诗人与世界：维斯瓦娃·希姆博尔斯卡诗文选》，张振辉译，中央编译出版社，2002，第 199 页。

嚼越有味道。显然，希姆博尔斯深受德裔美国物理学家、思想家、哲学家阿尔伯特·爱因斯坦提出的相对论的影响，诗人认为世界上的一切事物都是相对而存在的，矛盾双方或多方既可以相互依存，又可以相对独立，这是宇宙万物存在和发展的客观规律。诗人选择以这种直率坦荡、朴实无华的语言来表现她的相对主义的哲学观念，是为了更方便读者的理解、接受，启迪人们辩证地、多视角地观察问题，了解世界。

除了对有生命的动植物的智慧性观照，希姆博尔斯卡对眼前飘过的、人们都习以为常的现象也会赋予独具慧眼的思考。譬如"π"。她在《数字 π》一诗中说："世界上最长的蛇只不过十几米，就是童话里的蛇也和这差不多。但数字 π 的游行队伍不会停留在一张纸的边上，它会扩展到整个桌面上，它会穿过空气、树叶和云彩，跨越城墙和鸟巢，一直伸向无垠的苍穹。"①不就是"π"吗？它不是人们的老朋友了吗？它会有什么诗意、哲理呢？在希姆博尔斯卡这里，它就入诗了，它就有了不同寻常的道理——为什么别的数字就可以除尽，身形就很简短，数字 π 却永远无法除尽，可以无限延伸？谁能说清楚，这到底为什么呢？由此可得出结论：世界的存在是复杂的，是不以人的意志为转移的，人只有顺应世界的客观规律，却不能改变客观规律。

当然，希姆博尔斯卡也不会忘记对人类的观察，她常将客观存在于人类历史发展过程中的事件抽象化，从而探究蕴涵其中的道理。譬如，她曾通过一只老龟来观察拿破仑，在《一只老龟的梦》中，诗人写道：

> 一只乌龟在梦中见到了一片莴苣的叶子，
> 叶子旁边突然出现了拿破仑皇帝，

---

① 〔波兰〕维斯瓦娃·希姆博尔斯卡：《诗人与世界：维斯瓦娃·希姆博尔斯卡诗文选》，张振辉译，中央编译出版社，2002，第 205~206 页。

他还活着，就像一百多年前那样，

乌龟甚至不知道这会引起多么大的轰动。

……

只看见一些部分却难认出一个人的真象，

只看见他的右脚掌或左脚掌，

乌龟对它的童年已记不起了，

它不知道它梦见的究竟是谁？


不管它梦见的是不是皇帝，

这毕竟是一个不平常的梦，

一个陌生人一忽儿

逃离了现实世界，

进入了梦幻，从脚跟到膝盖。①


　　上面节选的这三节诗，说的是一只老龟的梦。第一节是诗人在交代（并非老龟自己意识到），老龟梦见的那个人是皇帝拿破仑。这么赫赫有名的人，老龟会认识他、记得他吗？第二节，老龟说：它不知道它梦见的究竟是谁——看来，皇帝也没有用。第三节，诗中说，这是"一个不平常的梦"，为何不寻常呢？有人或许会以为这不寻常缘于梦见的是皇帝，是拿破仑，错！这不寻常是因为，不管一个人活着的时候怎样，当他死了，"一忽儿"，就只是一个"梦"。这里又能生发出多个道理吧？积极的，可见诸于——在生死面前，皇帝与百姓无异；消极的，可见诸于——人生如梦，等等。而最重要的，诗人是想说，在历史面前，并不存在永恒的救世主，永恒的英雄，因为人类历史是进化发展的。应该说，希姆博尔斯卡在接受爱因斯坦的相对论影响的同时，也接受了英国生物学家

①　〔波兰〕维斯瓦娃·希姆博尔斯卡：《诗人与世界：维斯瓦娃·希姆博尔斯卡诗文选》，第178～179页。

查尔斯·罗伯特·达尔文提出的进化论思想。诗人认为宇宙和世界上的生物从古至今都在不断地进化和发展着。人类在进化的过程中不断地创造新的文明、新的历史，任何人，无论是一介草民，还是一代君王，对历史而言，都只是一个匆匆过客，"死者延续至今的永垂不朽/是因为记忆为他们付出了代价。不稳定的货币价值，谁都会有一天失去他的永垂不朽"（《恢复名誉》）①。历史的车轮永远都是滚滚向前的。

由此可见，客观存在的各种事物中，都有自己存在的"道"，都有自己内在的"理"，作为诗人的希姆博尔斯卡的最大智慧，是把握这小"理"，来说天下的大"理"。所以，她的诗篇，是个充满智慧的世界。

### （二）生活事件

希姆博尔斯卡曾说，优秀的诗人理所当然地应担负起哲学家的义务，他要用自己的诗行去探索世界的奥秘。那么，她的哲理入诗仅有前面的一种载体是不够的。她的另一个睿智之举，是以生活事件作为她要说的"理"的载体。也就是说，表面上看，她在说生活中的一件事，但这"事"只是表象，只是个载体；她要表达的"理"才是诗的关键。

比如，看马戏团表演这样一个事件，作者就于其中透视出了一个精辟的道理。这见于《马戏团的动物》一诗：

狗熊合着节拍在跳舞，
狮子从容地穿过火圈，
身着黄衣的猴子在骑自行车，
狮子在呼啸，音乐在演奏，
鞭子在呼啸，动物转动着眼睛，

---

① 〔波兰〕维斯瓦娃·希姆博尔斯卡：《诗人与世界：维斯瓦娃·希姆博尔斯卡诗文选》，第28页。

大象听从号令卷起了玻璃瓶，
小狗们细心地在数着脚步跳舞。

而我作为人，感到极端羞愧。

这一天人们玩得真是太不像样，
他们都在拼命地呐喊、鼓掌，
似乎手比鞭子更长，
强烈的阴影投射在沙地上。①

既然是事件，就会有主人公，有场景，有事件的过程，如叙事文学中所说的三要素或六要素。短诗无法将这些要素备全，但还是可以索迹。在上面这首短诗中，主人公是谁呢？还真是很难确定。诗中出现人物（动物）可分为三类，第一类是动物，包括狗熊、狮子、猴子、大象、小狗们；第二类是"我"——虽然只出现一次；第三类是"人们"——拼命地呐喊、鼓掌的人们。认真对比一下，好像还是"我"是一号主人公。关于场景，再清楚不过了，是马戏团表演的现场。至于事件的过程，也十分明了，即：动物在按照人的意志表演；"我"羞愧；"人们"鼓掌。

说穿了，这就是一个人们看马戏团表演的现场，有什么问题吗？有，在希姆博尔斯卡这里，答案是"有"。

主要的问题是，狗熊为什么要按照"人"的节拍在跳舞呢？好端端的狮子为什么不走世间万路，却一定要去穿"人"为它设置的火圈呢？猴子为什么不去爬那些参天大树，反而要骑"人"的自行车呢？狮子伴随着"人"的音乐，大象听从"人"的口令，小狗们舞着"人"的舞步……那么，它们都是"人"了？不，当然不是。

---

① 〔波兰〕维斯瓦娃·希姆博尔斯卡：《诗人与世界：维斯瓦娃·希姆博尔斯卡诗文选》，第7页。

那么，它们为什么要按照人的意志行动呢？因为"人"掌握着世界霸权。所以，"我"羞愧——我羞愧"人"对那些动物们的折磨；我更羞愧那些鼓掌的"人们"的"手比鞭子更长"。显然，诗人通过生活中这样一个简单的事件在指出：一个和谐的世界已经被"人"的霸权扭曲了。世界要和谐发展，其前提是，人是人，动物是动物，要还世界本来的面目。人类要在关注自身发展的同时也同样关注自然界的其他生命。这显然是个大道理，有关生态和谐的大道理。

再如，一次中学毕业的考试，也是生活中的一个普通事件，但希姆博尔斯卡于这普通中看到了其背后的"不普通"。这见于《勃鲁盖尔的两只猴子》：

> 这是我的中学毕业考试，
> 两只被锁住的猴子坐在窗上。
> 窗外，天空在飞翔，
> 大海在沐浴。
>
> 我正在考人类历史
> 结结巴巴，含糊其辞。
>
> 一只猴子瞪着眼，嘲讽地听着，
> 另一只猴子像是在打盹，
> 可是当提问后出现沉默时，
> 它却在向我提示，用锁链发出的轻微声响。①

这是生活中的一次考试。诗中的主人公是我和两只猴子，因为是历史考试，看来猴子是考试者拿来做道具的。诗人在说到猴子的

---

① 〔波兰〕维斯瓦娃·希姆博尔斯卡：《诗人与世界：维斯瓦娃·希姆博尔斯卡诗文选》，第33页。

时候，有一个关键词——锁链；在谈论"我"的时候，也有一个关键词——结结巴巴；而全诗中还有一个更精彩的关键句——窗外，天空在飞翔，大海在沐浴。

以实用主义的教育观观之，这一切都很正常，考人类历史嘛，有个猴子做道具不是更能说明问题吗？但是，"我"为什么会"结结巴巴"呢？我看着拴在那里的猴子很不舒服——难道若是考家族史，还要把老祖宗从坟墓里挖出来抬到现场吗？猴子的生命价值就是被人拴在窗上作为考试的道具吗？而在"我"和猴子都不自由的这个空间之外，却是"天空在飞翔，大海在沐浴"，那是"我"和猴子都向往的地方。作者通过这样一个事件要讲她的道理，尽管这道理可能有多种解读，但是，这里最核心的道理应该是"自由"。猴子被限制了身体的自由是痛苦的；"我"被限制了心灵的自由更是痛苦的。世间最难得的自由是没有强权的限制，是"天空在飞翔，大海在沐浴"。

由此可见，日常生活中发生的各种事情和现象，通过诗人的目光，也都蕴涵了既具体而又抽象的哲学道理。

### （三）独特意象

所谓意象，就是作家的主观情思与客观的外在事物在某一个意义上的高度契合。借用象征主义的理论来解释，就是诗人在万千世界中为自己找到最恰当的"情感对应物"，然后，将此对应物作为诗人某些情思的载体，情与物有机地交织在一起。

世上善于把握意象的诗人都是很睿智的，为了深入的讨论意象，这里，先观另一个诗人的意象创造以促进后面的讨论，这个诗人即是第一个获得诺贝尔文学奖的作家苏利·普吕多姆。

苏利·普吕多姆（Sully Prudhomme，1839~1907年），法国诗人、散文家、哲学家，于1901年摘得诺贝尔文学奖第一顶桂冠。他从抒情诗转而创作哲理诗又最终转向散文，主要诗作有《命运》（1872）、《徒然的柔情》（1875），散文《诗歌艺术沉思录》（1892）和《诗诚》（1897）等。其中，抒情诗和哲理诗是其最丰厚的文学成就。1881年，普吕多姆因在诗歌创作等多方面所取得的文学成就，被授予了法兰西国家研究院院士头衔。正是这位法兰西院士，当时曾被欧洲很有影响的评论家圣勃夫称为"法国年纪最轻、格调最高、韵味最雅的诗人"①。

苏利·普吕多姆是最善于感悟"情感对应物"的诗人，也是最善于创造意象的诗人。比如，他要表现沉重的悲哀这种情思，便捕捉到钟乳石滴水的画面作为这种情感的对应来刻画：

> 圆拱上倒垂的钟乳石
> 挂着一串串凝住的泪，
> 潮湿的水，一滴一滴
> 慢慢落在我的脚背。
> 我觉得，有种痛苦的安宁，
> 渗透在这片黑暗当中，
> 面对这永远也流不尽、
> 悲哀的、长长的泪水。
>
> （节选自《钟乳石》，胡小跃译）②

又如，当刻画自己在生活的河流中犹豫徘徊的情思时，他又选择了河中漂流的一朵小花：

> 这河水似乎在睡眠中起伏、蜿蜒，
> 它已不再认得堤岸的边缘：
> 水中的一朵花犹豫着，不知选择哪边。

---

① 刘文刚等著《诺贝尔文学奖名著鉴赏辞典》，湖南文艺出版社，1991。
② 〔法〕苏利·普吕多姆：《钟乳石》，载彭诗琅、廖隐邨主编《诺贝尔文学奖金库》，第2317页。

人们渴望的一切，像这花一样，

会在我生命的浪涛上出现，

却从此不告诉我欲望该倾向何方。

（节选自《水上》，胡小跃译）[1]

再如，当刻画人们彼此间细微的伤害造成心灵上的隔膜时，他又选择了碎瓶：

花瓶被扇子敲开罅隙，

马鞭草正在瓶中萎蔫，

这一击仅仅是轻轻触及，

无音无息，没有人听见。

但是这个微小的创伤，

使透明的晶体日渐磨损：

它以看不见的坚定进程，

慢慢波及了花瓶的周身。

清澈的水一滴滴流溢，

瓶中的花朵日益憔悴；

任何人都还没有觉察，

别去碰它吧，瓶已破碎。

（节选自《碎瓶》，胡小跃译）[2]

显然，上述的钟乳石、河中漂流的一朵小花、碎瓶等，都是苏利·普吕多姆笔下的某种情感的对应物，普吕多姆的独具匠心便是

---

① 〔法〕苏利·普吕多姆：《水上》，载彭诗琅、廖隐郏主编《诺贝尔文学奖金库》，第2316页。

② 〔法〕苏利·普吕多姆：《碎瓶》，载彭诗琅、廖隐郏主编《诺贝尔文学奖金库》，第2318页。

将这些对应物化作他诗中的独特意象。同理，在《银河》一诗中，普吕多姆又睿智地为表现孤独而选择了银河这个"情感对应物"，创造了别开生面的意象。

银 河①

有一夜，我对星星们说：
"你们看起来并不幸福；
你们在无限黑暗中闪烁，
脉脉柔情里含着痛苦。

"仰望长空，我似乎看见
一支白色的哀悼的队伍，
贞女们忧伤地络绎而行，
擎着千千万万支蜡烛。

"你们莫非永远祷告不停？
你们莫非是受伤的星星？
你们洒下的不是星光啊，
点点滴滴，是泪水晶莹。

"星星们，你们是人的先祖，
你们也是神的先祖，
为什么你们竟含着泪？……"
星星们回答道："我们孤独……"

"每一颗星都远离姐妹们，

---

① 〔法〕苏利·普吕多姆：《银河》，载彭诗琅、廖隐邨主编《诺贝尔文学奖金库》，第 2313 页。

你却以为她们都是近邻；
星星的光多么温柔、敏感，
在她的国内却没有证人。

"她的烈焰散出满腔热情，
默然消失在冷漠的太空。"
于是我说："我懂得你们！
因为你们就像心灵；

"每颗心发光，离姐妹很远，
尽管看起来近在身边。
而她——永远孤独的她
在夜的寂静中默默自燃。"

（飞白译）

许多人的笔下都不乏对银河的描写，都不乏以银河创造意象，却从来没有人像苏利·普吕多姆这样写。人们或感悟它的光，或感悟它的亮，或感悟它的灿烂，或感悟它的浩瀚，却从来没有人感悟它的孤独。所以，苏利·普吕多姆对"银河"意象的感悟是睿智而独特的。

在《银河》中，作者从银河悬挂在宇宙之中的这个"画面"切入——是的，苏利·普吕多姆在《灵感》一诗中说过："我们写诗常常要依照/某一个印象，它突然/唤醒前前后后的某些记忆，/呈现出一幅模糊的画面。"这些"模糊的画面"就是作者为某种情感找到的"情感对应物"。在《银河》中，这个画面上只有黑白两种颜色。黑色是作为衬景出现的广博的宇宙，白色是银河所显现出来的颜色。作者准确把握了黑白相间的颜色在人们心理上产生的模糊的情感色彩：悲哀。于是，银河就被人格化了："仰望长空，我似乎看见/一支白色的哀悼的队伍，/贞女们忧伤地络绎而行，/擎着千千万万支蜡烛。/你们莫非永远祷告不停？/你们莫非是受伤的星星？/你们洒下的不是星光啊，/点点滴滴，是泪水晶莹。"在苏利·普吕多姆的笔下，银河竟然成了哀悼的队伍；星星竟然是忧伤地络绎而行的贞女；银河所建构的光带竟成了贞女们擎起的千千万万支蜡烛；而每一颗星星投下的光，竟是一滴晶莹的泪珠。这是多么离奇的想象，这又是作者所要阐释的孤独情思的多么恰当的载体！古往今来，只有普吕多姆赋予银河这样一种独特的意象。

从普吕多姆的笔下，我们已经清楚地体会到意象在诗中所起的画龙点睛的重要性和给诗歌带来的灵动感，笔者以此代替了关于意象于诗的重要性的讨论。现在，我们来看希姆博尔斯卡是如何以意象为载体来表达她的哲思的。

为了传递出诗人在关注宇宙世界、社会生活的各种现象时的哲理性思考，希姆博尔斯卡入微观察，常常以其缜密的心思细腻地捕捉出一系列独具特色的意象，并串联成诗，以更加清晰明了的形式来阐明她的见解。关于这一点，诗人在其一系列爱情诗中运用的诸多意象尤为突出。

在《钥匙》一诗中，诗人运用了"钥匙"这个意象，认为纯真美好的爱情就像钥匙一样，是唯一能够开启爱人心扉的至关重要的元素。而钥匙的丢失，便象征着爱人之间那份最初纯真的感情已经消逝。而这纯真的爱情一旦消失，人们只能眼睁睁地看着它被时间的"铁锈"慢慢"腐蚀殆尽"。如此美好的感情，一旦失去便不会再次拥有。它既没有再次"洗牌"的机会，也没有隔夜"闪烁"的时间，更没有偶然"中彩"的幸运，人类不要妄想它会有恢复的一天。

在《告别风景》一诗中，诗人运用了"风景"这一意象。诗人愿意看到在充满自己美好爱情回忆的地方，造就其他恋人甜蜜幸福的记忆。诗人甚至用春天刚刚活跃于芦苇丛中的小鸟清脆的鸣叫声，来象征这对恋人心中萌生出的美丽的爱情之音。在《永志不忘》一诗中，诗人同样通过意象的手法，极尽赞美之词来描绘"燕子"的形象，把"燕子"看做"是情人头上的光圈"，是情人之间爱情的"守护神"。诗人在诗中三次要求"燕子"这位爱情的

"守护神"——"你对他们要表示怜悯",显然,在这里,"燕子"
已经是"爱神"的意象。希姆博尔斯卡从自己的情感创伤出发,
把自己老年丧夫的无尽悲哀和痛苦,转变为对他人幸福的热烈期
盼。诗人的这种由己及人的爱情观并不是随性而发的,而是经过了
一番从直观的感受到理性的思考过程的。

　　诗人还擅长刻画日常生活中抽象的事物和现象,赋予其哲学观
点以形象生动的外在表现形式。在《戏法表演》中,"偶然"这一
抽象概念,便被赋予了形象的人性化。"偶然"在这里成了一个戏
法表演者,不时地出现在"小饭馆"、"加拿大"、"万花筒"、"斗
篷"、"船上",演出各式各样、千变万化的生活场景。由此可以得
出一个道理:偶然象征着人生无常的命运,但它又会因人而异地改
变人的命运。在《毫不夸张地谈论死神》中,"死亡"这一可怕的
抽象事件,在诗人的笔下,显得如此真实具象。"她从不开玩笑,
她不懂得星星,不会造桥,不懂得纺织,不熟悉采矿,不会种田,
不知道造船,不会烤点心⋯⋯"①用如此形象生动的词汇来形容
"死亡"这如此忐忑的事件,真是独具匠心。诗人通过这般的戏语
谈论死亡,无非是想告诉世人,死亡并不可怕。"没有不是永恒的
生命,哪怕在一瞬间。"②

　　还应该注意的是,诗人笔下的有些意象的意义是模糊的,甚至
是多解的,于是便带给读者更多层面的思考。比如,《和石头交
谈》,在这首诗中,诗人通过先后6次一问一答的对话,凭借日常
生活中非常普遍的具体事物——石头,来表达诗人对人与外在世界
的看法。"石头"显然是个具有象征意义的可构成意象的具象,那
么,这个意象的内涵到底是什么呢?这在读者的心中恐怕不是一个

①　〔波兰〕维斯瓦娃·希姆博尔斯卡:《诗人与世界:维斯瓦娃·希姆博尔斯卡诗
　　文选》,张振辉译,中央编译出版社,2002,第215页。
②　〔波兰〕维斯瓦娃·希姆博尔斯卡:《诗人与世界:维斯瓦娃·希姆博尔斯卡诗
　　文选》,张振辉译,中央编译出版社,2002,第216页。

答案。这里录下此诗：

> 我敲响石头的大门，说，
> 是我呀！请让我进去！
> 我是出于纯粹的好奇，
> 一生只有这么一次机会。
> 我要造访你的殿堂，
> 还要观看树叶和水珠，
> 可我剩下的时间已经不多，
> 我的死会使你深受感动。
>
> 我是石头——石头说，
> 我必须保持严肃的态度。
> 你快点离开这里，
> 我不会对你露出笑脸。
>
> 我敲响石头的大门，说，
> 是我呀！请让我进去！
> 我听说里面有很多空着的大厅，
> 不让人参观，再漂亮也没有用。
> 那里是一片寂静，没有任何脚步声，
> 你应当承认，你自己也不很清楚。
>
> 那些大厅虽然是空的——石头说，
> 但里面也没有你待的地方。
> 它们也许很漂亮，
> 但不是你那贫乏的趣味所欣赏得了的。
> 你能够见到我，但你永远也不会了解我。
> 我向你露出了我的整个外貌，

但不让你知道我的全部内里。

我敲响石头的大门，说，
是我呀！请让我进去！
我不是要在你那里永远找一个安身之地，
因为我并不是一个背运的倒霉鬼，
也不是一个无家可归的流浪者，
我的世界人们都舍不得离去，
我可以空着手进去，也不带任何东西出来，
我只要证明，我真正到过你那里。
除了言语，我没有别的表达方式，
可是我的话别人都不相信。

你不能进去——石头说，
你没有参与的认识，
任何别的认识都不能代替参与的认识。
你就是有穿透宇宙的视线，
也不能代替参与的认识。
你不能进去，
你只是有这种认识，
它在你那里刚开始萌芽，
还是一种想象。

我敲响石头的大门，说，
是我呀！请让我进去！
我不能等二十万年，
才进到你的里面。

你如果不相信我——石头说，

你就去找树叶，它对你说的会和我一样，

你就去找水珠，它对你说的会和树叶一样。

最后，你还是去问问你自己的头发吧！

我要笑，我要大笑一场，

可是我小的难受，我笑不出来。


我敲响石头的大门，说，

是我呀！请让我进去！

这里没有门——石头回答说。

——《和石头交谈》①


这"石头"和"我"的关系到底构成什么样的意象呢？

解释一："石头"象征着世界的奥秘，"我"是人类的象征。人类站在世界这块又臭又硬的"石头"面前，显得非常的渺小。无论人类怎样"晓之以理，动之以情"，冷酷的世界总是不为所动。由此揭示出一个道理：世界是复杂混沌、不可捉摸的，远远超乎人类的想象，"路漫漫其修远兮，吾将上下而求索"。所以，在这里，"石头"和"我"的关系共同构成的意象，是在肯定人的进取精神。

解释二："石头"象征着客观的生态世界，"我"象征着人类。客观的生态世界有自己的内在结构，自己的运动规律，不希望被侵袭，不希望被打破。而人类一定要走进这不属于他的地方，而且摆出强权的姿态一定要进去，大有不进就誓不罢休之势。所以，在这里，"石头"和"我"的关系共同构成的意象，是在揭示人与生态世界的矛盾关系，或曰揭示人在自然界中的"中心"意识。

或许还可以有更多的解释，总之，这种意义模糊的意象带来了解读的多元取向。还有，诗人在这类作品中采用对话体的手法，通

① 〔波兰〕维斯瓦娃·希姆博尔斯卡:《诗人与世界:维斯瓦娃·希姆博尔斯卡诗文选》，张振辉译，中央编译出版社，2002，第88~91页。

过一问一答的循环往复的咏叹形式，形成一种"复调效应"，也与内容上的复杂性构成了呼应。

## 第四节　诗与"问题"

在现实主义作家看来，文学作品是现实的一面镜子，它映射一个时代和社会的风貌，反映现实存在的问题与现象，表达人对社会的思考与困惑。基于此，问题意识就成为作家在从事创作时一个必不可少的动机，古希腊的悲剧家们用戏剧表现着人与命运的抗争，莎士比亚用《哈姆莱特》发出"生存还是毁灭"的终极疑问，易卜生用一系列的社会问题剧探究挪威的现实困境，在中国的"五四"时期更是出现了一个以写"问题小说"而闻名的作家群体，直接将小说当做表现社会问题、追寻道德伦理、探讨人生目的的载体。

既然戏剧可以发问，小说也可以发问，那么诗歌呢？当然可以。作为一种情感性与象征性较强的文学样式，较戏剧、小说而言，诗歌与"问题"的关系同样可以是紧密的。希姆博尔斯卡就是这样一位善于运用诗歌发问的诗人，在"我不知道"的创作理念的引导下，她将问题意识融入了诗的创作中，执著地探求着广博的世界。下文将分别从三个方面探讨希姆博尔斯卡通过诗歌对"问题"的追问。

首先，诗歌关注的问题是什么？与问题剧、问题小说相通，诗歌探讨的"问题"也根源于现实生活，是诗人放眼宇宙世界，对万事万物加以细致入微观察后的思考。在诗人希姆博尔斯卡的诗中，人们可以看到诗人以探索的意识深入社会生活的方方面面去寻觅。在她的笔下，小到一粒沙、一块石头，大至人类社会、自然万物都成为诗人探寻的落脚点。她着眼于世界从古至今的发展乃至宇宙间所出现的各种事物和现象，通过对大自然和人类历史的深入研究，在提出了诸多富于哲理的见解的同时，也提出了众多纷繁复杂的问题。比如，在《致友人》中，作者提出了有关战争的问题：

> ……
> 喷气式飞机在嘲笑我们，
> 这是一个静寂的空隙，
> 在飞行速度和音速之间
> 创造了一个世界纪录。
>
> 快速飞行
> 和它后面留下的声音，
> 直到许多年后，
> 才把我们从梦中惊醒。
>
> 于是传来了一阵叫喊声：
> 我们没有罪。
> 是谁在叫喊？
> 打开窗子，快跑！
> ……
>
> ——《致友人》①

　　显然，这首诗是对世界为什么会发生这种恐怖事件的质疑。而在她的许多诗篇当中，我们都可以看到她把类似的一个又一个问题抛给读者，抛向世界。她是通过问题来表达自己对世界、对人生、对社会的关注的。

　　其次，诗歌如何发问？诗歌中的问题意识总要通过一定的方式表达出来，那么，诗人是通过怎样的方式与途径进行提问？我们来

---

① 〔波兰〕维斯瓦娃·希姆博尔斯卡：《诗人与世界：维斯瓦娃·希姆博尔斯卡诗文选》，张振辉译，中央编译出版社，2002，第30页。

看一看下面一首名为《越南》的诗：

> 女人，你叫什么名字？我不知道。
>
> 你生于何时何地？我不知道。
>
> 你为什么要在地上给自己挖一个洞？我不知道。
>
> 你是从哪里躲到这里来的？我不知道。
>
> 你为什么咬我心爱的手指头？我不知道。
>
> 你不知道我们不会害你吗？我不知道。
>
> 你站在哪一边？我不知道。
>
> 现在是打仗，你必须作出选择。我不知道。
>
> 你的村庄是否依然存在？我不知道。
>
> 这都是你的孩子吗？是的。
>
> ——《越南》①

以上这首诗是由几个提问和回答的句子构成的，问题很明了，回答也很简单，只有最后的问题是肯定的回答，而以上所有的问题都是"我不知道"。从诗歌的内容我们可以看出，所有的问题都是指向一位女性，这位女性除了在回答孩子的问题上给出了肯定的答案，其他问题的答案都以"不知道"代替。再结合诗歌的题目《越南》我们可以得出，这是一位在战火中艰难生存的母亲，战争可能摧毁了她的家园，世界对她而言成了一片"不知道"的荒芜土地。她的孩子是她的，但是，孩子是否会经历同她一样的命运？

这首诗的题目是《越南》，但它可以换成地球上的任何一个国度；这首诗的主人公是一位女人，但她可以换成世界上的任何一个人，显然，作者的终极关注是人的命运。希姆博尔斯卡经常采用提问和对话的方式来表达自己的疑问和困惑，运用简洁明了的语言与

---

① 〔波兰〕维斯瓦娃·希姆博尔斯卡：《诗人与世界：维斯瓦娃·希姆博尔斯卡诗文选》，第114页。

形象去引发读者的思考，揭示哲理，给人以深刻的印象。我们再来
看这样一首诗：

　　　　微笑和握手
　　　　有什么内容？
　　　　难道你在迎接客人的时候，
　　　　从来没有保持人与人之间
　　　　那么远的距离？
　　　　你对一见钟情
　　　　会不会感到厌恶？
　　　　你会不会像翻阅书本那样，
　　　　去揭示人的命运？
　　　　不是在字里行间，
　　　　不是在形式中
　　　　去寻找激情。
　　　　你真能够了解
　　　　人们的一切？
　　　　你回答问题时
　　　　爱闪烁其词，
　　　　在说到诚实时
　　　　有光彩的玩笑，
　　　　可你怎么去计算损失？
　　　　没有实现的友谊，
　　　　冷酷无情的世界，
　　　　你知不知道，
　　　　友谊就像爱情一样，
　　　　需要共同创造？
　　　　有人面对艰难的工作
　　　　却跟不上去。

在朋友的错误中，

难道没有你的过失？

有人在抱怨，在想办法，

可你还没有来得及给予帮助，

就已经留下了多少眼泪？


创造千年的幸福

是大家的责任，

你会不会轻视

那单独的一分一秒？

你会不会轻视

眼泪和脸上的皱纹？

你从来没有忽视过别人的努力？

桌上放着一个玻璃杯，

谁都没有看见它，

直到不小心把它碰倒在地，

人们才发现了它。


人与人之间的一切

是否都是最简单的？

——《向自己提问题》①


　　在这首《向自己提问题》的诗中，希姆博尔斯卡以一针见血的方式提出了许多疑问，这些疑问细想开来都缘自真实的生活体验与深刻的辩证思考。诗人娴熟地运用不同的提问方式，用既真实严肃又带戏谑口吻的设问阐述含蓄微妙的哲学思辨。

---

① 〔波兰〕维斯瓦娃·希姆博尔斯卡：《诗人与世界：维斯瓦娃·希姆博尔斯卡诗文选》，第 7 页。

最后，诗歌中的问题如何解答？大自然和人类社会纷繁复杂，人类能发现问题、提出问题，但不一定能够解答所有的问题，因为事物的发展有其本身的客观规律，每个人的主观意识又因为其生活经历的不同而相异。另一方面，有些问题是暂时性的，随着时间的推移和历史的发展将得到解决，而有些问题却是历史性的，因此，综合人类自身和问题本身主客观两个方面，对待问题的态度应该是多元的。希姆博尔斯卡在回答问题的态度上便是依据问题而变的，具体来说，大致可分为三种：

**1. 正面的回答**

对于在诗歌中提出的部分问题，希姆博尔斯卡在思考的同时也给出了正面的回答，从而给读者一个明晰的见解，关于这一点可以诗歌《钥匙》为例：

> 有一把钥匙，但突然丢失了，
>
> 我们可怎样进到家里？
>
> 也许有人会拾到那把钥匙，
>
> 他看了看，这对他有什么用？
>
> 于是走了，把钥匙抛到一边，
>
> 像抛弃一块废铁。
>
> 如果我对你的爱情，
>
> 也遇到了这样的情况，
>
> 那不仅我们，
>
> 而且整个世界都失去了它，
>
> 即使有人把它捡了起来，
>
> 也打不开任何一家的大门，
>
> 只不过做做样子罢了，
>
> 就让铁锈去毁了它吧！
>
> 这不是打纸牌，不是星星，

不是孔雀鸣叫安排的命运。

——《钥匙》①

　　钥匙丢失后如何进入家门是生活中经常会遇到的一个问题，但希姆博尔斯卡绝不是仅仅通过一首诗询问一个生活中的形而下的问题，她的深刻之处在于她将钥匙丢失与失去爱情相比拟，钥匙被其他人拾起会随意被抛弃，因为这个钥匙对他人而言是无用的，同样，将一份不再有意义的爱情攥在手里也是无意义的，在无法打开爱情之门的时候，只有将无用的钥匙抛弃才能重获新生。类似这样的生活启示在希姆博尔斯卡的诗歌中很常见，她用自己的睿智启发了人们的相关思考。

### 2. 避而不答

　　虽然希姆博尔斯卡在诗歌中提出了一些问题，但在她看来，并不是所有的问题都需要一一作答，原因在于有些问题本身是敏感的，是众所周知的，也许避而不答的态度反而能引起读者更深刻的思考。第二次世界大战的发动者之一阿道夫·希特勒可以说是一个众所周知的人物，他带给人们的灾难令人发指。希姆博尔斯卡以诗歌的形式引发了人们对"二战"以及对希特勒的思考，这一思考见于诗歌《希特勒的第一张照片》：

这个身着小外套的孩子是谁？

是小阿道夫，希特勒帝国的儿子。

他会不会成为一位法学博士，

或者在维也纳歌剧院当一个男高音歌唱演员？

这是谁的一只小手，谁的小耳朵、小眼睛和鼻子？

谁的吃饱了奶的小肚子？也不知道

---

① 〔波兰〕维斯瓦娃·希姆博尔斯卡：《诗人与世界：维斯瓦娃·希姆博尔斯卡诗文选》，第10页。

他将来要当一个印刷工人还是一个公务员？

当一个商人还是当一个牧师？

这双可爱的小脚到哪里去？

到花园去，到学校里去，到办公室去，

还是去和市长的女儿结婚？


婴儿、小天使、宝贝、乖乖，

他一年前来到这个世界上时，

在天上和地上都留下了记号，

这就是春天的太阳和窗台上的天竺葵，

母亲分娩前在玫瑰红的纸上预测未来的宝贝，

庭院里手摇风琴的音乐，

告诉她将有一个顺利的分娩。

她在梦中见到一只鸽子——

一个可喜的征兆，不要放过，

一个等了很久的小客人就要来了，

咚！咚！有人敲门，是谁？

就是他，亲爱的小阿道夫。

……

——《希特勒的第一张照片》①


这首诗开始于对一个照片中的小男孩发问，"是谁？长大了会做什么职业？……"对于是谁的问题，诗人在诗中给了明确的回答：小阿道夫。和所有的孩子一样，希特勒小时候也是家人眼中的小天使，是母亲的小太阳、甜点心，他也是在吉祥的祝福中出生的。然而，当问题提出以后，诗人没有给出肯定或否定的回

---

① 〔波兰〕维斯瓦娃·希姆博尔斯卡：《诗人与世界：维斯瓦娃·希姆博尔斯卡诗文选》，第222页。

答，事实上，这种回避是希姆博尔斯卡有意为之，因为人们知道日后的希特勒没有做法学博士，更没有在维也纳剧院唱男高音，他的所作所为使他与照片中的小天使大相径庭。问题就这么简单吗？为什么幼时的天使会成为一个杀人魔头，是什么导致了这种改变，希姆博尔斯卡没有对这些隐藏的问题作出解答，因为这个问题绝不是一两句话能解决的，但她的问题引发了人们对希特勒、对战争更多的思考。

**3. 模糊的回答**

所谓模糊的回答即是作者给出的答案是不确定的。这或许也是希姆博尔斯卡通过诗歌启发读者思考的一种方式，正所谓"仁者见仁，智者见智"。在同一个问题的看法上，如果结论不是绝对的，那就应当允许读者有多元的解读。而这种模糊的回答大多表现在一些开放式的问题上，例如，希姆博尔斯卡对诗歌本身的定义的质疑。这见于诗歌《有些人爱诗》：

> 有些人——
> 就是说，不是所有的人，
> 甚至不是大多数，而是少数人。
> 这里没有把必须阅读诗歌的学生
> 和诗人自己算在内，
> 而诗人恐怕也只占千分之二。
>
> 他们爱诗，
> 也爱吃肉汤面。
> 爱说恭维话，爱蓝颜色，
> 爱戴旧头巾，
> 爱独立自主，
> 爱抚摸小狗。

　　有些人爱诗，

　　可什么叫诗？

　　有许多模棱两可的回答

　　都在这个问题前倒下。

　　我也弄不明白，

　　但还是紧紧地抓住它，

　　就好像这是救命的栏杆。

　　　　　　　　——《有些人爱诗》①

　　把诗和肉面汤、蓝颜色、旧围巾、宠物狗等有人喜欢的东西相比较，作者想要知道喜欢诗的人是因为什么呢？这个问题不但是提给喜欢诗的人，也是提给自己的，有趣的是希姆博尔斯卡自己也没有明确的答案，"针对这个问题/人们提出的不确定答案不只一个/但是我不懂，不懂又紧抓着它不放/仿佛抓住了救命的栏杆"。诗人不懂诗究竟是什么，也不明确诗对自己的意义，但她的行为又似乎证明了什么，诗像救命的栏杆一样被她紧抓住不放，由此可见，虽然希姆博尔斯卡没有给出明确的诗的定义，却形象地向读者揭示了诗对于自己的重要性，答案虽然是模糊的，却也是诗人给出的自己的见解。此外，模糊性还表现在作者没有给诗下一个普遍的定义，因为她知道对于任何一个喜欢诗歌的人来说，诗歌的意义都是不尽相同的，因此，她仅仅是给出了自己的看法。

　　综上所述，面对问题，诗人有时给出明确的答案，有时只提问不回答，或者在诗歌中通过特别的意象等手段，模糊地给予读者以启发。于希姆博尔斯卡而言，诗人更倾向于提出问题不予回答，而是让读者自己去思考问题，寻找答案。这与诗人一以贯之的创作思想相吻合。她更多地以多样的提问去启发读者，将诗人自己与读者

---

① 〔波兰〕维斯瓦娃·希姆博尔斯卡：《诗人与世界：维斯瓦娃·希姆博尔斯卡诗文选》，第249页。

相连，为自己和读者探索与阐释宇宙世界和人类社会的各种问题提供较大的空间。希姆博尔斯卡曾经这样说过："诗人只有一个职责，把自己和人们沟通起来。"①"问题"就是她用来沟通自己和人们的桥梁。

---

# 第十章
# 埃尔夫丽德·耶利内克

Elfriede Jelinek

　　有时候我们这些人与人之间会产生世上可能存在的最刺耳的音调。

——埃尔夫丽德·耶利内克

埃尔夫丽德·耶利内克（Elfriede Jelinek，1946~　　　　），奥地利作家，2004年因"她的小说和戏剧具有音乐般的韵律，她的作品以非凡的充满激情的语言揭示了社会上的陈腐现象及其禁锢力的荒诞不经"[1] 而获诺贝尔文学奖，这是获此奖项的第十位女作家。

## 第一节　奥地利施蒂利亚的女性主义作家

"一个黑色太阳的光"，这算不算是一种恭维呢？"她的作品也许带给我们的是生活的黑暗图景，但是，她并不是个悲观主义者，因为，悲观主义中一般含有自怜和默祷的气息。她并不如此。从她的诅咒中漫溢出来的，是失去希望而引发诽谤的快活的性格，一个黑色太阳的光。"[2]这是诺贝尔文学奖颁奖词中对耶利内克的一段评述。既然是光，如何又是黑色的呢？恐怕这只有走进她的生命中才能得以解读。

1946年10月20日，埃尔夫丽德·耶利内克出身于奥地利施蒂利亚州米尔茨楚施拉格的一个犹太裔家庭，她的父亲是一位具有捷克——犹太血统的化学家，第二次世界大战期间迫于时势不得不为纳粹的军用工业效力来逃避迫害。她的母亲出身于一个富裕的维也纳家庭，精明能干却也野心勃勃，她要求耶利内克从小就学习钢琴、管风琴、小提琴、竖笛等多种乐器，一心想把耶利内克培养成为一名出色的音乐家，她的青少年时期就是在不间断的音乐学习中度过的。但在高中毕业结束后，她突然产生了对生存的恐惧，精神陷入了崩溃。在这段身体忽好忽坏的时期，写作成了耶利内克生活的一种寄托，自此她开始了自己的文学创作。1969年是耶利内克人生的一个转折点，那年她开始重新登上电车，走进人群中。70

---

[1]　肖淑芬：《诺贝尔奖百年大观》，第642页

[2]　〔瑞典〕恩达尔：《我们时代最真实的代表》，载钱定平《"钢琴教师"耶利内克》，长江文艺出版社，2005，第5页。

年代，耶利内克曾在柏林和罗马等地生活了几年，在 1974 年她遇到了电脑工程师戈特弗里德·洪斯贝格（Gottfried Hüngsberg），并与他走进了婚姻的殿堂，婚后他们在维也纳和慕尼黑两个城市居住，耶利内克也一直以她个性反叛的创作特色和犀利尖刻的语言风格，活跃于奥地利和德国的文学组织和作家协会中。总的来看，她的创作成就是丰富的，主要作品见表 10-1。

表 10-1　耶利内克的主要作品目录

| 序号 | 作品 | 体裁 | 出版社 | 时间 |
| --- | --- | --- | --- | --- |
| 1 | 《丽莎的影子》 | 诗歌 | 慕尼黑：雷利夫—出版社—艾勒斯 | 1967 年 |
| 2 | 《我们是诱鸟，宝贝!》 | 小说 | 莱恩贝克：罗沃尔特出版社 | 1970 年 |
| 3 | 《米夏埃尔——献给幼稚社会的少年读物》 | 小说 | 莱恩贝克：罗沃尔特出版社 | 1972 年 |
| 4 | 《逐爱的女人》 | 小说 | 莱恩贝克：罗沃尔特出版社 | 1975 年 |
| 5 | 《布克利特》 | 小说 | 维也纳：封布斯出版社 | 1979 年 |
| 6 | 《无尽的无辜》 | 小说 | 慕尼黑：施维夫廷格画廊出版社 | 1980 年 |
| 7 | 《美好的美好的时光》 | 小说 | 莱恩贝克：罗沃尔特出版社 | 1980 年 |
| 8 | 《钢琴教师》 | 小说 | 莱恩贝克：罗沃尔特出版社 | 1983 年 |
| 9 | 《啊，荒野》 | 小说 | 莱恩贝克：罗沃尔特出版社 | 1985 年 |
| 10 | 《情欲》 | 小说 | 莱恩贝克：罗沃尔特出版社 | 1989 年 |
| 11 | 《托腾瑙山———一部戏剧》 | 戏剧 | 莱恩贝克：罗沃尔特出版社 | 1991 年 |

续表

| 序号 | 作品 | 体裁 | 出版社 | 时间 |
|------|------|------|--------|------|
| 12 | 《戏剧作品——"娜拉离开丈夫后发生了什么或社会支柱""克拉拉·S——音乐悲剧""城堡剧院""病或现代妇女"》 | 戏剧 | 莱恩贝克：罗沃尔特出版社 | 1992 年 |
| 13 | 《死者的孩子》 | 小说 | 莱恩贝克：罗沃尔特出版社 | 1995 年 |
| 14 | 《新戏剧作品——"施特肯、施塔布和施坦格尔""服务休息站""云团·家园"》 | 戏剧 | 莱恩贝克：罗沃尔特出版社 | 1997 年 |
| 15 | 《体育剧》 | 戏剧 | 莱恩贝克：罗沃尔特出版社 | 1998 年 |
| 16 | 《他不是他（与罗伯特·瓦尔泽一同献给罗伯特·瓦尔泽）》 | 戏剧 | 美茵河畔的法兰克福：苏尔坎普 | 1998 年 |
| 17 | 《无所谓——死亡的小三部曲》 | 戏剧 | 莱恩贝克：罗沃尔特出版社 | 1999 年 |
| 18 | 《结束——1966～1968 诗集》 | 诗歌 | 慕尼黑：诗歌编辑出版社 | 2000 年 |
| 19 | 《贪婪——通俗小说》 | 小说 | 莱恩贝克：罗沃尔特出版社 | 2000 年 |
| 20 | 《告别——外三部戏剧》 | 戏剧 | 柏林：柏林出版社 | 2000 年 |
| 21 | 《魂断阿尔卑斯山——三部戏剧》 | 戏剧 | 柏林：柏林出版社 | 2002 年 |
| 22 | 《死亡与少女 Ⅰ－Ⅴ——公主戏剧》 | 戏剧 | 柏林：柏林袖珍书出版社 | 2003 年 |
| 23 | 《斑比之国、巴别塔——两部戏剧》 | 戏剧 | 莱恩贝克：罗沃尔特出版社 | 2004 年 |

注：此表根据相关材料自制。

　　纵观耶利内克的创作历程，可分为三个时期：1967～1972 年为第一时期；1972～1984 年为第二时期；1985 年至今为第三时期。

## 一　第一时期

　　第一时期是指从 1967～1972 年耶利内克初登文坛的时期。此

时，她追随维也纳小组的文学传统，通过自己的创作在语言形式上
进行了反叛。这一时期她的主要作品有《丽莎的影子》（*Lisas
Schatten*，1967）、《布克利特》（*bukolit*，1979）、《我们是诱鸟，宝
贝!》（*wir sind lockvögel baby*!，1970）、《米夏埃尔——献给幼稚社会
的少年读物》（*Michael. Ein Jugendbuch für die Infantilgesellschaft*，
1972）等。

　　早在 20 岁左右，耶利内克就开始了文学写作。那时她写了一
些诗歌，在母亲的鼓舞下她将诗篇寄给了奥地利文学协会，并意外
地得到了协会副会长奥托·布莱沙（Otto Breicha）的赏识。后者可
以说是耶利内克人生的第一位文学导师，他鼓励耶利内克去参加因
斯布鲁克"奥地利青年文化周"，在活动中耶利内克认识了很多当
时活跃于奥地利文坛的青年作家们。1967 年，耶利内克出版了处
女作诗集《丽莎的影子》。这部处女作与其说是一本诗集，不如说
像一本宣传手册，只是一个薄薄的册子，书中甚至没标页码，但是
对 21 岁的耶利内克来说，诗集的出版给她日后的文学创作带来了
莫大的精神鼓舞，也正是这部诗集使耶利内克开始得到奥地利文化
圈的一些关注。1968 年，耶利内克完成了自己的第一部长篇小说
《布克利特》，书中讲述的是两只交尾的生物"布克利特"和"布
克利塔"的故事，除了描写他们交尾姿态的不断变化，没有太多
其他的情节。此后她出版了小说《我们是诱鸟，宝贝!》和《米夏
埃尔——献给幼稚社会的少年读物》。她在《我们是诱鸟，宝贝!》
中运用广告片、科幻小说、插图小说的风格，恐怖电影的场面和滑
稽惊险的连环图画，以此诱发短时间的刺激作用。在借用了漫画、
廉价电影和低俗小说的模式之后，在《米夏埃尔》中耶利内克又
将目光转向了电视，在小说中讲述了一个经典的肥皂剧故事，甚至
还出现了一些电视剧中的角色。

　　这一时期耶利内克创作的主要特点是"用对语言传统形式的
反叛表达作者对社会传统形式的反叛。作者反叛的是社会既定的生

活方式、人际关系、司空见惯的社会现象"①，在《我们是诱鸟，宝贝!》这部揭露社会弊端的讽刺小说中，性和暴力构成作品的主要内容。小说中充斥着对性器官、性行为的描述，把无处不在的暴力暴露得淋漓尽致，埃里卡杀死父亲，奥托枪杀朋友……小说中14岁的女孩玛丽亚因为父亲反感她与男友发生性关系，居然要求男友杀死自己的亲生父亲。这些暴力的不合理的现象充斥在现实生活中，对于这些，耶利内克找不出济世良方，只能在作品中描写她们一步步走向沉沦，可见性和暴力的主题在耶利内克早期的创作中就已经初见端倪。

这一时期耶利内克卷入了当时席卷欧洲的轰轰烈烈的学生运动，开始尝试跟随维也纳小组进行文学创作，使用"一种特定的方式和语言"写作。这种"以语言为中心的文学对于内容并不下多大功夫，功夫用在语言的声音上"②。在语言形式上进行创新，通过富有反叛特色的语言来反对娱乐文化和对美好生活的虚假想象，对社会的批判意识逐步增强。她的第一部小说《布克利特》主要是在小说形式上进行创新，注重文本的视觉效果，字母全为小写，没有使用任何标点符号加以过渡。之后创作的《我们是诱鸟，宝贝!》和《米夏埃尔——献给幼稚社会的少年读物》与《布克利特》一样，也都在形式上进行颠覆，小说中的词汇仍然全部是小写，段首该大写的字母也用小写体，而且文中基本上不使用标点符号，读者可以根据自己掌握的语言知识结合上下文自行断句。

## 二 第二时期

第二时期是从1972年到1984年，这是耶利内克回归传统、关注

---

① 〔奥地利〕埃尔夫丽德·耶利内克：《米夏埃尔，——献给幼稚社会的少年读物·译后记》，余匡复译，上海译文出版社，第222页。

② 〔奥地利〕埃尔夫丽德·耶利内克：《我只是一个小地方的作家——耶利内克访谈录》，安娅编译，《外国文学动态》2004年第6期，第1页。

现实的创作时期，这一时期的主要作品有小说《逐爱的女人》（*Die Liebhaberinnen*，1975）、《美好的美好的时光》（*Die Ausgesperrten*，1980）、《钢琴教师》（*Die Klavierspielerin*，1983）和剧本《娜拉离开丈夫后发生了什么或社会支柱》（*Was geschah, nachdem Nora ihren Mann verlassen hatte oder Stützen der Gesellschaften*，1980）。

1975 年耶利内克因小说《逐爱的女人》的出版轰动德语文坛，这部小说以鲜见于耶利内克其他作品的鲜明结构，以相互交叉的形式刻画了宝拉和布丽吉特这两个身份不同却同样都想通过婚姻改变自己命运的女人。宝拉是一个农村女孩，不想像其他农村女孩一样先当上售货员再变成家庭主妇，她去邻近的城市当了个裁缝学徒，因而结识了伐木工人埃里希；布丽吉特是位城市女工，为了改变自己的人生前景，勾引了打算开电器用品店的海因茨。这两个女主人公虽然都如愿嫁给了自己心仪的男人，但她们处心积虑得到的婚姻生活并不幸福。之后，耶利内克又创作了两部写实性较强的小说——《美好的美好的时光》和《钢琴教师》，完成了剧本《娜拉离开丈夫后发生了什么或社会支柱》。

这一时期是耶利内克的创作走向成熟的时期，此时的写作确定了她的女性文学主题。在上述几部作品中，作者表现了一个无情的世界："在这个世界里，读者面对的是强权与压抑，是猎者与猎物之间的根深蒂固的秩序"。《美好的美好的时光》是耶利内克在1977 年创作的，这部作品是根据一个真实的案件——一个家境贫困的 16 岁男孩杀害了家中所有人——撰写的，故事的背景设置在20 世纪 50 年代，采用了侦探故事的形式来讲述。耶利内克希望在作品中重现维也纳当时的氛围："维也纳是一个颓废忧郁、文化积重难返的城市，它沉浸在一种特殊的无政府主义情绪中。"① 耶利内克称1983 年出版的《钢琴教师》为自己的"半生传记"，小说

---

① 〔奥地利〕薇蕾娜·迈尔和罗兰德·科贝尔格：《一幅肖像：埃尔夫丽德·耶利内克传》，丁君君译，作家出版社，2008，第 93 页。

"从女主人公在青春期受到压抑、缺乏性经验导致性变态这个独特角度，把人性的毁灭推到极致，产生了令人震撼、恐怖的感觉"①。小说毫不避讳地将对社会批判的矛头引向了最隐秘的女性心理，揭露了在被压抑、被禁锢的人性状态下的变态和扭曲，对复杂的人性进行了深层次的探讨。剧本《娜拉》是耶利内克第一部戏剧作品，是在易卜生的《玩偶之家》影响下创作的，可以说是为《玩偶之家》写的续集。娜拉离开丈夫之后，当了一段时间的工厂女工，但很快又成为另一个男人魏冈的附庸，甚至听从魏冈去取悦一位性变态的部长，最后被魏冈扫地出门的娜拉又不得不回到玩偶之家。剧中的女人重复着追求"个人价值"、"从客体变成主体"，然而她们还是逃脱不了成为"玩偶"的命运。这一时期的作品相对于耶利内克的后期创作来说，都有着较为明晰的情节脉络，作者通过这些情节对现实进行剖析和审视，具有现实主义的创作风格。作品的形式革新在这一时期也出现了一定程度的妥协，《美好的美好的时光》就是耶利内克第一部"非小写型"长篇小说。

## 三 第三时期

第三时期是从 1985 年至今，也是耶利内克创作的丰收期。这时期她创作了散文集《啊，荒野》（*Oh Wildnis, oh Schutz vor ihr*，1985），小说《情欲》（*Lust*，1989）、《死者的孩子》（*Die Kinder der Toten*，1995）、DK《贪婪》（*Gier*，2000），戏剧《城堡剧院》（*Burgtheater*，1985）、《病或现代妇女》（*Krankheit oder moderne Frauen*，1987）、《云团·家园》（*Wolken. Heim.*，1997）、《托特瑙山》（*Totenauberg*，1991）、《服务休息站》（*Raststätte oder Sie machen es alle*，1997）、《体育剧》（*Ein Sportstück*，1998）、《魂断阿尔卑斯山》（*In den Alpen*，2002）、 《死亡与少女》（*Der Tod und das*

---

① 〔奥地利〕埃尔夫丽德·耶利内克：《钢琴教师·译后记》，宁瑛、郑华汉译，北京十月文艺出版社，2010，第 264 页。

*Mädchen I-V*：*Prinzessinnendramen*，2003）、《发电站》（*Das Werk*，2003）和《巴别塔》（*Babel*，2004）等，这时期她获得了很多文学奖项，如 1986 年的海恩里希·海涅奖、1998 年的格奥尔格·毕希纳奖、2004 年的莱辛评论奖、弗朗茨·卡夫卡文学奖和诺贝尔文学奖等。

　　这一时期耶利内克的创作风格又发生了变化，她充分运用自己语言上的天分，在小说和戏剧中，将"声音和与之对抗的声音构成一条音乐的河流，以独特的语言激情揭露了社会庸常中的荒谬与强权"①。她的创作特色用她自己的话说就是："我让语言自己说话，而我紧随其后。"② 她在叙述过程中操着她那独特的语言，对现存社会中人的生存境况进行了大胆的批判和否定。1985 年她出版了小说《荒野》，在这部作品中，耶利内克运用多种叙事技巧，采用颇有乐曲风格的散文文体，把奥地利和德国历史与现实中的诸多人、诸多事、诸多现象都批评得淋漓尽致。1989 年她出版了《情欲》，因为文本中大量的色情描写，使得该书一上市就引来了文坛上批评的呼声，耶利内克面对这些指责的声浪从没有退缩，她声称《情欲》"实现了我一直想表达的美学理念"③。《情欲》借用了大量的隐喻去描绘隐蔽性的性和性行为，揭示了女性在性生活中的屈辱、欲望、挣扎与无奈。1995 年长篇小说《死者的孩子们》的问世使围绕作家耶利内克的争论又一次掀起了高潮。在这部小说中，耶利内克以幻影式的手法将奥地利描写成了一个死亡的世界、一个大墓地。小说采用电影式的叙述方式，读者看这部小说就像一

---

① 〔奥地利〕埃尔夫丽德·耶利内克：《钢琴教师》，宁瑛、郑华汉译，北京十月文艺出版社，2010，第 267 页。
② 〔奥地利〕埃尔夫丽德·耶利内克：《美好的美好的时光》，陈民、刘海宁译，译林出版社，2005，前附：《"我让语言自己说话，而我紧随其后"——耶利内克答译林出版社责任编辑陆志宙问》，第 9 页。
③ 〔奥地利〕薇蕾娜·迈尔和罗兰德·科贝尔格：《一幅肖像：埃尔夫丽德·耶利内克传》，第 174 页。

个隐身的导演在剪辑、切换小说的镜头，而后再重复观察其间的各种细节。在这部小说中，"一股独特的叙事流撕扯着各种语言和内容：故事，思想，例证，语言形式，谐趣，笑话，名字和无名，存在者和缺席者，活人，死人和僵尸；此外还有拾自媒体和神话、德国哲学、维也纳心理分析、犹太宗教图画和天主教的各类内容"①，作者正是通过这种语言的挥洒和叠加来表现小说的主题——压制。《贪婪》从表面上看来是类似侦探小说的"通俗小说"，它的主题才是重点，通过对警官库尔特·雅尼什霸占情妇格尔蒂的财产，又因加比可能危害到他谋夺房产的计划而将她杀死的情节描写，表现了社会中强势群体对弱势群体的欺凌。

在戏剧创作中，耶利内克的文学实践也在不断丰富。《城堡剧院》以滑稽歌剧的形式，让剧中人物滔滔不绝、不知疲倦地讲述一个为纳粹德国效力的中产阶级家庭的故事。《云团·家园》是一部具有"复调性"的剧本，作品中没有人物介绍，没有时间、地点，只是许多不同的声音交织在一起。耶利内克也对莎士比亚的国王剧进行"戏仿"，创造了一种独特的体裁——公主剧，并将 5 个公主短剧都带上了一个副标题《死亡与少女》。无论是《城堡剧院》《病或现代妇女》《托特瑙山》还是《服务休息站》，剧本中都没有塑造人物性格，只是让角色听命于自己的语言。

纵观耶利内克的创作，可以毫无疑问地说，她是一位成就斐然、个性独特、争议颇多的并能激起人们强烈的研究兴趣的当代作家。

## 第二节 立足"局外"

耶利内克作品的体裁很多，有诗歌、散文、小说、戏剧、广播剧、歌剧、电影等，有些甚至很难界定它属于哪一种体裁；她的作

---

① 〔奥地利〕薇蕾娜·迈尔和罗兰德·科贝尔格：《一幅肖像：埃尔夫丽德·耶利内克传》，第 204 页。

品的题材也相当丰富，有关于政治、媒体、心理、体育、生态……总之，耶利内克的创作是丰富的、纷繁复杂的。

那么，是怎样的创作理念支撑她的创作呢？关于这个问题，耶利内克在接受诺贝尔文学奖的获奖演说中有过具体的表述，这就是作家的"局外人"立场。她认为，作家在社会中处于一种"局外人"的位置。这种处于局外的位置"一方面，从那里他可以更好地观察，另一方面，他本人不能留在那条现实之路上。那里没有他的地盘。他的落脚点总是在局外。只要他在局外说了什么，局内就会有所触动"①。耶利内克认为作家在社会中应以一种站在局外的姿态去看待社会中的种种现实，正如有句俗语所说"当局者迷，旁观者清"，站在局外的立场看到的社会应该是更为全面、更为清晰的，然后作家再通过自己的笔触去描述社会中的种种问题，以期通过自己的言说去触动社会的变化。

法国存在主义作家加缪曾写过一部题为《局外人》的小说，主要表现的是主人公莫尔索与世界的隔膜、排斥，因其与社会格格不入而无法被社会所接受，但又无力改变社会现实，只能以退出者的姿态冷眼旁观其社会存在，自视为"局外人"。简言之，加缪笔下的局外人是被迫逃出这个世界。而耶利内克所说的"局外人"恰恰相反，是强调作家对社会的关注，而不是逃避，这里的"局外"只是立足点问题。这是要求作家不要目光狭小，角度偏执，而是要居于"局外"而放宽自己的眼界，这样才能跳脱出来看到社会的全景，以此作更为客观的文学表述。

从上述分析中可以看出作家应采取"局外人"立场的原因至少有如下两点。

其一，"局外人"的立场更容易给予事物全面的观察，宏观性更强。这一点与中国宋代大文学家苏轼的理趣诗《题西林壁》中

---

① 〔奥地利〕耶利内克：《获奖演说》，载于穆易编选《给诺贝尔一个理由》，中国广播电视出版社，2006，第36页。

所揭示的哲理不谋而合。苏轼在诗中指出"横看成岭侧成峰，远近高低各不同。不识庐山真面目，只缘身在此山中"。苏轼的意思是说，从各个不同的角度去看庐山，庐山呈现在你眼前的是不同的景象。人们看到了这样的景象，为什么还会"不识庐山真面目"呢？"只缘身在此山中"。这是因为人在庐山中，眼界受到了局限，所以无法看到整体面貌的庐山。对于世间万物，如果观察的立足点不同，观察的结果自然也不尽相同。面对世间的各类事物，如果只是处于其中去观察，往往就会不见全局，不明真相；只有客观地观照它的各个方面，才能对这些事物取得比较全面的认识。而作家对于社会的观察也应是一种"局外人"的立场，如果处于局内，即使从不同的侧面去观察，看到的也只是"庐山"一角，仍然"不识庐山真面目"。只有站在"局外人"的位置，才会看得更加全面、更加清晰。以耶利内克的创作为例，耶利内克作为当代女权主义的代表作家，她在作品中通过对女性的描写来反映对现实的哲学反思。如果耶利内克只是站在"局内人"的立场，也就是说只站在女人的角度上来书写，那么，她的视野一定会局限在女性之中，而面对女性的诸多问题，她给出的见解也会显现出执著于女性立场的偏颇。但是，耶利内克从女性的群体中跳到了"局外"，以一个"局外"的视角反观女性的生活，她所观察的女性问题就有了整体性、宏观性，这也就是她的见解比其他女性主义作家更为丰富的原因之一。譬如她的作品《娜拉离开丈夫后发生了什么或社会支柱》可以被认为是易卜生《玩偶之家》的续篇，作者让娜拉走进了六七十年代妇女解放的洪流中，然而最终也没有逃脱"玩偶"的命运，这就是她站在了妇女解放大潮之外来反观妇女解放运动，不但聚焦了女性问题，而且考虑到了女性问题和社会诸多问题的联系，也就是说，宏大的视角、开阔的视野，更有利于她对女性问题的观照。

　　其二，作家"在局外说了什么，局内就会有所触动"。这里的关键词是"触动"，强调作家在全面观察社会现实的基础上创作出来的作品应该是能够对社会现实有所触动的作品。如果说前面谈到的作家观察的立足点应该是"局外",而在这一点上强调的是其创作的作品必须返回"局内",以产生必要的反响。很显然,作家的立足于"局外"是为了观察,而不是为了逃避,那么,他基于客观的观察之后而产生的作品应该是切中社会问题要害的,这样的作品返回"局内"才有价值。所以,一个作家的作品对社会是否有触动性,也应该是考察一个作家的社会影响力的尺度之一。耶利内克是一个对社会有触动性的作家。她从20世纪70年代初登文坛就以其强烈的批判风格成为一个备受争议的作家,不管她的作品是否毁誉参半,她成为公众关注的焦点人物却是不争的事实。耶利内克在诺贝尔文学奖的获奖演说词中曾指出自己面对现实坚持批判取向的原因:"因为,生活经常被错误地描绘。没有别的方式,只好这样错下去,以至于任何人读到它或听说它,都会立即注意到那些虚假的描写。"① 她在作品中总是批判那些错误的现实,是因为她希望通过批判能使读者认识到这些错误的存在,对社会有所触动。耶利内克是一位紧紧把握时代脉搏的作家,她总是将各个时期的社会"大旋律"融入她的创作中。在奥地利的作家群中,耶利内克是少数几个搅入奥地利当代政治的女作家之一,在作品中她用犀利的笔触对奥地利当代的政治进行了辛辣的嘲讽和批判。

综上所述,耶利内克强调作家的"局外"立场,更强调"局内"的触动性。

## 第三节　存在主义哲学的深刻影响

众多读者感言,解读耶利内克是困难的,她创作的文学作品带给读者的往往是阅读的挑战。其实,解读这位作家,有一关是不应

---

① 〔奥地利〕耶利内克:《获奖演说》,载于穆易编选《给诺贝尔一个理由》,中国广播电视出版社,2006,第36页。

该绕过去的，那就是要了解耶利内克所接受的哲学思想对她创作的影响，把握住这一点，对阅读、阐释她的作品是会有相当的帮助。

## 一　存在主义哲学的接受

哪种哲学思想对耶利内克的影响比较大呢？仔细考察，便可发现，是存在主义哲学。这个观点，我们不难在她的生平和她笔下的文字中找到论据。

先看她的生平经历。《钢琴教师》的中文译者在译后记中明确指出：耶利内克"从小学习音乐舞蹈，长大成人后接触了存在主义哲学、文学、马克思主义革命理论，参加过大学生反权威运动，并一度加入过奥地利共产党。这些经历都在她后来的创作中打下了烙印"①。从这段介绍中，我们可以清晰地看到，耶利内克在年轻时代就接触了存在主义哲学。

再观她笔下的文字，也不难从中找到论据。

其一，在她的文本中，她是不惜为存在主义哲学的领袖人物挥洒笔墨的。比如，她把存在主义的哲学大师海德格尔作为一个人物写进她的作品中——这见诸于她的小说《啊，荒野》。该书的中文译者莫光华在译本前言中介绍书中的人物时说："重要人物，一个无名无姓的'女经理'，某德国康采恩在奥地利的总代理。一个无名无姓、只有绰号的大资本家、森林所有者'商场国王'。还有一个世界著名的德国哲学家（疑似海德格尔）。"② 译者为何有如此强烈的"疑似"之感？因为他俨然就是海德格尔。

其二，她对存在主义哲学大师的语言是十分熟悉的。如果说《啊，荒野》中的海德格尔还只是让人们"疑似"，那么，在《魂断阿尔卑斯山》一书中的第六个剧本中，海德格尔的名字可是被耶利内克直接报出来的。在该书的中文译本的前言中，冯亚琳这样

---

① 宁瑛等《钢琴教师·译后记》，北京十月文艺出版社，2005，第 240 页。
② 莫光华：《啊，荒野·译本前言》，长江文艺出版社，2005，第 2 页。

写到:"本书的最后一篇《云团·家园》是耶利内克这六篇剧作中最难懂的一篇,但同时也是作家最典型的'语言蒙太奇':文中引用了荷尔德林、黑格尔、费希特、海德格尔等人的语录"①,看,存在主义哲学大师海德格尔又出现了。

　　其三,更能说明问题的是,耶利内克不仅熟悉海德格尔的语言,还十分熟悉海德格尔的学说。她曾经直接用海德格尔的理论来解说她作品中人物的思想,比如,她的剧作《女魔王》——主要情节是奥地利国家剧院一个著名的女演员死了,按当地风俗,她被人们抬着围绕剧院连转三圈。这期间她坐在棺材里,既是对公众,又是对自己作了一番令人难以置信的独白。耶利内克本人对此剧作了详尽的说明:"就在这个老女人的独白中,原本异样的东西越来越不再异样,变成了日常司空见惯的东西;所有的一切都归于具体。战争,由于它允许,不,是要求(士兵、随大流者、宣传业——而这个年老的女演员则是其代表)参与,曾是出乎意料的东西的终结。灾祸是异样的、未作决断的东西的具体终结。既然第二次世界大战被称做是异样的,正如海德格尔以及他同时代的人所竭力声称的那样,那么就得不断地说下去:对于许多人来说,消耗一切的日常性模糊了这种异样之物与平凡之物的界限……异样的东西,由于没有人再追问它,变成了现代性。"② 显然,耶利内克得心应手地用海德格尔的理论解说了这个老女人的行为,同时也解说了自己剧本的题旨。

　　综上所述,我们可以看出,耶利内克对存在主义哲学是了解、熟悉并有相当的接受的。而她对存在主义哲学的接受,又深深地影响了她的文学创作。

---

①　冯亚琳:《魂断阿尔卑斯山·译本前言》,长江文艺出版社,2005,第3页。
②　冯亚琳:《魂断阿尔卑斯山·译本前言》,第2页。

## 二　文本中的"荒诞世界"

存在主义哲学由德国的海德格尔到法国的萨特、加缪，已经是20世纪西方的一个重要的哲学流派。它的首要观点便是源于海德格尔的"被抛入的设计"之说，认为世界是荒诞的，人是偶然的生物被抛入其中，所以人的存在也是荒诞的。无疑，站在马克思主义的立场上来看存在主义，人们必然会发现这一理论中存在诸多的不科学之处。然而，"世界是荒诞的"这一思想，从某种意义上毕竟表现出对资本主义现实社会的不满和否定，尤其是它集中地表现了当时西方社会中为数不少的人的思想情绪：由于战争的爆发，死亡的威胁，人们感到极大的恐惧乃至产生强烈的精神痛苦，为此对自己所置身的这个世界感到极度的厌恶。在这样的历史条件下，"世界是荒诞的"这一哲学思想带着对现实社会的否定精神便有了广泛的受众。

这个"荒诞的"命题显然也对耶利内克的创作产生了深刻的影响。

这里以《钢琴教师》为例。

《钢琴教师》是耶利内克的代表作。这部作品并非因作者于2004年获诺贝尔文学奖才闻名，而是早在作者获奖之前，当此作被改编成电影并获得戛纳电影节的多项奖励时就已经声名大振了。毫无疑问，这是一部以写实为主旋律的作品：维也纳是人们熟悉的城市；母亲暴君式的统治也是生活中习以为常的故事；师生恋在现实中也不足为怪。它到底还没有像萨特在《禁闭》中那样去写地狱里的幽灵们。但是，说它完全是一部写实的作品，还是有相当多的人们不会同意的，因为它有诸多非写实的成分。耶利内克往这部作品里撒了许多荒诞的因子，于其中既写了世界的荒诞，也写了人的存在的荒诞。

先看小说的背景世界。《钢琴教师》的整体背景是维也纳，这倒是个真实的所在。不过作者着重描绘的是维也纳的这样几个地方：城市火车高架桥下面的一个色情表演的小店、约翰内斯堡的地铁影院、学校里的公共厕所等。

毫无疑问，高架桥下面的那个色情表演小店是作者塑造主人公埃里卡形象的一个重要背景。那么，这是一个什么样的环境呢？我们来看看小说的具体描写：

> 火车呼啸着驶过大桥，人们在桥下小店里投币观看色情表演。
>
> 这样每个小房间都会干干净净，不留下污斑。高架桥的样式肯定使土耳其人模糊地想起了熟悉的清真寺，也许它还让这些土耳其人回想起了有着拱形建筑的后宫。桥下小店里有好多裸体女人，她们一个个登台。美女如云。人们从窥视镜中看到的只不过是些缩微的影像。高架桥用砖块建成。在这家小店内有些人已经爱上了一个漂亮的女人。小店建在这里很合适。这里的裸体女人伸展着肢体，做着各种媚态。女人们轮流登场。她们按照每次事先定好的顺序逐一亮相，以便常来的顾客能够经常欣赏到不同女人的躯体，否则的话，有些常客就会不再光顾了。预订者带着大把的钱来到这里，把一个个硬币接二连三地投进一个永远喂不饱的、细细的投币口里。因为只要吸引人，他就不得不再扔进去一个十芬尼的硬币。他一只手扔钱，而另一只手则愚蠢地浪费着男子汉的精华。①

这是个真实的场所吗？维也纳的生活如此阴暗、龌龊吗？《"钢琴教师"耶利内克》的作者对此可谓是一位有发言权的人，他"曾经在奥地利生活多年，并在萨尔茨堡大学文学院和理学院任教。他所具有的对于奥地利的透彻了解，对于阐发和解释耶利内

---

① 〔奥地利〕埃尔夫丽德·耶利内克：《钢琴教师》，宁瑛等译，北京十月文艺出版社，2005，第43页（本章所选译文均出自该译本）。

克可说是相得益彰"。① 那么，他对此是如何评说的呢？他说：
"从笔者对于维也纳的印象来看，我颇有点怀疑，在这座以音乐、
艺术、花园、博物馆、音乐厅、歌剧院、高雅文化、古老传统而
闻名于世的千年城市，仅次于纽约、日内瓦的联合国第三中心，
到底有没有土耳其人等等开的色情场所？"他还说："小说的背景
世界，也就是奥地利首都维也纳，在作者笔下有一种恐怖的气
韵，简直是把人间苦楚深深埋藏在悬奇之中……作者对于维也纳
城市和维也纳人民生活那种黑暗面的描写，也同笔者所了解的基
本不同。与其讲是现实的描写，不如说是一种文学上的隐喻手
法。"②

　　上述评论中有个关键话语是最应该引起注意的，这就是"文
学上的隐喻手法"。这是一个可以被接受的观点——我们可以引申
地说，耶利内克小说的背景世界只是借用了维也纳的名字，而实际
上她是在文学作品中建构了一个哲学观念中的"荒诞世界"。

　　进而，她也用大量的笔墨写了人的存在的荒诞。

　　比如，她赋予女主人公埃里卡一个特别的癖好——她竟是个切
割癖：

　　　　她使用刀片很灵巧，因为她必须经常替父亲去刮那张在毫
无思想和意志的空空前额下面的面颊。这些刀片是为她的肉体
而准备的。这是些用近似蓝色的钢制成的漂亮的小薄片，可折
弯，富有弹性。她张开双腿，坐到专供刮胡子用的有放大功能
的镜子面前，一刀切下去，阴道口渐渐张开，这是通往她身体
内部的门户。她此时的体会是，这样用刀片切割并不疼痛，因
为她的手臂、手、腿必须经常充当实验对象。在自己身体上切

　　① 〔奥地利〕缪勒：《"钢琴教师"耶利内克·序言》，载钱定平《"钢琴教师"
　　　　耶利内克》，长江文艺出版社，2005，第6页。
　　② 钱定平：《"钢琴教师"耶利内克》，第60~66页。

割是她的癖好。

这是正常人之所为吗？不是。这种自残的癖好是荒诞不经的。

再如，耶利内克竟为钢琴女教师埃里卡和她的男学生克雷默尔设计了在学校公共厕所的这样的一幕：

> 他保证从现在起保持沉默。埃里卡把厕所的门完全打开。克雷默尔被围在敞开的门中，像一幅不大珍贵的油画。每个现在走过来的人都会出其不意地看见他那裸露的身体。埃里卡让门开着，为了折磨克雷默尔。自然她也不能在这儿被人看见。她这事干得真冒险，楼梯紧挨着厕所门。

> 埃里卡最后一次抚摸了一下克雷默尔的那玩意儿。克雷默尔像树叶在风中发抖。他放弃反抗，让人自由观看，不做反对的表示。对于埃里卡来说，这是观看中的自选动作。她早已准确无误地把规定动作和自选动作都完成了。

一个有教养的钢琴女教师，竟然和她的男学生在学校的公共厕所里如此游戏，这不是很荒诞吗？她还把自己策划好的与克雷默尔行性事的过程事先写在纸上，让克雷默尔照本实施，这不是也很荒诞吗？

真正的现实生活中，是有着许多美丽的爱情，不管这爱情最后是悲，还是喜，爱情本身终究是美好的。但在耶利内克的笔下不是这样。中国社会科学院外国文学研究所的学者叶隽曾说过："'爱的遁位'与'美的消解'，是耶氏作品中的重要特征。'有性，有太多的性'，'有恶，有太多的恶'，甚至'有政治，有权力'，但'没有爱，没有美'，而'世界不是这样的'。真实的世界，当然有'性'也有'恶'，作家可以描写，但如何在作品中不放弃'人性的光明'，甚至以艺术的方式展现'人性光辉的不绝如缕'却更重要。"他更进一步地指出："耶利内克的这种对世界的理解与阐释模式在多大程度上是能够成立的?"①显然，他在质疑耶利内克笔下的世界的不真实性、荒诞性。是的，他说得十分有理。那么，我们引申下去，倒是可以说，耶利内克的这种对世界的理解与阐释模式在存在主义哲学领域中是成立的——因为世界是荒诞的，所以，人的存在也是荒诞的。

### 三　"他人即是地狱"的人物关系

存在主义哲学也很重视人与人之间关系的研究。当然，不同的存在主义学者对这个问题有着不同的看法。海德格尔、萨特的观点是趋向一致的。他们都认为，个人与他人的关系是对立的。海德格尔认为，一个人和其他人的关系的内核是"麻烦"和"烦恼"；萨特则通过戏剧《禁闭》中的人物之口，将"他人即是地狱"解说为现时人与人关系的本质。这些存在主义哲学大师的思想，无疑影响了耶利内克。

"他人即是地狱"出自萨特的戏剧《禁闭》（又译《间隔》）。其基本剧情是：在一条长长的走廊里，有许多房间。房间里没有窗户、没有镜子、没有任何能被轻易打碎的东西。这里边看不到外面的任何光亮，但有一盏灯永不熄灭地亮着。被打入地狱的幽灵们被听差安排到各个房间。有三个幽灵——加尔散、伊内丝、艾丝黛尔在相差无几的时间内被听差打入地狱的同一房间。于是，她们陷入了相互妨碍、相互监视、相互争斗的氛围中。

加尔散生前是个生活放荡的文人，经常"像猪一样醉醺醺地回到家，身上散发着一股酒味和女人味"。他以折磨妻子为快，经常把不明不白的女人领到家里过夜。战争爆发了，他想逃避战争，在将要踏上列车时被身后的 12 颗子弹击毙，他的妻子也因痛苦、羞辱而死。

---

① 叶隽：《"性的原罪"还是"爱的遁位"？——耶利内克作品研讨会综述》，载《外国文学评论》2005 年第 1 期，第 154 页。

伊内丝生前是个同性恋者。她和与她相恋的那个女人合谋，把自己的丈夫推到有轨电车下轧死，而后，两人过着罪恶的生活。最后，她和那个女人同死于后者放出的煤气中。

艾丝黛尔生前是个孤儿，为了抚养弟弟，嫁给了她父亲生前的一个老朋友。后来，她又与一个青年相恋，并生下一私生女。为了掩饰丑闻，她把孩子从窗口扔到外面的湖中淹死，其情人也因痛苦而自杀，她也因染病而告别人间。

三个幽灵就这样都来到了地狱，并被投入同一间屋里，他们在这里又疯狂地展开角逐：色情狂艾丝黛尔挖空心思地勾引三人中唯一的男人加尔散，以满足自己的肉欲；女同性恋者伊内丝千方百计地阻止他们的接近，因为这个同性恋者又把艾丝黛尔当做自己追逐的目标，而加尔散又不放过伊内丝，一定要和她谈自己不是"胆小鬼"。在相互争斗中，他们每个人的欲望都不能实现，每个人都是另外两人的刽子手，他们都身不由己地陷入了折磨别人和被别人折磨的困境之中。最终，剧中人物喊道："他人即是地狱"。

由此可见，"他人即是地狱"的核心内涵是揭示人与人之间关系的排斥性、不和谐性。

现在回到耶利内克的创作中来。在《钢琴教师》中，耶利内克笔下的人与人之间的关系，就是相互排斥和间隔的。

我们先透析一下《钢琴教师》中的各种关系。作品最先切入的是埃里卡与母亲所构成的小家庭，那么，就有了这个家庭与该家庭之外的其他人的关系；作品的主人公埃里卡是一个钢琴教师，那么，便有了教师与学生的关系；小说中还有一些临时的关系，譬如，埃里卡乘公共汽车，便有了她与其他乘客的关系；她演奏钢琴，便有了演员与观众的关系，等等。但不管是哪一种关系，耶利内克都令其以烦恼为主要基调，以间隔为本质特征。

我们在这诸多关系中拣出几例。

先看一看埃里卡的家庭与该家庭之外的其他人的关系。小说中这样写道：

　　这个家庭几乎没有一个新亲戚，即使冒出一个亲戚来，也会被拒之门外。只要证明某个亲戚无用和不中用了，那便立即断绝同他的一切往来。母亲用一把锤子对家族成员进行叩诊，逐一进行挑选。她进行分类和淘汰。她对他们进行审查和扬弃。按照这种方式就不会出现那些老是想着要索取的寄生虫了。埃里卡，我们就两个人过，我们谁也不需要，对吗？

　　显然，这个小家庭中的成员对家庭之外的亲戚们充满了敌意。

　　再看一看埃里卡这位钢琴教师与学生的关系。正常的师生关系，感情基调是友善的，埃里卡则不然。她是这样对待自己的学生的：

　　她的学生眼睛往下呆呆地看着扭成一团的双手。女教师从他身上望过去，在他的另一侧只看见挂着舒曼去世时的面膜像的墙。在那一刹那她感到一种需要，真想抓住学生的头发，把脑袋往三角大钢琴的琴身上猛撞，直到琴弦血淋淋的内脏发出刺耳的尖叫，鲜血从盖子底下喷射出来，这个捣蛋的乡下人就不会再出声了。

　　这哪里是师生？分明是仇人相见。其实，上面所述的那个学生，只是单纯地向她学习弹琴而已，对她没有任何威胁。那么，她是如何对待在她看来对她有一点威胁的学生的呢？譬如，当她的男学生克雷默尔疯狂地追逐她，而此时有更年轻漂亮的女孩儿出现在他们中间的时候，她会是什么态度呢？毫无疑问，她必定要除掉这个"麻烦"。下面就是她的所为：

　　杯子摆在那里，边上还孤零零地挂着一滴水珠，直到它化为蒸汽蒸发掉。在这之前肯定还有一个学生从杯中喝过一口水。埃里卡翻了一通大衣和夹克的口袋，找本来是在感冒和流鼻涕时用的手帕，一会儿找到了。她用手帕垫着去拿杯子，把杯子小心地放在手帕里。印着无数孩子们笨拙的小手印的杯子完全被手帕包住了。埃里卡把包着手帕的杯子放在地上，用鞋跟使劲踩上去。杯子沉闷地碎了。然后她又朝已碎了的玻璃上再踩上几下，直到杯子碎成了一堆一团粉末，碎片不能再小了，但它仍保持着锋利的形状，足以扎人。埃里卡从地上拿起来包着玻璃的手帕，把碎玻璃小心地放到大衣口袋里。廉价的薄壁玻璃杯变成了非常粗糙尖利的碎片。手帕挡住了玻璃碎裂时痛苦的鸣叫声。

埃里卡清楚地认出了那件大衣，不论是从刺目的时髦颜色，还是从又流行的超短长度上，立刻认了出来。这个姑娘训练开始时还想通过巴结人高马大的瓦尔特·克雷默尔出风头。埃里卡想考察这个姑娘以什么来装腔作势，她将有一只被割伤的手。她的脸将现出一幅丑恶的怪相，没有人能认出当年的青春和美貌。埃里卡的精神将战胜躯体上的优势。

读到这里，有谁还会不去质疑她的教师身份？她是个教师吗？还是个谋害者？这不分明让人想到"他人即是地狱"那句存在主义的经典话语吗？

耶利内克所做的还远不止如此，她甚至在勾勒埃里卡与别人构成的临时关系中也突出了她的敌意。譬如，她在在拥挤的公共汽车上竟有这样的所为：

她把自己的弦乐器、吹奏乐器和沉重的乐谱本紧紧贴着人们的前胸和后背。人们的肉体犹如橡胶缓冲器，把她的武器一一反弹回来。有时候视情绪不同，她一只手拿着乐器和曲谱，另一只手的拳头则阴险地伸进陌生人的大衣、披风和男粗呢短上衣里。

……

她假装着扎紧鞋带，一边用系鞋带来陷害电车上自己身边的人。她像顺手似的使劲掐这个妇女或另一个妇女的小腿肚子。这寡妇的小腿肚子肯定被掐青了，只见她一蹿老高，犹如夜里明亮、闪闪发光的喷泉，最终成了注意的焦点。……女音乐家的脸上露出无辜的目光。

论到这里，人们已无须怀疑，耶利内克笔下的人与人之间的关系，的确就是存在主义哲学家们所界定的"他人即是地狱"的关系。这种关系，萨特在《禁闭》中是通过在地狱中的加尔森、伊内斯、艾斯黛尔等三个幽灵表现出来的，耶利内克则不使用假想的地狱，而是实实在在地把它放在了人间；她也不用拿幽灵来说事，而直接来说人间之事。由此可见，耶利内克以自己的作品，为存在主义哲理作了鲜活的、形象的阐释。

注意了耶利内克所受到的存在主义哲学的影响，我们再来解读她的作品，就会在一个新的层面上产生新的思考。

总之，耶利内克的笔下出现了诸多的荒诞。有的是现实世界中本来就有的荒诞——2004年诺贝尔文学奖颁奖委员会授奖给耶利内克的评语是："利用她小说和戏剧中声音或反向声音所形成的乐曲流，并以一种非凡的语言炽热，揭露了社会成规的荒谬及其使人就范的力量。"[①] 从这番评语中我们可以看出，颁奖委员会已经注意到了耶利内克笔下的"社会陈规的荒谬"，这是客观存在的荒诞；同时，耶利内克又有意"塑造"了一些荒诞："埃尔夫丽德·耶利内克操作着毫无心肝的戏词，阴森可怖的隐喻，以及从经典作品中极端曲解的引用，每当我们的正常理想和白日之梦在她笔下给

---

① 瑞典文学院：《诺贝尔文学奖评语》，载钱定平《"钢琴教师"耶利内克》，第1页。

演绎成这些语词时，就永远不再是原来面目了"。① 耶利内克以
"荒诞（客观存在的）＋荒诞（自己'塑造'的）"的方式，来实
现自己对现实社会与存在的强烈否定的目的。从这个意义上来说，
存在主义哲学为耶利内克的社会批判提供了理论基础，同时，这一
哲学思想也是她作品中浓郁的阴暗色彩的来源之一。

## 第四节　批评旋涡中的"性"写作

在耶利内克的创作中，"性"是一个突出的主题。她的很多作
品，如《钢琴教师》《情欲》《逐爱的女人》《贪婪》《啊，荒野》
都是以"性"为切入点来展开的，并有许多关于"性"的描写，
或是对性器官、性行为不加掩饰地描述，或是对变态性心理的毫不
留情地揭露。一句话，耶利内克笔下的"性"写作是赤裸裸、毫
不遮掩的。这样的描写方式使得耶利内克的作品在获得荣誉、肯定
的同时，也受到了一些人的指责和批判，有人形容她的作品风格
"低级猥琐"，也有人指责她的作品是"色情文学"，使她陷入批评
的旋涡中。

性写作其实从古到今就是文学的内容之一，自文学产生开始，
与性相关的文学现象就从未间断过。在西方文学的开端古希腊神话
中我们就可以看到类似"性"的影子。神话中的诸神都有七情六
欲，十分珍视性爱，在前俄林波斯神系和俄林波斯神系两大系统
中，恋爱、性交、诱奸、怀孕，性的争斗就持续不断。可见在文学
开始之初就涉及了与性相关的问题。性写作在之后的文学中也不断
地发展，从古至今有很多作家在作品中都染笔于性写作。进入现当
代后，长于性写作的一些作家越来越直白地涉及性，如英国作家劳
伦斯等。由此，性写作已成为当今文学创作中一个常见的内容。既

---

① 〔瑞典〕恩达尔：《我们时代最为真实的代表》，钱定平译，载《"钢琴教师"耶利内克》，第4页。

然从古至今有许多作家着笔于性，那么，为什么耶利内克的性书写就遭到如此大的非议了呢？笔者认为，主要原因是耶利内克的写作颠覆了性写作中原有的权力关系。

在通常的性写作中，这权力是男性的专属，所以，基本上都是男性作家以男性视角来表达对于两性关系的各种看法，这类性写作中凸显的永远都是男性所占据的主动权。以叶芝的取材于希腊神话的诗歌《丽达和天鹅》为例，该诗虽然篇幅不长，却可以从中窥见在男性的性写作中体现的性与权力的关系：

> 猛然一击，那摇晃的女子身上
> 巨翅仍在拍打，黑羽压上
> 她的大腿，他的喙咬住她脐心
> 他用胸顶住她无助的乳房。
>
> 这些受惊的无措的指头怎能
> 从她松开的大腿推走茂盛的羽毛？
> 那肉体，躺在一片洁白中
> 怎能不感到奇异心脏的搏跳？
>
> 腰股间的一阵颤栗带来
> 墙坍、房顶和塔楼燃烧，
> 阿伽门农死了。
> 　　　　　如此被抓获，
> 被空中飞来的野种所制服？
> 在无情的喙放开她之前
> 她是否从他的力量获得了知识？[①]

---

① 〔爱尔兰〕叶芝：《叶芝抒情诗精选》，袁可嘉译，太白文艺出版社，1997，第235页。

在叶芝的这首诗歌中,天鹅是男性宙斯的化身,他强行占有了
丽达,通过作者对他们性行为的书写,可以看出这场性行为中男性
占据了绝对的主动权,而女性尽管想反抗,但是她的反抗是软弱无
助的,在强大的男性力量面前不堪一击。这首诗尽管只是现代派诗
人叶芝对于希腊神话故事的一种改写,却贯通了从古希腊神话到叶
芝以来的性写作的男权取向。在性行为中男性可以完全不管女性的
意愿,因为他们拥有着绝对的权力。所以说在男性的眼中,似乎世
界是他们的世界,战争也是男性的战争,这些都与女性无关,女性
只是男性世界中的一种"他者"的存在。

当女性主义文学和文学批评诞生之后,面对着这样一种男性居
于主导的现状,女性作家笔下的性写作肯定要表现出与此的不同,
她们想要发出自己的声音。但是不同的女性作家对性写作中男女关
系的书写方式也不一样。有一类女性作家她们不愿在作品中再次重
复女性的这些痛苦经历,因为她们觉得那本身就是一种对于女性痛
苦的重现,其结果只能是更加痛苦,所以在写作中她们采取有意回
避的态度。如苏珊·格拉斯佩尔(Susan Glaspell)的女权主义小说
《同命人审案》(A Jury of Her peers)中对于女主人公米尼·福斯特
的痛苦经历就采取了回避的态度。在小说开篇女主人公米尼·福斯
特就因为勒死丈夫而被拘留受审,小说由始至终都没有让福斯特正
面出现过,小说是通过警长彼德斯、律师汉徒森、报案人海尔以及
彼德斯太太和海尔太太五个人的目光透视出她的痛苦生活经历。尤
其是作者巧妙地通过海尔太太和彼德斯太太这两个女人与米尼·福
斯特的共鸣,揭示了她的不自由、被窒息的生活境遇。譬如,当她
们发现福斯特把被丈夫赖特折断脖子的已经死去的那只小鸟的尸体
藏在一只美丽的盒子里的时候,海尔太太马上就意识到福斯特肯定
非常喜欢这只像自己一样喜欢唱歌的鸟,所以,即使它被丈夫掐
死,她也要把它藏在这个美丽的盒子里;彼德斯太太联想到自己做
姑娘的时候心爱的小猫被人砍死时,要不是有人阻拦,自己肯定也

会有报复之举，以此理解了福斯特。作者没有直接书写福斯特艰难的痛苦经历，而是通过小鸟的惨死、没有生气的厨房、两位太太与她的共鸣等将她的痛苦暗示了出来。苏珊·格拉斯佩尔没有在文本中将女人的不幸直接表现出来，再赤裸裸地把玩一番，而是留下一段空白，留给女人一份尊严，使读者以另一种方式去感悟她们的不幸并唤起他们的同情与关注。

而另一类女性作家，她们在作品中不回避女性的这些痛苦的经历，而是直接控诉男性给女性造成的不幸。譬如，美国著名女权主义作家艾丽丝·沃克在她的长篇小说《紫色》中，写两个男人先后对女主人公茜莉的摧残时，就是一一如数道来。在写茜莉的继父对她的强奸时，作者写道："他从没对我说过一句好话，只是说：你妈不干的事，你都得干！起先，他把那东西隆起，顶着我的屁股……然后，他一把抓住我的乳房，接着，就……下身一疼，我就叫喊，他便用手卡住我的脖子说：你最好住嘴，好好习惯习惯吧！"[1]　在这里，性行为还是男性占据着主导权，女性是被欺凌被侮辱的角色。沃克的写法显然与前述的格拉斯佩尔不同，她是有意识地在自己的笔下控诉男性对女性造成的不幸与戕害。沃克是一位女权主义作家，是女权运动的参与者，著名的女权组织杂志的编辑，她在《紫色》中书写的女性被侮辱的经历，是为了强化读者对女性的不幸的了解并且呼吁女性团结起来对不合理的社会现实进行反抗，追求自由和平等。

耶利内克的性书写与上述两类女性作家都不相同，在她的性书写中女性的权力被进一步提升了，男性不再占据主导地位。性和权力其实是息息相关的，为什么总是只有男性在性中占有主动权？主要就在于他们在社会中处于统治地位，他们享有着社会的众多权力。那么女性永远都不能拥有主动权吗？当然不是。耶利内克的性

---

① 〔美〕艾丽丝·沃克：《紫色》，杨仁敬译，十月文艺出版社，1993，第1页。

写作就还了女性主动的权力。

在《钢琴教师》中，与性相关的描写有很多，作者着重描写的有五处。第一处是埃里卡走到城市高架桥下的一个小店里投币观看色情表演。这个小店本是一群来自土耳其或南斯拉夫的男人常来的地方，他们在这儿透过小小的窥视孔可以看到一个个裸体女郎登台展示自己的身体，并在观看的过程中发泄自己的欲望。埃里卡却走进了这个平时只有男性进入的场所，这个地方"从来没有一个女人这么步入歧途"，但是埃里卡毫不犹豫地进去了，而且是"作为女主人，埃里卡趾高气扬地走来走去"。那里的色情表演埃里卡看得非常仔细，她的目的只是在"为她自己消遣"。第二处性书写是埃里卡在约翰内斯巷的色情影院前监视自己的学生，男学生对于让老师看到自己在色情影院的橱窗前看裸体女郎感到很羞愧，但其实在埃里卡的眼里这些色情电影是很稀松平常的，她认为只有在一些郊区的廉价色情电影中情欲才无遮无掩，人们看女人才看得更加深入，"更有希望看到痛苦的具体形象和细枝末节"。第三处性书写出现在埃里卡去普拉特谷地的草地上偷窥一位土耳其男人和奥地利女人野合，埃里卡作为女旁观者观察他们的性行为。在埃里卡撤退时或有意或无意地弄出了很大的声响，土耳其男人对此立刻气愤地要找出偷窥者，女人却用马上走开来威胁那个外籍男人，他最后只能去追踪他的女伴。第四次性书写是在音乐厅的厕所里，埃里卡与克雷默尔要发生性关系，但是在关键时刻埃里卡突然暗示对方就此停住，否则她就离开他，对此克雷默尔感到很困惑，感到自己是不是弄错了什么，"这个女人——没有一丝丝委身的意思。虽然她能做这些，却严格禁止男人干，不允许他再在自己身上做什么。克雷默尔单纯的理智要求他，不能让自己从她身上下来，他是骑手，她最终是马呀！"他感到自己作为男性的权力受到了冒犯，可是尽管他多次尝试想与埃里卡发生真正的性关系，但是埃里卡禁止克雷默尔出声，也不听克雷默尔的请求，她只是"观察、研究克雷默尔那家伙的颜色和状态"。第五次性书写是在埃里卡给克雷默尔写的信中，她要求克雷默尔绑住她的双手对她施行性虐待，虽然这些当时遭到克雷默尔的严词拒绝，让他对埃里卡产生了质疑，但他最后还是忍不住愤怒和冲动的情绪，殴打了埃里卡。

从上述五处关于性的书写中可以看出，耶利内克总是首先交代男性的权力，然后再去解构它。前两处性书写是写埃里卡去看色情表演、色情电影，作品中首先交代这些场所是为男性特设的，这些是男性的权力，男性的天地，然后作者又解构了男性的这种绝对权力，让埃里卡走进了这个男性的天地中，也去观看那些表演，她并不想在其中获得什么，只是认为女性也应享有同等的权力。第三次性书写作者也是先交代那对儿野合的男女在交欢的过程中，男性占据着主动权，但是当女人警告他要离开时，作者又还了女性主动权，女性可以根据自己的意愿拒绝男性，并且男性也在女性的拒绝下主动作出了退让。第四处性书写是作者打破了克雷默尔对于男性权力的幻想，他想与埃里卡发生关系，但是无论关系的开始还是停止作者都令其只能听凭埃里卡的意志指挥，埃里卡是不为他的欲望和请求所动的，在埃里卡的强大的意志面前他只能退让。第五处性书写作者也在解构男性的权力，因为埃里卡不愿意按照克雷默尔的意志和他发生正常的性关系，希望他按照信中书写的步骤、按照她的意愿对她进行性虐。是不是性虐这种不正常的性关系只有在男性权力下才能实施？女性是否也能按照自己的意愿实施这种另类的性关系呢？耶利内克通过埃里卡的行动解构了男性在变态性关系中的绝对权力。但是也应该看到女性获得的这种权力其实是扭曲的，耶利内克将女性争取的权力夸大到了失真的边缘。

耶利内克这种还女性权力的扭曲的性书写体现了她极端的女权主义色彩。她在 2005 年访华期间回答译林出版社编辑的提问时，曾说过："我原本想尝试写女性色情文学……但最后我发现世上只有用男性语言写的色情文学。女人展露自己，男人驻足观看。在这个过程中，女人不再拥有个性，千人一面。而男人在色情文学中总是主体，女人却失去主体地位……而对我来说，重要的是把'色情'作为暴力的实现来解构。'欲望'就是把人们最私密的东西,也就是性,作为男女之间的权力结构来分析,即黑格尔的主仆关系"①。耶利内克自己也多次反驳,她写的不是色情文学,而是色情文学的相反,色情文学中表现的是男性的绝对权力,耶利内克的性写作却是在消解这种权力。在她的作品中,人们看到的是女性不断地自我挑战,继而是不断地挑战男性世界的主导权。

其实,自女性主义产生之后,与男性文化中心相撞击并对其有所撼动最多的还是在性写作方面的女性主义的作家们。在整个社会极不平衡的两性关系之中,女性的自主权利长期缺失。耶利内克以一种极端的方式在试图解构男权中心的现实,揭示出社会的扭曲和人性的异化。

---

① 〔奥地利〕埃尔夫丽德·耶利内克:《逐爱的女人》,陈良梅译,译林出版社,2005,前附《"我让语言自己说话,而我紧随其后"——耶利内克答译林出版社责任编辑陆志宙问》,第5~6页。

# 第十一章
## 多丽丝·莱辛

Doris Lessing

我们有个宝库,文学的宝库,可以一直上溯到埃及人、希腊人、罗马人。所有的文学财富都在这里,不断被那些幸运儿发现和重新发现。假如没有这个宝库,生活会多么贫乏,我们将多么空虚。

——多丽丝·莱辛

多丽丝·莱辛（Doris Lessing，1919～　），英国作家，2007年因为她"以其怀疑的态度、激情和远见，清楚地剖析了一个分裂的文化"，获得诺贝尔文学奖，这是获此奖项的第十一位女作家。

## 第一节　英国文学的一棵"不老松"

"我心里充满对非洲的美好记忆，我不时回想起那里的情形，一幅幅画面浮现在眼前。夕阳西下，橘色的、金黄的、紫色的晚霞涂抹在黄昏的天边。蝴蝶、飞蛾和蜜蜂在喀拉哈里沙漠芬芳的灌木丛里飞来飞去。或者，在赞比西河岸，可以看到河水从暗绿色的两岸之间涌流而过。即使干旱的季节，也不乏绿色的点缀。环绕两岸的，有非洲的丰富的鸟类，还有大象、长颈鹿、狮子等各种动物。那时的夜空还没有受到污染，黝黑而神奇，缀满躁动的星星。"①这是英国作家多丽丝·莱辛对曾经养育过她的非洲的记忆，研究莱辛，可以以她记忆中的这个时段为起点。

1919 年 10 月 22 日，多丽丝·莱辛出生在伊朗，她的父亲阿尔弗雷德·库克·泰勒曾是第一次世界大战中的英国军官，因在战场中负伤而失去一条腿；母亲是照顾她父亲的护士莫德·希斯特·麦克维。阿尔弗雷德与莫德共育有两个子女，莱辛是他们的长女。1924 年，莱辛一家迁居津巴布韦，以后便一直在那里生活。经历过战争血与火洗礼的阿尔弗雷德对生活失去了原有的信念，他无心经营家庭，导致家中的农场亏损严重，全家因而陷入了困顿。1933 年，莱辛患眼疾辍学并开始在家自修，两年后她开始工作，先后担任过接线员、保姆、打字员等。1939 年莱辛步入了人生中重要的时刻，她与之后成为法官的弗兰克·威士顿

---

① 〔英〕多丽丝·莱辛：《远离诺贝尔奖的人们——诺贝尔文学奖获奖演说词》，傅正明译，《作家》2008 年第 7 期，第 35 页。

结了婚，婚后生了两个孩子，遗憾的是，4 年后他们两人离婚。后来在提到这次并不长久的婚姻生活时，莱辛说，事实上她和弗兰克快乐恩爱，但同时他们又都渴望更好的。1945 年，莱辛与犹太血统的德国共产主义者高特弗莱德·莱辛结婚，并育有一子，这段婚姻仅仅维持了两年。此后高特弗莱德去了东德，成为驻乌干达大使。莱辛曾称她的这次婚姻是政治的产物，如果不是集中营的威胁，她是不会嫁给他的，那时人们结婚是为了获得名字、护照或者住所。1949 年，多丽丝带着和高特弗莱德的儿子皮特和一部小说手稿回到英国，仍然冠以莱辛这个姓。1950 年，莱辛的处女作《野草在歌唱》（ *The Grass is Singing* ）成功出版，她的创作生涯正式开始。4 年后，莱辛获得了毛姆文学奖，并得到了 400 镑奖金，她写信给毛姆感谢他的奖金。1957 年，莱辛的母亲去世。1962 年，被公认为她的代表作的《金色笔记》（ *The Golden Notebook* ）出版，其后她出版了一系列的作品，并获得了如法国麦迪西外语奖、奥地利欧洲文学国家奖、德国汉堡文学与莎士比亚奖、英国皇家文学会荣誉奖等诸多文学奖项。2007 年，瑞典文学院将该年度的诺贝尔文学奖授予了这位英国文坛上的"不老松"。

莱辛一生的创作成果颇丰，现以表 11-1 作为概观。

表 11-1 莱辛的主要作品目录

| 时间 | 作 品 | 主要题材 |
| --- | --- | --- |
| 1950 年 | 小说《野草在歌唱》 | 非洲种族隔离和妇女生存问题 |
| 1951 年 | 短篇故事集《这原是老酋长的国度》 | |
| 1957 年 | 回忆录《回家》 | 白人如何观照自己和黑人 |
| | 短篇小说集《爱的习惯》 | 爱情问题 |
| | 小故事《酒》 | |

| 时间 | 作品 | 主要题材 |
|---|---|---|
| 1960 年 | 散文《英国人的追寻》 | 社会信仰、现实困境 |
| 1962 年 | 小说《金色笔记》 | |
| | 戏剧《与虎共舞》 | |
| 1963 年 | 短篇故事集《一个男人和两个女人》 | |
| 1964 年 | 短篇故事集《非洲的故事》 | 种族隔离 |
| 1952~1969 年 | 小说《玛莎·奎斯特》 | 白人的非洲生活、漂泊苦闷情结 |
| | 小说《良缘》 | |
| | 小说《风暴的余波》 | |
| | 小说《被陆地围住的》 | |
| | 小说《四门之城》 | |
| 1967 年 | 小说《特别的猫》 | 非洲生活透视 |
| 1971 年 | 小说《简述地狱之行》 | 探索小说 |
| 1973 年 | 小说《天黑前的夏天》 | 中妇女的困境和出路 |
| 1974 年 | 小说《幸存者回忆录》 | 对未来的展望、对人类命运的担忧 |
| 1979~1982 年 | 小说《第三、四、五区间的联姻》 | |
| | 小说《天狼星实验》 | |
| | 小说《八号行星代表的产生》 | |
| 1985 年 | 小说《好人恐怖分子》 | 社会安定问题 |
| 1988 年 | 小说《第五个孩子》 | |
| 1993 年 | 小说《猫语录》 | 动物关注 |
| 1996 年 | 小说《又来了,爱情》 | 老年权利、青年暴力等当代问题 |
| 2000 年 | 小说《第五个孩子》的续篇《浮世畸零人》 | |

注:此表根据相关材料自制。

上述这些作品,创作于莱辛生活的各个时期。若对莱辛的创作展开分期研究,便要找到一个分期的依据。这里的依据与伍尔芙有关，关键词即是"一间屋"。随着莱辛国际声誉的提高，越来越多的人开始关注她，并称她是继伍尔芙之后最好的英国女作家。提到伍尔芙，人们自然要想到她的关于女人"要有自己的一间屋"的说法，而莱辛更是把"自己的一间屋"看得格外重要。首先，作为女性，同时更是作为战争年代受过侵害的一代，莱辛格外珍惜自己头上的一片"屋顶"。带着《野草在歌唱》的稿本从津巴布韦回到伦敦着手写作后，她头上的那片"屋顶"换了多次，也就是说，她经历了多次搬迁，住过了不同的寓所。由于她的创作总是同她的寓所有着紧密的关系，因此，这里根据她的主要居所的变动而将其创作分为以下五个时期。

## 一 丹柏路时期

从 1949 年至 1950 年，初回英国的莱辛居住在丹柏路大街上，因此可将这一时期称为丹柏路时期。在莱辛看来，丹柏大街上的这所房子是十分丑陋的，就像维多利亚时代小说中写的一样。她和儿子住的这栋房子的顶楼，小得让她无法放下一台打字机。但是在这个住所，她从津巴布韦带来的手稿经过修改后得以出版，这就是《野草在歌唱》。

第一部小说往往是自传的变体，但是《野草在歌唱》不是。小说中迪克·特纳这一形象是莱辛在生活中常见的农民，当时大多数白色人种的农民在生活中面临着失败，他们有的非常憎恨南非，但有的像迪克·特纳一样，执著地热爱着这片土地。小说中的女性形象玛丽·特纳缘于莱辛多年前在健身俱乐部认识的女孩，她的本性是属于城市和街区的，作家设想如果命运把她安排在一个不太富裕的农场，她会怎么样呢？于是玛丽·特纳这个讨厌灌木丛和当地人的形象就被述诸笔端。《野草在歌唱》在种族隔离的大主题下对女性生存环境和社会地位进行了探讨，并对当地白人的逐渐分裂进行了描述。在丹柏路的时候，莱辛还创作了一本短篇故事集《这原是老酋长的国度》（*This Was the Old Chief's Country*, 1951），里面的故事都发生在班克特区，讲的是白人社区如何保护自己和看待周围的黑人。此前，莱辛从没有体会到她早期的生活经历是那么特殊，直到她回到了英国才意识到，所以，她想为那时候的自己写一本书，这就是她的第三本书《玛莎·奎斯特》（*Martha Quest*，1952）。这本书可以说是作家的自传，她的写作进度非常快，但是由于她必须搬出这所公寓所在的丹柏路，因此她不得不打断自己的写作。

这个时期莱辛主要根据自己在非洲生活的经历，创作出了与种族隔离相关的作品。她注重于描写现实，小说中的人物大都来源于生活中的原型，部分故事情节也直接取材于现实生活中的具体事件。

## 二　肯辛顿教堂街时期

在 1950 年至 1954 年，莱辛与琼·罗德克相识并搬到肯辛顿教堂街的一所房子里居住，因此称这一时期为肯辛顿教堂街时期。琼为波兰的某机构工作，是一个共产主义者，她具备感知别人苦痛的本领，善良慷慨乐于助人。琼的房子是位于肯辛顿教堂街的一个吸引人的小屋，莱辛和儿子在这栋房子的顶层住了 4 年。莱辛和琼都是习惯独立的女性，但在同一个屋檐下却相处得十分融洽，她们常坐在厨房的桌子边聊天，内容包括人类、男性、女性、世界、同志，等等，并逐渐聊起许多带有批判性的话题。和琼在厨房桌边的闲聊，成为莱辛最美好的记忆之一，那种谈话后来被她用在《金色笔记》里，摩莉这个角色就是经过一定修改的琼，而莱辛自己在某种程度上则是书中的埃拉。

在此期间，一个美国人把莱辛领进了科幻小说的大门，使她对科幻小说家们的视野、阅历和想法产生了很大的兴趣。她去了科幻小说作家常去的地方，却没有办法融入他们中，因为她不懂数学和物理，没有办法用他们的语言进行交流，她感到自己被科学发展阻挡在外了。应该说，这个时期她还没有做好写科幻小说的准备，只是对这个领域充满了好奇，但为后来的创作做了相应的积累。她此时正在写的仍然是《玛莎·奎斯特》，为了有所突破，她构思了多种故事情节和人物形象，但最终还是将其写成了传统小说的类型，平铺直叙地讲述了她如何处理自己痛苦的青春期，以及为了生存所作出的努力。在这一时期，与《玛莎·奎斯特》同主题的续篇《良缘》（*A Proper Marriage*，1954）也完成了。也就在这段时间里，莱辛被邀请到苏联参加作家呼吁世界和平活动，这次的经历使她对苏联的社会现实有了真实的了解。在教堂街，莱辛与精神病医师杰克相爱，并和他去了两趟巴黎，小故事《酒》（*Wine*）是其中一次旅行的总结。从遇到杰克的时候起，他就一直逼迫莱辛找房子，莱辛用毛姆奖的奖金买下了新房子。

这时期莱辛作品的主要内容是立足于英国社会而对南非那段特殊生活的回忆，从而创作出了带有自传性的成长小说。

### 三　沃维克路时期

从 1955 年至 1959 年，莱辛搬到了沃维克路居住，因此称这一时期为沃维克路时期。相对所有莱辛之前住过的房间和公寓而言，沃维克路是第一个莱辛可以称为自己的房子的地方。新公寓包括一个大厨房、一个非常大的起居室和楼上两间不错的卧室以及两间小卧室。她无法承担这个公寓的花销，便将部分房间出租，她成了房东。莱辛认为她和杰克的相处比两次合法的婚姻更像婚姻，但是杰克抛弃了她，这件事对她影响很大。此后克兰西走进了她的生活，两人相爱。杰克和克兰西都被莱辛写进了《金色笔记》里，莱辛自己说书中所写的事情不一定是真的，但是感情是真的。在沃维克路时莱辛写了很多短篇故事，这些故事发生在法国、德国等地。从 1957 年开始，莱辛沉浸在《金色笔记》的创作中。

这个时期莱辛的创作开始聚焦面临精神崩溃的人们，书写他们如何看待自己和自己的信仰，同时也涉及男女之间如何相处的问题。艺术手法上依然是现实主义的，根据现实中人们的困境，探索生存之路。

## 四    朗翰街时期

从 1959 年至 1962 年，莱辛居住于朗翰街，因此称此时期为朗翰街时期。这次的搬家是由于作家在沃维克路的公寓落入了开发商的手中，另一个出版商为其提供了朗翰街上的一套公寓，低廉的租金和生活费用可以补偿它的丑陋。在这一时期，莱辛和克兰西的关系也趋于破裂，她在忍受着巨大痛苦的同时，仍努力创作《金色笔记》，照常见朋友和熟人。在这间公寓里，莱辛主要在写《金色笔记》和《被陆地围住的》（*Landlocked*，1965）。《金色笔记》的创作并没有花费很长时间，写作时的状况却有些复杂，这不仅是因为它所表现的内容驳杂，也和莱辛当时所处的状况有关，她本身的感情受到了创伤，她周围的不少人在转变自己的信仰。莱辛要写一本有价值的书，就需要为自己的作品找到一个框架和形式来表达那些复杂的内容，《金色笔记》实现了她的愿望。

这个时期莱辛的创作主要围绕自己的情感经历、婚姻生活以及离开南非后的社会见识展开，突出了女性的自我意识和政治意识。

## 五    查灵顿街时期

莱辛在 1962 年的秋天搬到查灵顿街，并在那里创作了大量的著作，因此称该时期为查灵顿街时期。她在一部短小的书《特别的猫》（*Paticularly Cats*，1967）中写了这时的一段经历。在长达 6 年的时间里，莱辛做着居家妈妈，任那些处于青春期的年轻人（皮特的朋友）在家里来来往往。这些年轻人都处在混乱状态之中，吸毒、酗酒、精神崩溃，这些事情在《第五个孩子》（*The Fifth Child*，1988）里也有非常具体地描述。在这一时期，莱辛仍然努力写作，重心是写《四门之城》（*The Four—Gated City*，1969），这是《暴力的孩子们》（*The Children of Violence Series*）五部曲的最后一部，主人公玛莎经历了第二次世界大战后英国的贫困和无政府状态后，死在了一个被污染的岛上，作者于主人公身上投入了明显的感情色彩。1973 年莱辛发表了《天黑前的夏天》（*The Summer Before The Dark*），在这部小说里，她让女主人公进行了一次寻找自我之旅，探讨了中年女性所面临的困境和出路。基于亲眼目睹的唐宁街 10 号民众静坐以抗议原子弹事件，莱辛在写《什卡斯塔》（*Shikasta*，1979）时有意让原子弹落下。这时期，莱辛终于开始创作曾经没有勇气写的科幻小说，评论者认为科幻小说并非莱辛的强项，但是此时的莱辛，已经是一位清醒的预言家，她怀着深深的忧思诉说着人类的未来。

这一时期，莱辛直面当代社会的一些问题，同时关注人类未来的命运，她对现实人生和社会生活有着独到而客观的见解。

根据上述分期可以看出，莱辛对现实问题有非常敏锐的触觉，她的作品中往往有一种睿智的觉醒，这来自她对自己和他人以及社会现状的深刻思考，无论是社会信仰、青年暴力或者是妇女生存的问题，她都有自己的见解，并能清晰地审视困境以探索解决之道。

总之，莱辛的每一个寓所都联系着她的创作成果，由此便彰显了女人"有自己的一间屋"对创作的重要性。这里，列表对莱辛的创作加以总结，见表 11-2。

表 11-2　莱辛的居所与创作

| 时间 | 地点 | 主要作品 | 题材或内容 |
|---|---|---|---|
| 1949~1950 年 | 在丹柏路 | 小说《野草在歌唱》 | 小说中的故事来源于生活中遇见的人与事 |
| | | 短篇故事集《这原是老酋长的国度》 | |
| 1950~1954 年 | 在肯辛顿的教堂街 | 小说《玛莎·奎斯特》 | 女性的苦闷与痛苦 |
| | | 小说《良缘》 | |
| 1955~1959 年 | 在沃维克路 | 小说《金色笔记》 | 探索现实 |
| | | 戏剧《与虎共舞》 | |
| 1959~1962 年 | 在朗翰街 | 小说《被陆地围住的》 | 展现女性的自我意识和政治意识 |

| 时间 | 地点 | 主要作品 | 题材或内容 |
|---|---|---|---|
| 1962 年 ~ | 在查灵顿街 | 小说《第五个孩子》 | 现实人生和社会生活的反映 |
| | | 小说《天黑前的夏天》 | |
| | | 小说《四门之城》 | |
| | | 小说《南船星座的老人星》 | |

注：此表根据相关材料自制。

## 第二节　作家不能出自没有书的房子

一个作家有没有书房重要吗？在多丽丝·莱辛看来是非常重要的。在其获奖演说中，莱辛如此明确地表述："写作有必要的前提，作家不能出自没有书的房子。"① 书房与创作息息相关，这一见解在文学创作理论中，还未见有谁一针见血地提出过。在莱辛看来，书籍对于作家的创作和发展具有至关重要的意义，因此"书房"是一个作家进行创作的必要前提条件。她说："为了写作，为了创造文学，必须与图书馆，与书籍，与传统保持密切联系。"② 而尤其值得指出的是，"书房"之于莱辛，绝不只是作家写作中是否可以拥有的一个适合写作的环境，而是作家能否拥有放眼世界的权力与能力的象征。综观莱辛的思想，在她那里，"有书的房子"既是一个具体的房间，又是一个内涵丰富的意象。

### 一　创作之居

创作总是要有个处所的，总要有一个能容下一张桌子的地盘。

① 〔英〕多丽丝·莱辛：《远离诺贝尔奖的人们——诺贝尔文学奖获奖演说词》，傅正明译，《作家》2008 年第 7 期，第 35 页。
② 〔英〕多丽丝·莱辛：《远离诺贝尔奖的人们——诺贝尔文学奖获奖演说词》，傅正明译，《作家》，2008 年第 7 期，第 35 页。

因为写作通常是"一个人静悄悄地等候着自己的发挥，等着那一张没有写字的纸，这才是最重要的"①。对于男性作家，拥有一个有书的房子是最简单不过的了，但是，长久以来，女性因为受到种种传统的束缚而得不到与男性平等的受教育的机会。一些女作家虽然幸运地通过自我教育走进文学创作的领域，但她们的创作环境通常是不尽如人意的，没有房子供她们在文学的世界中自由地翱翔。她们像是家庭的"囚犯"，整日忙于家庭琐事，创作思路总是不时地被打断。与莱辛处于同一国度的女作家简·奥斯汀就是一个典型的例子。因为没有自己的书房，她"大部分写作都是躲在公共起居室里的角落里完成的"②。及至弗吉尼亚·伍尔芙，作为一位敏锐的女性作家，她在思考女性作家群体所面临的种种困难之后，提出女作家要拥有"一间自己的房子"。因为在当时，伍尔芙作为一名女性，还不能上学，只能在父母的图书馆中接受来自家庭的教育，可见具有现代性创作风格的伍尔芙其实也是受到传统束缚的女性之一。谈到处在写作的困境中的女性作家，伍尔芙曾不无感慨地说："甚至直到 19 世纪初，她要有一间自己的房间也办不到，更不必说要一间安静、隔音的房间了，除非她的父母异常富有，或者身份非常高贵。"③ 由此可见，拥有自己的一间可供写作的房子，对于作家，尤其女性作家是尤为重要的前提条件。而争取到"自己的一间房子"实质上是女性作家们在为自己争取自由写作的权力和话语的权力。

到了莱辛写作的时代，她更进一步地提出了"作家不能出自没有书的房子"。也就是说，作家不但要拥有自己的房子，而且这房子必须是有书的，这才能使作家居斗室而放眼世界。一个作家的

---

① 〔波兰〕希姆博尔斯卡：《获奖演说：诗人和世界》，载彭诗琅、廖隐邨主编《诺贝尔文学奖金库》，第 764 页。

② 〔英〕弗吉尼亚·伍尔芙：《论小说与小说家》，瞿世镜译，上海译文出版社，2000，第 15 页。

③ 〔英〕弗吉尼亚·伍尔芙：《论小说与小说家》，瞿世镜译，第 111 页。

个人经历总是有限的，但是一个作家的视野可以是无限的，那么，他就要有所凭借，而书便是最好的凭借。毋庸置疑，这里的书指的是好书，有用的书，"因为如今的书籍创新的不多，翻新的却不少"①。凭借书带来的无限空间，作家的视野才得以扩大，作家的思想才得以变得深刻。以莱辛创作的核心主题——"分裂的文明"为例，这里涉及了西方殖民主义、种族、战争、政治、科学、教育、心理、两性关系、社会福利、人权和青年暴力等问题，她所探讨的不是特定人群的文明，而是全人类的文明问题。这些离开了书给她带来的视野，她是无法完成的。

## 二　求知之所

"有书的房子"又是作家的求知之所。作家拥有一个属于自己的写作空间是进行创作的最基本的前提条件，这就等于作家拥有了得以将自己通晓世界的能力创造性地发挥出来的可能性。莱辛在受奖词中说："你找到了写作的地方吗？你的唯一的，属于自己的必要的地方，你可以在寂寞中自言自语的地方，你可以做梦的地方。啊，牢牢把握它吧，别让它溜走了。"② 在拥有了"书房"之后，莱辛提醒作家们要珍视与利用好它，因为"书房"给作家提供了将丰富的想象力赋之以形的处所，更是作家重要的学习空间。

莱辛曾自我现身说法："在我成长的房屋中却放置着很多书，我的父母确保我读得到最经典的书籍，当然，这不仅源自英国的传统。房屋中弥漫着一种氛围，即大家理所当然地认为书本是通向美好生活所不可或缺的。"③ 在莱辛看来，书籍对于一个优秀作家的

---

① 〔圣卢西亚〕德里克·沃尔科特：《获奖演说：安德烈斯群岛，史诗往事的断想》，载彭诗琅、廖隐邨主编《诺贝尔文学奖金库》，第709页。
② 〔英〕多丽丝·莱辛：《远离诺贝尔奖的人们——诺贝尔文学奖获奖演说词》，傅正明译，第36页。
③ 〔英〕多丽丝·莱辛：《时光噬痕——观点与评论》，龙飞译，作家出版社，2010，第283页。

成长极为重要，因为读书能使作家了解到个人经历所无法触及的东西。在获奖演说中她说："拿高贵的帕穆克来说吧。他说，他父亲有1500本图书。他的天才并非凭空而来，他与伟大的传统密切相关。拿 V. S. 奈保尔来说，他谈到，印度的吠陀经在他家里是常备书。他父亲鼓励他写作。他到英国后，很好地利用了大不列颠图书馆。因此他是贴近伟大传统的。让我们再看看约翰·库切的情况。他不仅仅贴近伟大传统，他自己就是传统：他在开普敦（Cape Town）教文学。"① 通过列举奥尔罕·帕慕克、V. S.奈保尔和约翰·库切的事例，莱辛呼吁并强调了书的重要作用。正是将从书中获得的知识融入创作中，作家才可能走出个人经历的局限。

关于这一点，托马斯·斯特恩斯·艾略特也曾有过论述。他在《传统与个人才能》一文中说："我们仍然坚信诗人应该知道得愈多愈好，只要不妨害他必需的感受性和必需的懒散性，"② 正是因为这种对知识入诗的追求，艾略特一生都在求索，1948年他"因为对当代诗歌作出的卓越贡献和所起的先锋作用"而摘得诺贝尔文学奖的桂冠。其长诗《荒原》被认为是现代诗歌的里程碑，全诗结构完整博大，内涵精神丰富。其中，艾略特将西方传统文化中的许多神话和历史典故有机地进行融合，涉及6种语言，35位作家，56部作品。这无不体现着作家广博的知识和由此造就的创作才能。

总之，在莱辛看来，"书房"意味着作家始终秉持自由创作和书写人类生活经验的精神世界，这是作家创作的诺亚方舟，也是作家必进的课堂。

---

① 〔英〕多丽丝·莱辛：《远离诺贝尔奖的人们——诺贝尔文学奖获奖演说词》，傅正明译，第35页。
② 黄晋凯等主编《象征主义·意象派》，中国人民大学出版社，1989，第104页。

### 三　陶冶之地

作家拥有一间"书房"，在莱辛看来，就是给了自己一个走进文学传统的机会。

莱辛十分重视文学传统，她说："我们有个宝库，文学的宝库，可以一直追溯到埃及人、希腊人、罗马人，所有的文学财富都在这里，不断被那些幸运儿发现和重新发现。假如没有这些宝库，生活会多么贫乏，我们将多么空虚。我们拥有语言、诗歌和历史的遗产，取之不尽的遗产。始终在这里。"① 基于对文学文化传统的高度重视，她对信息时代年轻一代的传统缺失十分担忧："受过多年教育的男女青年，竟然对这个世界近乎一无所知，几乎没有读过什么文学作品，仅仅知道计算机之类极少的几个专业。"② 莱辛担忧普通青年男女的无知，她更担心的是青年作家们的无知，"他们对世界上发生的大事情，什么看法也没有"③。基于此，她提醒年轻人："幸运的人们从着实相当年轻的时候便开始接触书本。"④ 所以追根溯源，莱辛认为，作家，尤其是年轻作家，一定不能无视"书房"，要在文学传统中汲取充分的养料，使其作品真正传达出真知灼见。

### 四　象征之意

"作家不能出自没有书的房子"，如果这里的"书"和"房子"都只是具体所指的话，恐怕问题就出现了。那些没有钱买书

---

① 〔英〕多丽丝·莱辛：《远离诺贝尔奖的人们——诺贝尔文学奖获奖演说词》，傅正明译，第38页。

② 〔英〕多丽丝·莱辛：《远离诺贝尔奖的人们——诺贝尔文学奖获奖演说词》，傅正明译，第34页。

③ 〔英〕多丽丝·莱辛：《远离诺贝尔奖的人们——诺贝尔文学奖获奖演说词》，傅正明译，第36页。

④ 〔英〕多丽丝·莱辛：《时光噬痕——观点与评论》，龙飞译，第282页。

的民间艺人就不能创作了吗？而如古希腊民间诗人荷马因其所
"盲"都无法读书，他又是怎样创作出千古流传的《荷马史诗》的
呢？这是问题的一个方面；而反过来，那些开图书馆的人拥书万
册、览书无数就一定能创作出卓著的文学作品吗？答案无疑都是否
定的。实质上，在莱辛这里，"有书的房子"在其实际意义之上，
还有一个象征意义。这意义已经超越了具体的一个房间，而成为一
个内涵丰富的意象。

仔细考察"有书的房子"这个意象，它的具体内涵应该是
"有学问的空间"。而"学问"则不仅包括书本上的知识，也涵盖
了生活中的鲜活的知识以及人情世故的世间百态。除了文字记载形
成的书本学问以外，天地间的"大书房"里有更多的学问。可以
说，书籍、生活都是作家学习的重要的"空间"，他们的创作才能
立足于这个广阔"空间"中的所学、所思。由此，民间艺人虽然
没钱买书，但他们有社会这个大书房，有生活的万卷书。他们善于
在广阔的生活中学习，从而在生活中进行创作。如荷马，虽无缘看
书，但他在社会的大图书馆中奔波，广泛搜集流散于民间的传说故
事，终将一组组短歌整理成册，经过自己的再创作而完成风格统一
的两部史诗，即青史留名的《荷马史诗》。事实上，莱辛不仅强调
书籍对一个优秀作家成长的重要性，也强调生活和文学传统于作家
的滋养的重要性。正是基于自己在社会大图书馆中的学习、并向书
本学习以及向文学传统学习，她才有能力审视自己独特的女性书写
经验，并将目光投向"分裂的文明"，去观照生活中那些不和谐的
存在，最终将自己的思考渗透在文本之中，由此也引发了读者的思
考，而这些，只靠读书是无法完成的。

还应该指出的是，莱辛强调"作家不能出自没有书的房子"，
重心是在强调作家对这"有书的房子"的"拥有"，这一点十分重
要。无论这"有书的房子"是具体所指，还是象征着"有学问的
空间"，作家不主动"拥有"它，不去利用它，不去研究它，于创
作都是无益的。世上所有的人不都在生活中吗？但并不是所有的人

都能成为作家。置身于生活和"拥有"生活不是一个概念。"拥有"强调的是主动性，"拥有"不仅意味着作家有意识地放眼世界，在书本和生活中学习，也意味着他们通过"拥有"赢得了文坛的话语权，由此就能够自由地思考和创作。

所以，对于任何一个作家来说，即使他没有一个实际意义上的"有书的房子"，只要他有"拥有"的意识，他就会有一个广博的社会型的大图书馆。只要在生活中善于学习、挖掘，就有可能具备观照世界的目光。

综上所述，"有书的房子"不仅仅是一间具体的房子，它更是一个富有丰富内涵的意象。莱辛不仅提出作家一定要有自己的创作空间，即作家自由创作的权力和话语权，而且更强调作家一定要有意识地深入生活、放眼世界、开阔视野，拓展文学创作的多元途径，如此才能提升自己的创作才能。

## 第三节　妇女写作传统的继承与拓展

英国女作家的创作有着较为悠久的历史，多丽丝·莱辛既是英国妇女写作传统的集大成者，同时又是新的历史时期妇女写作的开拓者。

在这里需要指出的是，妇女写作不等于女性主义（或女权主义）写作，我们应将妇女写作和女性主义写作作以区分。

作为《女权主义文学理论》编者的英国女性学者玛丽·伊格尔顿早就在此书中提出并讨论过这个问题，她说：

> 读者怎样识别女权主义创作的例子呢？是否存在一些特征可以界定什么是女权主义本文，什么不是女权主义本文呢？暂且不管围绕"传统"一词的所有问题，我们可以说妇女写作的传统是一个女权主义写作的传统吗？或者，如果这是很具概括性的定义，我们至少可以承认那些宣称是女权主义者的写作

是女权主义的吗？简言之，作者的意图是一切吗？①

　　显然，这位从事女权主义文学批评的知名学者认为，女作家的写作未必是女权主义写作；自称是女权主义者的写作也未必是女权主义写作。

　　那么，何为女权主义写作？

　　当然先要探讨何为女权主义。其实，它在若干个层面上都表现出复杂性与不确定性。首先，从内涵上看：汉语的"女权主义"一词译自英文的"feminism"，中国旅美学者王政认为："feminism有别于各种'主义'，它不是由几条定义和一系列连贯的概念组成的一种固定不变的学说，更不是排斥异己、追求占据思想领域中霸权地位的'真理'，而是一个开放的、动态的、涵盖面极广的、各种思想交锋和交融的场所。它历来包括理论与实践。'主义'二字已是不准确，而'女性'、'女权'则更是未能表达 feminism 的丰富内涵和社会文化改造的宏大目标。"② 由此可见，feminism 的内涵很复杂。其次，我们再从名称上看，中国学者根据自身对这一概念的理解，分别将之译为"女性主义""女权主义""女权/女性主义""女子主义""男女平权主义"等。可见，feminism 的翻译也不具有统一性。不过现在学术界普遍使用的是"女性主义"与"女权主义"这两种译名。进而，我们再从使用上看，有学者说："我以为，为了交流的方便，使用一致的概念的确是必要的，但更重要的是在使用同一概念之前，澄清它可能掩盖的性质迥异的历史内容。……因此，谈到中国，我使用'妇女解放运动'，以区别于'西方女权运动'。"③ 《西方女性主义文论研究》一书的作者说：

---

① 〔英〕玛丽·伊格尔顿：《女权主义文学理论》，湖南文艺出版社，1989，第263页。
② 王政、杜芳琴：《社会性别研究选译》，生活·读书·新知三联书店，1998，第8页。
③ 李小江：《性别与中国》，生活·读书·新知三联书店，1994，第5页。

"本书在涉及当代妇女解放的政治运动时用'女权主义'一词，而在涉及以女性的视角与立场从事的文化研究与文学研究时用'女性主义'的译名。"①以上种种都说明了 feminism 的复杂性与不确定性，仿佛要用几句话定义它是很难的。但是，还是有人作了阐释："有人为女权主义理论下了这样一个定义：'女权主义理论就是对妇女屈从地位的批判性解释。'……虽然女权主义有许多流派，有着差别很大甚至是针锋相对的主张，但是它们有一个共同的目标，那就是消灭两性间的不平等关系"②。

以此推论，女权主义写作即是以文学的手段，对妇女屈从地位的批判性解释。在笔者看来，feminism（女性主义或女权主义）写作必须具备这样五个要素：就作者而言，必须是女性写作；就话语而言，自然是以女性话语为主体话语；就题材而言，要以反映妇女的生活为文本的主旋律；就主旨而言，必然是旨在消灭两性间的不平等关系；就反响而言，定要引起广大女性读者对摆脱妇女屈从地位的思想与心理的共鸣。当然，这不等于女性主义文学只在女性之间运转，它的读者应是全社会的，因为女性的问题是全社会的问题。应该说，相对 feminism 写作，妇女写作的范围更广泛。妇女写作可以指所有女作家的写作，无论其写作的内容是否与女性、女权相关。

细观莱辛的创作，虽有明显的女性主义倾向，却不能完全被它所局限，并且莱辛也并不赞成将自己归为女性主义作家的行列，因此，我在这里先将多丽丝·莱辛放在妇女写作的体系中来讨论，观其在这个队列中的继承与超越。

从现有资料看，英国妇女写作在中世纪就已进入史学家的笔端，当时最早和最重要的女作家大都是神秘主义作家。此后英国历史上出现的著名女作家包括阿弗拉·班恩（Aphra Behn，1640～

①　杨莉馨：《西方女性主义文论研究》，江苏文艺出版社，2002，第8页。
②　李银河：《女性权利的崛起》，中国社会科学出版社，1997，第94页。

1689 年）、玛格丽特·卡文迪什（Margaret Cavendish，1623～1673年）、范尼·伯尼（fanny Burney，1752～1840 年）、伊丽莎白·因契伯德（Elizabeth Inchbald，1753～1821 年）、玛丽·沃尔斯通克拉夫特（Mary Wollstonecraft，1759～1797 年）、安·拉德克利夫（Ann Radcliffe，1764～1823 年）、简·奥斯汀（Jane Austen，1775～1817 年）、玛丽·雪莱（Mary Wollstonecraft Shelly，1797～1851 年）、盖斯凯尔夫人（Elizabeth Cleghorn Gaskell，1810～1865年）、夏洛蒂·勃朗特（Charotte Bronte，1816～1855 年）、艾米丽·勃朗特（Emily Bronte 1818～1848 年）、安妮·勃朗特（Anne Bronte，1820～1849 年）、艾捷尔·丽莲·伏尼契（Ethel Lilian Voynich，1864～1960 年）、弗吉尼亚·伍尔芙（virginia Woolf，1882～1941 年）等人，这些女作家使英国妇女写作形成了自己的传统。那么，英国妇女写作的概貌如何呢？

## 一　英国妇女写作传统概观

### （一）写作题材

在写作题材上，英国女作家们涉猎广泛，随着时间的推进大体状况如下。

文艺复兴时期，女性作家的观念受到人文主义思想的影响，当时出色的女性知识分子几乎都出身于人文主义者的家庭或者和宫廷有着密切的关系，高等教育和良好的语言环境为她们从事文学写作提供了必备的基础。以伊丽莎白一世为代表的贵族女子促进了女性世俗文学的发展，而更有学者风范的女作家们则繁荣了文学的翻译、研究和创作。17 世纪被视为英国女权主义产生的时期，女性写作的题材发生了很大的变化，表现出广泛的社会关怀，对世俗生活中的友情、爱情和婚姻有了深入的思考，注重精神探索，对政治事件也有所涉及。与此同时，女性作家也走进戏剧领域并创作了大量的剧本，以历史为鉴，她们的视野空前开阔。

18 世纪，启蒙运动影响了女性的生活和文学创作，中产阶级妇女有机会进入了出版业，并将创作、出版、印刷变成女人们自己可以动手完成的事。玛丽·沃尔斯通克拉夫特在其女权主义哲学著作《为女权辩护》（*A Vindication of the Rights of Woman with Strictures on Moral and Political Subjects*，1972）中认为男女在生活和道德上都有平等的权利，她们之所以肤浅愚蠢，是因为她们从小所接受的教育便是只注重身体的价值、屈从于感情而缺乏必要的理性。妇女想要成为孩子的教育者和真正的好妻子，需要接受良好的教育，而不是满足于成为男性的献媚者或者玩物。

19 世纪的英国文学领域，女作家们更加关注现实生活中妇女的命运，并探讨两性关系、母亲角色和儿童抚养等问题。如简·奥斯汀的《傲慢与偏见》（*Pride and Prejudice*，1813）、夏洛蒂·勃朗特的《简·爱》（*Jane Eyre*，1847）等。随着时代的变迁，虽然传统的爱情婚姻题材仍然占有重要的地位，但是女作家们开始通过两性关系探讨传统和现代价值观的冲突等重大问题。19 世纪是经典女作家辈出的年代，她们都具有高超的讲故事的本领，首当其冲的玛丽·雪莱的创作反映了对人类未来的深深忧虑。盖斯凯尔夫人的作品表现了英国社会变革中各个阶层的生活状况，真实地反映了英国动荡不安的工业化图景。小说《玛丽·巴顿》（*Mary Barton*，1848）和《南方与北方》（*North and South*，1855）表现了工业化进程中的劳资矛盾以及这种变化给人的信仰带来的巨大影响。艾捷尔·丽莲·伏尼契的作品《牛虻》（*The Gadfly*，1897）中的主人公牛虻的坚毅形象，曾经使很多青年受到巨大的鼓舞，走上革命的道路。

（二）艺术手法

关于艺术手法，我们可以从两个方面给以关注。

其一，女作家们在创作中，运用了多种多样的体裁。文艺复兴时期的女作家玛格丽特·卡文迪什最擅长的是用传记作品描写她和丈夫及亲属的生活，记录了战争和政治给家庭生活带来的影响，涉及了她自己的社会身份、命运和理想，探讨了政治、权利等问题。

当然，她也跳出传记的范畴写了一部名为《新世界的描绘》（*The Description of a New World*，1666）的科幻小说。18世纪的戏剧领域出现了大批女演员和女作家，譬如，伊丽莎白·因契伯德，她不仅是一位小说家，也是戏剧家和演员，她创作的二十多部作品大多在伦敦大剧院公演并深受欢迎，当时和她一样多才多艺的女作家不在少数，她们的作品大多表现了中产阶级的生活。感伤主义作家范尼·伯尼最主要的贡献是其日记和书信。在日记和书信里她详细地记录了自己的日常生活、来访人员和读书札记。夏洛蒂·勃朗特的《简·爱》（*Jane Eyre*，1847）有很大一部分属于成长小说，主人公在成长过程中逐渐表现出了对独立平等人格的要求、强烈的自我意识和与社会形成的冲撞。总之，女作家们的创作体裁是不拘一格的。

其二，哥特小说是英国女性文学史上一道奇特的风景，安·拉德克利夫的创作使哥特小说得以被严肃认真地对待，她笔下的6部哥特小说对后世作家产生了不可忽视的影响。阁楼上的疯女人使夏洛蒂·勃朗特的《简·爱》也有了哥特小说因素；爱米莉·勃朗特的《呼啸山庄》（*Wuthering Heights*，1847）在人物的设置、景色的描写上都有浓浓的哥特味道，感情的渲染也分外激烈狂热。这些哥特小说及有哥特因素的小说，让人们看到了英国女性讲故事的才能和她们内心隐秘的恐惧和焦虑。

（三）理论贡献

英国女作家的理论贡献，显然集中体现在伍尔芙身上。两次世界大战带来了失序的20世纪，很多东西结束了，也有很多东西发芽成长，女性主义成为越来越多的女作家看待世界的方式。英国女作家们纷纷表现出对心理与精神世界的高度重视。弗吉尼亚·伍尔芙在《自己的房间》里总结了那句影响至深的话：一个女人想要写小说，就一定要有钱，还要有一间自己的屋子，即经济独立和自由对于女性创作具有绝对的重要性。女人要有一间自己的屋子这个论断影响了包括莱辛在内的很多女作家和生活中的女性，因为这一

间屋是权力、自由、平等的象征。所以，伍尔芙在女性主义的理论
发展中作出了突出的贡献。

综上所述，英国女作家们在写作题材、艺术手法、理论贡献这
三个方面都取得了成就，并逐渐形成了妇女写作的传统。有史以来
的女作家们对现世人生的关怀，对婚姻爱情的书写，对战争和政治
的反映，对新女性的呼唤，几百年来从未停歇。女性作家们的视野
逐渐开阔，讲故事的能力越来越高超，她们走进可以公开展示自我
的戏剧界，在书信中还原时代的真实模样，在小说中探讨两性关系
和男女间的差异，探讨时代变迁下价值观的改变和冲突，同时又开
始关注自身的精神世界。总之，英国妇女文学史是一道亮丽的文学
风景。

## 二 莱辛的继承与超越

任何一种文学传统都在与时俱进中被传承、发展和超越。对英
国妇女文学史来说，多丽丝·莱辛就是一位继承文学传统并能做出
创新的杰出女作家，她的继承是多元的，她的创新也是多层面的。
在创作题材上，莱辛几乎涉猎了以往女作家笔下的大部分题材，这
里仅以她表现殖民地的种族矛盾、妇女的爱情婚姻问题和科幻类的
小说为例来探讨她在题材方面对妇女文学传统的继承。在艺术手法
上，莱辛也对以往女作家有了明显的继承，表现在体裁上，她的作
品巧妙地融入了英国女作家们擅长的所有类型，例如，通过自传、
日记以及戏剧来表达作家所关注的主题；表现在情节上，她也擅长
融入哥特小说的因子。在理论贡献方面，莱辛对伍尔芙要有自己的
一间屋的理论有着非常明显的呼应。

先从题材入手观莱辛对英国妇女写作传统的继承和发展。

从某个角度看，莱辛的处女作《野草在歌唱》与阿弗拉·班
恩的小说《奥鲁诺克》（Oroonoko，1688）有异曲同工之妙，两者
都是反映了非洲土著和白人殖民者之间的矛盾，同时又充满异国情
调的作品。该小说的背景发生在南部非洲，外来的白人迪克·特纳

来到这片土地上建立了他的恩泽西农场，他将自己的全部精力放在这片土地上；同为白人的他的妻子玛丽在管理家庭和农场时频频与当地的土著黑人发生冲突，最终她被一个黑人杀死在自家的阳台上，而特纳也面临着被当地其他白人农场主赶出这片土地的危机。显然，《野草在歌唱》涉及了种族矛盾的题材，但是莱辛作品的特点表现于作品中没有进行简单的善恶区分，没有采用非洲黑人善良而白人丑恶的模式，而是设置了迪克·特纳这样的特殊人物。迪克·特纳是个衰败的农民，在白色人种的农民中，能够成功的只占少数，很多人挣扎了几年，但最终还是失败了，他就属于这一类人。这一类人大多憎恨这个国家，迪克·特纳却十分热爱这片土地。迪克在挫败中，没有迷失本性，不管外面是怎样的一个世界，他始终坚持自我，把希望寄托在土地和庄稼上。由此可见，莱辛在处理种族矛盾这个题材上，彰显了与以往女作家不同的特点。

《天黑前的夏天》和《金色笔记》这两部作品更适合用来讨论莱辛对玛丽·沃尔斯通克拉夫特的呼应，莱辛和沃尔斯通克拉夫特都倡导女性在生活与道德方面与男性具有同等的权利。凯特和安娜这两个作品中的主人公身上都反映出了沃尔斯通克拉夫特所关注的问题。安娜困扰于爱情，明知道男人们对感情的游戏想法和意图，也还是愿意投身于爱和恨之中，她可以和男人一样热烈地爱，却不能像男人一样潇洒地离去。凯特则不一样，她看清了这种各取所需的婚姻实质，最终找回了自己的真正身份，她勇敢地回到那个"家"去，做注定会遭到反抗的"母亲"这个角色，这就更凸显了沃尔斯通克拉夫特所呼吁的男女平等的核心话语。

还应该指出的是，莱辛在表现妇女婚姻爱情这类题材的作品中，与以往作家还有其他明显的不同。譬如在简·奥斯汀的《傲慢与偏见》（*Pride and Prejudice*）中，伊丽莎白是可爱的，而达西先生更是可爱的，这是简·奥斯汀笔下的男性的理想模式；但是在莱辛的小说里，伊丽莎白式的美貌与智慧兼具的女性比比皆是，可是男人们再也不像达西那么忠于爱情。由此可见，莱辛笔下的男主人公们与以往妇女文学中的男性形象面貌已经全然不同了，莱辛对妇女爱情婚姻问题的关注有了历史性的突破。

莱辛后期的科幻小说表现出了与玛丽·雪莱相似的忧思，她认为在科幻小说里，有我们这个时代最棒的故事，"如果你刚从传统文学的世界走出来，那么翻开一本科幻小说，或是和科幻小说家在一起，就像是打开了一扇古老风格的闭塞小屋的窗户"①。玛丽·雪莱最著名的科幻小说《弗兰肯斯坦——现代的普罗米修斯》（*Frankenstein, or The Modern Prometheus*, 1818）隐含着玛丽对于创造新生命的渴望和对于生育的厌恶，以及对新生命诞生的恐惧。这种复杂的心理在莱辛《第五个孩子》这部小说中得到了呼应。《第五个孩子》讲述了这样一个故事，海瑞和大卫在人海中相识相爱，在新房子里开始了甜蜜的婚姻生活，直到他们第五个孩子的出现打破了原先幸福的一切。莱辛笔下女主人公对于生育的恐惧更绝望，海瑞从腹中胎儿对她的折磨中感受到他的邪恶和与众不同，每天都在逼近和他面对面的一天，恐惧中她还希望这个孩子是正常的。结果这天终于到来了，新生儿果然是令人毛骨悚然的"怪物"，微弱的希望瞬间破灭。通过这两部科幻作品，可以看出两位女作家对于"恐惧"的理解，玛丽的"恐惧"心态来自于自己不断生育和孩子夭折的亲身经历，莱辛的"恐惧"心态在玛丽的基础上，加上来源于现实生活中的失望和愤怒，正如她所说，第五个孩子的创作甚至受到了苏联攻打阿富汗那件暴力事件的影响。② 她们的科幻作品也都有基于女性生理特点的独特观照。

当然，莱辛的创作对妇女文学传统的题材上的呼应不仅限于以上几个方面，还有更多的涉猎：莱辛作品中的《玛莎·圭斯特》属于传统成长小说类型，是对《简·爱》（*Jane Eyre*）这类个人成

---

① 〔英〕多丽丝·莱辛：《影中漫步》，朱凤余等译，陕西师范大学出版社，2008，第27页。

② 〔英〕多丽丝·莱辛：《影中漫步》，朱凤余等译，第264页。

长小说的继承，它直来直去地讲述了主人公如何度过自己的青春期以及自己所经历的奋斗历程，与《简·爱》的追求有着内在的呼应。在《好人恐怖分子》和《金色笔记》里，都有盖斯凯尔夫人所关注的劳资矛盾的问题和人道主义的同情，也能看到伏尼契笔下青年人对革命的热情和政治信仰，不同的是莱辛笔下的主人公们的信仰往往不坚定，但是这种不坚定的原因正是莱辛所关注的新的主题。

再从艺术手法入手观莱辛对英国妇女写作的继承和发展。

如果说在英国妇女写作传统中，传记、日记、书信、戏剧等体裁受到青睐，那么在莱辛的笔下也彰显了这一特点。莱辛的《金色笔记》《第五个孩子》《天黑前的夏天》《幸存者回忆录》都类似于玛格丽特·卡文迪什擅长的传记体裁小说，但是在思想内容上她又有新的关注点。如果说此前作家的传记的着眼点都在于自身的话，那么莱辛却呈现出不同的特点。其一，她的传记的侧重点并不重在表现个人生活阅历的书写，而是重在基于个人的群体透视，以此拓展了传记的张力。比如莱辛在《金色笔记》中着力描写了经历了第二次世界大战后的主人公们对政治和感情的不同看法，在她的笔下，有时两者都很重要，政治信仰破灭的人绝望得做出自毁的举动；爱情的消逝同样也令人痛不欲生。有时两者又都不重要。总之，她的传记小说中关注了群体的共性问题。其二，她的传记小说侧重于对人物精神世界的挖掘，以此彰显了文本的内倾性倾向。比如《第五个孩子》写的是一个"怪物"的传记，他的父母非常恩爱幸福，他们的大屋子就像温暖的光源一样吸引两边的亲戚来吃喝玩乐，直到他们生下这第五个孩子，一个"怪物"。这部小说的关注点不是意料之中的那些亲戚包括孩子父亲骤然冷却的态度，而是这个怪物本身的精神痛苦。他无法控制自己异于常人的本性，无法融入这个"幸福的家庭"，也不能理解正常人类的感情，所有人都很希望他死去，尽管他有享受生命的权利，于是这个"怪物"的心理世界成为文本的中心关注点。由此可见，莱辛笔下的传记已经有了很大的突破。

再看莱辛在戏剧这一体裁中的表现。伦敦大剧院似乎拥有摄人心魄的魅力，令女性作家深深为之倾心着迷。这种魅力似乎是绵延不断的，18世纪的女作家伊丽莎白·因契伯德如痴地热爱它，20世纪的莱辛也是如此。在自传中莱辛只提到剧本《与虎共舞》公演了，实际上她在戏剧上付出了大量的时间和精力，她创作戏剧的激情和意愿最后升华为她对大剧院的关注和欣赏，她把在剧院的经历收录在了《又来了，爱情》里面。在《天黑前的夏天》里也有一段女主人公凯特独自去看《村居一月》这个戏剧的描写，剧院的气氛加剧了凯特的内心煎熬，在想象中她自己和其他观众都换上了动物的脸孔。由此可见，莱辛已经把她对戏剧以及剧院的情感投射到她作品中的人物身上。或许因为对传统戏剧和剧场的热爱，她把电视机形容成坐在厨房角落的蟾蜍，它破坏了夜晚的好时光，终结了丰富的语言文化环境。

莱辛对书信这种体裁的喜爱与范尼·伯尼产生了共鸣。《金色笔记》里的安娜十分像女作家范尼·伯尼的翻版，始终用数本笔记本记录着自己的生活和情绪。在电话成为更为方便的交流工具的20世纪，莱辛还是乐于让她笔下的人物使用书信的交流方式，书信被放进了《天黑前的夏天》里，用来表明凯特对家人先热后冷的态度。在《又来了，爱情》一书中，书信在情节发展中更是被有趣地运用了，老妇人萨拉拥有经年不衰的美貌、高贵的气质以及聪慧的头脑，正是这些特质的组合吸引了剧组比她小得多的男人们同一时刻从门缝下递来短短的书信。这些书信全部恭敬而深情款款，在小说中胜过之前所有的外貌描写，这就让书信的功用充分显现了。

莱辛对英国女作家文学传统的继承与创新也表现在她对哥特小说的青睐上。她并非有哪一部作品是真正意义上的哥特小说，但是她很熟练地将哥特小说的因子播撒在许多作品中。在她的成名作《野草在歌唱》中，就有浓重的哥特小说的因素。女主人公玛丽与黑人男仆若明若暗的关系以及她被暗杀在阳台上的情景，都透露出哥特小说的阴森恐怖的气息。《第五个孩子》里，班曾被关在一个满是畸形儿的医院里，那显然像是一个哥特式的疗养院。《浮世畸零人》里，第五个孩子班长大了，流离失所，依旧无法融入社会，良好的出身和动物性在他的身上极不协调，他的嘴总是本能地因为恐惧咧成一个不自然的微笑。他被科学家骗去做实验，和动物一样关在笼子里，这是又一处哥特式的地方。也许勃朗特姐妹的"哥特"烘托了男女主人公义无反顾的激情，而莱辛的"哥特"则诉说着人物深深的怨恨和绝望。

最后，是莱辛在理论上与伍尔芙"要有自己的一间屋"的思想的贯通。伍尔芙的"要有自己的一间屋"的思想，其核心内涵是妇女的写作权利问题，因为自己的一间屋是必备的和独立的写作空间，莱辛也很看重"自己的一间屋"。

莱辛到了英国之后，从丹柏路搬到肯辛顿，再到沃维克路，最后到朗翰街，其生活和写作都离不开她的公寓。她在自传里非常详尽地描写了她从与人合租到拥有自己的房子的一系列事件，她笔下的人物亦然。《金色笔记》里安娜的公寓就是莱辛现实居所的复制。《天黑前的夏天》里凯特对房子精心照顾，关爱有加。《第五个孩子》里那对夫妻把房子当做天堂。《又来了，爱情》里的萨拉认为她想象不出什么事情会比不得不离开自己的那些房间更糟的了。可见，莱辛把她对房子的高度重视都寄寓在她的作品中的女主人公身上。莱辛和伍尔芙都强调"自己的一间屋子"的重要，不过在伍尔芙那里，房子是一种经济能力和独立能力的象征，也象征着在自己的空间里的绝对自由，而在莱辛这里除了呼应伍尔芙的自由之外，她在各部小说里的房子又有着有形的和无形的多重意义：在有形的这个层面上，家庭是其关键词，每所房子都是一个家庭，都有一个遮风避雨的屋顶，它表面上是温暖的，也许实质上生活在其中的人们问题百出，但是它毕竟是一个家庭的象征，由此传递出莱辛对家庭的关注；在无形的这个层面上，幸福是其关键词，每所房子都象征着一种凝聚力，生活在其中的女主人就和这房子本身一样，是家庭成员的幸福所在，房子里的女主人是房子的灵魂，她有她的使命和职责，那就是让大家幸福，哪怕有时候迷失了真正的自己，由此这明显地展现了莱辛对女性在家庭中地位的思考。

总之，莱辛作为 20～21 世纪的英国女作家是英国妇女写作传统的集大成者。但是，研究莱辛必须注意一个更重要的问题，那就是除了继承，她又在多个层面上有了开拓和创新。这主要体现在以下几个方面：从传统的讲故事到睿智地解构故事；从个人、家庭生活的关注到政治生活的关注；从本土视野到国际视野。

进入英国妇女的写作传统中观之，简·奥斯汀、勃朗特姐妹等作家都非常擅长讲故事，她们的故事荡气回肠、动人心弦。故事总是围绕个人和家庭展开，背景往往都发生在一个具体的庄园，比如简·奥斯汀笔下的彭伯利庄园、夏洛蒂·勃朗特笔下的桑菲尔德庄园、爱米莉·勃朗特笔下的呼啸山庄和画眉山庄。这些庄园上又都发生了曲折的爱情故事：伊丽莎白与达西之间的傲慢与偏见、简·爱与罗切斯特之间的自由平等的宣言、凯瑟琳与希刺克里夫之间的生死之恋，这些故事都是一曲曲梦魂牵绕的情爱之歌。莱辛也很会讲故事，但是她讲故事的方式结合了现代主义的艺术手法，她在文本中解构着故事。以《金色笔记》为例，它的形式本身就带有现代主义实验小说的味道，作者将文本分割成一个个独立的部分，每个部分不停地重复和叠加，而它的内容也和它的形式一样在分裂和破碎中寻找着发展或不同结局。故事的主人公照例是一位女性，莱辛没有像以往女作家那样细致地描写她的外貌、她的家庭里的每一个小摆件、她与一位完美男子的爱恨情仇、风花雪月，总之，她不再写以情节为核心的"淘夫婿"式的故事。当然人们读完《金色笔记》后会发现，它确实也是在讲一个故事，讲述着一个女子在一段时期内爱情、信仰等方面的成长变化，有开端有结尾，但是读者在阅读《金色笔记》和阅读奥斯汀等人的小说时所获得的感受是完全不一样的，读者仿佛进入了女主人公的大脑，不会有读别的故事时的轻松和享受，取而代之的是和主人公一样的迷茫、忧虑和思考，这些正是莱辛的故事让读者收获的东西。

莱辛的另一个层面的突破在于其作品关注点的变化：从个人、家庭生活的关注到政治生活的关注。在英国女作家们笔下的传统的故事模式中，女性长期居于家中，而男性则出外猎奇，主人公过着各自充满个性的生活，几个家族就构成了人物全部的活动空间。莱辛则不同，她曾一度有过狂热的政治信仰，和男人们一起参加政治活动，和男人一样在政治疆场上驰骋，这对她的创作带来了很大影响。《好人恐怖分子》和《金色笔记》都曾对政治活动有多方面的翔实的描写，这与传统英国女作家们表现出了明显的不同。

莱辛的第三个层面的突破在于写作视野上的变化：从本土视野转向国际视野。以往的英国女作家往往将目光聚焦于自己的故乡，聚焦于自己的家园，聚焦于自己的生活经历，而这故乡、这家园、这生活阅历都受着本土的牵制。莱辛的写作发生了很大的变化，当然这也是历史的发展支撑了她的变化。在以往女作家写作的时代，她们连写作权利都受到限制，比如夏洛蒂·勃朗特发表《简·爱》时，都不能署上自己的真实名字，她们也就更少有见识世界的机会。而莱辛的阅历已经大不同了，她有过非洲生活的记忆，也有着欧洲生活的经历；同时她既有为人妻、为人母的女性生活经历，又有着参加政党、政治活动的社会生活经历。所以她在自己的笔下建构的不是一个单一模式的小世界，而是丰富多彩的色彩斑斓的大世界。故人们称"通过这部'跨国度的百科全书'，莱辛描摹了整个表面平平淡淡、骨子里混乱无序的世界"①。

综上所述，莱辛既是一位继承者，又是一位开拓者，而说到底，莱辛只是她自己。

---

① 〔英〕多丽丝·莱辛：《金色笔记》，陈才宇、刘新民译，译林出版社，2000，封4。

　　莱辛的作品在主题上与她的前辈们血脉相连，而她又以其新的关注点和敏锐思考独树一帜，她熟练地运用各种文类，不拘泥于任何一种文风。她书写变迁的时代中充满困惑的人，为信仰而困惑，为感情而困惑，为对外界的不解而困惑。她书写日常琐事和欢娱，却总是带着扑面而来的感伤。她非常耐心地描写主人公的心理轨迹，写人们如何看待自己，他们怎样经历了疯狂和崩溃，然后又回到正常的生活轨道，就好像读者身边普通的一员。她以讽刺的态度面对生活的残酷，因此每部作品里的描写都充盈着辛酸的幽默感，就好像《第五个孩子》的主人公班脸上因为恐惧而咧开的微笑。总之，她就是她自己，莱辛是独一无二的。

## 第四节　女性主义写作：从青年到夕阳时节

　　在自传《影中漫步》（*Walking in the Shade*, 1997）中，多丽丝·莱辛对于《金色笔记》被描述为"妇女运动的圣经"发表了自己的看法："然后，女权主义者发现了这本书的价值，在英格兰，在美国，在斯堪的纳维亚，它成为'妇女运动的圣经'。一本冷静构思的书被——我认为——歇斯底里地阅读着。"① 还是在这本自传中，她表示很欣慰《金色笔记》在中国能够有很好的销量，因为"这是一本描写女性的书。女性的生活太辛苦，我很高兴这本书对她们有用，而不关心这本书'真正'关注的是什么。"② 紧接着她说："但是那是在中国，我反对美国或英国的女权主义者将我的著作作为她们的专利。"③ 言下之意，她明显地反感女权主义者们把《金色笔记》做单一的解读，但几十年过去了，她的作品仍然被女权主义者们奉为"圣经"，她本人更成为女权主义者们尊

---

① 〔英〕多丽丝·莱辛:《影中漫步》，朱凤余等译，第268页。
② 〔英〕多丽丝·莱辛:《影中漫步》，朱凤余等译，第270页。
③ 〔英〕多丽丝·莱辛:《影中漫步》，朱凤余等译，第270页。

敬的英国文学老祖母。

如前文所述，不能把多丽丝·莱辛单纯地界定在女性主义文学的范围内，因为她还写了大量的不属于女性主义的文本，如此界定显然削弱了她的创作表现范围与成就，这恐怕也是莱辛本人并不高兴别人把她称为女性主义作家的原因之一。也正因为如此，本书在前一节中将其放在英国妇女文学的传统中观之。但是，纵观其写作，她又的确是一位女性主义作家。这是一个大范围和小范围的关系，大传统和小传统的关系。所以，当我们在妇女作家的大传统中考察了她的创作后，这里，再将其放在女性主义的小传统中观之，便又能见其创作的另一番特点。

妇女写作早就见诸了文学史中，古希腊时期的萨福（Sappo）就是著名的女作家，以其丰富的诗作开启了妇女写作的先河。而说到女性主义文学，其历史就没有这么久远。18 世纪末，法国资产阶级提出了自由、平等、博爱的口号，资产阶级妇女也以此为契机，开始了争取男女平权的努力。妇女领袖奥伦比·德·古日于 1791 年发表了《女权宣言》，声称："妇女生来就是自由人，和男人有平等的权利。"几乎是同时期的 1790 年，英国的玛丽·沃尔斯通克拉夫特写了《为人权一辩》，第二年又写了《女权辩护》，打出了争取妇女权利的旗帜。而这两位女性，前者被送上了断头台，后者被一些男性称为"哲学脏婆"。19 世纪 30 年代，美国兴起了规模很大的废奴运动，妇女们也积极参加，并成立了全国妇女废奴组织"妇女反奴隶制联合会"，但得不到男性的认可，经历了这样的事情之后，1848 年，首届女权大会在美国田纳西州召开，人们将这次会议作为美国女权运动正式形成的标志。就这样，经历了法国、英国、美国的广大妇女的努力，西方女权主义运动于 20 世纪初达到了第一次高潮，并于 20 世纪 60 年代发展为第二次高潮。而在女权主义运动中，女性主义文学便随之发展起来，这是比之其他文学更关注女性问题的文学。

从 1919 年来到这个世界，莱辛至今已走过 90 余年的人生历程,在这漫长的岁月中,她经历了一个妇女的人生的各个阶段,她将自己如此丰富的人生经历与同样如此丰富的对女性与世界的关系之观察,投射到自己的创作中。通过文学对女性生活的全方位介入,这位英国文坛上的"老祖母"被尊为女权主义的偶像人物,她关注女性不同阶段的诸多问题,表述了丰富的女性经验。这里,仅以她的《金色笔记》《天黑前的夏天》《又来了,爱情》等三部小说为例,来探寻她如何站在女性的立场,把握女性的话语权来对女性问题进行观照的,因为这三部小说分别聚焦于青年、中年和夕阳时节的女性生活。

## 一 《金色笔记》:青年女性的信仰与爱情

《金色笔记》中有诸多的女性人物,主人公安娜是其中比较重要的一位,透过安娜这个形象,莱辛集中关注了青年妇女在遭受了爱情和信仰的打击之后所产生的严重精神危机。

在现实生活中,青年妇女面临的人生最大的问题即是爱情和理想(信仰)的问题。当她们由少年步入青年,由家庭步入社会,由小天地步入大天地的时候,她们原来脑中的关于爱情的罗曼蒂克的想法在现实中往往都会碰壁,而她们初出茅庐的人生理想也常与她们置身的现实发生了尖锐的冲突。所以,如何处理爱情问题,如何追求理想,是青年妇女面对的重要课题。在以往的男性作家的作品中,也不乏对青年妇女的诸多问题的观照,但是这毕竟是基于他者的立场。女性主义文学强调的是基于女性的立场、女性的视角来思考和讨论这些问题。莱辛的《金色笔记》中就触及了爱情与信仰这些青年妇女最敏感也是最重要的问题。

在《金色笔记》中,安娜就经历了信仰的危机和爱情的苦痛。安娜的生活和莱辛在自传《影中漫步》中所讲述的真实生活十分相似,安娜的困惑即是莱辛的困惑。谈到《金色笔记》,就有必要先对其形式进行说明。"甚至没有一篇评论注意到《金色笔记》有一个有趣的形式。"① 这是莱辛对那些只注意到书中性别战争的情绪化的评论者们的抱怨。《金色笔记》一共分为六个部分，前四个部分又分别分为《自由女性》《黑色笔记》《红色笔记》《黄色笔记》和《蓝色笔记》五个小部分，第五个部分是《金色笔记》，最后一个部分又是《自由女性》。这些部分都在讲什么呢？安娜在书中自己说："我认为并没有什么计划，因为说实在的，直到我搬来这儿，我才对自己说：我记着四本笔记，一本黑色笔记，是记述作家安娜·沃尔夫的情况的；一本红色笔记，和政治有关；一本黄色笔记，用来根据自己的经历写故事；还有一本蓝色笔记，我尽量把它当做日记。住在摩莉家的时候，我根本不考虑笔记的事，自然没有把它看做是一项工作，或一种责任。"② 黑色笔记讲的是出版了一本名为《战争边缘》小说的作家安娜在非洲的事情，透露着主人公对战争的困惑；红色笔记反映了安娜对英国共产党及苏联政治首脑的困惑；黄色笔记是安娜根据自己的生活创作出来的以埃拉为女主角的爱情故事《第三者的影子》，里面有主人公对爱情的困惑；蓝色笔记讲述着安娜自己的精神困境，这是她对于自身的困惑。第五部分《金色笔记》和整部作品的书名重复，突出了它的总结性的地位。经历各种困惑，通过长时间的思考，最终莱辛通过小说的主人公们有了答案：在混乱无序的世界里，一些人也跟着混乱和崩溃，而另一些人则勇敢地向山顶上推着圆石，这部分人虽然看似失败，却是悲剧英雄式的强者，因为他们明白自己在做的事情。最后一部分《自由女性》和前面四篇《自由女性》像一切传统小说那样，平实地叙述着安娜在公寓的生活。

"我需要一个框架和形式来表达那些极端化的隔离及其后来的崩溃，这些是我的阅历和当前的经历。"③《金色笔记》中四种颜色

---

① 〔英〕多丽丝·莱辛：《影中漫步》，朱凤余等译，第265页。
② 〔英〕多丽丝·莱辛：《金色笔记》，第505页。
③ 〔英〕多丽丝·莱辛：《影中漫步》，朱凤余等译，第262页。

的笔记把安娜的生活硬生生地分成四个色块，这本书就隐喻着隔离，极端的隔离是无法继续的，最终还是汇成了第五部分的"金色笔记"，这是一种崩溃后的重生。小说中安娜对于战争、信仰、爱情和自身的困惑，反映出作者莱辛的生活经历和精神轨迹，不同的是安娜经历了精神分裂的时刻，而莱辛则是清醒的，她的清醒经历了痛苦的思索过程，她的写作意图也是《金色笔记》为人们所作的贡献：她想写一部小书供后人阅读，帮助他们了解人们曾经如何看待自己，如何看待那些曾经的共产主义者和对黄金时代的心驰神往者。"我必须提醒一下，我们曾经相信这种黄金时代就在前面。我们怎么会如此愚蠢地相信任何事情？至少，这些精神错乱应当载入历史。"① 莱辛这里指出了《金色笔记》最大的主题，人们面对信仰时的怀疑以及对自身的困惑。《红色笔记》中谈到安娜对斯大林主义的强烈怀疑，谈到了信仰破灭后的精神空虚，这时的安娜代表的不只是她自己，还有数不清的曾经怀抱梦想的人，尤其是那些青年妇女。

应该说莱辛在《金色笔记》中对其中女人们（主要指安娜、埃拉、摩莉等）的信仰追求及其破灭历程的书写是很有意义的，虽然看似"杂乱无章"，渗透在全书不同的部分，又没有终极性结论，但毕竟触及了女性的信仰问题。女人们会有信仰吗？女人们会有思想吗？女人们会有政治追求吗？这一切似乎都是男性的领地；回望文学史，有哪一位作家用如此大量的笔墨来书写女人们的所谓信仰呢？没有。莱辛把女人们的信仰提到同男人们同样重要的位置，把她们的政治生活也看成整体生活中的重要的一部分，所以莱辛在这里基于的是女性主义立场，她在还女人们政治生活的权利。

《金色笔记》的另一个主题，即安娜的爱情困境，在女权主义者和一些男评论家的眼中被界定为女人与男人的性别战争。客观地

---

① 〔英〕多丽丝·莱辛：《影中漫步》，朱凤余等译，第262页。

说也并不完全如此。安娜的感情生活更像是英国 19 世纪女作家乔治·艾略特笔下的核心主题，即美好心灵的崇高追求与平庸环境之间的反差所带来的感伤与无奈。安娜在文本中经历了几次恋爱，而这些与之相爱的男人们在生活中多昭示出的是极度的平庸，而这样的男性世界与安娜的爱情追求有着遥远的距离。不可否认安娜们对爱情的追求有乌托邦式的理想化的想象，但是这种理想化的想象也透露着她对现实世界的否定，但正因为是"乌托邦"，所以在现实生活中这样的爱情理想是不可能实现的。由此可见，莱辛是基于女性主义的立场，还女性在爱情生活中的主动性。在以往男性占主导地位的文学史中，作家们对青年女性的爱情书写，也并不少见，甚至有诸多的、经典的传世之作。但是在这些文本中，女人们通常都是"被爱"的对象：或因她们的美丽而被爱，或因她们的善良而被爱，或因她们的灵动而被爱，或因她们的小鸟依人而被爱，而这美丽、善良、灵动、小鸟依人都是男人们预先设定的理想女性的理想模式中的必要条件，只有符合了这样的条件，这女人在文本中才有被爱的资格。而在莱辛这里，作者讨论的立场变了，莱辛在探讨女人要爱什么，女人要怎样去爱，简言之，女人从"被爱"的立场转变为"去爱"的立场。显然在莱辛的笔下，在爱情的"游戏"中，女人们已经由原来的他者的立场，坚定地站在了主体的立场上，是女人在评判着男人，而不再是女人仅仅居于被评判的位置。

## 二　《天黑前的夏天》：母亲角色的天然性与社会性的矛盾

《天黑前的夏天》的故事开始于伦敦夏日的一个午后，20 年来习惯料理一切家务的凯特开始思考，以后的生活该怎么过？丈夫和孩子都有了自己的生活，自己如何继续充当家庭中的一个可有可无的角色？在不安和迷惘中，她走出家门，接受了一份得心应手又体面的工作，进行了一次浪漫而又暧昧的旅行，伴随着若有若无的梦境，她在这个夏天里迷失、找寻并思索。

小说主人公凯特·布朗是一位中年妇女，作者通过她揭示了中年妇女因其家庭地位的变化而带来的精神迷惘问题。

在现实生活中，有些中年妇女往往限于这样的精神困境：丈夫因度过了婚姻的甜蜜期而已将重心全部转移于家庭之外（包括事业与感情），孩子们因其长大也都有了各自独立的生活，而原来十分忙碌的家庭主妇却突然陷于"做奴隶而不得"的时代，于是她们在家庭中就成了可有可无的"多余的"人，精神世界陷于迷惘之中。中年妇女这个时期的问题，几乎很少被男性作家所关注，因为她们已缺失了被男性所欣赏的美丽、灵动、小鸟依人，岁月已经将她们变成了徐娘半老，即使有些男性作家在关注，充其量是作为作品中的陪衬人物，至于她们内心世界的挣扎，是很少有人对此感兴趣的。莱辛作为女性主义作家，她重点关注了女人的问题，而中年妇女的精神迷惘问题，也是女性世界的一个比较突出的问题。

《天黑前的夏天》出版于 1973 年，那时流行着一种始于 20 世纪 60 年代的说法——变疯狂就是去接受真相的结果。接受真相、面对真相就一定要变疯狂吗？莱辛质疑这句话，她认为变疯狂或者崩溃不是唯一的结果，坚定的人在"崩溃后神奇般地从这种经历中改进，并在某个普通的一天出现在你我这样的普通人身边"[①]。故莱辛在小说中以女主人公凯特的经历说明了这个道理。

凯特是个 40 岁出头的健康温驯的女子，打从生了孩子以来，在家中一直能屈能伸，在将近 1/4 世纪的岁月里，她的生活特点就是服从和适应他人。20 岁时她的第一个孩子出生，生最小的孩子时她也不过 30 岁。她的丈夫迈克尔是一位颇有地位的精神病科专家，很多来自不同国家的人，都知道迈克尔·布朗的家庭和和美美，令人羡慕。可是这年夏天快来的时候，凯特的丈夫和女儿要去美国度假，最小的儿子也觉得自己已经长大而外出寻求假日的自由

---

① 〔英〕多丽丝·莱辛：《影中漫步》，朱凤余等译，第 205 页。

生活，她精心照料的大房子也因此要被租出去几个月。凯特生平第一次觉得不被家人需要，她似乎变成了家里的多余人。多年来她一直很清楚，这样的时刻快要来临了。她知道，人到中年，在能力与精力的巅峰阶段，孩子大了，人也闲了，为了自己和大家，精力必须从孩子身上转移。她没料到这个不被需要的时刻来得这么早，这个家庭主妇从6月到9月底，都将没有着落，连自己的房间都没有。"她感觉怪怪的，好像身上温暖的蔽体之衣都被人剥光，如同一只待宰的牲畜。"① 凯特感到挫败和困惑，不能理解为什么自己就突然地"不被需要"了，就好像提前被宣判步入暮年了。

凯特得到了一份在国际食品组织做同声翻译的工作，这不是一个容易的工作，她却做得得心应手。凯特的爷爷是个学者，父亲在牛津大学教葡萄牙文学，在爷爷的引领下，她曾沉浸于葡萄牙语的精神深处。那时候，她还是一个山茶花般美好的姑娘。接受了同声翻译工作的凯特，因为出色的工作能力由翻译变成负责组织工作的人，拿着比自己丈夫高很多的薪水，工作能力得到了人们的认同。因为她的能力和人格的魅力，与她共事的人们都很喜欢她，觉得她性情温和、善解人意，于是她成为人们工作中一个很有凝聚力的中心人物。在休会期间或用餐时，对人们来说她都是有求必应、温文尔雅、人见人爱的凯特·布朗。可是食品组织的会议一结束，她就因为失去了大家庭"妈妈"的身份而感到深深的失落。

凯特和一个对未来感到迷惘的男青年像情侣一样结伴旅行，她试图和自己那个时有出轨行为的丈夫一样经历一场艳遇，但是男青年让她想起自己叛逆的小儿子，所以她放弃了自己最初的想法。这个男青年病倒了，精神和身体状况都不怎么好，凯特像妈妈一样照顾他。旅途结束后，凯特自己也病倒了，她和男青年一样，两人都是没有任何真正的病症，而是被精神的重压打垮，她的外表变了，

---

① 〔英〕多丽丝·莱辛:《天黑前的夏天》，邱益鸿 译，南海出版社，2009，第19页。

显得瘦且苍老。凯特在精神濒临崩溃的时刻去看了一场话剧，她把周围的人都当成动物，自己则是一只猴子。在和一个年轻的女孩房东相处的过程中，凯特又变成一个母亲的角色，她突然意识到经营一个家很困难，家里交织着各种矛盾，不仅是她和丈夫之间的情感的淡化，而且她的丈夫和儿子之间也时常发生冲突，而儿子也已经进入了叛逆的年龄，生活中不停地表现出他的暴躁与叛逆。她自己扮演的是没有选择余地的角色，即注定会被冷落的妻子和遭到抵制的母亲。

由此可见，莱辛对中年妇女的问题是有着深刻的思考的，当然这思考是基于她的个人经历，也就是说这思考并非是凭空臆想，而是有的放矢。小说中凯特的丈夫迈克尔是精神科医生，现实中莱辛曾和一位名叫杰克的心理医生有过几年的共同生活，莱辛的这部小说和《金色笔记》一样带入了自己的生活，凯特的生活就是莱辛想象中的一种可能。莱辛也曾面对了中年时期，面对了孩子的成长和离开，面对了爱情的远去，最终产生了对自己身份的困惑。在小说中，凯特羡慕演员们可以扮演各种各样的角色，希望自己可以不用几十年如一日地扮演善解人意的女主人的身份，可是当家人们不再重视她在家庭中的作用的时候，她又非常困惑和痛苦。莱辛正是借凯特的故事来说明自己的想法。作者在小说中让凯特在外面偶然地工作一下就返回家庭，这似乎是一个寓意，其内涵无疑在说明无论外面的世界怎样精彩，无论女性的个人能力怎样出色，但是外面的世界是不属于女人的，即便女人偶然闯入这个世界，但最终还要被赶回家庭。作者还在小说中有意设置了另外一个具有寓意性的情节，即"海豹之梦"，小说中凯特断断续续地做着一个与海豹相关的梦，贯穿整部小说。在梦中凯特一直在帮助一只一路向北寻找大海的海豹，海豹因缺水一直很虚弱，凯特一直以母亲般的角色保护着它，最终目送它消失在大海中。"海豹之梦"和前文所提到的凯特偶然闯入外部世界而又返回家庭的情节各自都是有寓意的，它们分别寓意着女人的母亲身份的天然性和社会性。所谓天然性，是源于女性特殊的生理机制，所以女人和母亲的角色是一种生理的必然，就个体而言，单一的女性个体或许可以逃开做母亲的角色；就整体而言，女人和母亲的角色是一种必然的联系，这就决定了女人对母亲角色的一种向往，也表现了女性的一种生理本能。所谓社会性，是指这母亲的角色又是社会强加给女人的，因为外在的大千世界是男人们的驻足空间，女人的位置已经被固定在家庭中，也可以说女人在社会面前是"被母亲化"的，于是女人们便在母亲这一角色的天然性和社会性的矛盾中挣扎。一方面，基于天然性的因素，她们并不排斥母亲的角色；另一方面，基于社会性的因素，她们又感受到了自己所承受的社会歧视。所以，女人与母亲这一身份的矛盾性中，透露出女人自身无法解决的诸多社会问题。而这些问题，在许多男性作家的笔下似乎从来都不存在，至少不在被突出关注的范围之内。而莱辛基于女性的视角，将这些现实生活中的妇女问题形象地述诸于文本，可以说这是一份女性自我思考的文学报告。

## 三 《又来了，爱情》：夕阳时节的生活追求

《又来了，爱情》的主人公萨拉是一位老年妇女，生活已步入了夕阳时节。她总是在清晨辗转反侧，有时她强迫自己早晨起床，但是没到中午又回到床上。她通常会惬意的入睡，梦里有令她愉快的东西。她在梦乡里可以摆脱心中的痛苦。在这表面平静的生活中，其实"又来了爱情"。

作者通过萨拉关注了老年妇女所面临的一个重要问题：生活追求的问题。

在现实生活中，老年妇女已步入人生暮年，从肌体状态观之，其生命力已经随着岁月的流逝而滑坡；从心理状态观之，她们经受着从人生意义的追寻转向对死亡的恐惧的焦虑。如果说青年妇女有着爱情和信仰的憧憬，中年妇女有着对母亲身份的矛盾性的思考，那么，留给老年妇女的除了表面上的"安度晚年"之外，更多的

是对生命即将逝去、生命无法留住的无奈。然而老年妇女的生活就是无意义的吗？这个庞大的妇女人群所面临的实际问题不是也很值得思考吗？由此看来，这又是通常被男性作家所遗忘的角落。虽然许多男性作家的笔下也都出现了老年妇女的形象，诸如诸多的母亲形象，但是对她们所面临的人生的重要问题，却真是没有多少人给予关注。莱辛在她的文本中，对此问题做了积极的思考，她的结论便是：老年妇女同样可以有着丰富的生活追求，包括爱情。

《又来了，爱情》中，作者塑造的男女主人公分别是史蒂芬和萨拉，而非常明显的是，作者让男女主人公之间构成了鲜明的对照，这对照至少表现在两个层面上。

其一是在生活现状上。在小说中，莱辛把史蒂芬描写成一个日渐萎靡的老绅士，他是女主人公萨拉的好朋友，是小说中唯一没有爱上萨拉的男人。他每天目睹自己的妻子和同性恋情人在一起早已深受刺激，总是感觉时间在指缝中流逝，最终以自杀收场。萨拉是戏剧《朱莉·韦龙》的编剧之一，她的丈夫早逝，儿女长大远去，她本人是一位美丽优雅得看不出真实年龄的老妇人，虽然已步入暮年，但她还是以一个健康的心态平和地看待世界。作者是这样描写她的外在形象的：先是称她为"是个漂亮女人"，进而具体描写到"人们对她的估计通常要比她的真实年龄年轻 20 岁。通过打开的房门，从她的卧室中的一面镜子里看，她似乎比实际年龄要年轻得多。她转过身去就能看到镜中的人影。她背脊挺直而且充满活力"①。很明显，作者通过史蒂芬和萨拉两人展示了两种不同的人到暮年的精神状态，一种是贴近死亡气息的萎靡状态，一种是充满活力的、充满情趣的生活状态。值得关注的是，莱辛显然充分肯定了后者，而且她赋予了老年妇女以极大的尊严。她没有像其他作家书写老年妇女时去刻意表现她们的满脸皱纹、体态臃肿、神情呆滞

---

① 〔英〕多丽丝·莱辛：《又来了，爱情》，瞿世镜、杨晴译，上海译文出版社，2007，第 7 页。

等，而是赋予她们另外一种形象：优美、大方、自信。由此可见，莱辛意在说明，老年妇女同样拥有自己的自尊、自己的美丽、自己的生活憧憬，这一切永远与生命同在。这种老年妇女观显然是有着积极的文本意义和现实意义的。

其二是在生活追求上。在小说中作者通过两个男女主人公的生活经历，表现了老年人人到暮年时两种不同的生活追求。在男主人公史蒂芬这里，他的生活追求带有僵化的、垂死的迹象，已经失去了生活中鲜活的气息。史蒂芬无法自拔地爱上了传说中的朱莉，就算是扮演朱莉的美丽女演员向他示好，他还是一心一意地爱着故事里的朱莉，没有人可以代替。显然，作者有意地揭示了史蒂芬对历史的留恋、对记忆的偏爱、对现实的回避。因为人到暮年的时候，许多人都会陷入回忆而不能自拔，直到生命与记忆同时消失，这是一种消极的老年心态。而莱辛对萨拉的笔触却展示了另外一种形态：只要生命存在一天，就要积极地拥抱生活。莱辛在文本中，赋予萨拉这个老年妇女以两次生动的爱情，一次是与一个名叫比尔的二十几岁青年的恋爱，另一次的恋爱对象是亨利，即使年龄没有比尔那样年轻，但还是要比萨拉小很多。作者在文本中做如是说：萨拉爱上了在她这个年纪不可以爱的"万人迷"比尔，比尔年轻而且很懂得展示自己的优点，最重要的是，他也喜欢萨拉。对于可以做比尔奶奶的萨拉来说，尽管她是个老年妇女，但她依然珍惜和享受了这次恋爱的权利，但出于人生的阅历的提醒她克制了这次爱情的发展。在萨拉的心里，年轻的比尔很快被导演亨利取代，亨利比比尔年长，但还是小萨拉一大截。萨拉以为遇到了真正的爱情，可当她发现亨利对自己的爱一部分是出于对他继母的爱恋时，她便放下了这段感情。值得注意的是，莱辛在书写这个老年妇女的爱情时，没有陷入黄昏恋的传统模式，而是打破了暮年恋情的框架，竟让她的爱情世界中出现了两个生机勃勃的年轻男人。不管作者是否有意而为之，但传达给读者的鲜明信息是，老年妇女的头上不必一定要罩上"暮年"的乌云，她的生活完全可以充满阳光、充满青春、充满活力。换言之，生命是一条河流，在任何一个阶段，都可以荡起浪花，都可以奔流向前。

由此可见，莱辛的女性主义写作是有其现实意义和历史意义的。

先观其现实意义。

其一，她提出的问题都是具有普遍性的，虽然每个人的境遇有不同，但是她的作品中所讨论的女性问题都是具有广泛性的。其二，由于结合了自己的经历，她提供的女性经验是有助于读者尤其是女性读者思考的。《金色笔记》《天黑前的夏天》《又来了，爱情》只是莱辛作品中的一小部分，这三部作品只是比较典型地反映了妇女的青年、中年、老年各个时期所面临的核心问题，而在其更多的文本中，作者同样表现了对各类妇女问题的关注。"当这样的主题一次又一次地出现，你不得不承认——我不得不承认——表象下隐藏着某种东西在等待着我，就像那些蚁蛉，它们在沙地的某个小坑底部等待随时把挣扎的蚂蚁拉进流沙中，如果不小心谨慎，我也可能会经历与蚂蚁们相似的遭遇。我相信自己会有这样的遭遇吗？不，因为我以写作的方式使自己远离了那些潜在的灾难。"① 其实她同样以她的写作警示着她的读者们，尤其是女性读者。所以，她的文本才凸显出女性主义写作的目的。

再观其历史意义。

莱辛的女性主义写作提供了近百年间女性生活的文学文本，为历史与文学史的女性观照提供了有价值的参照。

应该说莱辛的写作传达出了女人们的声音，关注了女人们的问题，透露了女人们的思考，说到底她是在文坛上把握着女性的话语权。事实上，女性主义写作也正是在把握作为人类 1/2 人种的女性应该有的话语权。从古至今，话语权都是十分重要的。纵观人类的

---

① 〔英〕多丽丝·莱辛：《影中漫步》，朱凤余等译，第 206 页。

文学历史，贯穿始终并占据统治地位的一直是男性的声音。而一旦
女人要讲话，往往就会有人立刻要堵住她的嘴巴。美国著名的女权
主义者路西·斯通的一段经历就充分说明了这一点。据《女性的
秘密》所记，因为路西·斯通四处演讲，有些男人便用两种办法
试图堵住她的嘴。一种是诽谤她的形象，以瓦解她的听众队伍：
"在一个小城镇里，像在其他地方一样，人们纷纷传说着，有个男
子式的大块头女人要来做讲演，此人脚蹬皮靴，口叼雪茄，动辄对
人破口大骂。但是，前来听这个怪人要说些什么的女士们却惊奇地
发现，路西·斯通体态娇小，身着一件黑色缎袍，领口缀有一圈白
色褶皱饰边，'清新姣好如沐晨风。具有典型的女性优雅之
态……'"① 无疑，这些男人如此诽谤她的形象的真正目的，是剥
夺她的话语权。第二种办法便是让一个男人直接堵住她的嘴：《波
士顿邮报》发表了一首粗俗的诗，希望有一位男士能"用婚礼上
的长吻，去堵死路西·斯通的嘴巴。命运的号角，必将为这位男士
长鸣"②。为了堵住一个女人的嘴巴，这些人们还真是费了不少心
思。这就更说明了话语权利即是社会权利。由此观之，女性在文坛
上的话语权也是不可被压制的。这是女性以内视角通过文学文本来
实现的自我观照，也是文坛上建构多声道景观的不可或缺的一种声
音，而置于其中的莱辛的声音是引人深思的，有震撼力的，是载入
历史史册的。

---

① 〔美〕贝蒂·弗里丹：《女性的秘密》，四川人民出版社，1988，第106页。
② 〔美〕贝蒂·弗里丹：《女性的秘密》，第106页。

# 第十二章
# 赫塔·米勒

Herta Müller

我希望我能为所有那些被剥夺着尊严的人说一句话——一句话包含着"手绢"这个词。

——赫塔·米勒

赫塔·米勒（Herta Müller, 1953 ~　　·），德国作家，因"以诗歌的凝练和散文的直白，描绘了无依无靠的人群的生活图景"（诺贝尔文学奖颁奖词）于 2009 年获得诺贝尔文学奖，她是目前为止最后一位即第十二位获得诺贝尔文学奖的女作家。

## 第一节　德国文坛上书写"记忆"的作家

"我在村里有多年骑自行车的历史。骑车穿过烟草地和果园，去到河谷或森林之边。我喜欢一个人漫无目的地骑行，这样能够看到步行时看不到的景色。风景随车轮下的线条流淌，放眼望去是一条流转的风光带。"这是一位作家的话语，她骑着自行车在世界上寻觅，并将其思想奉献给这个世界。这个高端的"骑手"就是赫塔·米勒。

赫塔·米勒 1953 年出生于罗马尼亚西部蒂米什县的尼特基多夫小镇，她所在的村庄以德语为通用语言。她的父亲曾是第二次世界大战期间的德国党卫军成员，母亲 19 岁时就被流放到苏联劳动营强制劳动了 5 年，她父母的人生经历为她的创作提供了一定的素材。1973 ~ 1976 年，赫塔·米勒就读于罗马尼亚蒂米什瓦拉大学，大学期间她加入了当时一个反对罗马尼亚当政领导人的统治、寻求言论自由的青年作家组织——巴纳特行动小组。大学毕业后她曾经在一家工厂当翻译，秘密警察多次要求米勒当这家工厂的线人，却遭到了米勒的愤然拒绝，秘密警察就在工厂散播谣言，指称米勒就是他们的线人，米勒在他们的恶意中伤下受到大家的排挤，最终被工厂辞退了。此后她也曾多次受到秘密警察的侵扰，在 1987 年她与丈夫理查德·瓦格纳一起离开罗马尼亚定居德国至今。

1982 年她的首部作品——故事集《低地》发表，之后她的创作如雨后春笋般出现，文体涉及小说、诗集和散文。在赫塔·米勒获奖之后，国际文学界一片哗然，颇多争议，有些人甚至都没有听说过这个女作家的名字，直说太"冷门"了。但是事实并非如此，

---

在获得诺贝尔文学奖之前，赫塔·米勒还获得了很多其他的殊荣，下面的表12-1列出了她得到的主要奖项。

表12-1　赫塔·米勒获奖明细

| 序号 | 获奖时间 | 所获奖项 |
| --- | --- | --- |
| 1 | 1981 年 | Adam-Müller-Guttenbrunn Sponsored Prize the Temeswar Literature Circle |
| 2 | 1984 年 | Aspekte Literature Prize |
| 3 | 1985 年 | Rauris Literature Prize |
| 4 | 1985 年 | Encouragement Prize of the Literature Award of Bremen |
| 5 | 1987 年 | Ricarda-Huch Prize of Darmstadt |
| 6 | 1989 年 | Marieluise-Flei&szlig; er Prize of Ingolstadt |
| 7 | 1989 年 | German Language Prize, together with Gerhardt Csejka, Helmuth Frauendorfer, Klaus Hensel, Johann Lippet, Werner S&ouml; llner, William Totok, Richard Wagner |
| 8 | 1990 年 | Roswitha Medal of Knowledgeof Bad Gandersheim |
| 9 | 1991 年 | Kranichsteiner Literature Prize |
| 10 | 1993 年 | 批判文学奖 |
| 11 | 1994 年 | 克莱斯特文学奖 |
| 12 | 1995 年 | 亚里斯提奖 |
| 13 | 1995/1996 年 | City-writer of Frankfurt-Bergen-Enkheim |
| 14 | 1997 年 | 格拉茨文学奖 |
| 15 | 1998 年 | Ida-Dehmel Literature Prize and the International IMPAC Dublin Literary Awardfor *Herztier/ The Land of Green Plums* |
| 16 | 1999 年 | 弗兰茨-卡夫卡奖 |
| 17 | 2001 年 | CICERO Speaker Prize |
| 18 | 2002 年 | 莱茵兰—普法尔茨的卡尔—楚克迈尔奖章 |
| 19 | 2003 年 | 约瑟夫—布赖特巴赫奖（与克里斯托弗·梅克尔和哈拉尔德·魏因里希分享） |
| 20 | 2004 年 | 康拉德—阿登纳基金会文学奖 |
| 21 | 2005 年 | 柏林文学奖 |

| 序号 | 获奖时间 | 所获奖项 |
|------|----------|----------|
| 22 | 2006 年 | 维特欧洲文学奖、沃尔特—哈森克勒费尔文学奖 |
| 23 | 2009 年 | 诺贝尔文学奖 |

注：此表根据相关材料自制。

　　由此可见，赫塔·米勒并不能算是一个"冷门"的作家，如果实属"冷门"，就不会有这么多桂冠戴在她的头上了。

　　米勒的作品中展现的是第二次世界大战前后罗马尼亚人和德国人的客观生活境遇，描述了普通百姓真实的生存状态。作者并未于其中过多地渗透自己的褒贬色彩，而是尽量显其写实主义的态度。德国总统科勒是这样评价她的创作的："为了抗拒遗忘而写作，提醒人们认识到自由的价值。在东欧剧变 20 年后的今天，米勒的获奖具有特殊的意义。"①

　　赫塔·米勒的作品大都充满着强烈的政治性，这自然与她本人的记忆相关，当然是指她对历史的记忆。在赫塔·米勒得奖之后，有些批评家表示不理解，他们认为米勒的创作主题过于单调，总在写过去。但赫塔·米勒青睐于回忆的写作特点并没有因时间的推移而产生较大的变化，创作主题也没有发生特别大的改变，就像她在接受《时代》杂志的采访中说："有人批评我永远只写过去，也有人问我什么时候才打算涉及德国及当代主题，我认为这个问题提得有点莫名其妙。普里莫·莱维（Primo levi）、乔治·赛姆朗（Jorge Seprun）和乔治—阿瑟·歌德施密特（Georges-Arthur Goldschmidt）的作品只关注纳粹罪行，却从未受到过置疑。"她还说"任何人，无论他生活于何种境遇，他的过去都不会消失得无影无踪。每个人都曾心怀恐惧，比如在亲密关系破裂之时，或是为某种病痛折磨之

---

①　夏榆：《"我是在书桌前，不是在鞋店里"》，《新华月报》（天下）2009 年第 11 期。

时。这些经历会改变我们，在我们身上留下无法抹去的痕迹"①。由此可见，赫塔·米勒强调的是描述过去不等于创作没有活力。

赫塔·米勒到目前为止创作了大量的作品，其中包括小说、散文和诗歌。其主要作品见表12-2。

表 12-2　赫塔·米勒的主要作品目录

| 序号 | 作品 | 德文名称 | 时间 | 出版地 | 出版社（商） |
|---|---|---|---|---|---|
| 1 | 《低地》 | Niederungen | 1982 | 柏林 | Kriterion、Rot-buch |
| 2 | 《人是世上的大野鸡》 | Der Mensch ist ein großer Fasan auf der Welt | 1986 | 柏林 | Rotbuch |
| 3 | 《赤足二月》 | Barfüßiger Februar | 1987 | 柏林 | Rotbuch |
| 4 | 《独腿旅行的人》 | Reisende auf einem Bein | 1989 | 柏林 | Rotbuch |
| 5 | 《镜中恶魔》 | Der Teufel sitzt im Spiegel | 1991 | 柏林 | Rotbuch |
| 6 | 《狐狸那时已是猎人》 | Der Fuchs war damals schon der J&auml;ger | 1992 | 汉堡，赖恩贝克 | Rowohlt |
| 7 | 《一颗热土豆是一张温馨的床》 | Eine warme Kartoffel ist ein warmes Bett | 1992 | 汉堡 | Europ&auml;ische |
| 8 | 《心兽》 | Herztier | 1994 | 汉堡，赖恩贝克 | Rowohlt |
| 9 | 《饥饿与丝绸》 | Hunger und Seide | 1995 | 汉堡，赖恩贝克 | Rowohlt |
| 10 | 《今天我不愿面对自己》 | Heute w&auml;r ich mir lieber nicht begegnet | 1997 | 汉堡，赖恩贝克 | Rowohlt |
| 11 | 《活在头饰中的夫人》 | Im Haarknoten wohnt eine Dame | 2000 | 汉堡，赖恩贝克 | Rowohlt |

① 系赫塔·米勒接受《时代》杂志采访时所说。见 http：//baike. baidu. com/view/2868296. htm。

续表

| 序号 | 作品 | 德文名称 | 时间 | 出版地 | 出版社（商） |
|---|---|---|---|---|---|
| 12 | 《国王鞠躬，国王杀人》 | *Der König; nig verneigt sich und tötet; tet* | 2003 | 慕尼黑 | Hanser |
| 13 | 《呼吸秋千》 | *Atemschaukel* | 2009 | 慕尼黑 | Hanser |
| 14 | 《托着摩卡杯的苍白男人》 | *Die blassen Herren mit den Mokkatassen* | 2009 | 慕尼黑 | Hanser |

注：此表格根据相关资料自制。

　　上述作品发表于赫塔·米勒创作的各个阶段。总观其创作历程，可根据出版地的不同将赫塔·米勒的创作分为如下三个时期：从 1982～1991 年为创作初期；从 1992～2000 年为创作中期；从 2003 年至今为创作后期。

## 一　创作初期

　　从 1982 年到 1991 年是赫塔·米勒的创作初期，这个时期赫塔·米勒的作品都出版于柏林，主要有《低地》《人是世上的大野鸡》《赤足的二月》《独腿旅行的人》和《镜中恶魔》。这些作品为她在世界文学舞台上占有一席之地打下了坚实的基础。《低地》是赫塔·米勒的处女作，作品以一个孩子的视角对故乡村民的愚昧无知进行了细致地描述，同时也对残留于村民头脑中的法西斯主义以及腐败的政治体制对人造成的故步自封进行了无情地揭露。《人是世上的大野鸡》的主要情节是，主人公温迪施全家为了摆脱所在的村庄中物质匮乏的生活，以及专制统治的双重压力而选择离开村庄。但是要拿到去德国的签证并非易事，温迪施同村的很多人都靠出卖家中女子的肉体而拿到签证，温迪施开始不愿这样做，但最终也未能摆脱出卖自己女儿的肉体而拿到签证的命运。此书揭示了社会底层的普通百姓的艰难而尴尬的生活境遇。《赤足的二月》是一本散文集，是作者对自己过去生活的回忆。在《独腿旅行的人》中，伊莲娜流亡至西德，在那里与三个男人发生了不正当的关系，这种生活态度的扭曲反映了主人公因生活的艰难而不得不做出的妥协。《镜中恶魔》也是一本散文集,由作者在彼得堡大学所做的 11篇演讲稿结集而成,可以说这是一部集中体现她的思想的作品,"魔鬼坐在镜子里"是本书的主要意象。

创作初期,赫塔·米勒的作品呈现出了强烈的自传色彩,这种自传性尤其体现在这一时期所出版的三部小说《低地》《人是世界上的大野鸡》和《独腿旅行的人》中。对比作家的生活经历可以发现,这三部小说中的主人公身上或多或少都存在米勒的身影:《低地》中主人公在村庄的不幸生活与米勒小时候所在的尼特基多夫小镇的阴郁生活相似;《人是世上的大野鸡》中以温迪施一家为代表的罗马尼亚人迁徙去西德的经历与米勒和丈夫一起被迫从罗马尼亚移民去德国的经历相似;《独腿旅行的人》中女主人公伊莲娜的生活经历虽与米勒不同,但是在异国他乡不被接受的心理感受却和米勒相似。可以说,这三部小说从不同的侧面反映了米勒在三个不同时期的生活状态,如童年的阴郁、成年后身体上的漂泊与心理上的孤寂感。除了创作主题,这个时期米勒的小说已体现出一个重要的艺术特点,那就是小说文体格式的突破。同样以这一时期出版的三部小说为例,这其中的人与人之间的对话没有引号,没有连续性,一行紧接着一行,读者在阅读时经常需要猜想这句话应该是属于哪一个人的,这就给读者的阅读带来了困惑甚至是障碍。除了人物对话,在描写一个人物活动的情境时,作者也不是将其一段写成,而是分成若干行来写,在《独腿旅行的人》中,在描述托马斯和伊莲娜看一张照片的对话和动作时,作者用了八段话,其实就是八行文字,也并没有明确标出每句话或者每行文字出自哪个人物之口,需要读者绞尽脑汁地去推测这个人物活动的具体情境,这种情境的模糊性在其他作家的作品中很少遇到,但这也正是米勒的独特之处。

## 二 创作中期

从 1992 年到 2000 年是赫塔·米勒的创作中期，这个时期赫塔·米勒的作品都出版于汉堡，主要有《狐狸那时已是猎人》《一颗热土豆是一张温馨的床》《心兽》《饥饿与丝绸》《今天我不愿面对自己》和《活在头饰中的夫人》。发表于 1992 年的《狐狸那时已是猎人》是米勒的第一部长篇小说。小说描述了女教师阿蒂娜和女工程师克拉拉这两个闺蜜的生活经历。阿蒂娜在召开演唱会时被发现创作有反抗内容的歌曲，而此时克拉拉却爱上了情报部门的一个军官，这就导致两人分道扬镳。事情发生没多久，东欧的政局就发生变化，当阿蒂娜和朋友怀着希望从乡下回到城市时，却失望地发现政局的改变并没有解决社会中存在的尖锐矛盾。此书揭示个人命运受制于社会政治的逻辑关系。米勒于 1994 年发表的《心兽》也是一部长篇小说，书中描述了一群大学生对人生进行了不同的选择：女性的第一人称叙述者和朋友们一起选择走上抵抗政府的道路，因此终日受到监视和威胁。"我"和埃德加侥幸逃生，但两个朋友被杀害，后来"我们"定居西德，却生活在对过去的回忆之中；罗拉为了摆脱家乡的贫困生活选择用肉体换取党证，而以自杀收场。此书揭示了青年人的理想破灭问题。1997 年问世的第三部长篇小说《今天我不愿面对自己》描述了女主人公再次被叫去审讯时，坐在电车里，对无数往事的回忆。小说通过这番回忆对专制统治下的各型各色的人物作了细致入微地描述。《一颗热土豆是一张温馨的床》是一部散文集，作者从日常经历或某个政治事件谈起，其中有对时代局势的审视，也有对过去历史文化的思考，是一部政治性与文学性高度融合的作品。《饥饿与丝绸》是作者在 1990 ~ 1994 年公开发表的部分文章和公开演说的演讲稿，共 13 篇。在该书中，作者表达了对社会的批判，对专制统治的愤懑，对人与人之间关系疏离的不解。《活在头饰中的夫人》是米勒第一部诗歌集，她的诗歌如果把词与词之间的空白去掉仿佛就是一篇散文或者说是一篇小说，她不讲究诗歌的韵律和格式，<u>丝毫不受诗歌形</u>式的限制，而是"随意"地选择停顿、换行。

　　赫塔·米勒这一时期的作品虽还有自传性的色彩，但总体上出现了突破自传性界域的倾向，作者已经把目光从关注自身的问题转向关注社会的诸多问题，对社会的认识相对于初期来说更加透彻。如果说初期的作品中主要描述的是"小我"，而这个时期她的作品已转向描述"大我"了。这一点在她的三部长篇小说中表现尤为明显。米勒这个时期的作品摆脱了初期作品中"单线型"的模式，呈现出"双线型"或者说"多线型"的模式。所谓"单线型"是指作品的主要人物只有一个，而核心的情节发展都围绕这个主要人物展开。所谓"双线型"或者"多线型"即小说的主要人物由一个变为两个或多个，主要情节围绕这些人物的命运齐头并进地向前推进。作者从每个人不同的视角来看社会中的问题，这也使得作品读起来更加饱满和具有张力，从而刻画出了社会问题尖锐化时代下的众生态。

　　同时，赫塔·米勒的小说常常用一句不经意的话来打动读者的内心并启发读者的思考。譬如在《心兽》中作者写到："母亲说：要是你的日子过不下去了，就收拾收拾橱柜吧。烦恼会从手里走掉，脑子就空出来了。"① 这句简单的话语对人是有所启迪：乍一看去这仿佛是一种逃避的心态，而不是一个良好的忘记烦恼的手段；但再仔细咀嚼一番，便会悟出另外的道理：烦恼的生活不就是乱七八糟的橱柜吗？把橱柜里的东西一件一件收拾好，烦恼有可能会悄然远去。赫塔·米勒笔下这样看似不经意地道出但却颇有深意的话语比比皆是。另外，关于文体上的突破，作者也从小说和散文扩展到了诗歌，而诗歌也表现出了米勒独有的特点。她的诗是简单的，但又是很复杂的，她用图文拼贴出一首诗，但是断句却是读者

---

① 〔德〕赫塔·米勒：《心兽》，钟慧娟译，江苏人民出版社，2010，第24页。

的工作，这就会造成读者之间阅读的差异性，收获的往往是仁者见仁、智者见智的见解。

## 三 创作后期

从 2003 年至今是赫塔·米勒的创作后期，这个时期她的作品大都出版于慕尼黑，主要有《国王鞠躬，国王杀人》《呼吸秋千》和《托着摩卡杯的苍白男人》。《国王鞠躬，国王杀人》是一部散文集，这也是到目前为止，米勒出版的最新一部散文集。这本散文集由六个随笔组成，在文中作者提到了她的家庭、她受到国家机器的迫害以及她对专政统治的痛恨等。赫塔·米勒一度曾被认为是国家的危险人物，她在接受《时代》杂志采访时说："我成了国家公敌，工厂的同事对我避之唯恐不及，这一切让我陷入孤独无助的深渊。痛苦中我选择了写作，写我的家乡尼茨基村的故事，写那里的农民，他们世世代代生活了三百多年的地方。人们离开村子是因为世界大战，或者被流放。活下来的人，像被磁铁深深吸引一样，又回到村庄。"① 她经常要被传唤审讯，可是这种审讯和无时无刻被监视的恐怖在她的笔下显得很无所谓，有时她甚至带着一种看笑话的心理在看待国家的这种行为，她觉得这只是一件日常生活中经常会遇到的事情罢了。但这或许只是表面现象，她之所以执著于此类事件的诉说，说明在她的心头对此永远有挥之不去的烦恼和痛恨。《托着摩卡杯的苍白男人》是一本诗集，她的创作灵感来源于现实生活，她没有采用现代派诗歌的长于用典以及含蓄表达的手法，而是擅长用最直白的语言书写心中最真实的想法，她的诗歌中传递出来的思想具有令人惊讶的力量。《呼吸秋千》是米勒于 2009 年新出版的一部长篇小说，这部小说与之前小说最大的不同就是它的取材。该书是根据发生在作者好友身上的故事撰写的，而并非作者本

---

① 系赫塔·米勒接受时代杂志采访时所说。见 http：//baike. baidu. com/view/2868296. htm。

人的亲身经历，换句话说，它已不具有自传性的特点。该作品描述
了 17 岁的男孩雷奥帕德·奥伯克作为"二战"后的牺牲品被送到
乌克兰劳动营，在那里经受了生活的磨难，最后回到家乡。但回到
家以后，家人不仅没有表示出任何的惊喜，相反却显示出了异常的
震惊，似乎他本不应该回到这里，而这里也并不属于他。家人的如
此态度倒使他怀念起劳动营里的生活。

　　这一时期米勒的小说创作特点是取材的多元化倾向，作者不再
局限于自身的经历，也开始从他人的经历中获得灵感，虚构故事。
如前所述，《呼吸秋千》是作者根据自己生活中的挚友奥斯卡·帕
斯提约的真实经历撰写的。本来这是二人想共同创作的一部作品，
但由于帕斯提约的突然去世而不得不停止，后由于米勒的不懈努
力，最终完成了该著作。这部作品对于米勒的文学创作是一个突
破，她跳出了个人经历的局限，使其创作进入了更广阔的社会空
间；小说的主人公也不再只是女性，这说明作者在追求视角的多变
性；语言也变得较为平实易解。

　　赫塔·米勒的散文作品的代表作《国王鞠躬，国王杀人》全
面体现了她的散文的特点：一是其散文是为了描述真实而创作。她
的作品中时刻表现出人们的真实的生存状态，作者不是为了炫耀自
己的文笔而写作，而是以现有的事物为依托来表达她对世态人心的
观照。二是以小见大的写作方法。赫塔·米勒延续了以看似简单的
话语来表达深刻的思想内涵的写作特点，即片语凝聚着深刻。所谓
延续，是指此特点在她前一个时期的创作中已有明显的体现，而此
时这一特点又进一步地凸显出来。譬如她在《每一句话语都坐着
别的眼睛》一文最后一段中写到"无论过去还是现在，语言无时
无处不是政治的范畴，因为它和人与人之间的行为密不可分"①。
本来，语言这东西是用来表达人们内心想法的媒介，可是，在赫

_____

① 〔德〕赫塔·米勒：《国王鞠躬，国王杀人》，李贻琼译，江苏人民出版社，
　　2010，第 28 页。

塔·米勒的眼里，语言也应该是令人警惕的，她说："如果生活中的一切都错了，词语也会失落。所有专制政权，不论右派还是左派，无神论的还是宗教的，都会将语言作为自己的工具。"① 可见赫塔·米勒的只言片语中，已经表现出了他对语言与政治关系的深刻的透视。三是善用比拟来说明问题。作者善于将复杂的事物简单化，这就需要借助一定的工具，这个工具就是比拟的修辞手法。例如，在《生命是灯笼里的一个屁》中，她提到："大脑变得与国家的摧残手段一样疯狂，在国家的语境中却显得正常。"② 通过这个比拟，既点出了国家机器的强暴性，也点出了在这样的国家制度之下，人的大脑不正常反而是正常的了。可见赫塔·米勒的比拟手法中蕴涵着相当的哲理性。

## 第二节　迷失：作者与读者的牵制

赫塔·米勒笔下的一个出现频率很高的词是值得关注的，即"迷失"，经过仔细研读，我认为，这是米勒的一个较为突出的创作理念，这里将其称为"迷失说"。

赫塔·米勒在其散文《每一句话语都坐着别的眼睛》中，多次提到"迷失"这个词。"我永远不会知道，人们需要多少词语才能完全覆盖额头的迷失。"③ "外在没有什么值得一说的，我也从未想过讨论这些，但头脑中的'迷失'则须掩饰。"④ "每一个好句子都会使大脑无声地迷失，把读者带到一个它所释放的内容迥异于词语之表达的地方。"⑤ 除了这些，她还引用了一些其他作家或者学者的话来提到"迷失"这个词。虽然在这里她强调的主要是语

① 〔德〕赫塔·米勒：《国王鞠躬，国王杀人》，第21页。
② 〔德〕赫塔·米勒：《国王鞠躬，国王杀人》，第113页。
③ 〔德〕赫塔·米勒：《国王鞠躬，国王杀人》，第8页。
④ 〔德〕赫塔·米勒：《国王鞠躬，国王杀人》，第7页。
⑤ 〔德〕赫塔·米勒：《国王鞠躬，国王杀人》，第12~13页。

言的"迷失",但是她自己在诺贝尔文学奖颁奖典礼的致词中说:"说不出来的东西还是可以写下来的。因为写作是一种沉默的行动,是一种由脑至手的劳作"①。即使语言迷失了,但是写作还是可以继续进行,而写下来的东西也未必能逃脱"迷失"。"迷失"不仅是赫塔·米勒在一篇文章中提出的见解,而是贯穿了她的整个创作过程中,因为"迷失"强调的是人的一种精神状态。在赫塔·米勒的作品中,"迷失"的这种状态不仅指的是创作者本身所持有的精神状态,也包括审美主体——读者的精神状态。古希腊时期著名的学者柏拉图在其著作中提出过"迷狂"②这一说法,赫塔·米勒的"迷失"与柏拉图的"迷狂"有相类似之处。这里的"迷狂"类似于"灵感",甚至可以说就是同义词,是创作者创造出真正有价值作品不可缺少的一个过程,但是柏拉图所说的"迷狂"强调的是作者创作时的精神状态,还并未涉及审美主体的范畴。他认为的"迷狂"是一种非理性的、亢奋的、具有创造性的精神活动,正是在"迷狂"的状态下作者产生创作的灵感,没有"迷狂"就难以成就成功的作品。而米勒的"迷失",从作者的角度来说,她也是在强调创作时的一种精神状态,但从某种程度上来说,赫塔·米勒在这种"迷失"中又渗透了作者冷静、严肃的思考。

前文提到,赫塔·米勒的"迷失",强调的不仅是作者创作时的精神状态,还包括读者在阅读过程中精神世界的活动。这就应该从读者和作者两个方面来探讨她的"迷失说"。

关于作者和读者的关系我们可以从艾布拉姆斯提出的文学活动构成的四要素中找到。他认为作品、世界、作家、读者是文学活动构成的四要素,这四要素之间的关系是:

---

① 〔德〕赫塔·米勒于 2009 年 12 月 7 日在瑞典学院的演讲,庆虞译。
② 〔古希腊〕柏拉图:《文艺对话集》,朱光潜译,人民文学出版社,1963,第116页。

　　第一个要素是作品，即艺术产品本身。由于作品是人为的产品，所以第二个共同要素便是生产者，即艺术家。第三，一般认为作品总得有一个直接或间接地导源于现实事物的主题——总会涉及、表现、反映某种客观状态或者与此有关的东西。这第三个要素便可以认为是由人物和行动、思想和情感、物质和事件或者超越感觉的本质所构成，常常用"自然"这个通用词来表示，我们却不妨换用一个含义更广的中性词——世界。最后一个要素是欣赏者，即听众、观众、读者。作品为他们而写，或至少会引起他们的关注。①

　　其实作者、读者和世界都是由作品连接起来的，作者通过作品向读者展现了一个具有创作者本人特色的世界。这里，我们直接从作者和读者这两个要素出发，来探讨赫塔·米勒的"迷失说"在这两个构成文学活动要素中的体现。

## 一　作者的"迷失"

　　作品的创造者——艺术家，在这里主要指的是作者。作者的"迷失"可在不同的层面上表现出来：或是作者本人在创作过程中的精神状态是迷失的，所以造成了读者在阅读过程中的迷失；或是作者本身是清醒的，但是因为一些因素的干扰，所以她必须有意制造读者阅读的迷失。我认为赫塔·米勒的创作兼具了这两种因素。

　　首先来看第一种，作者是迷失的。作者是迷失的是指作者在创作过程中已经能看出一些问题，但是她找不到解决问题的方法，在相当程度上存在迷失与茫然，于是就把问题抛给了读者，引发读者的思考。这里作者即使不能给出解决相关问题的答案，但是对读者

的启迪作用也不可小觑。再从读者的角度观之，读者在阅读的过程
中希望作者能提出对相关问题的见解，但是作者没有这样做。显然
这是因为作者本身就无法找到答案，所以才在自己迷失的同时也致
使了读者的"迷失"。关于这一点，可见诸于她的作品《人是世上
的大野鸡》一书中。作品的主人公温迪施原本是一个很有原则的
人，他鄙视那些为了拿到签证而出卖女儿肉体的父亲。但是当别人
都拿到签证顺利移民时，他也依靠自己的女儿出卖肉体而达到了目
的，他一边拿着签证，一边却从心底里看不起自己的女儿。作者在
描述这个人物时没有对他的行为作出对与错的评判，因为作者自己
本身也无法对这样的抉择正确与否给出明确的答案，这就是当时的
社会境况，如果说问题出在什么地方，那也是政府的问题，而百姓
只能选择接受，因为道德层面和现实社会之间存在着无法逾越的鸿
沟，显然作者对主人公行为的评判取向是迷失的，而作者对这个原
本正直的人所作的最终选择也很难简单地做出是非评判。读者是在
迷失中继续着阅读的思考。当然，除了这本书，人们在赫塔·米勒
的其他作品中也能发现她自身的一种"迷失"，她对作品中人物面
对问题时所作出的选择既不表示不赞同也不表示谴责。作者只是把
现象摆在读者的面前，让读者通过这个现象去思考此现象背后的原
因，而作者并不给出答案。

再看第二种。这是指作者本身对于某些问题的看法是清醒的，
但是她只能通过暗示、象征的手法制造"迷失"，让读者难以一下
找到答案。而她这么做至少应该出于两个原因：一是她自身身份的
特殊性。米勒一直受到政府的监控，她的作品更是首当其冲地成为
被检查的对象，如果她不加修饰地把矛头直指政府或者社会中的不
和谐现象，那么她的作品就很难问世。二是她本人所具有的特殊的
创作方式，她有时并不喜欢用直白、明了的语句来撰写作品，而她
对于读者也有一定知识、阅历等方面的要求，并不是所有人都能明
白她暗示、讽刺的内容。作者虽然有时有意识地在作品中掩盖她的
清醒与明晰，或有意制造"迷失"，但是她却常常以旁观者的身份

游离于作品之外，较多地用冷静、客观的眼光来看待一些问题。在《一颗热土豆是一张温馨的床》一书中，她提出的一些问题都是一针见血的，表现出米勒创作时的清醒意识。《旁边桌子上的国家》一文中，在谈到"思乡"这个问题时，她写道"我找不到形容它的词：这就好比一种恐惧，一个人曾经是这么一个人，但是却又不认识这个人"①。在这里我们读到的是米勒利用暗示的模糊性，使读者不能清楚地明白她的真正意思。但是她这样欲言又止的方式只是一种对她本人清醒认识的掩饰，因为有些话她不能讲得太明白，所以她给不了答案，只能通过读者自己的感悟去理解，理解不了的，就容易迷失其中。当然，这样的例子还有许多，此处就不再一一列举。

## 二　读者的"迷失"

与艺术家相对应的是审美主体，也就是读者。读者对文学作品的鉴赏和评论会促使文学不断地产生影响。所以，读者的反应是作家和研究者都必须关注的。赫塔·米勒的作品中表现出来的"迷失"在她的读者中首先得到了证实。读者的"迷失"主要来源于作品，而作品又来源于作者，所以作者的"迷失"必将导致读者的"迷失"。赫塔·米勒是如何令读者阅读她的作品后"迷失"的呢？这可以从以下三个方面观之。

### （一）主题的模糊性

赫塔·米勒接受诺贝尔文学奖时的获奖演说的题目是《你带手绢了吗?》。对于手绢，读者并不陌生，这是人们的生活用品，但是看完了赫塔·米勒对它的描述之后，读者最初便以为手绢是亲情的象征，进而又会理解成手绢是人们在困境中的一种相互支持，再到最后对手绢的真正含义便产生了模糊理解，甚至不知作者所说

---

① 〔德〕赫塔·米勒：《一颗热土豆是一张温馨的床》，刘海宁译，江苏人民出版社，2010，第9页。

的到底是什么，这显然是作品中主题的模糊性导致的读者的"迷失"。本来，关于手绢，每个读者对它都有其简单的认识，它有时有些许的功用性，有时抑或有其相关的纪念意义，手绢的意义也不过如此。可是看完了赫塔·米勒的这篇获奖演说之后，读者不禁会问自己"如果我的手绢丢了是否真的就丢了很多东西？"显然，在读者阅读这篇获奖演说之前，很多人都不会去思考，连这样的疑问也不会产生。可看完她的作品后，读者就真的"迷失"了。但是幸运的是，读者迷失的同时对以往习以为常的事物就会产生一定的思考，这样的思考就可能让读者"对人性的省察与对社会现实的感知，具有了'另一种技巧'"①。

### （二）问题的困扰性

赫塔·米勒的作品并不是所有的主题都具有模糊性，有的是十分明晰的，但同样可以令读者"迷失"，原因何在？这自然要关注她作品中的问题的困扰性。通常，米勒的某些思想触发了读者平时可能想过却没能说出来的一些困惑，而米勒的作品却把这些困惑赤裸裸地摆在了读者的面前。读者看到了这些与自己思想相契合的东西后就开始深入思考，可是他们在阅读和思考的过程中却又难以找到准确的症结。米勒的作品中让读者思考的问题颇多，譬如"尊严"问题，不管是小说还是散文，米勒都有意识地写道"尊严"在我们生活中的重要地位。可是她的作品中表现出来的都是颇为消极的情绪，因为她笔下的人物在很多时候根本没有"尊严"可言。"我要尊严"只是一句口号，一句空话，它并不能落到每个人的头上。所以这问题困扰着读者，本来大家觉得自己是生活在有尊严的世界里，但是当人们把自己和作品中的人物对应起来时，便可以从他们的身上发现自己的影子，也就是说，人们会发现其实自己也和作品中的人物一样，很多情况下自己的尊严根本无法找到。显然，

---

① 〔德〕赫塔·米勒：《写给中国读者》，江苏人民出版社，2010，第 1 页。

作者提出的问题具有困扰性，令读者"迷失"。

### （三）基调的非乐观性

赫塔·米勒的作品所关注的题材主要有以下几类：日常生活中的一些小事、移民的生活、独裁统治。这是她特定的生活环境所决定的。无论是在罗马尼亚还是在德国，米勒都觉得自己不被人接受。在罗马尼亚的时候，她受到监视；移民德国之后，她仍然不能生活得完全自由。生活中的阴影毫无疑问地影响了她的创作，所以，她在作品中看问题的基调是不乐观的。比如，在米勒的作品中，她认为人与人之间的关系都是虚无的，只有自己与自己的关系才是真正有价值的存在。在《心兽》的开篇前，米勒用了一首盖鲁·瑙姆的诗：

> 每朵云里有一个朋友
>
> 在充满恐惧的世界朋友无非如此
>
> 连我母亲都说这很正常
>
> 别提什么朋友
>
> 想想正经事吧①

在她看来关键的时候朋友并不能给自己任何帮助。在人们没困难的时候朋友会常常出现；一旦人们有了困难，这朋友就消失了，就像云朵一样，随时飘走。再如，赫塔·米勒对"真实"的看法，尤其是关于人的真实性问题，更是持不乐观的态度。《镜中恶魔》一书收录了米勒在世界上获得各大奖项之后的获奖演说，从她睿智的演说中，读者的第一感觉就是在独裁的统治下，人直到死亡，他的一生都是一种欺骗，还不如一匹马，一个普通的生物，至少它们的死亡是真实的。连死亡都是造假的，那么活着的时候人们身边什

---

① 〔德〕赫塔·米勒：《心兽》，2010。

么东西才是真的呢?"因为在独裁下,人们说的、没说的、做的或没做的,更确切地说都不以他们的意志为转移地被扭曲,脆弱的世界构置就暴露无遗。"① 显然,赫塔·米勒对世界的看法并不乐观,但事实上,世上总是有阳光的,人间总是有关爱的,她的作品中的非乐观的基调必然会对读者产生影响。读者即要领悟她的见解的尖锐性、深刻性,又要感受她的悲观性,所以,读者也就很容易于此"迷失"了。但是,睿智的读者终究会在"迷失"中透视出她那隐藏在悲观情绪后的积极力量。

综上所述,"迷失说"是赫塔·米勒创作中的主要创作理念之一,"迷失"中蕴涵着思考,蕴涵着智慧,蕴涵着作者与读者的关系。作者自身的"迷失"主要是对现实世界的困惑,但是这种困惑仍让人们看到了米勒作品的价值所在并引发读者对其作品的关注。作者导致的读者的"迷失"主要是为了引发读者的思考,从而反过来促进自己以更深刻的思想揭示其笔下的世界。

## 第三节 跳出规则

我们应该怎么称呼赫塔·米勒呢?说她是诗人?这既"靠谱"又不贴切。说这"靠谱",是以1996年获诺贝尔文学奖的希姆博尔斯卡的话论之:"今天的诗人都是怀疑论者,甚至——也许首先——对自己就表示怀疑。"② 赫塔·米勒的确是个怀疑论者,加之她又写了那么多诗,那她就应该是个诗人。但是又不贴切,原因是什么呢?因为有些诗人不喜欢别人称她为诗人:"一个诗人在填写各种表格或者和什么人谈话的时候,她不得不说出她的职业,于

---

① 〔德〕赫塔·米勒:《镜中恶魔》,丁娜译,江苏人民出版社,2010,第10页。
② 彭诗琅、廖隐郓主编《诺贝尔文学奖金库》,中国社会出版社,1998,第764页。

是便笼统地说她是一个'文学家',或者再添加一个她完成了的著作的名称。"① 赫塔·米勒还真是完成了很多著作,很多不属于"诗"的著作。那么,显然还是称她为文学家更合适。

上述这番话是为了引出这里的真正话题——赫塔·米勒是一个真正的文学家,因为她的写作不能被圈定在哪一种单独的体裁之内。她写诗——诗集很抢眼;她写散文——散文数量也颇丰;她写小说,包括长篇、中篇、短篇。以 2010 年 10 月江苏人民出版社出版的 10 卷本的赫塔·米勒作品系列而论,就包括了她的诗集、散文集和小说集。具体可见表 12-3,此表的关注重心是体裁问题。

表 12-3 江苏人民出版社出版的赫塔·米勒的作品

| 体裁 | 作品分类 | 作品 |
|---|---|---|
| 诗歌 | 诗集 | 《托着摩卡杯的苍白男人》<br>《活在头饰中的夫人》 |
| 散文 | 散文集 | 《一颗热土豆是一张温馨的床》<br>《镜中恶魔》<br>《国王鞠躬,国王杀人》<br>《饥饿与丝绸》<br>《赤足的二月》 |
| 小说 | 长篇小说 | 《狐狸那时已是猎人》<br>《心兽》<br>《今天我不愿面对自己》<br>《呼吸秋千》 |
| | 中篇小说集 | 《人是世界上的大野鸡》 |
| | 短篇小说集 | 《低地》《独腿旅行的人》 |

注:该表根据相关材料自制。

这里要讨论的问题是,通过分类成集,出版者十分清楚地标注

---

① 彭诗琅、廖隐郇主编《诺贝尔文学奖金库》,中国社会出版社,1998,第 764 页。

了赫塔·米勒各个作品的体裁，它们或为诗歌、或为散文、或为小说，可是事实上，在赫塔·米勒的创作中，她所书写的各种体裁的界限真的是很清楚的吗？这个问题的答案显然是否定的。

那么，写作的体裁界限要不要清楚呢，有没有谁十分看重这个界限呢？当然有。德国作家莱辛（Gotthold Ephraim Lessing）专门写过一本论著《拉奥孔：论诗与绘画的界限》，显然，他是很看重这界限的。几乎所有的文学理论的教科书上都要从体裁上对文学创作进行分门别类。此种分类颇有些讲究，并不是谁都可以随意来分。总的来说，历史上有"三分法"和"四分法"之说。所谓"三分法"，即将写作分为了叙事、抒情、戏剧三类。这种分法的最早倡导者是亚里士多德，他说，文学"既可以像荷马那样，时而用叙述手法，时而叫人物出场（或化身为人物），也可以始终不变，用自己的口吻来叙述，还可以使模仿者用动作来模仿"①。以群的《文学的基本原理》对此作了这样的解释："所谓像'荷马那样'指的就是叙事（史诗类）；'用自己的口吻来叙述'指的是抒情类；'使模仿者用动作来模仿'指的就是戏剧类。"② 除了三分法，即是"四分法"，具体为诗歌、小说、散文、戏剧之分。这是近代以来被文学界广泛认同的分法。

从文学创作有史以来的体裁分类传统中，我们可以看出，在文学的世界里，大家都遵守着一个共同的"游戏规则"，即不逾矩，根据不同的体裁来划定创作的界限。

但是，赫塔·米勒仿佛有意在解构这个规则，因为她的作品中的体裁的界限几乎被模糊化。简言之，她的诗歌像散文，她的散文像小说，她的小说又很像散文抑或报告文学。果真如此吗？下面我们就具体地见识一下。

首先，她的诗歌像散文。我这里说赫塔·米勒的诗歌像散文，

---

① 亚里士多德：《诗学》，罗念生译，人民文学出版社，1926，第9页。
② 以群主编《文学的基本原理》，上海文艺出版社，1980，第382页。

那就有必要先了解诗歌的特征："诗歌是一种最集中地反映社会生活的文学体裁，它饱和着丰富的想象和情感，常常以直接抒情的方式来表现。"① 很明显，驰骋的想象和丰富的情感是诗歌的核心特征，那么赫塔·米勒的诗歌具备这样的特征吗？请看从《托着摩卡杯的男人》中选取的这样两首诗：

### 第 18 首

母亲　说　那

倒霉的　就是　你

年纪　还小

而　已经有了

一颗　烂了的　牙

把　你的

皱丝裙子　穿上

在它　破　之前

去　看看

去　走进　亮灯的　咖啡厅

那里　是　另一群　观众　他们

不会　让　呼吸　沉重地　在　每一个

风向上　都　嗅到　沥青味　一个

工程师　会是　一个　很好的　调剂 ②

### 第 21 首

然而　那位　边防哨兵　有　一双眼睛　像是

两只　斜着　切成两半的　樱桃　而

---

① 以群主编《文学的基本原理》，第 393 页。

② 〔德〕赫塔·米勒：《托着摩卡杯的男人》，李双志译，江苏人民出版社，2010，第 16 页。

在臀部那么高 有 一条 黑色的 狗 和

像 蜡烛 的 一小截 那样的

一截 冷了的 烟 在嘴里 左边①

从以上两首诗中，我们可以看出诗人的驰骋想象与丰富情感吗？似乎不能。以前文的《托着摩卡杯的苍白男人》中的第 18 首为例，这首诗可以看做是一位母亲对年纪尚小的女儿的忠告，所有的语言都是陈述性的，我们可以从中截取出一段清晰的生活场面——一位母亲让长了一颗烂牙的女儿穿上皱丝裙子，走进亮着灯火的咖啡厅，走出自己狭小的世界，去看看生活中的另一群人。全篇不带任何的情感色彩，只是用简练而客观的语言在叙述这位母亲的话语。第 21 首则用简短的几行文字再现了一位嘴里叼着烟、身边跟着一只狗的边防哨兵，仿佛是从某篇文章中抽出的一段刻画人物外貌特征的文字。

可以说，在诗歌创作中，赫塔·米勒的诗句更加接近于散文。我们再看一下散文的特征：散文"是最灵活、最自由、最没有拘束的文学体裁，它可以抒情、叙事、夹叙夹议、刻画人物、描绘风景"②。以这一标准观之，只要将上述两首诗中的空格删掉，加之以适当的标点，这两首诗不俨然都是短小精悍的散文吗？灵活、自由、没有拘束，行文有条理，没有诗歌中浓厚的个人情感因素，没有诗人应有的激情，只是一段最平常的话、最寻常的景象，只需说完作家想说的话，讲清她想讲的道理。显然散文的特征十分明显。

其次，她的散文像小说。我们通过赫塔·米勒的一篇散文《鹿角》来具体看一看她的散文是如何将读者带入了小说的世界的。

---

① 〔德〕赫塔·米勒：《托着摩卡杯的男人》，第 18 页。

② 以群主编《文学的基本原理》，第 409 页。

## 鹿　角

前天我请塞德尔喝啤酒了，费迪南特说。塞德尔，我很惊讶。

从六个星期前开始，他是我的领导了。

噢，我说，他发了。

他没时间，费迪南托说。每个星期出差三次，星期六不会来。塞德尔招呼服务员，他用手指打了个榧子，费迪南特说。服务员说到就到，他躬下身。塞德尔把五个手指伸给他看，外加一个大拇指，一个食指。塞德尔买了一辆新车，费迪南特说。服务员给塞德尔端了七杯啤酒。塞德尔直接从他手上接过两杯，一杯放在我面前，另一杯他咕噜一口气喝完了，费迪南特说。啤酒沫子还黏在他的嘴边。在一杯接一杯喝的时候，他没有擦掉沫子。塞德尔告诉我，9 月中旬，他在一个村子轧死三只鸡，是中午的时候。村子空空荡荡的，像被放了气似的，塞德尔说。村子上的人都在田里干活儿。只有几条狗目睹了这一切，叫唤了一阵子。塞德尔从村子开出去，经过农田。他看见人们在农田里，但是人们没有看见他。当时田边上只站了四个学生，他们在笑，在挥手。如果他们知道了，肯定会仍石头，这是塞德尔自己说的。喝了六杯啤酒后，塞德尔又打了一个榧子。这次服务员只端来一杯啤酒。塞德尔从他手里一把抢过杯子，大声嚷道，你什么意思。这个人，这个穷光蛋，这个什么都不是的家伙看不起人，塞德尔嚷道。这会儿我才刚刚开始喝，塞德尔说。服务员用抹布在桌子上来回抹了几下，好像没有听见似的。但是他偷偷往下看了塞德尔的手，他给塞德尔端上三杯啤酒。塞德尔又是咕噜一口喝完了一杯。第八杯啤酒他拿在手上转来转去，这次他没有喝，而是说开来了，费迪南特说。塞德尔在 10 月底在农村轧死一只羊。看见的只有玉米和可爱的上帝，只可惜羊被剪过毛了，但是肉的味道不错，塞德尔说。他咕噜一口喝完了第八杯啤酒，眼睛忧伤地盯着杯子的上面看。他把第九杯啤酒从面前推开，用食指戳啤酒沫子，然后舔掉。塞德尔把身体挪进我的椅子，费迪南特说。11月中旬，在桥的前面，有一个高大的黑影扑向我的车灯，赛德尔对着我的耳朵说。这个影子有一只白晃晃的鹿角。

那就是一头鹿呗，我一边笑一边对塞德尔说。

那就是一头鹿呗，我对费迪南特说。

塞德尔立即开走了。只有月亮和可爱的星星看见了，塞德尔说。塞德尔用食指把啤酒沫子抹在嘴上。他咕噜一口喝完第九杯啤酒，费迪南特说。塞德尔坐到桌角，盯着自己的空杯子，用食指掏耳朵，把耳屎抹在台布上，叹了口气。

晚上我走进漆黑的房间。窗户反射着街道上的光线，如同桥下面的河水。我点燃一支蜡烛放在窗台上。我的身体投射在桥上，变成一个高大的黑影。我将双臂举过头，拃开手指，我晃动肩膀。

在玻璃窗上，我的双手是一对白晃晃的鹿角。[①]

这是一篇散文，但是，它却很像一篇短篇小说，小说的主要特征是，“通过具体的、生动的故事情节来刻画人物，揭示主题的，因此情节就成为小说必不可少的、具有重要意义的因素”[②]；“围绕着人物形象的塑造，小说可以充分地多方面地描绘人物活动的环境（包括自然环境和社会环境），环境是人物活动的根据，是事件发生的场地，因而小说表现人物，叙述事件，就必须具体地描绘环境，”[③]。因此，情节、人物和环境成为传统小说所公认的必须具备

① 〔德〕赫塔·米勒：《鹿角》，刘海宁译，载赫塔·米勒《一颗热土豆是一张温馨的床》，江苏人民出版社，2010，第167~169页。

② 以群主编《文学的基本原理》，第397页。

③ 以群主编《文学的基本原理》，第397页。

的三要素。

我们以这一标准来观《鹿角》，与其说它是一篇散文，倒不如称其为一篇经典的短篇小说。小说应具备的情节这里有吗？有。《鹿角》通篇讲述的是费迪南特与"我"的一段谈话，从谈话的内容我们可以发现，他们实际上讲的是一起肇事案，肇事者在驾驶汽车的途中撞死了一个人。并且，赫塔·米勒没有在一开始就揭示出这一事实，而是用类似设置悬疑的手法层层铺垫，从肇事者轧死三只鸡、轧死一头羊、轧死一头长着一对白晃晃鹿角的影子，到最后一句话才揭示出原来那"长着一对白晃晃鹿角的影子"是一个人，令全文笼罩着一种阴郁、神秘而恐怖的色彩。小说应塑造的典型人物有吗？有。《鹿角》中最引人注目的就是那个名叫塞德尔的男人。从一开始要上七杯啤酒，到端起其中一杯啤酒一饮而尽，谈话间欲言又止的态度，到最后"凑着费迪南特说这个影子有一只白晃晃的鹿角"，赫塔·米勒层层递进，用细腻的笔触将其撞人之后恐惧、抑郁，急于找人诉说而又不敢提起的心理刻画得跃然纸上。小说应营造的环境有吗？有。作者将费迪南特与"我"的对话安排在小酒吧，并通过一句说塞德尔"星期六不会来"而暗示了赛德尔与费迪南特的借酒消愁的谈话也是在这个小酒吧，人总是在愁苦烦闷的时候凭着酒力说出心事。并且，在一杯接一杯后，塞德尔以事件的发生地，那个"空荡荡的，像被放了气似的"小村子作为开始，诉说出自己压抑的心事，这不仅为文中人物心理的发展作了铺垫，更向读者揭示出了事件发生时的具体状况，为读者提供了想象的空间。最后，在一间点燃了蜡烛的黑屋子里，"我"向人们揭开了事件的谜底，漆黑黑的房间、点燃的蜡烛、反射着微弱的光的窗户、投射在桥上的白晃晃的鹿角般的影子……赫塔·米勒为真相的揭示渲染出了一种阴森、恐怖的氛围，令读者在读后有种毛骨悚然之感。

从以上的分析可以看出，《鹿角》所呈现出的的确不是一篇散文所能表现出来的特质，它更接近甚至可以当做一篇优秀的短篇小

说来阅读。它的曲折的故事情节、典型的人物刻画和极具烘托力的
场景以及其中的细节描写等都昭示出了小说的特征。那么赫塔·米
勒的小说会呈现出怎样的风貌呢？

　　她的小说像散文。我们以《工作日》这一短篇为例，来谈赫
塔·米勒的小说。

### 工作日

　　清晨五点半。闹钟响了。

　　我起床，脱掉衣服放到枕头上，穿上一套睡衣裤，走进厨
房，跨进浴缸，拿起毛巾，用它洗澡，拿起梳子，用它擦干自
己，拿起牙刷，用它梳头，拿起海绵，用它刷牙。然后我走进
浴室，吃一片茶，喝一杯面包。

　　我摘下手表和戒指。

　　我脱掉鞋子。

　　我走进楼梯间，然后我打开房门。

　　我坐电梯从六楼到二楼。

　　然后我爬上九层台阶，到了大街上。

　　我在食品店里买了份报纸，然后我走到车站买了块牛角面
包，到达报刊亭后，我上了有轨电车。

　　在上车前的第三站，我下车。

　　我回应门卫的问候，然后门卫问候我，说，又是星期一
了，一周又要结束了。

　　我走进办公室，说再见，把我的夹克挂到写字桌上，坐到
衣帽架前开始工作。我工作八小时。[①]

　　初读这篇小说，我们会有种错乱感，小说讲述的是一个人的一

--------

① 〔德〕赫塔·米勒：《工作日》，续文译，载赫塔·米勒《低地》，江苏人民出
　版社，2010，第 146～147 页。

个工作日，但是，作家将主人公"我"所有的行为和动作全都颠倒过来，起床后应该脱掉睡衣换上衣服，但"我"是穿上睡衣；厨房成了用来洗漱的浴室，而浴室则成了吃早饭的厨房；梳子用来擦干自己，牙刷却用来梳头；戴表变成摘表，穿鞋变成脱鞋……赫塔·米勒用夸大了的错乱、充满悖论又颠三倒四的叙述将一个现代人忙碌而压抑的一天展现在读者面前，她的描述是错乱的，但给人带来的感觉是真实的。与其说这是一篇小说，倒不如说它是一篇真实地记录了现代人在高度压抑和紧张的生活和工作状态下所产生的错乱感的散文。

我们再来看一篇题目为《施瓦本浴》的短篇小说。

### 施瓦本浴

星期六晚上。浴室炉子的肚子烧得通红。通风窗锁得死死的。上周，两岁的阿尼因为吹了冷风感冒了。母亲用一条洗了褪色的裤衩给小阿尼搓背。小阿尼拳打脚踢。母亲把小阿尼从浴盆里抱出，可怜的孩子，祖父说。不应该给这样小的孩子洗澡，祖母说。母亲踏进浴盆，水还很热。肥皂泛着泡沫，母亲从脖子上搓下灰色的面条。母亲的面条浮游在水面。浴盆多了条黄色的边线。母亲跨出浴盆，水还是热的，母亲大声对父亲喊。父亲踩进浴盆。水很温暖，肥皂泛着泡沫。父亲从胸口搓下灰色的面条，父亲的面条和母亲的面条一起浮游在水面上。浴盆有了道棕色的边线。父亲跨出浴盆。水还是热的，父亲大声对祖母喊。祖母才进浴盆，水不冷不热。肥皂泛着泡沫，祖母从肩上搓下灰色的面条。祖母的面条和父亲、母亲的面条一起浮游在水面。浴盆有了道黑色的边线。祖母跨出浴盆，水还是热的，祖母大声对祖父喊。祖父才进浴盆。水冰冷了。肥皂泛着泡沫。祖父从手肘上搓下灰色的面条。祖父的面条和祖母、父亲、母亲的面条一起浮游在水面。祖母打开浴室的门。祖母看向浴盆里，祖母看不到祖父。黑色的洗澡水漫过了浴盆的黑色边线，祖父肯定在浴盆里，祖母想，祖母关上身后的门。祖父排出浴盆里的洗澡水。母亲、父亲、祖母和祖父的面条盘绕在排水口上方。

施瓦本的一家人刚刚洗过澡，坐在电视机前。施瓦本的一家人刚刚洗过澡，正等待星期六晚上电视上播放的电影。[1]

与其说《施瓦本浴》是一篇小说，不如说是一篇记录真实生活事件的散文。通过施瓦本一家人晚上洗澡的经过，赫塔·米勒表现出了一个穷苦人家心酸、艰难却又平和、乐观的生活状态。

从以上的两个短篇小说我们可以发现，赫塔·米勒的小说没有设置引人入胜的情节，没有塑造核心的人物形象，没有营造典型的主客观环境，她更倾向于描绘某个生活中的场景，展现人物真实的生活状态。从这一点来看，她的小说更接近于真实性较强的散文。

最后，她的小说也有报告文学的倾向。"报告文学是散文中一种兴起的形式，它的主要特点是运用文学手法迅速而及时地报道生活中的重大事件和千百万群众所关心的事物"[2]，"有充分的真实性和准确性"[3]。也就是说，和虚构性较强的小说相比，报告文学这种体裁具有及时、真实、准确的特点。我们以长篇小说《呼吸秋千》为例，来谈一谈赫塔·米勒带有报告文学性质的小说创作。

小说《呼吸秋千》以第二次世界大战为背景，讲述了一个名叫雷奥帕德·奥伯克的罗马尼亚男孩儿在苏联劳动营中的艰难生活，以及在离开劳动营之后回到家乡后在家庭、社会中所体会到的隔离感。关于劳动营的背景，作者曾这样记叙到："1944 年夏天，苏联红军已深入罗马尼亚境内，法西斯独裁者安东内斯库被捕并被处死。罗马尼亚投降，出人意料地向一直为盟国的纳粹德国宣战。

---

① 〔德〕赫塔·米勒：《施瓦本浴》，续文译，载赫塔·米勒《低地》，江苏人民出版社，2010，第 8～9 页。
② 以群主编《文学的基本原理》，第 412 页。
③ 以群主编《文学的基本原理》，第 413 页。

1945年1月，苏联将军维诺格拉多夫以斯大林的名义，向罗马尼亚政府索要所有生活在其境内的德国人。要他们为战争中被破坏的苏联的重建出力。所有年纪在17～45岁之间的男人和妇女被流放到苏联劳动营，进行强制劳动。"① 她的母亲在劳动营里也待了5年。在她的童年记忆里，"流放这个话题是个禁忌。只有在家里，或是也有过流放经历的很熟的人之间，才会谈起在劳动营的岁月。即使谈起来，也只是暗示而已，这些偷偷摸摸的谈话伴随了我的童年。我不明白它们的内容，却感受到了其中的恐惧"②。显然《呼吸秋千》的笔触就是这样一段背景，它有着颇多的真实性。而具体到写作过程，更显现了颇多的报告文学的写作因子，因为该作品书写的就是一个人的真实的生活经历，这可在《呼吸秋千》一书的后记中见之：

> 2001年，我开始记录下对村里以前被流放者的访谈。我知道，奥斯卡·帕斯提奥也被流放过，跟他讲起我打算写这个题材，他想用他的回忆帮助我。我们定期会面，他讲述，我记录。不过，不久之后，我们就萌生了共同创作的念头。
>
> 2006年，奥斯卡·帕斯提奥突然辞世时，我已有四大本写满的手稿，有几章的草稿也已打好。他死后，我整个人像是僵住了。笔记中透出来的亲近感更让我深刻地体会到失去的一切。
>
> 一年之后，我才能艰难地脱离"我们"这个语境，独立地完成这部小说。但若没有奥斯卡·帕斯提奥提供的关于劳动营的细节，我是无法做到的。③

---

① 〔德〕赫塔·米勒：《呼吸秋千·后记》，余杨、吴文权译，江苏人民出版社，2010，第277页。
② 〔德〕赫塔·米勒：《呼吸秋千·后记》，余杨、吴文权译，江苏人民出版社，2010，第277页。
③ 〔德〕赫塔·米勒：《呼吸秋千·后记》，余杨、吴文权译，江苏人民出版社，2010，第277～228页。

从作家在后记的叙述中我们可以了解到,她本来的"合作者"奥斯卡·帕斯提奥就是《呼吸秋千》中小男孩儿的原型,并且,通过录音的形式,赫塔·米勒记录下了帕斯提奥关于那段特定生活的回忆。是后者为作家提供了丰富创作的素材与真实而可靠的信息,为赫塔·米勒打开了劳动营的人们的隐秘的内心世界。从这一点来看,《呼吸秋千》所取素材的真实与细节表现的准确同报告文学充分真实与准确的特性是吻合的。

综上所述,我们分别从四个方面探讨了赫塔·米勒"逾矩"的创作,她跳出了文学史自古以来对体裁的限定与划分,自由地穿梭于各个体裁之间。应该说,尽管在文学的发展过程中,许多作家为力求突破而在作品的创作形式以及写作的手法上进行了很大的改变与创新,比如荒诞派戏剧家就将矛盾冲突这一戏剧最具代表性的特征弱化了,从而给读者和观众带来不一样的观看与阅读体验。但是,毕竟这种突破是在一种文学体裁的范围之内,而赫塔·米勒则有意地去模糊甚至打破各个体裁之间的界限,从而跳出了文学世界这一约定俗成的"规则"。她让原本虚构性较强的小说变得真实,让真实性突出的散文变得离奇,让感情色彩浓烈的诗歌变得朴实。为什么赫塔·米勒的创作会如此"逾矩",甚至在文学体裁的表现中呈现出了一种错乱感?

一个作家的创作行为一定程度上受其写作动机影响,因此要解决这一问题,我们首先应该探求一下赫塔·米勒的创作动机。在名为《你带手绢了吗》的诺贝尔文学奖获奖演说中她这样说道:"我们可以相信这种事,但是无法说出来。但是,无法说出来的,我们可以写下来。因为写作是一种沉默的动作,一种从头脑到手的劳作。嘴巴就跳越过去了。"① 我们可以这样理解这段话,赫塔·米

①〔德〕赫塔·米勒:《低地·"你带手绢了吗"》,庆虞译,第11页。

勒用沉默的写作来代替有声的说话，这就是她写作的最初动机。可是，如果当正常的说话都会给她带来意想不到的恶果的时候，她还凭什么要相信这世上所谓的"规矩"？那么，是怎样的经历令作家"说的话都会带来痛苦不堪的后果"？

在获奖演说中，赫塔·米勒坦言了自己在生活中所遭受的伤害。在一段时期内，她在一家制造工厂里担任翻译，一个所谓"来自国家安全局的大人物"的来访打破了她平静的生活。这位"大人物"要求赫塔·米勒在一份文件上签字以做他的"线人"，却被后者断然拒绝了，于是恼羞成怒的来访者威胁米勒道，"你会后悔的，我们会把你弄到河里淹死"[1]。赫塔·米勒这样描述自己当时的反应："我好像是自言自语地回答：'如果我签了这个字，我就再也不能活得像我自己了，我自己就会淹死我自己。所以，你要淹死我更好。'"[2] 这件事发生的第二天，"大人物"便兑现了他的"诺言"，赫塔·米勒是"线人"的流言开始在制造厂中散播，她开始遭受伙伴的误解、同事的排挤甚至是驱逐，办公室被侵占，虽然说是在工作却无落脚之处。米勒回忆当时的情景："我有一块手绢。我把手绢铺在二楼和三楼之间的一个台阶上，小心地把它铺平，然后坐在上面。我把厚厚的字典放在我的膝盖上，然后翻译那些液压机器的说明书。我成了个楼梯玩笑，我的办公室是一块手绢。"[3] 尽管面临着如此艰难的处境，自始至终，赫塔·米勒都没有主动地离开制造厂，她守着自己的"手绢"，直到被强行开除。米勒这样说道，"在我的同事们的眼中我正好成了那种我拒绝做的人。如果我做了那种线人，他们倒会毫不犹豫地信任。实际上，他们惩罚我是因为我宽宥了他们"[4]。

---

① 〔德〕赫塔·米勒：《低地·"你带手绢了吗"》，庆虞译，第3页。
② 〔德〕赫塔·米勒：《低地·"你带手绢了吗"》，庆虞译，第3页。
③ 〔德〕赫塔·米勒：《低地·"你带手绢了吗"》，庆虞译，第4页。
④ 〔德〕赫塔·米勒：《低地·"你带手绢了吗"》，庆虞译，第4页。

　　可以说，这件事对赫塔·米勒一生的思想发展产生了很大的影响，其亲身经历告诉她，生活中的真假是很难辨认的，生活没有规则可言，黑和白有时会相互颠倒，真可以变假，假可以成真。所以在创作中，她根本就不会有遵从所谓"规则"的意愿。从这一意义上说，写作这一行为就有了象征性，它成了赫塔·米勒生命里的"手绢"，作家用它去反抗自己不愿融入的现实，去挑战既定的陈规。沉默的写作是"词语哑剧"的表演，"它们不在乎任何现实主义的规格，把最重要的收缩起来，而把无关紧要的扩展开"①。赫塔·米勒用写作这出沉默的哑剧去抗拒规则背后那双权利之手，她甚至去反叛写作本身，不受体裁的束缚，不拘泥于任何的约定俗成，她自由地去言语，她也希望自己言语着自由。

　　在解构规则这一点上，赫塔·米勒不是孤单的先行者，有许多作家与她一样，都在寻求文学的新出路，是谁给文学下了定义？谁又有权利去给文学下这样的定义？历史沿袭下来的东西都是正确的吗？源头在哪里？米勒们挑战着文学背后的"权威"，用创作实践表明，文学永远是一种思想的放飞，一旦被"规则"所困，它便会走向刻板，甚至会成为某种权利、政治文化意识的传声筒。跳出了"规则"的文学创作为赫塔·米勒的创作带来了蓬勃的生命力，在摆脱了文体束缚后，作家的思想不再被惯有的思维方式所羁绊，她自由地书写着自己所要表达的一切，她的作品总是那么"突如其来，突发奇想，词语的魔圈赋予所体验到的事物一种着魔般的逻辑"②。当然，这种跳出"规则"的写作在带给读者以新的阅读体验的同时，也会遭受到一定的质疑，它毕竟打破了大部分文学家一直恪守的教条。但是，引起人们对"规则"这一本身的思考已经让赫塔·米勒的"逾矩"具有了意义。

---

① 〔德〕赫塔·米勒：《低地·"你带手绢了吗"》，庆虞译，第11页。
② 〔德〕赫塔·米勒：《低地·"你带手绢了吗"》，庆虞译，第11页。

# 第四节　散文的"昏暗"风格

赫塔·米勒的散文是她创作中的一大部分，她的散文中的相当一部分更接近随笔，而这些随笔往往是她对日常生活中遇到的事情进行的反思和理解。她并没有去强调散文的格式和特定的内容，仿佛是她见到了什么想到了什么就将其记录下来的文字而已。当然，随笔也属于散文的一种，它和杂文、游记都属于广义上的散文。

综观米勒的散文，其鲜明的风格特征可谓是"昏暗"。所谓昏暗，在词典中的解释是"光线微弱，暗"，这显然与黑暗不同，黑暗就是看不见了，但是昏暗只是模糊，不清楚，这种视觉效果带给人的感觉就是压抑，想呼喊却又无处释放。因为昏暗是米勒散文带给读者的最鲜明的印象，故我将其散文的风格释为"昏暗"。

按照"风格即其人"的逻辑推论，如果说"昏暗"是米勒散文特有的风格，那么其实这也是米勒的个体生活的个性体现。因为"在中外的文学史上，许多文学评论家早已开始对文学风格形成的原因进行了探索。他们曾经提出了'文如其人''读其书想见其为人''风格就是人'等说法，这些说法都概括地说明了文学作品的风格，是作家的风格、作家的创作个性的具体表现"①。所以说"昏暗"既是米勒散文的风格，恐怕也是她本人的个性体现。那么这种昏暗风格到底是如何表现的呢？笔者认为主要体现在文本的内容、情感和手法三个方面。

## 一　内容的"昏暗"

赫塔·米勒散文的笔触主要涉及了三个方面：一是国与国之间的关系；二是国与人民之间的关系；三是人与人之间的关系。说她

---

① 以群主编《文学的基本原理》，上海文艺出版社，1980，第419页。

的散文的内容是"昏暗"的，主要是指在选取这三个方面的描述对象时，她看到的基本上是阴沉的一面，不管是国与国之间的大事件，还是人与人之间的小事件，她都只是着笔于恐怖的、扭曲的一面。在《一滴德国水，杯子便满了》一文中，作者揭示了国家宣传的虚假性："一个政客，一个德国的政客说'我们的人民是幸福的'，我则会感到一种悚然。"① 米勒对于国家政权的这种行为抱着鄙夷的态度，当然，这也是她个人受到国家机构监视后的鲜明的情感反应。在米勒看来，她眼中的政府就是虚伪的代表，在她所生活的时代，她认为德国政府如此，罗马尼亚政府同样如此。虽说罗马尼亚是米勒生长的地方，但她只对土地有感情，对那里的政府毫无好感。在《旁边桌子上的国家》一文中，她记述的就是她对罗马尼亚的看法。其实她是从她见到了一个罗马尼亚的男人开始入笔的，进而书写了她心中的罗马尼亚。"当年我离开罗马尼亚时，把那次离开形容成是'换地方'。我要防止自己使用各种情绪化的词语。我从来没有把'故乡'和'思乡'的概念用在我自己的身上。"② 显然，即使是自己的故乡，也并不能给她带来归属感，这就是米勒。她在写下这些文字的时候是如此冷漠，不禁让人对她的关于故乡的态度感到惊讶。除了对国家的这种排斥性的描述外，在描述人的时候，作者同样离不开"昏暗"的一面。这其中《鹿角》和《小小死亡乌托邦》是最具有代表性的。在这两篇文章中作者使用了大量的比拟手法，但这无法掩盖作品中透露出的人性阴暗的一面。《鹿角》其实讲述了一个人撞死了人之后逃匿的故事，但是通过作者的描述，读者可能会认为这个司机塞德尔撞死的是一头鹿，只是不明白为什么撞死一头鹿之后他向友人费迪南特诉说时总是言辞闪烁。直到一天，"我点燃一支蜡烛放在窗台上。我的身体投射在桥上，变成一个高大的黑影。我将双臂举过头，拆开手指。我晃动肩膀。在窗玻璃上，

---

① 〔德〕赫塔·米勒：《一颗热土豆是一张温馨的床》，第3页。
② 〔德〕赫塔·米勒：《一颗热土豆是一张温馨的床》，第8页。

我的双手是一对白晃晃的鹿角"①。至此，"我"才明白塞德尔撞死的其实是一个人。如果此事用简单的词一语道破，读者的心理也许不会感到恐惧和震撼，可是经米勒的描述之后，读者往往感觉自己像是看完了一部恐怖片，而在结局，作者用一句话向读者公布了真相。这个真相因为与之前的内容有很大的反差，所以让读者回想起来对人性之"恶"颇感厌恶。《小小死亡乌托邦》中，作者通过奶奶的葬礼想到了爷爷奶奶的婚礼，进而又触及了他们的夫妻关系。作者把夫妻之间的各种关系写得很污秽，如不圣洁的婚礼、赤裸裸的性爱、女子的生产过程等，如果换个角度，换个作家，把这些串联起来，他们也许会将其写成美丽圣洁的爱情事件，可是米勒却写出了夫妻关系阴暗的一面，只有死了，才会到达乌托邦。当然，除了这些富有代表性的散文，米勒其他散文的内容也有很多都取材于社会生活中阴暗的事件。她对教育、医疗等社会生活中的各方面都有触及，但是必须注意的是，这些内容都离不开她的"昏暗"视角。这种内容的昏暗性也就导致了她散文中透露出作者本人情感上的昏暗性。

## 二 情感的"昏暗"

　　米勒的散文与许多作家的散文相比较，突出的不同之处在于其表达的情感的色彩上。散文之于读者通常是美丽的，如德国的蒙森；遒劲的，如英国的培根；娓娓道来的，如法国的蒙田，亦或是像鲁迅先生的杂文那样直抒胸臆的，总之，散文表达的感情色彩通常是真实而积极的。但是米勒的散文全然不是这样，她也抒情，可是抒发的大都是愤怒、消极、恐怖的情绪；她也抨击，可是大都是扭曲的、阴暗的、怪诞的情感宣泄。

　　这里我们以中国作家周作人的散文《故乡的野菜》的片段与之作比较：

---

　　① 〔德〕赫塔·米勒：《一颗热土豆是一张温馨的床》，第169页。

......日前我的妻前往西单菜市场买菜回来，说起有关荠菜在那里卖着，我便想起浙东的事来。荠菜是浙东人春天常吃的野菜，乡间不必说，就是城里只要有后园的人家都可以随时采食，妇女小儿各拿一把剪刀一只"苗篮"，蹲在地上搜寻，是一种有趣味的游戏的工作。那时小孩们唱到，"荠菜马兰头，姊姊嫁在后门头"。后来马兰头有乡人拿来进城售卖了，但荠菜还是一种野菜，须得自家去采。关于荠菜向来颇有风雅的传说，不过这似乎以吴地为主。①

周作人是中国的散文大家，他的散文又通常被人们称为"美文"，所以以他的作品来讨论散文的风格问题，应该是比较合适的。在前文所引的《故乡的野菜》的片段中，人们可以看到周作人的这篇散文是对日常的观照，从自己的妻买菜说起，然后谈起故乡的野菜，以及故乡的妇女们如何去挖野菜，文中透露了浓厚的生活气息，尽管淡淡的几句话，也非常明显地传达出作者对生活的热爱。而这类散文风格清新淡雅，于读者来说，读起来也倍感轻松，并唤起明朗的生活憧憬。

赫塔·米勒的散文中，这样的情感取向是很少的，多见于愤怒、批判、嘲讽之情。这里也取其一段散文观之，这篇散文的题目是《一杯德国水，杯子便满了》。

如果一个人，一个单个的人说他自己"我是幸福的"，那么同这个人交往我会觉得很困难。

然而如果一个政客，一个德国的政客说"我们的人民是幸福的"。我会感到一种悚然。有自己的幸福的单个的人总会

---

① 周作人：《故乡的野菜》，载《散文选》（第 1 册），上海教育出版社，1979，第 178 页。

对那些没有他的幸福也没有自己的幸福的人视而不见。有自己
的幸福的人民常常会把那些没有他的幸福也没有自己的幸福的
人民踩踏在脚下。

政客的脸在电视屏幕上神采奕奕。他的目光抬起，如果不
在室内，人们现在应当是可以看到一方天空的。人们没有看见
一方天空，但是看见了政客陶醉在自己的那句话中。

我关上电视机。那张脸消失了……①

从上述这个片段，基本上可以透视出赫塔·米勒散文的情感取
向。总的来看，她关注社会现实的时候，往往基于批判的立场。而
正因如此，她无法在自己的笔下添加那些亮丽的温暖的词汇，而是
于字里行间都传达出她对自己所十分敌视的社会现实的不满。在上
面这个片段中，她只是在电视里听见一位政界人士说了"我们的
人民是幸福的"这样一句话，于是她即刻从这句话的背后透视出
了虚假，作为作家的她便清醒地意识到戳穿这种虚假是她的责任，
于是她带着揭露的情绪在后文中列举了若干例子来说明这句话是不
成立的。她于其中表达的是一种痛恨的情绪。

应该说当年的国家机构对米勒的监视在一定程度上促使了米勒
滋生出愤懑的心理，同时，米勒的精神一直生活在高压下也是造成
她的情感昏暗的主要原因。这就决定了在她的写作中，当事物具有
两面性的时候，她选择的差不多都是对昏暗的那一面来描述，而不
是积极的那一面。所以在情感上，无论是作者本身还是其传达给读
者的感受都是阴暗面偏多，这种压抑的感觉遍布于米勒的散文中，
也更成为她作为作家的批判性立场。

## 三　手法的"昏暗"

米勒的散文主要的手法是从小事入手。当然，这个"小"和

---

① 〔德〕赫塔·米勒：《一颗热土豆是一张温馨的床》，第3页。

"大"是相对来说的。在这里可以提到中国的文学大家鲁迅，他的散文的特点恰恰与之相反，往往是从大事入笔。鲁迅和赫塔·米勒入笔的大和小都是根据他们选入散文中的具体事件来说的。鲁迅的杂文相对来说都是通过对一个大事件的描述，来引起人们思想上的震动，这个大事件看上去似乎和最后得到的结论没有什么联系，但是鲁迅通过入微的剖析和富有逻辑性的推理，令读者明白前面的那个大事件和最后的这个结论是有内在联系的。当然，这是由鲁迅超群的创作能力所决定的。他擅于使用大量的隐喻、拟人、夸张等修辞手法，让人不得不信服他所阐述的道理。在《再论雷峰塔的倒掉》这篇杂文中，鲁迅从因为迷信而去挖雷峰塔的砖的无知百姓说起，这些百姓你一块我一块地不停地挖雷峰塔，最后雷峰塔倒了。这件事可谓是一件大事，但是鲁迅的终极目的并不是要谈雷峰塔倒塌的这件事，他的这篇散文的重心在于："这一种奴才式的破坏，结果也只能留下一片瓦砾，与建设无关。"破坏之后没有任何建设性的作为，这是一种不负责任的行为。人们的如此所为总有一天会让这个本来就不强悍的国家被腐蚀倒塌。鲁迅希望人们能够从这个事件中有所认识，提醒人们不仅要扫除旧的东西，更要创立新的东西来适应时代发展的要求。显然，鲁迅是从大事入笔的，他擅于从某件大事推衍出一个对人们有启迪意义的道理。

相比较而言，赫塔·米勒入笔的事件都是生活中的琐事，如她听到的、见到的不起眼的事物。她写的《一滴德国水，杯子便满了》，其实就是听了电视上的一位政客说的一句话而引起了她的不满；《旁边桌子上的国家》就是因为她在车站见到了一个外国人，而这个外国人也只是和她擦肩而过，她便由此生发了对罗马尼亚的一番感想。显然，这样的散文都是起笔于生活中不经意间出现的小事。但是，赫塔·米勒的笔不会停止在这小事上，她的特点是在这小事中找到一个重要的"点"，而后笔锋一转，跳到一个大的话题上。《人质的黑眼眶》中的"眼眶"比起雷峰塔的倒掉，相对来说也是一件小事了，但从这个小事中，作者却说："面对人质的黑眼眶，没有一个记者会去想，把正在申请避难的政治受迫害者再交还给迫害他们的人，这意味着什么"①。作者从这个"黑眼眶"起笔，其实关注的是自由问题。而她通过对这个现象的真实的描述，让读者从这种小事中联想到了与自由、权力相关的大事。她的其他散文，如《眼睛与肋骨之间》《体操房里的鱼》《理智的刀》等，也都是起笔于看上去很简单的小事物，却都离不开政治、自由的话题，所有这些"小"都与国家、政治这些"大"的东西脱不开联系。在赫塔·米勒的散文中，最值得一提的是《国王鞠躬，国王杀人》。从这个标题上看，人们会觉得有些莫名其妙，国王为什么杀人且不谈，可是国王为什么要鞠躬呢？既然作者用了这个标题，那二者之间肯定有一定的内在联系。在文章的开始，赫塔·米勒就说："常常有人问我，为什么我的作品中总是出现国王，却很少看到独裁者？那是因为'国王'比较柔和。还有人问，为什么理发师会经常现身？那是因为理发师丈量着头发，而头发丈量着生活。"② 这段经典的开头，凡是读过赫塔·米勒作品的人差不多都记得。"鞠躬"算个小事，那"杀人"呢？"头发"自然也是个小事，那"生活"呢？这看起来"风马牛不相及"的两件事情，就这样被她简简单单的话语给揭示出了内在的联系，这显然已经昭示了赫塔·米勒的散文起笔于小事的特点。

应该说，米勒的起笔于小事而生发开来的散文笔法是独具特色的，这种写法灵活、方便，易于与读者交流，因而显示了其散文的灵动性；但是这种起笔于小事而随意生发的写法也有其不合逻辑的地方，尤其是有时会表现出片面性。从哲学层面上来说，事物都有两面性或多面性，而米勒从小事物中看到的往往都是消极的一面，而忽视了积极的一面。这种写法也是她的散文的昏暗性特征的一种表现。

---

① 〔德〕赫塔·米勒：《一颗热土豆是一张温馨的床》，第 14 页。
② 〔德〕赫塔·米勒：《国王鞠躬，国王杀人》，第 29 页。

另外，米勒对语言的使用也具有不规范性，她常常以跳跃的思维来组织语言，所以她的散文中还使用了意识流的手法，只是相对于其散文内容的尖锐性，这种意识流手法已经被读者忽视了。米勒散文的用词有时具有颇多的模糊性，这不仅是因为她大量使用了比拟、象征的手法，因为这些手法其他散文作家也都使用，可是读者对这些作家的词语却能很快理解，更是因为米勒用词的模糊性增加了阅读难度。对于米勒笔下的文字，读者总要来来回回多读几遍才能猜透其中的意思，但也只是"猜"而不是"确定"。谁能把性爱中的女人比喻成一匹有白鼻子的马？谁又能把生产中的女人和一只鸡相联系？这种比拟的手法除了隐晦，同时也充满了令人不快的压抑感。另外，米勒的散文用词并不典雅，这并不能说她不喜欢美丽的语言，而是因为她觉得"语言即政治"，语言是独裁者的工具，"无论是过去还是现在，语言无时无处不是政治的范畴，因为它和人与人之间的行为密不可分"①。米勒能够创造性地使用语言，正表明了她对语言具有充分的驾驭能力。

我们说米勒的散文风格是昏暗的，只是在探寻她的散文的特征，并非以此作为散文品质的鉴定标准。亮丽风格的散文可以是上乘的，昏暗风格的散文同样也可以是上乘的。昏暗，首先表示的是作者作为作家面对社会的一种立场，对赫塔·米勒来说，这立场即是批判性的；同时，昏暗也是作者面对社会现实的情感色彩的表露，对米勒来说，当她在现实生活中没有看到"阳光灿烂"的时候，她的情感在"黑"与"白"之间徘徊，这就是很自然的了；昏暗，其实也是作家世界观的一种表征，正如存在主义的作家们看到"世界的荒诞"，所以他们不会去创作歌功颂德的文本一样，赫塔·米勒对世界的看法也并不是乐观的，她的生活经历促使她对自己所置身的社会产生了抵触和批判意识；进而，她又从个人的经历

---

① 〔德〕赫塔·米勒：《国王鞠躬，国王杀人》，第28页。

拓展到在广泛的层面上去透视现存社会秩序和人们的生活境遇，所以，她的世界观中否定的因素偏多，从而，在她的作品中否定意识也变得十分突出。而她对现实社会的否定，事实上也在行使着一个作家的权利。从这个意义上说，赫塔·米勒散文的昏暗风格也是作者批判精神的折射。

# 参考文献

## 一 作品

〔德〕赫塔·米勒:《一颗热土豆是一张温馨的床》,刘海宁译,凤凰出版传媒集团江苏人民出版社,2010。

〔德〕赫塔·米勒:《国王鞠躬,国王杀人》,李贻琼译,凤凰出版传媒集团江苏人民出版社,2010。

〔德〕赫塔·米勒:《呼吸秋千》,余杨、吴文权译,凤凰出版传媒集团江苏人民出版社,2010。

〔德〕赫塔·米勒:《镜中恶魔》,丁娜译,凤凰出版传媒集团江苏人民出版社,2010。

〔德〕赫塔·米勒:《心兽》,钟慧娟译,凤凰出版传媒集团江苏人民出版社,2010。

〔德〕赫塔·米勒:《狐狸那时已是猎人》,刘海宁译,凤凰出版传媒集团江苏人民出版社,2010。

〔德〕赫塔·米勒:《人是世上的大野鸡》,陈民、安尼译,凤凰出版传媒集团江苏人民出版社,2010。

〔德〕赫塔·米勒:《托着摩卡杯的苍白男人》,李双志译,凤凰出版传媒集团江苏人民出版社,2010。

〔德〕赫塔·米勒:《低地》,续文译,凤凰出版传媒集团江苏人民出版社,2010。

〔德〕赫塔·米勒:《今天我不愿面对自己》,沈锡良译,凤凰出版传媒集团江苏人民出版社，2010。

〔美〕赛珍珠：《大地三部曲》，王逢振译，人民文学出版社，2010。

〔美〕赛珍珠：《母亲》，万绮年原译，夏尚澄编译，中国出版集团东方出版中心，2010。

〔美〕赛珍珠：《帝王女人——中国最后一位皇后的故事》，王逢振、王予霞译，中国出版集团东方出版中心，2010。

〔美〕亨利·梭罗：《瓦尔登湖》，田伟华译，中国三峡出版社，2010。

〔英〕多丽丝·莱辛：《时光噬痕——观点与评论》，龙飞译，作家出版社，2010。

〔英〕多丽丝·莱辛：《天黑前的夏天》，邱益鸿译，南海出版社，2009。

〔南非〕纳丁·戈迪默：《我儿子的故事》，莫亚平译，译林出版社，2008。

〔意大利〕格拉齐亚·黛莱达：《邪恶之路》，黄文捷译，上海人民出版社，2008。

〔奥地利〕埃尔弗里德·耶利内克：《逐爱的女人》，陈良梅译，译林出版社，2008。

〔奥地利〕薇蕾娜·迈尔、罗兰德·科贝尔格：《一幅肖像：埃尔弗里德·耶利内克传》丁君君译，作家出版社，2008。

〔英〕多丽丝·莱辛：《影中漫步》，朱凤余等译，陕西师范大学出版社，2008。

〔英〕多丽丝·莱辛：《又来了，爱情》，瞿世镜、杨晴译，译文出版社，2007。

〔挪威〕西格里德·温塞特：《克丽丝汀的一生》，李斯等译，时代文艺出版社，2006。

〔奥地利〕埃尔夫丽德·耶利内克：《钢琴教师》，宁瑛等译，十月文艺出版社，2005。

〔奥地利〕埃尔夫丽德·耶利内克：《啊，荒野》，长江文艺出版社，2005。

〔奥地利〕埃尔夫丽德·耶利内克：《魂断阿尔卑斯山》，长江文艺出版社，2005。

〔奥地利〕埃尔弗里德·耶利内克：《美好的时光》，陈民、刘海宁译，译林出版社，2005。

〔奥地利〕埃尔弗里德·耶利内克：《死亡与少女》，魏育青、王滨滨译，译文出版社，2005。

〔奥地利〕埃尔弗里德·耶利内克：《米夏埃尔——一部写给幼稚社会的青年读物》，余匡复译，译文出版社，2005。

〔智利〕卡夫列拉·米斯特拉尔：《卡夫列拉·米斯特拉尔诗选》，赵振江译，河北教育出版社，2004。

〔英〕吉卜林：《丛林故事》，人民文学出版社，2004。

〔匈〕凯尔泰斯·伊姆雷：《无命运的人生》，许衍艺译，译文出版社，2003。

库切：《耻》，张冲、郭整风译，译林出版社，2002。

〔波兰〕维斯瓦娃·希姆博尔斯卡：《诗人与世界：维斯瓦娃·希姆博尔斯卡诗文选》，张振辉译，中央编译出版社，2002。

〔美〕赛珍珠：《庭院里的女人》，罗燕改编，北京现代出版社，2001。

〔波兰〕维斯瓦娃·希姆博尔斯卡：《呼唤雪人》，林洪亮译，漓江出版社，2000。

〔英〕多丽丝·莱辛：《金色笔记》，陈才宇、刘新民译，译林出版社，2000。

〔智利〕卡夫列拉·米斯特拉尔：《米斯特拉尔散文选》，孙柏昌译，百花文艺出版社，1997。

〔爱尔兰〕叶芝：《叶芝抒情诗精选》，袁可嘉译，太白文艺出版社，1997。

〔俄〕列夫·托尔斯泰：《安娜·卡列尼娜》，周扬译，人民文学出版社，1997。

〔瑞典〕塞尔玛·拉格洛夫：《骑鹅历险记》，石琴娥、斯文、陈文荣译，漓江出版社，1996。

〔法〕阿尔贝特·史怀泽：《敬畏生命》，陈泽怀译，上海社会学院出版社，1996。

〔意大利〕格拉齐亚·黛莱达：《长春藤》，沈萼梅、刘锡荣译，花城出版社，1996。

〔美〕托妮·莫里森：《宠儿》，潘岳、雷格译，中国文学出版社，1996。

〔美〕哈里叶特·比彻·斯陀夫人：《汤姆大伯的小屋》，黄继忠译，译文出版社，1993。

〔美〕艾丽丝·沃克：《紫色》，杨仁敬译，十月文艺出版社，1993。

〔意大利〕格拉齐亚·黛莱达：《风中芦苇》，蔡蓉译，译文出版社，1992。

〔南非〕纳丁·戈迪默：《七月的人民》，莫雅平译，漓江出版社，1992。

〔美〕赛珍珠:《我的中国世界》,尚营林等译,湖南文艺出版社,1991。

〔瑞典〕萨克斯:《逃亡》,孟蔚彦译,漓江出版社,1991。

〔瑞典〕拉格洛夫:《阿尔奈先生的钱》,外国文学出版社,1989。

〔智利〕卡夫列拉·米斯特拉尔:《露珠》,王永年译,译文出版社,1988。

〔智利〕加夫列拉·米斯特拉尔:《柔情》,赵振江、陈孟译,漓江出版社,1988。

〔美〕朱虹选编《美国女作家短篇小说选》,中国社会科学出版社,1983。

〔美〕赛珍珠:《大地》,台湾远景出版事业公司,1982。

〔法国〕弗雷德里克·米斯特拉尔:《米赫尔》,许文堂译,台湾远景出版公司,1981。

## 二　著作

李杰:《上帝的国度——破译犹太人的神秘基因》,新世界出版社,2012。

王诺:《欧美生态文学》,北京大学出版社,2011。

党圣元、刘瑞弘选编《生态批评与生态美学》,中国社会科学出版社,2011。

陈晓兰主编《外国女性文学教程》,复旦大学出版社,2011。

袁霞:《生态批评视野中的玛格丽·特阿特伍德》,学林出版社,2010。

戴岚:《女性创作与童话模式》,上海文化出版社,2010。

刘文良:《范畴与方法——生态批评论》,人民出版社,2009。

邝明艳、张俊编著《诺贝尔文学奖名著速读》,华文出版社,2009。

田亚曼:《母爱与成长:托妮·莫里森小说研究》,中国社会科学出版社,2009。

郭岚:《中国区域差异与区域经济协调发展研究》,巴蜀书社,2008。

佰程旅行网《完全自由行》编委会编著《西欧》(下篇),中国旅游出版社,2008。

艾周昌、舒运国主编《非洲黑人文明》,福建教育出版社,2008。

肖淑芬:《诺贝尔奖百年大观》,社会科学文献出版社,2008。

易丹主编《诺贝尔文学奖名著快读》,四川文艺出版社,2007。

朱迪斯·贝内特(Judith M. Bennett)、沃伦·霍莱斯特(C. Warren

Hollister）：《欧洲中世纪简史》，北京大学出版社，2007。

〔奥地利〕Lonely Planet 公司编《意大利》，上海三联书店，2007。

张跣：《赛义德后殖民理论研究》，复旦大学出版社，2007。

游国恩、王起、萧涤非、季镇淮、费振刚主编《中国文学史》，人民文学出版社，2006。

晏绍祥、李隆庆：《世界通史》（古代中世纪卷），华中师范大学出版社，2006。

罗屹峰、刘燕华编著《教育心理学》，甘肃人民出版社，2006。

毛信德：《美国黑人文学的巨星——托妮·莫里森小说创作论》，浙江大学出版社，2006。

郑克鲁主编《外国文学史》，高等教育出版社，2006。

穆易编选《给诺贝尔一个理由》，中国广播电视出版社，2006。

苏鹰、甘润远、李丽编著《精神生活的孤独图景》，重庆出版社，2006。

许晓霞等主编《赛珍珠纪念文集》，广西师范大学出版社，2006。

宋兆霖选编《诺贝尔文学奖获奖作家访谈录》，浙江文艺出版社，2005。

陈春生编著《捧得诺贝尔桂冠的10位文学女性》，哈尔滨出版社，2005。

石琴娥：《北欧文学史》，译林出版社，2005。

黄洋、赵立行、金寿福：《世界古代中世纪史》，复旦大学出版社，2005。

钱定平：《"钢琴教师"耶利内克》，长江文艺出版社，2005。

张玉能主编《西方文论》，华中师范大学出版社，2005。

〔英〕齐亚乌丁·萨达尔：《东方主义》，马雪峰、苏敏译，吉林人民出版社，2005。

堵军主编《诺贝尔文学奖获得者作品暨演讲文库》，中国物资出版社，2004。

吕同六主编《意大利经典散文》，上海文艺出版社，2004。

王守仁、吴新云：《性别·种族·文化：托妮·莫里森的小说创作》，北京大学出版社，2004。

胡笑瑛：《不能忘却的故事——托尼·莫里森〈宠儿〉的艺术世界》，宁夏人民出版社，2004。

〔美〕M. H. 艾布拉姆斯：《镜与灯——浪漫主义文论及批评传统》，郦稚牛、张照进、童庆生译，北京大学出版社，2004。

张海存、魏昌旺编著《诺贝尔传》，长春出版社，2003。

〔法〕蒂费纳·萨莫瓦约：《互文性研究》，邵炜译，天津人民出版社，2003。

〔美〕艾米利亚·基尔·梅森：《法国沙龙女人》，中国社会科学出版社，2003。

马国新主编《西方文论史》（修订版），高等教育出版社，2002。

贾文丰：《诺贝尔文学奖百年百影》，珠海：珠海出版社，2002。

魏颖超：《英国荒岛文学》，外语教学与研究出版社，2001。

刘硕良主编《获诺贝尔文学奖作家丛书》，漓江出版社，2000。

陈春生、彭未名：《荆棘与花冠》，武汉出版社，2000。

陈东林：《诺贝尔文学奖批判》，时代文艺出版社，2000。

〔英〕弗吉尼亚·伍尔芙：《论小说与小说家》，瞿世镜译，译文出版社，2000。

沈萼梅：《意大利文学》，外语教学与研究出版社，1999。

〔美〕爱德华·W. 萨义德：《东方学》，王宇根译，上海三联书店，1999。

赵平凡编《诺贝尔文学奖文库》（授奖词与受奖演说卷），浙江文艺出版社，1998。

彭诗琅、廖隐邨主编《诺贝尔文学奖金库》，中国社会出版社，1998。

〔法〕西蒙娜·德·波伏娃：《第二性》，陶铁柱译，中国书籍出版社，1998。

〔美〕贝蒂·弗里丹：《女性的奥秘》，程锡林等译，四川人民出版社，1998。

车吉心、朱德发主编《诺贝尔文学奖得主全传》，明天出版社，1997。

段若川：《米斯特拉尔——高山的女儿》，长春出版社，1997。

王基高：《1996 年诺贝尔文学奖获得者希姆博尔斯卡》，世界文化出版社，1997。

刘国栋：《1996 年诺贝尔文学奖得主申博尔斯卡》，译林出版社，1997。

王逢振主编《诺贝尔文学奖辞典》，漓江出版社，1997。

〔瑞士〕荣格：《荣格文集》，冯川译，改革出版社，1997。

章安祺：《西方文艺理论史精读文献》，中国人民大学出版社，1996。

肖淑芬：《诺贝尔文学奖获奖作家作品女性形象论》，中国华侨出版社，1996。

〔瑞典〕谢尔·埃斯普马克：《诺贝尔文学奖内幕》，李之义译，漓江出版社，1996。

吕同六主编《20 世纪世界小说理论经典》（下），华夏出版社，1995。

王福和、黄永恒等主编《西方现代派文学简编》，辽宁大学出版社，1994。

张秉真、章安祺、杨慧林：《西方文艺理论史》，中国人民大学出版社，1994。

孟宪忠编著《诺贝尔文学奖作家的人生之旅》，台北智慧大学，1993。

吴岳添主编《诺贝尔文学奖辞典》，敦煌文艺出版社，1993。

肖涤主编《诺贝尔文学奖要介》，黑龙江人民出版社，1992。

张京媛主编《当代女性主义批评》，北京大学出版社，1992。

刘硕良主编《获诺贝尔文学奖作家丛书·孤独与沉思》，漓江出版社，1991。

刘文刚、关福堃主编《诺贝尔文学奖名著鉴赏辞典》，湖南文艺出版社，1991。

〔法〕让·保尔·萨特：《萨特文论选》，施康强选译，人民文学出版社，1991。

左大康主编《现代地理学辞典》，商务印书馆，1990。

李庆康、冯春雷、曾中平主编《二十世纪科学万有文库》（第 10 辑），中国国际广播出版社，1990。

黄晋凯等主编《象征主义·意象派》，中国人民大学出版社，1989。

〔法〕斯达尔夫人：《论文学》，徐继曾译，人民文学出版社，1986。

伍蠡甫：《欧洲文论简史》，人民文学出版社，1985。

〔保〕基·瓦西列夫：《情爱论》，赵永穆等译，上海三联书店，1984。

〔捷克〕奥托·克劳乌斯、艾利希·库尔卡：《死亡工厂》，白林、魏友译，重庆出版社，1983。

陈映真主编《诺贝尔文学奖全集》，台湾远景出版事业公司，1981。

以群主编《文学的基本原理》，上海文艺出版社，1980。

朱光潜：《西方美学史》（上卷），人民文学出版社出版，1979。

中国社会科学院语言研究所：《现代汉语词典》，商务印书馆，1977。

〔德〕马克思、恩格斯：《马克思恩格斯选集》（第 4 卷），人民文学出版社，1972。

〔古希腊〕柏拉图：《文艺对话集》，朱光潜译，人民文学出版社，1963。

## 三 论文

沈艳燕：《"未定时期的预言故事"——评纳丁·戈迪默〈朱利的族人〉》,《外语研究》2010 年第 2 期。

李宗：《试析〈耻〉中的知识分子生存状态》,《重庆科技学院学报》（社会科学版）2010 年第 11 期。

姜梦、孙妮：《论〈朱利的族人〉中的白人中心的消解》,《安徽理工大学学报》（社会科学版）2009 年第 3 期。

杨肖：《从蒋天佐的译作谈翻译文本的互文性》,《扬州大学学报》（人文社会科学版）2009 年第 1 期。

夏榆：《"我是在书桌前，不是在鞋店里"》,《新华月报》（天下）2009 年第 11 期。

〔英〕多丽丝·莱辛：《远离诺贝尔奖的人们——诺贝尔文学奖获奖演说词》，傅正明译，《作家》,2008 年第 7 期。

刘双：《生存与神话——北欧神话体系形成发展分析》,《绵阳师范学院学报》2008 年第 10 期。

薛武、杨伶俐：《侵占超越乐园——反思库切的〈耻〉》,《牡丹江大学学报》2008 年第 5 期。

〔南非〕纳丁·戈迪默、〔美〕苏珊·桑塔格：《关于作家职责的对谈》，姚君伟译，《译林》2006 年第 3 期。

颜晓川、董革非：《他者之域：和解的希望——〈耻〉的后殖民解读》,《东北大学学报》（社会科学版）2006 年第 1 期。

肖淑芬：《庐隐：中国现代文学史上第一位女权主义作家》,《扬州大学学报》（人文社会科学版）2006 年第 10 卷第 6 期。

叶隽：《"性的原罪"还是"爱的逾位"？——耶利内克作品研讨会综述》,《外国文学评论》2005 年第 1 期。

〔奥地利〕埃尔弗里德·耶利内克：《我只是一个小地方的作家——耶利内克访谈录》，安娅编译，《外国文学动态》2004 年第 6 期。

〔美〕赛珍珠：《中国早期小说源流》，张丹丽译，《镇江师专学报》2001 年。

鲁枢元：《走进生态学领域的文学艺术》,《文艺研究》2000 年第 5 期。

梁慧：《眼泪象征永恒——论女诗人奈丽·萨克斯》，《杭州大学学报》1996 年第 1 期。

叶昌云：《外国哲理诗审美价值初探》，《重庆广播电视大学学报》1995 年。

〔美〕托马斯·勒克莱尔：《"语言不能流汗"：托妮·莫里森访谈录》，少况译，《外国文学》1994 年第 1 期。

苇鸥：《美的文献——意大利真实主义文学概论》，《云南民族学院》（社会科学版）1987 年第 3 期。

刘清泉等《地理环境决定论的实质和根源》，《西南师范学院学报》1959 年第 2 期。

鲁迅：《再论雷峰塔的倒掉》，《语丝》周刊 1925 年第 15 期。

# 附录一 《诺贝尔文学奖获奖作家作品女性形象论·序》

文美惠

我认识肖淑芬同志是在 1989 年。那时她来北京,在中国社会科学院外国文学研究所学习,我是她的导师,和她有了较多的接触。我印象最深的是她的刻苦踏实、勤奋好学和善于思考问题。现在回头来看她近几年做出的丰硕成绩,我觉得,那都是她坚持不懈,一个脚印一个脚印走出来的。

肖淑芬同志多年从事外国文学研究和教学工作,尤其侧重妇女文学研究,在繁忙的教学工作之余,对诺贝尔文学奖作家笔下的妇女人物形象进行了研究,如今她的《诺贝尔文学奖获奖作家作品女性形象论》即将问世,这是一件值得高兴的事。

有关诺贝尔获奖作家的各种论著,渐渐多了起来。但是,对近百年来诺贝尔文学奖获奖作家的作品中所描写的众多妇女形象进行系统研究的,据我所知,肖淑芬同志还是第一人。值得注意的是,作者对这部论集中 41 个妇女形象的研究,是立足在对世界上亚、非、美、欧、大洋洲的近二十个国家和民族的作家所作的研究之上的,像这么大的地区范围的工作,要求具有深厚的外国文学功底和进行辛勤的阅读鉴赏工作,绝不是一朝一夕就可以获得成功的。肖淑芬同志为这本书付出了艰辛的劳动,她这种锲而不舍的治学态度，是十分值得提倡的。

在今天的世界上，妇女研究是一个既有理论探讨价值又有迫切实践需要的课题。在大学里，妇女研究早已成为不可缺少的专门学科。从 20 世纪 60 年代开始的"女性解放"运动，经历了三四十年的战斗历程，到今天也取得了不容忽视的成绩。肖淑芬同志是从一个独特的角度出发，从一长列诺贝尔获奖作家的作品中所反映出的妇女的经历，来思考 20 世纪世界各国妇女的生活状况，探讨妇女地位和女性解放的问题的。她对世界各国妇女的精神面貌和解放步伐的文学探讨，不仅是从理论的、学术的角度，而且浸润着发自心底的深厚感情和强烈爱憎，我们仅仅从她的这部著作中的一些文章标题就可以看出这一点：《千夫指下的无辜者》《一个女人的价值分目》《屠场·屠夫·羔羊》《食槽十圣瓶+装饰品＝?》《"附属品"夏娃的悲歌》《站在被告席上的不悔女性》等。肖淑芬同志用鲜明的语言表达了她为女性摆脱不了"肋骨"的形象、逃脱不了家庭的桎梏所感到的愤怒和悲哀，也表达了她对女性的崛起和奋力拼搏的热情肯定和赞同。这正是本书的一个值得肯定的特点。我相信，这本用作者的心灵写出的书，一定会深深地感染众多的读者，把读者带进一个充满感情色彩的多彩世界，促使他们思考，使他们对于世界妇女的命运产生更深刻的了解。

我预祝这本书的成功。

1996 年 10 月于北京

# 附录二　《诺贝尔文学奖精品透视·序》

肖淑芬

本书是我所承担的江苏省教育厅 2004 年度高校哲学社会科学基金指导项目"诺贝尔文学奖百年历程研究"（批准号 04SJD750023）的结项成果，得到了扬州大学出版基金的资助。

任何一个事物，如果它有了一百多年历史，就已经并不年轻了。诺贝尔文学奖就是如此。它从 1901 年起步，闯过初始的探索，越过洲际的围墙，走过战争的风云，穿过评论的热浪，就这样，构筑了它百余年的历史。至今，它已经算得上是个老资格的文学奖项了。

关注诺贝尔文学奖的人很多。有的人关注的是诺贝尔文学奖的评奖是否公正，有的人关注的是诺贝尔文学奖的评定原则，有的人关注的是诺贝尔文学奖所给予的国度，等等。

关注诺贝尔文学奖的方式也很多。有的人以写文章发表评论进行关注，有的人以预测下一个获奖作家是谁来进行关注，有的人以搜集其作品进行关注。

我的关注方式是把诺贝尔文学奖引进高等学校的课堂。有人曾戏言："你是第一个在高等学校开设'诺贝尔文学奖作家作品研究'这一文学选修课的人。"是不是第一个我没考察过，我是从 20 世纪 90 年代初开始，在相继任教的两所高校的中文系学生中，开设"诺贝尔文学奖研究"这门课程的，至今已有十余年的历史。我的目的是引导学生以当代人的视角关注当代的世界文学。

在这门课程的教学中，我的重点并不放在谁应该和谁不应该获奖的争论上，因为这个评奖规则不为我们所掌握。诺贝尔文学奖就是诺贝尔文学奖，是按诺贝尔的遗愿颁发的奖项，并不是按照全世界人民的意愿颁发的奖项；它是由瑞典文学院执行评奖的奖项，不是由全世界各国人民投票选举的奖项。所以，只要符合诺贝尔的遗愿，只要瑞典文学院认定符合他们的评选规则，那就是诺贝尔文学奖。会不会有一个由全世界各国文学界共同评定的文学大奖呢？这是个未知数，但绝不能把诺贝尔文学奖这个只具有国际性的大奖的文学奖项等同于由全世界各国学者共同评定的奖项。也就是说，不能按照每个人的意愿来评定它的合理性。

那么，我是如何看待诺贝尔文学奖的呢？我把它视为一片文学的花园，或是一座文学的园林。这个花园或园林不是我们自己建立的，是比较内行的相关人士为我们建立的。我们的任务是欣赏它，品评它，研究它，借鉴它。我们并不把它视为世界上最美丽的花园或园林，但是我们把它视为高水准的花园和园林。任何花园和园林里都有莠草，这是很自然的，看到它我们也并不见怪。

教学中，我和我的学生们都十分重视走近文本。在今天这个高度信息化的时代，在速度已经成了人们的一大追求的时代，我们依然觉得静下来细细地研究文本是一项首要的和必需的工作。我很欣赏我的学生们对获奖的经典作品所表现出来的高度热情——他们在精心阅读的基础上，把许多经典作品都通过自己表演的形式搬到了课堂上。我们的课堂是生动的，时时洋溢着学生们的创造精神。

这本书，就是这门课十几个春秋后结的一个"果"。其实，学生们那些充满青春激情的思辨，远比我的这个"果"更精彩。

历史永远期待青年人的精彩。

2004 年仲夏于美丽的瘦西湖畔

# 附录三 《诺贝尔文学奖百年大观·序》

乐黛云

诺贝尔文学奖已经有了一个世纪的历史。尽管每年只有一位或两位作家得此桂冠,但汇集起来就出现了一个"擎着光明火炬"的作家群体,也提供了一片多元文化展示与碰撞的园地。

肖淑芬的《诺贝尔文学奖百年大观》一书就是以诺贝尔文学奖获奖作家作品为研究对象的。她的这项研究始于1989年,并于1996年和2004年先后出版了专著《诺贝尔文学奖获奖作家作品女性形象论》《诺贝尔文学奖精品透视》,在此基础上,她又写了这本《诺贝尔文学奖百年大观》。

这是一部很有学术价值的专著,是跨文化文学研究的一个很有意义的成果。

肖淑芬并不参与关于作家获奖是否公正的讨论,而是专注于对作家创作的解析和对文本的研读。她的研究思路十分清晰,主要集中在以下三方面:

第一,对20世纪世界文学发展大背景的分析。通过世界文学发展的分段研究,既可看出诺贝尔文学奖颁奖倾向的一些变化,也在一定程度上得以考察20世纪世界文学的发展趋向。例如,本书将20世纪90年代诺贝尔文学奖的颁奖情况与前几个阶段进行比较，得出了区域的扩大化，主题的边缘化，作家的多元化等三个结论，而这又在一定程度上都与 20 世纪后期国际间文学交流的进一步扩大与发展的总体趋势相联系。

第二，个案研究。肖淑芬的文学感受力强，她十分重视自己的直接阅读，总是在深入研究文本的基础上有感而发，鲜明地阐述自己的观点。以对第一个获诺贝尔文学奖的作家苏利·普吕多姆的研究为例：过去曾有人评论他的诗歌过于传统，缺少 20 世纪的时代气息；肖淑芬则认为，这位首轮获奖的作家，开启了 20 世纪一个重要的国际性的文学主题——孤独，这与后来加缪的"局外人"有着某种精神上的内在联系；与萨特的《禁闭》有着哲学层面上的相通；与马尔克斯的《百年孤独》有着共同的希冀。就这样，她对获奖作家的大量作品细细地咀嚼，提出了自己见解的独到之处。

第三，相关研究。本书在广大未获奖的作家作品的语境中来研究获奖的作家作品，这就大大提高了作家作品分析的深度。例如：谈《百年孤独》时，涉及其与《堂吉诃德》的承继关系；研究奥尼尔笔下的疯女性时，又以吉尔曼等人笔下的疯女性为参照系等。

肖淑芬在高校开设《诺贝尔文学奖获奖作家作品研究》的专业选修课已经 18 年，她把这门课作为引领学生进行跨文化研究的实验园地，以促使学生广泛接触异质文化背景下产生的当代文学作品，讲稿年复一年地丰富，研究一年比一年深入，也便有了今日的结集。

我介绍肖淑芬参加中国比较文学学会的时候，她年轻，充满朝气，执著地进行着比较文学的教学与研究工作。如今，她在扬州大学成为比较文学与世界文学的学科带头人，我祝贺她这一新成果的面世。

于北京大学朗润园公寓

2008 年 1 月 10 日

# 附录四　诺贝尔文学奖获奖者名单

| 1901 年 | 法国 | 苏利·普吕多姆 | （1839～1907） |
|---|---|---|---|
| 1902 年 | 德国 | 西奥多·蒙森 | （1817～1903） |
| 1903 年 | 挪威 | 比昂斯蒂恩·比昂松 | （1832～1910） |
| 1904 年 | 西班牙 | 何塞·埃切加赖·伊· | |
| | | 埃伊萨吉雷 | （1832～1916） |
| | 法国 | 弗雷德里克·米斯特拉 | （1830～1914） |
| 1905 年 | 波兰 | 亨利克·显克维奇 | （1846～1916） |
| 1906 年 | 意大利 | 乔苏埃·卡尔杜齐 | （1835～1907） |
| 1907 年 | 英国 | 罗德亚德·吉卜林 | （1865～1936） |
| 1908 年 | 德国 | 鲁道夫·克里斯托弗·欧肯 | （1846～1926） |
| 1909 年 | 瑞典 | 塞尔玛·拉格洛夫 | （1858～1940） |
| 1910 年 | 德国 | 保尔·海泽 | （1830～1914） |
| 1911 年 | 比利时 | 莫里斯·梅特林克 | （1862～1949） |
| 1912 年 | 德国 | 盖哈特·豪普特曼 | （1862～1946） |
| 1913 年 | 印度 | 罗宾德拉纳特·泰戈尔 | （1861～1941） |
| 1915 年 | 法国 | 罗曼·罗兰 | （1866～1944） |
| 1916 年 | 瑞典 | 维尔纳·冯·海顿斯塔姆 | （1859～1940） |
| 1917 年 | 丹麦 | 卡尔·阿道尔夫·吉勒鲁普 | （1857～1919） |
| | 丹麦 | 亨利克·彭托皮丹 | （1857～1943） |

| | | | |
|---|---|---|---|
| 1919 年 | 瑞士 | 卡尔·施皮特勒 | （1845～1924） |
| 1920 年 | 挪威 | 克努特·汉姆生 | （1859～1952） |
| 1921 年 | 法国 | 阿纳托尔·法朗士 | （1844～1924） |
| 1922 年 | 西班牙 | 哈辛托·贝纳文特·伊· 马丁内斯 | （1866～1954） |
| 1923 年 | 爱尔兰 | 威廉·巴特勒·叶芝 | （1865～1939） |
| 1924 年 | 波兰 | 弗拉迪斯拉夫·莱蒙特 | （1868～1925） |
| 1925 年 | 英国 | 乔治·萧伯纳 | （1856～1950） |
| 1926 年 | 意大利 | 格拉齐娅·黛莱达 | （1871～1936） |
| 1927 年 | 法国 | 亨利·柏格森 | （1859～1941） |
| 1928 年 | 挪威 | 西格丽德·温塞特 | （1882～1949） |
| 1929 年 | 德国 | 托马斯·曼 | （1875～1955） |
| 1930 年 | 美国 | 辛克莱·刘易斯 | （1885～1951） |
| 1931 年 | 瑞典 | 艾里克·阿克塞尔· 卡尔费尔特 | （1864～1931） |
| 1932 年 | 英国 | 约翰·高尔斯华绥 | （1867～1933） |
| 1933 年 | 苏联 | 伊凡·布宁 | （1870～1953） |
| 1934 年 | 意大利 | 路易吉·皮兰德娄 | （1867～1936） |
| 1936 年 | 美国 | 尤金·奥尼尔 | （1888～1953） |
| 1937 年 | 法国 | 罗歇·马丁·杜·伽尔 | （1881～1958） |
| 1938 年 | 美国 | 赛珍珠 | （1892～1973） |
| 1939 年 | 芬兰 | 弗朗士·艾米尔·西兰帕 | （1888～1964） |
| 1944 年 | 丹麦 | 约翰内斯·维·延森 | （1873～1950） |
| 1945 年 | 智利 | 加夫列拉·米斯特拉尔 | （1889～1957） |
| 1946 年 | 瑞士 | 赫尔曼·黑塞 | （1877～1962） |
| 1947 年 | 法国 | 安德烈·纪德 | （1869～1951） |
| 1948 年 | 英国 | T. S. 艾略特 | （1888～1965） |
| 1949 年 | 美国 | 威廉·福克纳 | （1897～1962） |
| 1950 年 | 英国 | 伯特兰·罗素 | （1872～1970） |

| 1951 年 | 瑞典 | 帕尔·拉格奎斯特 | （1891～1974） |
|---|---|---|---|
| 1952 年 | 法国 | 弗朗索瓦·莫里亚克 | （1885～1970） |
| 1953 年 | 英国 | 温斯顿·丘吉尔 | （1874～1965） |
| 1954 年 | 美国 | 欧内斯特·海明威 | （1899～1961） |
| 1955 年 | 冰岛 | 哈尔多尔·拉克斯内斯 | （1902～1998） |
| 1956 年 | 西班牙 | 胡安·拉蒙·希梅内斯 | （1881～1958） |
| 1957 年 | 法国 | 阿尔贝·加缪 | （1913～l960） |
| 1958 年 | 苏联 | 鲍里斯·帕斯捷尔纳克 | （1890～l960） |
| 1959 年 | 意大利 | 萨尔瓦多·夸西莫多 | （1901～1968） |
| 1960 年 | 法国 | 圣—琼·佩斯 | （1887～1975） |
| 1961 年 | 南斯拉夫 | 伊沃·安德里奇 | （1892～1975） |
| 1962 年 | 美国 | 约翰·斯坦贝克 | （1902～1968） |
| 1963 年 | 希腊 | 乔治·赛菲里斯 | （1900～1971） |
| 1964 年 | 法国 | 让—保尔·萨特 | （1905～1980） |
| 1965 年 | 苏联 | 米哈依尔·肖洛霍夫 | （1905～1984） |
| 1966 年 | 以色列 | 希莫尔·约瑟夫·阿格农 | （1888～1970） |
|  | 瑞典 | 奈丽·萨克斯 | （1891～1970） |
| 1967 年 | 危地马拉 | 米格尔·安赫尔·阿斯图里亚斯 | （1899～1974） |
| 1968 年 | 日本 | 川端康成 | （l899～l972） |
| 1969 年 | 爱尔兰 | 萨缪尔·贝克特 | （1906～1989） |
| 1970 年 | 苏联 | 亚历山大·索尔仁尼琴 | （1918～2008） |
| 1971 年 | 智利 | 巴勃罗·聂鲁达 | （1904～1973） |
| 1972 年 | 联邦德国 | 海因里希·伯尔 | （1917～1985） |
| 1973 年 | 澳大利亚 | 帕特里克·怀特 | （1912～1990） |
| 1974 年 | 瑞典 | 埃温德·雍松 | （1900～1976） |
|  | 瑞典 | 哈里·马丁逊 | （1904～1978） |
| 1975 年 | 意大利 | 埃乌杰尼奥·蒙塔莱 | （1896～1981） |
| 1976 年 | 美国 | 索尔·贝娄 | （1915～2005） |

| 1977 年 | 西班牙 | 维森特·阿莱克桑德雷 | （1898～1984） |
| 1978 年 | 美国 | 艾萨克·巴希维斯·辛格 | （1904～1991） |
| 1979 年 | 希腊 | 奥底修斯·埃利蒂斯 | （1911～1996） |
| 1980 年 | 波兰 | 切斯瓦夫·米沃什 | （1911～2004） |
| 1981 年 | 英国 | 埃利亚斯·卡内蒂 | （1905～1994） |
| 1982 年 | 哥伦比亚 | 加布里尔·加西亚·马尔克斯 | （1928～　） |
| 1983 年 | 英国 | 威廉·戈尔丁 | （1911～1993） |
| 1984 年 | 捷克斯洛伐克 | 雅罗斯拉夫·塞弗尔特 | （1901～1986） |
| 1985 年 | 法国 | 克洛德·西蒙 | （1913～2005） |
| 1986 年 | 尼日利亚 | 渥雷·索因卡 | （1934～　） |
| 1987 年 | 美国 | 约瑟夫·布罗茨基 | （1940～1996） |
| 1988 年 | 埃及 | 纳吉布·马哈福兹 | （1911～2006） |
| 1989 年 | 西班牙 | 卡米洛·何塞·塞拉·特鲁洛克 | （1916～2002） |
| 1990 年 | 墨西哥 | 奥克塔维奥·帕斯·索洛萨诺 | （1914～1998） |
| 1991 年 | 南非 | 纳丁·戈迪默 | （1923～　） |
| 1992 年 | 圣卢西亚 | 德里克·沃尔科特 | （1930～　） |
| 1993 年 | 美国 | 托妮·莫里森 | （1931～　） |
| 1994 年 | 日本 | 大江健三郎 | （1935～　） |
| 1995 年 | 爱尔兰 | 谢默斯·扎斯廷·希尼 | （1939～　） |
| 1996 年 | 波兰 | 希姆博尔斯卡 | （1923～2012） |
| 1997 年 | 意大利 | 达里奥·福 | （1926～　） |
| 1998 年 | 葡萄牙 | 若泽·萨拉马戈 | （1922～2010） |
| 1999 年 | 德国 | 君特·格拉斯 | （1927～　） |
| 2000 年 | 法国 | 高行健 | （1940～　） |
| 2001 年 | 英国 | 维迪亚达·苏莱普拉沙德·奈保尔 | （1932～　） |

| 2002 年 | 匈牙利 | 凯尔泰斯·伊姆雷 | （1929 ~　） |
|---|---|---|---|
| 2003 年 | 南非 | 约翰·马克斯韦尔·库切 | （1940 ~　） |
| 2004 年 | 奥地利 | 埃尔夫丽德·耶利内克 | （1946 ~　） |
| 2005 年 | 英国 | 哈罗德·品特 | （1930 ~ 2008） |
| 2006 年 | 土耳其 | 奥尔罕·帕慕克 | （1952 ~　） |
| 2007 年 | 英国 | 多丽丝·莱辛 | （1919 ~　） |
| 2008 年 | 法国 | 勒·克莱齐奥 | （1940 ~　） |
| 2009 年 | 德国 | 赫塔·米勒 | （1953 ~　） |
| 2010 年 | 秘鲁 | 马里奥·巴尔加斯·略萨 | （1936 ~　） |
| 2011 年 | 瑞典 | 托马斯·特兰斯特勒默 | （1931 ~　） |
| 2012 年 | 中国 | 莫言 | （1955 ~　） |

注：诺贝尔文学奖因第一次和第二次世界大战的干扰，共有 7 个年度未颁奖，即 1914 年、1918 年、1935 年、1940 年、1943 年。

# 观"虎"

## ——代后记

### 肖淑芬

遇到一个大的研究课题时，解决它的最简单的办法就是滚雪球，这是我的研究感言之一。这本书即是我在"诺贝尔文学奖"这个大课题研究中滚出的第四个雪球。

人们通常所说的"初生牛犊不怕虎"，应该是在肯定年少者的勇气，而我在三十多年前起意研究"诺贝尔文学奖"的时候，似乎已过了"初生牛犊"的年龄，但还是碰起了"诺贝尔文学奖"这只"大老虎"，这就应该解释为"不知深浅"。"诺贝尔文学奖"的确是一只不同寻常的"虎"，这主要是指它的体积之大、气魄之大，这里毕竟容纳了百余位文学巨匠，而且它还要逐年长壮几分。正因为我的"不知深浅"，便淡化了望而生畏的感觉，所以，从20世纪的80年代末到90年代初，我成就了自己在此研究领域的第一个雪球：《诺贝尔文学奖获奖作家作品女性形象论》（中国华侨出版社，1996），不过这本书不是我的学术研究的处女作，此前我已经出版了《女性的星空》（春风文艺出版社，1995）。在《诺贝尔文学奖获奖作家作品女性形象论》一书出版的时候，中国社会科学院外国文学研究所研究员文美惠先生在为之所作的序言中说："有关诺贝尔获奖作家的各种论著，渐渐多了起来。但是……进行系统研究的，据我所知，肖淑芬同志还是第一人"。由此看来，我的"不知深浅"还算修得正果。

至此，或许我可以转移研究视线了。但是，诺贝尔文学奖是一只极有魅力的"虎"，一旦接触到了它，想扭头走开已经不可能。它呼啸着，尽显其雄壮和美丽，在我的眼前施展它的魔力。于是，我从最初的"不知深浅"变为与"虎"为伴了，这就于 2004 年成就了第二个雪球：《诺贝尔文学奖精品透视》（黑龙江人民出版社，2004）；此后的 2008 年收获了第三个阶段的研究成果：《诺贝尔文学奖百年大观》（社会科学文献出版社，2008）。该书出版时，中国比较文学学会会长、北京大学博士生导师乐黛云教授为之作序，称"这是一部很有学术价值的专著，是跨文化文学研究的一个很有意义的成果"。

有了"大观"，似乎可以与"虎"作别了，但这只"虎"身上还有一片令我无法移开眼球的地方，这就是 12 位女性得主所彰显出的独特魅力。于是，我又与它守候了几年，收获了今天这部《诺贝尔文学奖获奖女作家研究》，也即我于此领域研究的第四个阶段的成果。为了将这四个阶段的研究贯通，本书将前三部专著的"序言"作为附录收入此书中。

在这第四个阶段的研究中，杨肖是我的合作者。我很高兴有更多的学者对这个课题感兴趣。杨肖在文学批评中重视理论研究，所以，在探究本书中的 12 位女作家的创作理念时，他总能提出颇为深刻并令人眼前一亮的见解。譬如，格拉齐娅·黛莱达的"全部的美都孕育于赤裸之中"、西格丽德·温塞特的"量身定做：不穿'裤子改的大衣'"、奈丽·萨克斯的"脉搏和呼吸创造了诗"等，都是他在阅读和研究中挖掘出来的。杨肖还用了大量的时间承担了本书的统稿工作，并对引文进行了一一核对。

"诺贝尔文学奖获奖女作家研究"也是我多年来为研究生讲授的一门课程。作为"参照 2011 工程建设项目"立项后，我指导的研究生孙燕君、戚微琪、刘盛南、江楠、殷勤勤、朱晓林、王慧、刘娟、戴荧等都跟着我做了这个课题。她们协助我做的相关资料工作以及我们经常在一起进行的思想交流与"碰撞"随着此书的出版都成为了我们师生间的美丽记忆。我对她们为此所付出的辛苦表示感谢。

同时感谢责任编辑孙燕生先生为本书的出版所做的认真细致的工作。

当此书于 2012 年 10 月进入收尾阶段的时候，诺贝尔文学奖这只"大老虎"的身上又长出了一个新的"抢眼"点——中国作家莫言获奖了。看来，这只"庞然大虎"又有了新的看头了。

瞬间，仿佛听见很多人在说——观"虎"去。

2013 年 1 月

扬州瘦西湖

**图书在版编目（CIP）数据**

诺贝尔文学奖获奖女作家研究 / 肖淑芬，杨肖著 . —北京：
社会科学文献出版社，2013.6
（人文传承与区域社会发展研究丛书）
ISBN 978-7-5097-4320-1

Ⅰ.①诺… Ⅱ.①肖… ②杨… Ⅲ.①诺贝尔文学奖-
女作家-人物研究-世界 Ⅳ.①K815.6

中国版本图书馆 CIP 数据核字（2013）第 035622 号

·人文传承与区域社会发展研究丛书·
## 诺贝尔文学奖获奖女作家研究

著　　者 / 肖淑芬　杨　肖

出 版 人 / 谢寿光
出 版 者 / 社会科学文献出版社
地　　址 / 北京市西城区北三环中路甲 29 号院 3 号楼华龙大厦
邮政编码 / 100029

责任部门 / 社会政法分社　（010）59367156　　责任编辑 / 孙燕生
电子信箱 / shekebu@ ssap. cn　　　　　　　　责任校对 / 刘玉清　王海荣
项目统筹 / 王　绯　　　　　　　　　　　　　责任印制 / 岳　阳
经　　销 / 社会科学文献出版社市场营销中心　（010）59367081　59367089
读者服务 / 读者服务中心（010）59367028

印　　装 / 北京季蜂印刷有限公司
开　　本 / 787mm×1092mm　1/20　　　　　印　　张 / 24
版　　次 / 2013 年 6 月第 1 版　　　　　　　字　　数 / 413 千字
印　　次 / 2013 年 6 月第 1 次印刷
书　　号 / ISBN 978-7-5097-4320-1
定　　价 / 79.00 元